对于孩子来说，最重要的是教育，而不是天赋。好孩子都是教出来的，优质的家庭教育，造就优秀的孩子。好父母成就好孩子，好父母成就孩子的一生。

不打不骂
教出好孩子

冬云◎编著

中国华侨出版社

北京

图书在版编目(CIP)数据

不打不骂教出好孩子 / 冬云编著.—北京：中国华侨出版社，2014.11（2019.6重印）
ISBN 978-7-5113-5016-9

Ⅰ.①不… Ⅱ.①冬… Ⅲ.①家庭教育—教育方法 Ⅳ.①G78

中国版本图书馆CIP数据核字（2014）第273010号

不打不骂教出好孩子

编　　著：冬　云
责任编辑：刘雪涛
封面设计：李艾红
文字编辑：刘　虎　许俊霞
美术编辑：李丹丹
经　　销：新华书店
开　　本：720mm×1020mm　　1/16　　印张：28　　字数：520千字
印　　刷：北京市松源印刷有限公司
版　　次：2015年2月第1版　　2019年6月第2次印刷
书　　号：ISBN 978-7-5113-5016-9
定　　价：68.00元

中国华侨出版社　　北京市朝阳区静安里26号通成达大厦3层　　邮编：100028
法律顾问：陈鹰律师事务所
发 行 部：(010) 58815874　　传　真：(010) 58815857
网　　址：www.oveaschin.com　　E-mail：oveaschin@sina.com

如果发现印装质量问题，影响阅读，请与印刷厂联系调换。

前言

刘亦婷，从国内直接考上世界最高学术殿堂哈佛大学，获得哈佛大学的全额奖学金。

黄思路，第四届全国十佳少先队员，钢琴十级，华东地区中学生作文大赛一等奖，出版过图书，被称为"全才"。后赴美留学。

安金鹏，高三时获得第三十八届国际奥林匹克数学竞赛金牌，北大博士毕业后入哈佛大学攻读博士后。

卢山，安徽省高考状元，考入中科大少年班，28岁任美国一流大学顶级计算机专业教授（博导）。

卜镝，8岁时获全国儿童画比赛一等奖，12岁起，就开始在内地、港澳及海外成功举办一系列个人画展……

他们为何会取得令人瞩目的成绩？从这些好孩子身上，我们可以发现他们的成材与父母教育和引导不无关系。如果没有父母的科学教育和正确引导，资质再好的孩子也终将是碌碌无为的一辈子。正如古人所说："玉不琢，不成器。"孩子如同璞玉，只有在精心雕琢下才能绽放最美的光彩。

好孩子是教出来的！当代著名教育家、学者王东华曾提出了这样的教育观点，如今它已被许多有识之士及家长们普遍认同。一个孩子在成长之初，如同一张白纸，父母给予什么样的教育，他就会成为什么样的人。优秀孩子多是优质教育的结果，对于孩子而言，家庭是孩子人生中的第一所大学，父母是第一任教师，是启蒙之师，父母的言传身教，对孩子的智力发展，性格形成，习惯养成，心态、能力、品德的培育等方面有着重大影响，甚至可以决定孩子的一生。可以说，父母的作用无人可替，好父母成就好孩子。

好孩子是教出来的。其前提是父母要去教，也要会教。古人云："子不教，父之过。"父母教育子女，更重要的是懂得教法，教育孩子是一门很深的学问，它有其独特的运作的方式方法和技巧。教不得法，不但不能达到培养目标，还可能导致父母和子女之间无法沟通，造成孩子逆反心理，父母的努力成了毫无意义的努力。因而，要教出好孩子，必须要学会做父母，首先要提高自身的素质，孩子是站在父母的肩膀上的，父母能走多远，孩子就能走多远，父母能有多高，孩子就能有多高。其次是掌握科学的教育方法和有效的技巧，每个孩子都是优秀的，千万不要因为错误的一句话，毁了孩子的信心；也不要让自以为是的教育方式，误了孩子的一生；更不要使溺爱成为孩子一生的绊脚石。

编撰本书旨在帮助父母了解最基本的教育学、心理学知识，掌握各种科学的教育方法、技巧，根据孩子的兴趣爱好，制定出合理的培养计划，培养一个优秀的孩子，让千万父母"望子成龙"、"望女成凤"的梦想成为现实。本书立足于当代中国的教育文化背景，收集了大量可资中国父母借鉴的东西方家庭教育案例并做出深入分析，介绍了国内外先进的家庭教育思想和最具成效的育儿方案，针对中国家庭教育中普遍存在的问题和误区，提出了科学的解决办法。

第一篇"培养高情商、高智商的孩子"，将告诉父母 20% 的智商 +80% 的情商 =100% 的成功，父母对于孩子情商和智商的培养，是孩子成才的关键。此外，还提供了具体而实用的培养方法，比如在智商方面，父母应该如何有针对性地培养孩子的记忆力、观察力、注意力、创造力、想象力等；在情商方面，父母可以从孩子的优秀品质、心理健康、人际关系等多个方面进行培养，从而促使孩子情商和智商的共同发展。

第二篇"教孩子养成好习惯、好性格"，成功学大师拿破仑·希尔说："习惯能成就一个人，也能摧毁一个人。"可见养成好的习惯对于孩子一生的重要性。习惯决定性格，性格决定命运。培养孩子养成好习惯、好性格，能使孩子终身受益。本篇中详细介绍了培养孩子好习惯和好性格的种种科学方法，帮助父母轻松应对各种常见问题。

第三篇"培养孩子的兴趣"，每个孩子都有其不同的性情、特长和天赋，家长若不考虑孩子的兴趣，只一厢情愿地设计孩子的未来，无疑是赶鸭子上架，浪费时间和金钱，于孩子的发展毫无益处，甚至收到相反的结果。兴趣是最好的老师。本篇教父母学会做孩子兴趣的导师，有针对性地培养孩子各方面的兴趣，让兴趣引导孩子的健康成长，最终取得成功。

第四篇"优秀是教出来的"，优秀孩子是优质教育的结果，身为家长，能否培养出一个优秀的孩子，掌握科学的教育方法，就成为首要条件。其实，教养本身并不难，本篇通过一些成功父母的教子经验和专家分析，教你从了解孩子到顺势引导，给予孩子正确观念等等，教你做个高智商的父母，轻松教出一个优秀的孩子。

目录

第二篇 教孩子养成好习惯、好性格

第四篇　优秀是教出来的

第一篇

培养高情商、高智商的孩子

第一章
培养一个高情商的孩子

情商就是智商以外的一切内容

　　一个人的成功，智商的优劣占20%，情商的优劣占80%，从而可以得出这样一个公式：20%的IQ＋80%的EQ＝100%的成功。如果要造就一个优秀的孩子，让他将来事业有成，那么从小就要重视培养他的情商。

　　情商（EQ），是美国哈佛大学心理系教授丹尼尔·戈尔曼在1995年出版的《情感智力》一书中提出的。所谓情商，其实指的就是情感智力，"EQ"是"情感智力"的英文缩写，指有良好的道德情操，有乐观幽默的品性，有面对并克服困难的勇气，同时它也是一种自我激励，持之以恒的韧性，是同情和关心他人的善良，是善于与人相处，把握自己和他人情感的一种能力。简而言之，它就是指人的一种情感和一种社会技能，是智力因素以外的一切内容。

　　随着世界步入网络时代，人际交往的增多，情商越来越被人们所重视。它被人们普遍认为是通往成功的必备素质。丹尼尔教授认为一个人的成功，智商（IQ）的优劣占20%，情商的优劣占80%。为此，推出的成就方程式为：20%的IQ＋80%的EQ＝100%的成功。由此可知，如果要造就一个优秀的孩子，让他将来事业有成，从小就要重视情商的培养。

一般来说，情商可以分为五大类内容：

1. 了解自己的情绪

认识情绪的本质可以说是 EQ 的基石，这种随时能感觉得到的能力，对于了解自己来说非常重要。不了解自身真实感受的人必然会沦为感觉的奴隶，相反，只有掌握了自己感觉的人才能成为自己生活中真正的主宰，在面对婚姻或是工作等一些人生中的大事时，也会做出正确的抉择。

2. 控制、管理好自己的情绪

情绪的控制和管理是建立在自我认知的基础上的，即：如何自我安慰，摆脱焦虑、灰暗或不安的心情。这方面能力比较匮乏的人会常常和那些低落的情绪进行交战，而对这些掌控自如的人则能很快走出生命的低潮，重新出发。

3. 用自己的情绪激励自己

无论是要集中注意力、自我激励还是发挥创造力，将情绪专注于一项目标是绝对必要的。无论成就什么事情都要靠情感的自制力——克制冲动与延迟满足。保持高度热忱是一切成就的动力，一般来说，能够自我激励的人不管做什么事情都会有很高的效率。

4. 了解别人的情绪

同情心也是一种基本的人际技巧，同样建立在自我认知的基础上。具有同情心的人比较能从细微的信息中察觉到他人的需求，这种人特别适合于从事医护、教学、销售与管理的工作。

5. 和周围的人友好相处

人际关系也是管理他人情绪的一种艺术。一个人的人缘、领导能力、人际和谐程度都和这项能力有关，充分掌握这项能力的人往往会是社会上的佼佼者。

当然，不同的人在这些方面的能力也是不同的，有些人可能会很善于处理自己的焦虑，却对别人的哀伤不知从何安慰起；而有些人在处理别人的事情时能够非常理性，但是在面对自己的事情时就会乱了方寸。这些基本能力可能是与生俱来的，没有什么优劣之分，但是人的可塑性是很高的，不管是哪一方面的能力不足都可加以弥补或是改善。

如今，大人们面对的是快节奏的生活，高负荷的工作和复杂的人际关系，没有较高的EQ 是难以获得成功的；孩子们也是生活在一个马不停蹄的环境里，繁重的学业使他们喘不过气来，同时还要和同学们搞好关系，只有拥有较高的 EQ，才会使他们在这样的社会状态下生活得游刃有余。EQ 高的人，人们都喜欢同他交往，总是能得到众多人的拥护和支持。权变理论代表人物之一弗雷德·卢森斯对成功的管理者（晋升速度快）与有效的管理者（管理绩效高）做过调查，发现两者之间显著的不同之处在于维护人际网络关系，支持成功的管理者最多，占 48%，而支持有效的管理者只占 11%。可见，在职场中，要获得较快的成长，良好的人际关系是排在第一位的。

情商在估价一个人的整体素质方面也有着重要的作用。心理学家认为，情商与智商不太一样，它是靠后天培养的。因此，情商也是父母培养孩子能力和素质的一个不可忽视的内容。而且，从现在社会的发展和对人才的需求来看，仅靠知识是难以在社会上立足的。未来社会需要的人才不仅要有较高的才智、健康的身体，还要有高尚的人格、优良的品质、坚强的意志和不怕挫折、经得起失败考验的健康心理。就学习而言也是如此，即使一个孩子有了再好的智力，却没有好的学习动机，没有意志力，其学习是很难搞好的。另外，道德在很大程度上讲，是给智力把关的。学习成绩优秀的学生进入社会后犯罪的事例并非罕见。所以，培养孩子高尚的情商是父母所必须做的事情。

独立生活的能力是孩子成材和立足于社会的基本能力。独立生活能力弱的孩子往往伴有胆怯、懒惰、消极等习性，而未来社会需要的是积极进取、勇于竞争、不畏艰难的人。父母们要站在时代的高度，在开发孩子智力的同时，重视对孩子非智力素质的培养，这样才能让自己的孩子在未来的社会上有立足之地。

情商 VS 智商

👨 父母箴言

长期以来，人们习惯于将智商作为衡量人才的标准，而现代研究表明，让孩子成才成功的决定因素不仅仅是智商，从很多方面看，情商显得更为重要。

一个人的智商可以使他具有非常丰富的知识，使他能顺利地得到一份工作。如果他能有稳定的情绪，适应环境的能力，对外界和上司、同事没有什么过分的要求，对自己有正确的评价，不会让外界影响到自己的情绪，在受到挫折时有重新再来一次的激情，并可以对自身的心理素质进行不断提高，不会怨天尤人或悲观失望。这样他的智商和潜能就会得到充分发挥，在工作中游刃有余，走向成功。与之相反，如果一个人的智商很高，却常以此自负，情商低下，天天为自己周围并不理想的环境所困扰，那他的结局或是愤世嫉俗、孤芳自赏，与社会、公司、同事融不到一起；或高不成低不就，一辈子碌碌无为；或是走上邪门歪道，毁于高智力犯罪。由此可见，一个人是否可以成功，情商与智商的作用一样重要。

智商和情商都是一个人重要的心理品质，都是事业成功的重要基础。它们的关系如何，是智商和情商研究中提出的一个重要的理论问题。正确认识这两种心理品质之间的差异和联系，有利于更好地认识一个人的自身，有利于克服智力第一和智力唯一的错误倾向，有利于培养更健康、更优秀的孩子。

情商与智商是两种不同的心理品质，它们有些什么区别呢？

首先，智商和情商反映着两种性质不同的心理品质。智商主要反映人的认知能力、思维能力、语言能力、观察能力、计算能力、律动能力等。也就是说，它主要表现人理性的能力。它可能是大脑皮层，特别是主管抽象思维和分析思维的左半球大脑的功能。情商主要反映一个人的感受、理解、运用、表达、控制和调节自己情感的能力，以及处理自己与他人之间的情感关系的能力。情商所反映的是一个人把握与处理情感问题的能力。情感常常走在理智的前面，它是非理性的，其物质基础主要与脑干系统相联系。

其次，智商和情商的形成基础有所不同。情商和智商虽然都与遗传因素、环境因素有关，但是，它们与遗传、环境因素的关系是有所区别的。智商与遗传因素的关系远大于社会环境因素。据英国《简明不列颠百科全书·智力商数》词条载："根据调查结果，约70% ～ 80% 智力差异源于遗传基因，20% ～ 30% 的智力差异系受到不同的环境影响所致。"情商的形成和发展，先天的因素也是存在的。美国心理学家艾克曼的研究表明，从未与外界接触过的新几内亚人能够正确地判断其他民族照片上的表情。但是，情感又有很大的文化差异。从近代史研究中也可以看到，人的情感容易受到社会环境的影响，人总是有着根深蒂固的从众心理。

最后，智商和情商的作用不同。智商的作用主要在于更好地认识事物。智商高的人，思维品质优良，学习能力强，认识深度深，容易在某个专业领域做出杰出成就，成为某个领域的专家。调查表明，许多高智商的人会成为专家、学者、教授、法官、律师、记者等，在自己的领域有较高造诣。情商主要与非理性因素有关，它影响着认识和实践活动的动力。它通过影响人的兴趣、意志、毅力，加强或弱化认识事物的驱动力。智商不高而情商较高的人，学习效率虽然不如高智商者，但是，有时却能比高智商者学得更好，成就更大。因为锲而不舍的精神使勤能补拙。另外，情商是自我和他人情感把握和调节的一种能力，因此，对人际关系的处理有较大关系。其作用与社会生活、人际关系、健康状况、婚姻状况有密切关联。情商低的人，人际关系紧张，婚姻容易破裂，领导水平不高。而情商较高的人，通常有比较健康的情绪，比较完满的婚姻和家庭，有良好的人际关系，容易成为某个部门的领导人，具有较高的领导管理能力。

诸多证据显示，EQ 较高的人在人生各个领域都有较多优势，无论是谈恋爱、人际关系或是理解办公室政治中不成文的游戏规则，成功的机会都比较大。此外，情感能力较佳的人通常对生活比较满意，比较能维持积极的人生态度。反之，情感生活失控的人必须花加倍的心力与内心交战，从而削弱了他的实际理解力与清晰的思考力。

一个 IQ 高的人和 IQ 低的人谁更幸福？答案肯定是 IQ 低的。一个 IQ 低的人往往会无忧无虑，而一个IQ高的人往往在做事情时会瞻前顾后。那么一个EQ高的人和EQ低的人谁更幸福？答案也很明显是EQ高的。IQ低的人可能会进步，但是EQ低的人很容易患抑郁症。EQ低的人在受到挫折时，会很容易拿别人的错误来惩罚自己。高EQ能让我们明白外面的世界很现实，很复杂，也很精彩。自己会走什么道路其实在于自己的情绪，在于对未来的各种选择。比如说摔倒了，有的人会说真倒霉，有的人会说正好我要歇一会。对于外面世界的一切的美好，一切的复杂都要靠你的EQ去领会。你要用高EQ去看待一切的不公平，一切的美好。

在美国，人们流行一句话："智商（IQ）决定录用，情商（EQ）决定提升。"事实上，IQ和EQ都很重要。只不过，在今天这个竞争日趋激烈、知识爆炸、人际关系复杂的社会中更显出EQ的重要性。

对孩子加强情商培养

父母箴言

只要让孩子多一点勇气，多一点机智，多一点磨炼，多一点感情投资，孩子们也会像"情商高手"一样，营造一个有利于自己生存的宽松环境，建立一个属于自己的交际圈，创造一个发挥自己才能的空间。

现在的父母对孩子的教育是越来越重视了，在孩子教育方面的投资也越来越大了。父母们聚在一起所谈论最多的一个话题就是：孩子的学习怎么样，谁家的孩子学习好，谁经常考第一名，谁家的孩子不知道学习……。其实，父母关注孩子的学习是一件好事，是应该得到提倡和发扬的。可是，有一些父母的教育方法却把孩子领入了一个误区：为了让孩子各个方面都得到发展，一到周末，就把孩子送往各种补习班，对孩子进行盲目地恶补。其实，父母只注意到了孩子智力的开发，却忽略了让孩子走向成功的另外一个更加重要的因素，也就是所谓的情商。那些在父母的精心呵护下长大的孩子，就像是生长在温室里的一朵花，他禁不起一点挫折和磨难。不能清楚地认识自己，对自己的能力也不能很好地把握，更别说去控制和整顿自己的情绪了，当他遇到困难的时候也不会自我激励，只有一味地退缩而已。对于别人的情绪、感觉和需要更是采取事不关己的态度。这样一来，就不能正确认识自己和他人，更谈不上什么同情心理，对于人际关系也会被他处理得一团糟。许多的心理学家们都认为，情商是影响个人健康、情感、人际关系的一个重要因素，更是一个人生活的动力，它可以让智商发挥更大的效应。

我国从古代起就提倡"忍"、"三思而后行"、"不以物喜，不以己悲"、"淡泊明志，宁静致远"，现在风靡全球的"成功教育"、"愉快教育"也都无一不包含着情商培养的因素。因此，今天的父母们在全方位的开发孩子智商的同时，更应加强对孩子情商的培养。

说了这么多情商的重要，那么，到底什么样的做法才是高情商的表现呢？

首先，高情商的人不管做什么事情的动力都是来自内部，他们有很强的自觉性和主动性。在决定要做一件事情之后，没有完成是绝对不肯罢休的。做任何事情，他们都有明确的动机、强烈的兴趣以及所表现出的积极独立和不甘落后，并且有勇气，自信心强。一个高情商的孩子，懂得自动自发，自动做事、自动读书、自动做功课……所有的一切都是自动的，不用别人来督促。因此，就算他的智商不比别人高，但成绩也可以比别人好。

其次，高情商的人目光是长远的，他们不会沉溺于一些短暂的利益之中，不管想什么问题、做什么事情，他们都会把眼光放得很远，而不会满足于眼前的一点点欲望。

比如，研究者告诉孩子们说："这里有糖，你们可以马上吃，但只可以吃一块，如果等我出去办完事回来再吃，你们可以得到两块糖。"跟踪实验的结果表明：那些有耐心等待的孩子，长大后比较能适应环境、讨人欢心、敢冒险、自信、可靠；而那些只满足眼前欲望的孩子，长大后各方面的成就都不是很高。

再次，高情商的人善于控制自己的情绪，他们在任何时候都可以做到头脑冷静、行为理智，能抑制感情的冲动，克制急切的欲望，及时化解和排除不良的情绪，使自己始终保持一种良好的心境，心情开朗，胸怀豁达，心理健康。一个高情商的孩子，会把自己的情绪控制得很好，当他们遇到让他们感到烦恼的事情时，他们可以自己化解，绝不会做出一些极端的事情来。

然后，差不多每一个人都有某些连自己也看不清楚的个性上的盲点，高情商者常常会自我反省，从不同的角度了解、认识自己，对自己有一些比较客观的评价，具有自知之明，并且能正确地为自己定位。因此，他能够处理好周围的一切关系，而成功的机会也总是比较大。一个高情商的孩子，会很清楚地看到自己的优点和缺点，他们既不会因为成绩好、受老师赏识而自傲，也不会因为自己在某方面不如别人而自卑。

最后，高情商的人善于洞察并理解别人的心态，能控制自己的情绪，会设身处地为别人着想，领悟对方的感受，尊重他人的意见。因此，他们善于人际沟通与合作，人际关系融洽，在复杂的人际环境中也会游刃有余。一个高情商的孩子，在集体中会有好人缘，容易受老师和同学的喜爱和欢迎，很少感觉孤独。

其实情商就是一种能力，是一种创造，又是一种技巧。既然是技巧就会有规律可循，就能被人们所掌握，就可以熟能生巧。只要让孩子多一点勇气、多一点机智、多一点磨练、多一点感情投资，孩子们也会像"情商高手"一样，营造一个有利于自己生存的宽松环境，建立一个属于自己的交际圈，创造一个更好发挥自己才能的空间。

提高孩子的情商应先由父母做起

父母箴言

消极的情绪无助于问题的解决，反而会像传染病一样在全家弥漫。所以，父母应当以理智的头脑控制自己的情绪，应该学会掌握调节自己的情绪，同时帮助孩子摆脱消极情绪的控制，学会自我调适，变得乐观自信起来。

家庭是孩子学习情商的第一所学校，是孩子情感发展的基石。在家里，他们将学到许多基本信息知识，比如他们的自我观察，别人对自己的反应，如何看待自己的感觉，如何洞悉别人的情绪与表达自己的喜怒哀乐等。根据研究显示，父母对待子女的方式，对子女的情感世界有长远而深刻的影响。因此，想要孩子具有高情商，父母必须力争做到以下五点：

1. 为孩子树立良好的榜样

父母的一言一行、一举一动，无不对孩子起着潜移默化的影响和作用。因此，父母要以身作则，凡是要求孩子做到的，首先自己要做到，用榜样的力量去影响孩子。

2. 父母要用好的情绪影响孩子

孩子的情绪往往受家长的影响，平时在生活中，家长要用热情、豁达、乐观、友善等好情绪对待孩子和他人，控制住自己不好的情绪，这样孩子才会具有活泼、大方、快乐、关心他人的优良情绪和性格。同时大人还要及时排除孩子恐惧、抑郁、悲伤、愤怒等不易被社会接受的坏情绪。父母还要让孩子懂得：应该在什么场合，用什么样的情绪，以便让孩子能自觉地掌握，逐渐形成自我控制情绪的能力。

3. 要注意孩子情感的细微变化

父母要与孩子做一些心灵沟通，做孩子的知心朋友。对于孩子的要求，只要是合理的、能够满足的，父母应该尽量给予满足；不合理的、不能满足的，则要向孩子说明为什么不能满足的道理。父母千万不能不关心孩子的痛痒，也不能让孩子放任自流，更不能动辄训斥、打骂，压抑孩子的情感流露。相反，父母应让孩子的情感得到合理的流露，并要了解它产生的原因，需要解决的，应及时加以解决。

4. 要为孩子创造各种人际交往的条件

如果家里来了客人，父母要让孩子相识相伴、沏茶接待。父母也要适当带孩子去参加一些聚会、晚会，让孩子见见各种场面，学习与各种人打交道。另外带孩子上街时，要鼓励孩子问路。乘车、进公园、购物等，都可由孩子付费。孩子在幼儿园或学校当了小干部，都要予以积极鼓励和支持。

5. 要带孩子多参加各种集体活动

在集体活动中，孩子与同龄的小朋友一起生活游戏，他们会相互教会怎样玩耍、怎样相处、怎样生活。父母要欢迎孩子的朋友上自己家里来玩，也要鼓励自己的孩子到别的小朋友家里去玩。在孩子与其他小朋友交往的过程中，父母要教育自己的孩子严以律己、宽以待人、互相信赖、彼此尊重。

教孩子学会情绪的自我调适，是父母们日常生活中应该特别给予关注的。

"啪、啪！哗啦！哗啦！"小辉又在摔东西了，这次可非同一般，他摔碎了爸爸心爱的瓷茶杯，还砸坏了妈妈梳妆台上的大镜子，接下来是一场席卷全家的"疾风暴雨"。当小辉被三四个大人"押"到心理老师面前时，他手上缠着纱布，脸上、手臂上都有青紫的伤痕。父母回避后，小辉对心理老师慢慢道出自己的苦衷："还不是因为我期中考试没有考好？父母不许我做任何解释，这次题目特别难，班上十几个人没及格，我都及格了，比上学期名次还提高了。可爸妈不相信我，说我贪玩、不努力，我能不跟他们急吗？我一回到家里就感到特别压抑。我学习很努力，可没有父母期望得那么好。爸爸见到我总是板着脸，除了问学习没有别的话说，我出点小错就打骂，他手可狠了，摔东西可厉害了，老拿我当作出气筒；妈妈爱唠叨，又动不动就哭天抹泪的；爷爷有心脏病，不让大声说话；只有奶奶真疼我，可又管不了爸爸。一放了学，家里人都不让我出去，说我脾气大，怕我惹事，不让我下楼踢球，也不让听音乐，我觉得家里简直像牢笼一样！我心里一感到难过，就想学爸爸的样子摔东西，听到那刺激的响声，我才觉得心里痛快些！"

其实，所谓脾气大、情绪易波动的青少年，往往是情商较高的孩子，同时也是因为他们的神经系统属于强型，所谓"发脾气"，是因为缺乏宣泄和表白的机会，只不过是想让父母了解自己的内心。近年来，"情商"这个时髦的心理学名词引起人们的兴趣，是有一定道理的，因为情商是人的非智力因素的核心内容，也是一个人事业成功的关键性因素之一。情商包含着三方面的内容：一是正确表达和适度控制自己情感的能力；二是理解和接纳他人情感的能力；三是与他人交流情感，以自己情感影响和感染他人的能力。在家庭教育中，应重视对孩子的情感教育，家长应引导孩子努力提高情商，懂得爱自己和爱别人。

世界医药学的鼻祖希波克拉底曾经说，躯体本身就是疾病的良医。七情六欲，人所共有之。但是，同样是情绪，可以给人带来健康，也可以给人带来疾病。而人本来就有能力和办法来控制和调节自己的情感和情绪，使之利于健康和生命的。儿童、青少年处在心理尚不成熟、情绪情感十分丰富而脆弱，且又复杂多变的时期。在家庭中，父母的情绪直接影响孩子的情感水平，是孩子的情绪的主要"影响源"。因此，父母应该学会驾驭自己的情感，提高自己的情商，保持自己情绪的乐观、稳定，给孩子做出健康情感的榜样。并成为孩子情绪的镇静剂、安慰剂和调节剂。

喜怒哀乐，人皆有之。在家庭中，教孩子学会情绪的自我调适，以下建议可供父母们参考：

加强自身的情感训练，提高自身的素质，具备基本的情商。

对孩子细心一些，发现孩子情绪不佳时，要懂得理解孩子的感受，努力去了解引起孩子情绪不佳的前因后果，进而协助孩子以适当的方法抚平情绪。

帮助孩子建立自信心，培养他们的同情心，促进其情商的发展。

每天和孩子聊天 10 ~ 20 分钟。为了避免拘束，可以采用共同的游戏、文体活动，或者是在睡前陪伴孩子一会儿，创造一种轻松温馨的气氛，使孩子愿意说出想说的话。创造轻松活泼的气氛，保持乐观、平和的心境，处事不惊，顺其自然，应变能力较强，知足者常乐，能够轻松做事。

开朗豁达处事。凡事想得开，对人大度开明，虚怀若谷，在家庭中讲究宽容，有话好好说，运用对话、谈心、讨论等方式与孩子进行心理沟通。

保持深邃稳定的人格魅力。遇到任何事情能够镇定自若，引导孩子善于以自信和自强之心来战胜挫折和失败，使他们真正学会主宰自己的情绪。

以幽默机智化解家人之间的矛盾。要能够承受一切外界和内心变化所带来的危机，总是会转危为安，保证在家里不动武、不喊叫，以幽默机智，保持和谐平静的气氛。

如果父母出现言行、情绪失控的情况，向孩子发了脾气，则应当在事后做检讨。反省自己，以得到孩子的理解和原谅。

对于进入青春期年龄的孩子，父母更要注意尽量不与孩子发生正面冲突，而是要心平气和，冷静处理所有的问题。

情感的交流是相互的。父母也应该将自己的喜怒哀乐告诉孩子，使他学会关注别人的内心，学会分享别人的快乐，分担父母的忧愁和烦恼。

鼓励与肯定孩子对不同情绪的表达。尤其是对不好的情绪，也要表示理解和尊重；还要教孩子通过正确的方式宣泄负面情绪，比如，通过向亲人倾诉，通过向自然环境的宣泄等，达到敞开心扉，缓解紧张焦虑情绪的目的。

培养孩子对艺术的爱好，以使他的情绪得到转移和升华。引导孩子学会专注地欣赏艺术作品，让孩子明白，这是一种艺术修养，可提高一个人的品位。使孩子学会用音乐、绘画、朗诵、作诗等方式来表达自己的内心，也是完全可以逐步实现的。

让孩子远离"成长问题"

父母箴言

有些孩子有着非常高的智商，但是他们的情商却低得可怜，致使他们出现了一系列的问题。所以，父母要经常和孩子做一些情感上的交流、对孩子细心一些、帮助孩子建立自信心、培养孩子的同情心，以便促进孩子情商的发展。

厌学、早恋、网恋、孤僻甚至是犯罪这些事情越来越多地发生在孩子的身上，不仅如此，还有越来越多的孩子对于亲情表现出冷漠，不愿意和父母沟通，并且在人际关系的交往上也存在着一系列的问题。于是，人们把这些孩子划为"问题孩子"。然而根据教育专家研究发现，这些"问题孩子"的智商基本上是正常的，甚至有的还是智力超群的。但是，他们的"情商"却相对比较低，他们的情感世界可以说是一片荒漠。这些问题从根本上来说并不是孩子的过错，而是他们严重缺乏情商方面的教育。

根据了解，"问题孩子"的年龄一般都在 3 ~ 20 岁，也就是说他们基本上都是计划生育政策实行后出生的独生子女，是备受父母呵护的一代。看见孩子有这么多的问题，父母们心急如焚，遍求良方。

一位家长为了孩子，自己整天寝食难安。因为孩子自从上了初二就不大愿意和父母沟通交流了，这位家长害怕孩子走进"早恋"的误区，所以天天都悄悄地"护送"孩子上学，有时候看见孩子与女生交往过密就现身制止。后来，孩子更不愿与其多说话了。这位家长到学校和老师交流了很多次，却没有找到很好的解决方法，自己也很着急。

5 岁的蓉蓉坐在办公室的沙发上一声不响玩她自己的小手，然而她的小眼睛却一直在关注着妈妈，小耳朵也在认真听着妈妈和咨询师的谈话。因为孩子逆反性太严重，蓉蓉的妈妈只好向心理咨询师请教。

现在的不少家长都反映如今的孩子越来越难管教了，非常希望教育专家能指点迷津，帮助他们解决孩子成长中的一些具体问题。

为什么现在的"问题孩子"越来越多，问题也越来越突出了呢？教育专家林蔚博士认为，孩子出现这些问题的一个重要原因就是我国对孩子的情商教育方面的落后！我国的普遍教育往往偏重于智商而忽略了情商！学校存在这种现象，家庭教育更是这样。

随着人们的生活水平提高，现在的很多父母为了孩子拼命工作。他们认为只要给孩子吃好、穿好就算对孩子好了，从而忽视了对孩子情感上的教育和沟通，让不少孩子产生了孤独感，逐渐变得沉默，然后演变成叛逆，甚至是犯罪。目前的"问题孩子"大多是独生子女，家里几代人都宠爱这一个孩子，造成孩子心中至高无上的优越感，使其在与朋友、同学的交往中颐指气使，也导致没有要好的朋友，从而陷入孤独。

刘翔平博士认为，塑造一个人性格的重要阶段是 0 ~ 12 岁，老师和父母都要注意对孩子情感、情绪及心理方面的教育。80% ~ 90% 的人的智力是不相上下的，但是现在所有学校教育的模式都是发展智力的"知"觉教育，经常以成绩分数的高低来衡量孩子的好与坏，缺少了感恩教育等综合素质的"感"觉教育。

情商教育专家吴芳认为，一个人的行为来自他自身的需求或动机，而这种需求或动机又受情绪情感的支配。那么，要解决孩子的叛逆、厌学、网恋等问题，就要重视"情商"教育。在一些大城市的中小学，都开设有心理活动课，孩子们可以在这里抒发情感、陶冶情操。目前，部分学校也拥有了心理咨询室，不过咨询老师大多是由语文老师兼任，很少有专业的心理老师。吴芳老师认为，过去几乎所有的家长都把教师奉若神明，希望老师能把自己的孩子教育成才。而现在有不少家长都认为，自己给学校交钱就是让老师教孩子，孩子有错就是老师有问题，从不认为孩子自己有问题，而孩子对家长与老师的关系是很敏感的，这样就容易让孩子学会"推卸责任"——自己犯错却责怪老师。

为了弥补孩子在情商方面的教育，让孩子们远离"成长问题"，现在已有多家教育机构涉及到孩子的"情商"教育。据悉，目前不管是家长还是教育机构都已经意识到了情商教育的重要性，但如何对孩子实施有效的情商教育却成为业内关注的问题。

培养孩子的情商就要关注孩子的心理、行为、意志、与人交往的能力、控制自己情绪的能力，心理脆弱、行为偏激的孩子，一旦走入社会就很难适应，遇到复杂情况往往会束手无策、不知所措，仅仅拥有高智商而缺乏情商的孩子，其创造力就很难挖掘、开发。

教育专家认为，要让孩子远离"成长问题"，父母必须转变教育观念，重视孩子的情商教育，这样，我们的孩子才能健康成长。

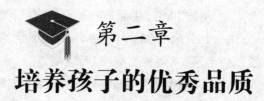

第二章
培养孩子的优秀品质

让孩子拥有一颗善良的心

🚢 **父母箴言**

一个健康的孩子就好比一棵树，必须以善良为根，正直为干，丰富的情感为蓬勃的枝丫，这样才能结出美丽善良的果子。善良的情感及其修养是人道精神的核心，必须在童年时悉心培养，否则就不会有效果。

一个人最重要的素质之一就是爱心，它可以说是人性的基础。一个没有爱心的人，就是一个冷漠的人，一个与社会脱节的人。而爱心的产生，是基于个体社会情感的需要，它也不是与生俱来的品质，而是一种在后天的环境和教育的熏陶下逐渐形成的习惯性心理倾向。

孩子可以被看作是一面镜子，给他们爱，他们会报之以爱；无所给予，他们便无所回报；无条件的爱得到无条件的爱的回报，有条件的爱得到有条件的爱的回报。

因此，不管你怎样把净化和丰富精神世界的活动引入家庭生活，记住，有一点是最重要的：如果你的内心没有爱，就不可能给别人爱。父母首先要做的是，要让内心世界充满爱，这样你才有多余的爱给别人，才能培养引发你们的孩子来自内心的爱。

父母应该让孩子理解，无附加条件地服务于他人，就是不要任何回报的服务和爱的给予。学会把孩子看作是与你脱离的、独立的人去爱他们，你的职责是把他们变成与你一样的人，即让他们通过自己的努力尽力成为最好的人。

古今中外，爱心被认为是一个人的基本道德和社会的灵魂。孔子说"仁者爱人"，孟子讲"王道"，他们都是以爱为核心的。费尔巴哈说："新哲学建立在爱的真理上，感觉的真理上。""爱是存在的标准——真理和现实的标准，客观上如此，主观上也是如此。没有爱，也就没有真理。"由此，以爱为基础的新哲学被他建立了。

那么，应该怎样来培养孩子的爱心呢?

1. 热爱动物，热爱生命

我们时常会看到这样一些情景：孩子在逛街时，迎面跑过来一只小狗，孩子会情不自禁地抚弄小狗，眼里流露出爱怜的神情。像动物园、公园这些场地，往往是孩子们的天下，孩子们在这里会和小动物们嬉戏、玩耍，并且会觉得快乐异常，显现出爱的天性。

相反，我们也会看到一些搞恶作剧的孩子，他们抓住小猫、小狗的尾巴，听到它们悲惨的嚎叫而开心不已，这些都是他们没有爱心的表现。

西方国家大多制定了法律，禁止虐待小动物，目的是用法律抑制残忍。英国有句名言："爱我者爱我的狗。"把狗等同于人，借用小动物启迪孩子的爱心，是最直观和便捷的方法。现代社会掀起"宠物热"，并非全是精神空虚，它也是人类在人情淡薄的后工业社会中，借用宠物培育爱心，呼唤美好人性的一种表现。

2. 帮助孩子克服自私自利的性格

"我的，给我，我要!"这是小孩子最常说的几个词。可见，小孩子的自我意识很强烈，这往往被用来证明"人生来是自私的"。

诚然，人有自私的一面，自私属于动物的普遍共性，但并非不可改变。婴儿学会的语言中，最早还有"爸爸"、"妈妈"这些词，说明婴儿最早感受到的他人便是父母。父母的爱是无私的，父母精心呵护孩子，让孩子最先感受到人间的温暖。

父母之爱是无私的奉献，历来为人们讴歌，但切不要把它当作对孩子的馈赠，否则便成了溺爱，反而会助长孩子的自私心理。

3. 给孩子做关心别人的榜样

言传身教，榜样的力量是无穷的，也是最有效的。要使孩子富有爱心，父母必须从自己做起，从孩子一生下来就开始做。

当代著名的社会生物学家威尔逊，有一次意外地发现一个有趣的现象：

一只雌性的成年斑鸠在看到一只狼或者其他食肉动物接近它的孩子的时候，便会假装受伤，一瘸一拐地逃出穴窝，好像它的翅膀折断了。这时，食肉动物就会放弃攻击小斑鸠转而攻击成年斑鸠，希望能够捕食这只"受伤"的猎物。

一旦这只成年斑鸠把这只食肉动物引到一个远离穴窝的地方时，它就会振翅飞走。这种方法往往能够取得成功，当然，有时也会遭到不测。

斑鸠就是用这种富有爱心的举动来保护幼小的斑鸠，使它们能够活到成年，繁殖后代。而小斑鸠在耳濡目染成年斑鸠的做法后，也会仿效。由此可见，爱心是一种后天强化的行为，只要父母提供榜样，孩子就会模仿。因此，父母在有意识地对孩子进行爱心教育的同时，更要以身作则，通过自己的言行来对孩子起示范作用，在家庭中营造爱的氛围，感染孩子的心灵。

4. 移情训练

爱心培养还需要移情训练，可以经常让孩子把自己痛苦状态时的感受与别人在同样情境下的体验加以对比，体会别人的心情，这样可以让孩子学会理解别人，学会移情。

例如，看到小朋友摔倒了，可以启发孩子："想想你摔倒时，是不是很疼？小弟弟一定很难受，我们快去扶起他，帮他擦擦脸。"这样，孩子的同情心不知不觉就培养起来了。

5. 培养孩子的同情心

同情他人是爱心的一种体现。缺乏同情心的孩子只关心自己，只顾自己的快乐，而无视别人的痛苦，甚至会把自己的欢乐建立在别人的痛苦之上，这种孩子是很可怕的。有同情心的孩子往往比较会关爱他人，因此，父母要在生活中培养孩子的同情心。

父母可以为孩子创造一些和人交流的机会，在交往的过程中，孩子能亲身体验到别人的感受和想法，这样有利于同情心的培养。比如，许多大城市中组织的"手拉手"活动，是在城市和贫困地区的孩子之间建立起来的互助合作，让城市孩子真切体会到农村孩子没有书包、没有书本、没有橡皮的感觉，父母可以鼓励孩子多参与这样的活动。

6. 让孩子了解一些生活的真实情况

父母们总是担心孩子吃苦头，担心孩子遭受挫折。尽管父母自己面临着许多生活的曲折和坎坷，尽管父母有许多不快乐和情绪不稳定，但父母们总是竭力在孩子面前保持平稳。父母总是希望孩子不要过早地承受生活重担，其实这是错误的。事实上，父母要学会与孩子成为朋友，要学会让孩子了解一些生活的真实情况。有些父母总是自己累死累活，但对孩子的各种要求却无条件地满足，这样孩子就会越来越缺乏爱心。

父母亲是孩子最直接的教育者，应该把自己的辛劳告诉孩子，让孩子明白父母之爱的伟大，懂得父母为了自己的成长做出多么大的牺牲。这样，孩子便会体谅父母，不再心安理得地接受父母的伺候。有机会也让孩子学习照顾父母、长辈，明白爱心是相互交流的，不只是单方面的索取。创造一个富有爱心的家庭气氛，能克服孩子的自私心理，让孩子养成关心别人的习惯。

培养出一个有责任心的孩子

　　孩子并不是天生具有责任心的，它是在适宜的条件和精心的培养下，随着年龄的增长和心理的发展而形成的。家庭是孩子责任心赖以滋长的土壤，父母对待孩子的态度、教育孩子的方法是他能否健康成长的重要条件。

　　责任心是孩子健全人格的基础，父母都希望自己的孩子有责任心，因为责任心是一个人立足于复杂的社会，能担当重任的重要条件。

　　责任心，是指一个人对自己和他人，对家庭和集体，对国家和社会所负责任的认识、情感和信念，以及相应的遵守规范、承担责任和履行义务的自觉态度。责任心是孩子健全人格的基础，是能力发展的催化剂。每个人都有一种积极向上的内在趋势。孩子以幼儿阶段所表现出各种主动尝试的愿望，正是一种责任心的萌芽。如幼儿独立吃饭、试穿衣服、手脏了自己洗等行为都是孩子责任心的表现。父母的责任是密切地关注他、帮助他、鼓励他，在他尝试的过程中，培养其意识，增强其自信，逐步成为独立自主，对个人、社会负责的人。

　　责任心的培养应遵循这样一个规律：从自己到他人，从家庭到学校；从小事到大事，从具体到抽象。不可想象，对自己不能负责的人，何谈对他人负责？对家庭没有责任心，何谈对社会有责任心？因此，家长对孩子责任心的培养应从家庭做起，从日常生活的小事抓起，循序渐进，由近及远，从具体到抽象。

　　有责任心的孩子能运用他自己的智慧、信心和判断力去做出决定，独立行事，考虑他的行为后果，并且在不影响他人权利的情况下实现自己的需要。他们明白自己的义务，并主动履行义务，并愿意承担自己行为的后果。

　　家庭责任心主要是指能尊重其他家庭成员的权利，自愿承担家庭义务，为自己的行为承担责任。一个具有家庭责任心的孩子，不仅能在现在的家庭生活中扮演好家庭成员的角色，在未来的生活中也有能力组织好属于自己的家庭。他的一生不仅能享受到家庭生活的充实、快乐，同时，也能创造出温馨、和睦的家庭气氛。

　　孩子作为家庭的一名成员，既应该享受其权利，当然也应承担一定的家庭责任，包括承担一定数量的家务劳动。父母可以通过鼓励、期望、奖惩等方式，督促孩子履行职责，培养其责任心。如果一个孩子在家庭中的责任心难以确立，将来一旦走上社会，就很难有社会责任心。

培养孩子的家庭责任感不仅在于家长是否具有家庭责任感，还在于家长是否给孩子锻炼的机会。如果你不是一个尽职尽责的父亲或母亲，怎能对孩子进行责任心的教育呢？父亲与朋友玩麻将通宵达旦，不顾及对家人的干扰；母亲忙于在外应酬，家里一团糟，这样的父母又有什么理由和资格去埋怨孩子不愿回家呢？

在一个专制的大人王国里，也难以培养出有家庭责任感的孩子。因为家长对孩子控制得太死，管制得太多，使孩子没有机会就某件事做出负责的行为，孩子做事只是服从，听命于大人的意见，而我们强调的责任感并不是指你的孩子按照你告诉他的方式去行事，而是他能主动发现并自主地做出反应。

只有民主的家庭，才是家庭责任感生长的最佳环境。在这样的家庭里，家长和孩子相互独立，但并非各行其是，漠不关心，而是彼此尊重又相互关照的。孩子受到重视，家长具有威信。在讨论家庭中的责任与分工之前，父母应该想一下自己是否是一个有家庭责任感的人？自己惯用的教养态度和方式是否有利于孩子责任心的培养？在抱怨自己的孩子缺乏责任感之前，先检查一下自己是不是孩子的榜样。然后就有可能从抱怨孩子转而反思自己。要想改变孩子，也应当从改变自己开始。这是最关键的问题。

在家庭生活中如何创造或抓住机会培养孩子的责任感？关键是父母必须赋予孩子一定的责任，以便有针对性地进行教育。空洞的说教是不能培养孩子的责任心的。通过赋予孩子责任，或感受他们自己某些行为的不良后果，才能培养孩子的责任心。

那么如何培养孩子的责任感呢？

1. 自己分内的事自己做好

在家中应该明确哪些事情是由爸爸妈妈来做的，哪些事情可以由爸爸妈妈帮孩子做，又有哪些事情是必须由孩子自己做的。对第三类事情必须给孩子一个明确的概念和范围，在不同的年龄给他制定不同难度的自理工作范围，对于这些父母绝不要包办代替。

2. 家里的事别人的事帮着做

要让孩子明白，仅把自己的事做好是不够的，因为他还是家庭、集体中的一员，他还有责任协助做一些家里的事、集体的事，以此来为家庭、集体尽责，只有这样将来才能为社会尽责。要对自己的行为后果负责，就要善于抓住生活中的点滴小事，无论事情的结果好坏，只要是孩子的独立行为结果，就要鼓励他敢做敢当，不要逃避，要勇于承担后果。家长不应替他承担一切，以免淡漠孩子的责任感。

3. 要履行自己的诺言

从小教育孩子，自己答应了别人、许下了诺言就要尽全力履行诺言，即使自己不情愿也要这样做，因为这样做是对别人负责，也是对自己负责。

4. 要积极参加社会公益活动

要教育孩子自己是社会集体中的一员，权利与义务是并存的，他有义务为社会做自己力所能及的事，这是培养孩子对社会负责的重要途径。

孩子并不是天生具有责任心的，他是在适宜的条件和精心的培养下，随着年龄的增长和心理的发展而形成的。家庭是孩子责任心赖以滋长的土壤，父母对待孩子的态度、教育孩子的方法是他能否健康成长的重要条件。

在家庭环境中有责任心的孩子，才能在更复杂的学校、社会环境中经受考验，得到修正和磨炼，最终成为一个自强、自立的人。

杜绝孩子的说谎习惯

父母箴言

人的一生都是在真与假的斗争中度过的，父母要引导孩子从小说真话，一步步养成说真话的好习惯。这种习惯一旦养成，就会变成一种做人的准则。这对孩子将来的发展大有益处。

几乎刚会说话的孩子就已经开始撒谎，有时可能更早些。孩子在发展初期，看不出自己言行之间的直接关系，对他们来说，行为远比语言重要得多，而语言都是模糊的，是有多重含义的。

当孩子慢慢长大后开始发现，故意说谎而误导别人是错误的，当他们发现父母、兄弟姐妹或朋友欺骗自己时，会非常愤怒。他们逐渐开始区分谎言的类型和轻重的程度。

著名的哲学家罗素说："孩子不诚实几乎总是恐惧的结果。"孩子说谎并不可怕，可怕的是面对孩子的谎言，父母听之任之，任其发展。但是，父母想要控制孩子的说谎，培养孩子的诚实，的确是件不容易的事。

在孩子的成长过程中，有一个能保护和培养孩子说真话的环境，孩子就会自然而然地养成说真话的好习惯，长大后也一定会成为一个很正派、很真诚的人，并且会受到人们的欢迎和尊敬。因为只有一个人说真话，相信别人，对生活有信心，才会问心无愧地面对各种事情，也才会得到别人的信任和理解。

怎样杜绝孩子说谎呢？

父母自己首先一定要说真话，为孩子做出榜样，无论在什么情况下，都不撒谎不作假，有一说一，说到做到。要让孩子看到爸爸妈妈是怎么做的，并要让孩子懂得为什么不能撒谎说假话。有些父母在孩子不高兴的时候，或是在自己很高兴的时候，常常会"哄"孩子，给孩子开空头支票，许下种种并不准备兑现的诺言。这样很容易在孩子心目中留下"爸爸妈妈说话不算数"的坏印象，从而面临家庭教育失去基础的危险。因为不被孩子信任的父母，是没法教好孩子的。也只有孩子说真话，父母才能知道他们究竟在想什么，从而才能适当地给孩子以鼓励、引导、帮助和劝阻。要是孩子说假话成了习惯，孩子的行为就会变成当面一套，背后一套，很容易走上犯错误、做坏事甚至违法犯罪的道路。所以，为人父母者，一定要教育孩子不撒谎、说真话。

孩子如果连父母都信不过，天下还有谁值得信赖？既然父母是孩子最信得过的人，孩子听到什么事情或是想到什么东西，都会统统告诉爸爸妈妈。这时，不要管孩子说的是什么，父母都要认真、耐心地听完。就算是孩子有些地方说错了，甚至使父母不愉快，父母也不要吹胡子瞪眼发脾气，而要亲切地跟孩子交谈讨论，说自己的心里话，而不要应付、糊弄孩子。如果孩子因为说真话在外面吃了亏，父母应想办法做孩子的思想工作，明确表示支持孩子讲真话，鼓励孩子做一个真诚的人。总之，不论在何时何地都要鼓励孩子说真话。

控制孩子说谎，培养孩子诚实的经验主要有以下五点：

1. 要澄清孩子的谎言

当警告孩子不要说谎时，父母不要对孩子说："如果你说谎就把你的舌头割下来"。孩子说谎了，父母当然不会真的割他的舌头，这使孩子认为父母的警告本身就是谎言。孩子的想象转化成谎言，有时仅一步之遥，这就需要做父母的正确引导。孩子拥有想象力是天性，但如果父母对其想象力一味地赞许，就有可能发展成谎言，而父母如果一味反对孩子的想象力，又会扼杀孩子的智力发育。所以，父母必须调整教育方法，及时循循善诱地更正孩子不当的想象。

2. 要找出孩子说谎的原因

如果孩子到了能够分辨是非的年龄仍然说谎，父母应找出原因。孩子说谎的原因，许多心理学家都给出了答案。概括起来有如下几种：

（1）说谎有时比说真话更能免受处罚

大多数父母认为，孩子主要是因为不知道撒谎的严重后果才说谎的。事实上，孩子说谎有时是因为说了真话反而受到了惩罚。

（2）出于无奈而撒谎

许多父母可能无法接受，孩子撒谎有时是因为父母逼的。父母应该知道孩子也有沉默的权利。许多成年人在处理一些棘手的两难问题时，经常保持沉默。如果非要逼孩子说出真相，孩子就只能说谎了。鉴于这种情况，可以给孩子一定的缓冲，等大家都心平气和了，再让孩子主动把事情的真相说出来。

（3）为了讨父母欢心而撒谎

著名发展心理学家皮亚杰博士发现，4岁以下的孩子判断自己的言行是否正确的标准，通常是看爸爸妈妈脸上的表情。为了不让爸爸妈妈生气，他们最本能的反应就是不承认自己所做过的错事。

3. 要树立良好的榜样

对于说谎的孩子，威胁或强迫他承认自己的谎言都不是正确的方法，父母最好能用一定的时间，冷静、严肃地与孩子谈谈。孩子在承认错误以后，父母一定要称赞孩子的诚实表现，要说一些类似这样的话："我虽然不满你做错了事，但幸好你说出了真相，妈妈（爸爸）实在很赞赏你的诚实。"

4. 让孩子感到安全

所有的孩子说谎都是因为需要安全感，如果父母能给孩子安全感，孩子就会诚实起来。

5. 减少孩子的心理压力

父母对孩子过高的期望，会给孩子增加压力，导致孩子说谎。因此，父母对孩子的期望值要合理，不要希望他们做出超出自身能力的事。父母要以宽容之心对待孩子，经常与孩子倾心交流，减少孩子的心理障碍，做孩子的知心朋友。

总之，面对孩子的谎言，要去分析、研究，找出孩子说谎的原因，对症下药，进行善意的引导和教育。每个父母都望子成龙，虽然不可能每个孩子都能成为杰出青年，但却有可能让他们做一个人格健全的人。诚实，则是培养孩子健全人格的唯一方法。

培养孩子诚实守信的好习惯

父母箴言

从小培养孩子诚实守信的好习惯，对于孩子来说终身受益。要从小事中培养，在大事中受用。久而久之，孩子就会变得格外信守诺言。

诚实守信是一个人最基本、也是最重要的品格，我们要把它作为人格教育的起点，诚实守信是一种言出必行、互不欺骗的优良品格。教育孩子养成诚实守信的好习惯，对孩子的成长是有很大影响的。要让孩子明白：一个人要诚实、不说谎、信守诺言，才能够建立起自己良好的信誉；如果经常说谎，会令人觉得你的话不可靠，到你说真话的时候，别人也可能仍然不相信，到那时就后悔莫及了。

生活在社会大家庭中，每个人的行为都要受到社会规范的约束。社会规范不是玄妙的观念，也不是空洞的说教，它是一种行为法则，是植根于我们头脑中的趋于本能的对事物的理解与尊重。不论社会发展到什么程度或处于哪个时代，都有自身独特的对社会规范的理解，有自己独特的价值系统。不论是国内还是国外，都有一些共有的对基本价值的尊重与遵守。这些基本的价值包括：诚实、勇敢、自律、忠诚、守信、无私和公正等。无论在家庭和学校，我们的孩子都在有意无意地接受这些价值观的熏陶，学校中更偏重于直接的灌输、纪律的约束和名誉的鼓励，那么在家庭中，如何最有效地培养孩子的道德、价值观念呢？

1. 父母要敢于承认错误

孩子诚实守信格的习惯，首先是从模仿开始的，做父母的如果答应了孩子的事情就一定要做，努力为孩子树立诚实守信的榜样。一旦父母没有遵守诺言，就意味着为孩子种下了一粒不守约的"种子"。如果父母真的无法遵守诺言，一定要以道歉的方法予以解决，并且一定要告诉孩子遵守诺言是一种好习惯。

"小安，我和你讲了许多次要遵时守约，否则会浪费别人的时间，也给别人留下不好的印象，你不这样认为吗？"

"的确不好，不过，也没有什么大不了的。"

父亲有些生气了："千万别不把它当回事，你养成这样的毛病，长大会怎么样呢？还有谁会信任你呢？"

看见父亲生气，小安也有些沉不住气了："你是大人了，不是也过得很不错吗？没见你有什么麻烦呀？"

"你是什么意思？"父亲不懂为什么话题扯到了自己身上。

"你大概忘记了，好几次你答应我来参加我们学校的活动，我都告诉老师你会来，可是到最后也没看到你的影子。"

父亲想了想，很快回答："小安，我没有意识到自己的行为对你造成的影响，我当时的确有急事不能来，但我应当事先或事后同你解释一下，甚至去同你的老师解释，我真的很抱歉，你能原谅我吗？"

小安很有些感动："没关系，我知道你很忙。下次打声招呼就可以了。"

"你们下一次家长座谈是什么时间？我一定安排好时间，当然如有意外我会和你联系，好吗？"

在现实生活中，许多父母都有可能不自觉地对孩子讲了一些不诚实的话，或者讲过的话没有兑现。这时候，父母一定要放下架子，以平等的身份向孩子承认错误，这样仍然会赢得孩子的信任。要知道，只有家长做出了优秀的榜样，孩子才能受到良好的影响。孩子的道德观、价值观的构筑也是从生活中一点一滴的小事开始的。

2. 给孩子树立诚信的榜样

要纠正孩子的不守信用，父母首先要做到言行一致。孩子的模仿能力很强，很容易受到某种行为的暗示。如果父母言行不一，不履行承诺，孩子就会受到暗示，跟着模仿。例如，父母如果答应了孩子星期天带他到公园去玩，就一定要去。如果临时有事，也要先考虑事情重不重要，若不重要，就要坚守诺言；如果事情确实比较重要，一定要向孩子说明情况，并争取以后补上去公园的活动。而且，应该尽量避免这种推迟或失约的事情发生，这样才能取信于孩子。

曾子是我国著名的思想家。有一次，他的妻子要出门，儿子要跟着一起去。她觉得孩子跟着很不方便，想让孩子留在家里，于是对儿子说："好儿子，你别哭，你在家里等着，妈妈回来杀猪给你炖肉吃。"

儿子听说有肉吃，就答应留在家里。曾子把这一切看在眼里，记在心里。

当曾子的妻子回到家时，看到曾子正在磨刀，就问曾子磨刀做什么。曾子说："杀猪给儿子炖肉吃。"

妻子说："那只是说说哄孩子高兴的，怎么能当真呢？"

曾子语重心长地对妻子说："你要知道，孩子是欺骗不得的。如果父母说话不算数，孩子长大后就不会讲信用。"

于是，曾子与妻子一起把猪杀了，给儿子做了香喷喷的炖肉。

父母的这种诚信行为直接感染了儿子。一天晚上，儿子刚睡下又突然起来，从枕头下拿起一把竹简向外跑。曾子问他去做什么，儿子回答："我从朋友那里借书简时说好要今天还的，虽然现在很晚了，但再晚也要还给他，我不能言而无信呀！"曾子看着儿子跑出门，会心地笑了。

"人无信不立"，为了培养孩子的诚信习惯，在日常生活中，父母对待孩子一定要诚信，不要说话不算话。有位母亲经常警告孩子，如果撒谎，他的鼻子就会变长。有人问这位母亲："如果孩子真的撒谎了，你有办法让他真的长出一个长鼻子吗？"显然，这位妈妈对孩子说的话本身就是不现实的，用这种方式来教导孩子不要撒谎是非常不可取的。

3. 适当奖惩

父母的言行一致、赏罚分明，会对孩子产生积极的效果。如果事先与孩子定好了制度，父母就要认真对待。对孩子行为的优劣，设有一定的奖惩原则。奖要奖得头头是道，恰到好处；惩要惩得心服口服，适可而止。奖励之前，要让他明白原因，以鼓励孩子继续坚持好习惯；惩罚之前，要警告孩子，犯错之后一定要按照奖惩原则言出必行，并且对他讲清原因，告诉孩子其惩罚原因。

比如为了让孩子养成按时起床的好习惯，父亲和孩子有这样一个小协议：每天早上必须6点起床，否则要放弃吃早餐的权利，并且要为自己失信的行为负责。

如果孩子哪天起床晚了，父母要言出必行，父母一定要把早餐收起来，让孩子明白诺言是不可随意破坏的。其实早餐的本身并不是最重要的，而是让孩子明白每一个诺言都是认真的，是不可随意更改与破坏的。

诚信是人性一切优点的基础，诚信这种品质比其他任何品质更能赢得尊重和尊敬，更能取信于人。诚信是立身之本，是一个人最宝贵的财产，它不但能让孩子保持正直，挺直脊梁，光明磊落地做人，还能给孩子以力量和耐力。

培养孩子勤奋的美德

父母箴言

培养孩子对学习的热爱，对学习的勤奋精神以及让孩子接受一流的教育，是最重要的。事实上，一个孩子掌握知识的多与少，完全取决于他的勤奋程度。

"宝剑锋从磨砺出，梅花香自苦寒来。"意思是一切成功的背后都有辛酸的磨炼。只有具有坚忍不拔、吃苦耐劳的精神才能成才。

"书山有路勤为径，学海无涯苦作舟。"浏览一下历史我们会发现，不论是善于治国的政治家，还是胸怀韬略的军事家；不论是思维敏捷的思想家，还是智慧超群的科学家，他们之所以在事业上取得不同凡响的成就，都是与他们的勤奋好学分不开的。

在浩瀚的宇宙中，所有的事物都在根据自身的规律永不休止地运行着。"世界上最伟大的法则就是工作，"有人说，"工作使有机的事物缓慢而有条不紊地朝着自己的目标前进。"任何地方一旦停止了活动，那么，就一定会后退。我们一旦不再使用自己某个部分的器官，它们就会开始衰退。只有那些我们正在使用的东西，大自然才会赋予我们力量，而那也是我们唯一能支配的东西。

现在的父母们望子成龙的心情太过急切，常常重视孩子的智力开发而忘记培养孩子一些决定他们命运的好习惯。为了把你的孩子打造成一个你心目中的"天才"，就要用正确的、合理的方法去培养孩子，激发他们的斗智，通过自我努力、自我教育形成勤奋刻苦的好习惯。

以下是给父母们的一些建议：

1. 通过劳动促使孩子勤奋

勤奋不仅表现在学习，更表现在工作和劳动上。当孩子走上社会后，他的勤奋就直接表现在工作中。因此，父母要有从小就通过劳动来培养孩子勤奋工作的好习惯。

首先，父母要树立勤奋工作的榜样。许多时候，父母会做一些艰辛的工作，例如在非常恶劣的环境中，长时间地从事体力劳动，做一些又脏又累的活等。如果父母咬紧牙关，认真地去做这些事，孩子也会学到父母的这种勤奋。

其次，告诉孩子零花钱需要通过自己的劳动去挣，如果孩子想获得更多的零花钱，他就得通过自己勤劳的双手去干活。这样做的目的就是为了让孩子懂得，只有努力干活才可以有收获，懒惰的人是什么也得不到的。这样，等孩子长大后，他就能够勤奋地工作了。

2. 让孩子有替父母分忧的孝心与责任感

经受过一番勤奋刻苦磨砺的人，一定是一个已经具备责任心的人。责任，不但是要对自己负责，也要对关心自己的人负责。当一个孩子懂得了父母挣钱不易的时候，他就会想：我一定要争口气，让我的父母过上更好的生活。为了这个目标，他会更加勤奋刻苦地去学习，不辜负父母的一片苦心。

因此，让孩子有替父母分忧的孝心与责任感，往往会成为激励孩子去努力奋斗的一种动力。

3. 劳逸结合，不烦不腻

劳逸结合的办事效率远远高于死缠烂磨的办事效率，其中原因就是使孩子保持着对事物的兴趣和积极的态度。在做功课时要充分注意休息时间，让孩子舒展一下筋骨、放松一下精神状态。不要长久地磨时间去学习，那样既达不到学习的目的，也容易使孩子产生腻烦心理。所以，在教育过程中，父母要根据孩子的精神状况，让孩子进行适当的休息或调整。

4. 对孩子循循善诱

无论是意志还是毅力，孩子总是不如成人，为了让孩子养成勤奋的好习惯，父母不妨采用循循善诱的办法——就是有步骤地引导孩子去学习。循循善诱要注意几个问题：一是要注意培养孩子在学习方面的基本功，比如孩子要有一定的知识面；二是要注意适时的教育，引导孩子勤奋学习要抓住孩子有学习欲望的时候；三是要注意适量，孩子毕竟是孩子，不要以成人的标准去要求一个孩子，学习的内容不能越过孩子所能承受的范围；四是父母态度要平和，引导孩子勤奋学习应该怀有一种平常心，不要急于求成，否则只会得到适得其反的效果。

5. 父母要让孩子多听、多接触勤奋的事例

"天道酬勤"也好,"几分耕耘,几分收获"也好,这些都说明了养成勤奋刻苦好习惯的重要性。

父母要经常给孩子讲一些,比如:古时"头悬梁,锥刺股"的学习精神与现代的学习环境作比较;在电视上所看到的奥运、亚运会或全国运动会上的金牌得主,他们训练的刻苦、拼搏的顽强,以及不夺金牌誓不罢休的毅力,无一不是勤奋刻苦的真实写照等等。让他们明白,一个知难而退、怕苦怕累的人,是必然一事无成的。因为世界上没有一件东西是可以不劳而获的。"付出才会有收获"的道理,需要父母以身作则的榜样示范、孩子亲力亲为的亲身体验。

父母还可以通过讲一些名人勤奋好学的故事,让孩子知道,只要能克服艰苦条件而勤奋学习都是可以取得成功的。让孩子知道,能够克服艰苦条件而勤奋读书,是很不容易的一件事,在崎岖的奋斗中能坚持下来,更需要一种毅力。但是只要坚持下来,就能拥抱成功。

一个人若想成功其实并不太难,只要他能够勤奋地做人,勤奋地做事,勤奋地学习和积累。一个人勤奋的品质,就是他人生的资本。越勤奋的人财富就越多;越懒惰的人,所失去的人生机会也就越多,等待他的也只能是个失败的人生。

让孩子知道谦虚使人进步

🚢 **父母箴言**

巴甫洛夫说:"绝不要陷于骄傲。因为一骄傲,你们就会在应该同意的场合固执起来;因为一骄傲,你们就会拒绝别人的忠告和友谊的帮助;因为一骄傲,你们就会丧失客观方面的准绳。"所以,父母如果发现了孩子骄傲的情绪,一定要尽快地加以纠正。

谦虚是一种美德,"枝横云梦,叶拍苍天,及凌云处尚虚心。"我国古代诗人曾以竹子来歌颂谦逊的品格。谦虚也是一种求实的态度。它能使人比较清醒地认识自己所取得的成绩和存在的问题,比较清醒地认识主观与客观、个人与集体的关系。孩子也必须明白,骄

傲是谦虚的对立面，是前进的大敌，是失败的阴影。一个人的成绩都是在他谦虚好学、俯下身子实干的时候取得的。当他什么时候骄傲了，自满自足了，那么他就必然会停止前进的脚步。而骄傲自满、故步自封不但是个人成长进步的障碍，而且还会造成伙伴关系的紧张。

所有骄傲的人都会这么认为：自己有学识、有能力、或有功劳；而谦逊的人却总是习惯于认为自己还差得很远。骄傲的人也许真的有其骄傲的资本，然而谦虚的人难道就真的没有让他们产生骄傲的条件吗？

实际上，使一个人产生骄傲的真正原因并非饱学，而是因为无知。同样，一个人会谦虚也不是因为他差得很远，恰恰相反，他甚至会超越那些自以为是的人。谦虚与骄傲的原因在于一个人的总体修养如何，而不在于是否多读了几本书或是多做了几件事。

希腊古代大哲学家苏格拉底的一则小故事，可以充分说明这个问题。

苏格拉底是古希腊哲学家中最受人尊敬的一位。他不仅学识渊博，而且非常善于辨析，不管是谁提出的任何问题，只要到了他的手里，没有不迎刃而解的。尽管这样，他还是非常的谦虚，从来不以权威自居。

由于博学而且谦逊，苏格拉底被公认为最聪明的人，好像没有什么事情是他所不知道的。但是苏格拉底却一点也不这样认为。他说："不可能！我唯一知道的事情是，我一无所知。"

但众人仍异口同声地称赞他是天下最聪明的人，并建议他到山上的神庙去占卜，看看天神的意见如何。于是苏格拉底来到神庙去占卜，占卜的结果明白无误：他确实是天下最聪明的人。面对神谕，苏格拉底无话可说了，但是口里仍然喃喃自语："我唯一知道的事情是，我一无所知。"

像苏格拉底这样博学多才的大哲学家却认为自己什么都不知道，可见他是多么谦虚，这种谦虚可以让他不断地进步。但是却有很多人认为自己天下第一，这样的人，哪有不跌跟头的。

在现在的社会家庭环境中，一些独生子女往往不能正确对待荣誉与成绩，他们之中有的会因为骄傲自大而看不起同学，有的会因为自己成绩拔尖而逞能，有的会产生盲目自满的情绪，有的会有一点进步就沾沾自喜，甚至有的会把集体的成绩看成个人的，这些表现将会使他们不再进步，甚至会脱离同学、脱离集体，进而失去目标，成为一个后进同学。不过父母也不用太过紧张，可以通过各种途径来帮助孩子找到其骄傲的原因。

首先，家长要向孩子讲明谦虚使人进步，骄傲使人落后的道理。一个人如果谦虚就会永不自满，就会不断学习新的知识和新事物，他们会学习别人的长处和一些先进的经验，进而使自己不断进步。而一个骄傲的人就会自满自足，故步自封，他会认为自己什么都掌握了，也就不会学习别人的优点长处和新知识新事物。这样，他就会原地踏步，就会掉队。此外，谦逊的人能虚心好学，尊重他人，团结他人。而团结谦逊的结果往往能凝聚起更大的力量，取得更大的进步。而骄傲自满瞧不起别人，往往会自以为是、盛气凌人、伤害别人、影响团结、导致失败。所以谦逊会迎来成功，而骄傲最终只会导致失败。

其次，在培养孩子的谦逊品格时，还应当结合讲道理、多举实例的方法。"勤于学，严于分，善于比"的教育方法，很值得借鉴和参考。

勤于学，就是让孩子不断学，让他知道，取得了一点成绩并没什么了不起，只要你继续学习，就会发现自己原来这个也不了解，那个也不明白，这样，他就会知道自己有很多不足的地方。所以，当孩子在某个领域取得一些成绩后，不要让他产生骄傲的情绪，一定要让他继续学习。为他确立新的目标，只有这样他才会知道自己原来还有那么多东西不会，而自己所取得的成绩实在不值一提，正所谓"学问茫茫无尽期，为人第一谦逊好"。

严于分，就是要严于解剖自己。每当孩子取得成绩后，父母一定要和孩子一起冷静分析，用"两点论"来看待自己，要告诉孩子寸有所长、尺有所短的道理，而每个人总是有长处也有短处。所以既要看到自己的优点，也要看到自己的不足。这种方法可以有效防止骄傲情绪的滋生。

善于比，就是要教育孩子以己之短比人之长，和比自己强的人比，找差距，确定自己应该向别人学什么。应该知道"山外有山，人外有人"。有首民歌写得好：山外青山楼外楼，英雄好汉争上游，争得上游莫骄傲，还有英雄在前头。

我们还要让孩子认识到：他自己现在年龄还小，知道的少，经验也少。所以，必须要认真学习，向成人学习，向别的小朋友学习，要知道"三人行必有我师"的道理，只要虚心学习就能向任何人学到东西；如果他一旦产生了骄傲的情绪，他就会变得看不起人，也就不可能前进，结果必然会影响到自己的进步。

此外，在家庭生活中，父母不要代替孩子做他自己该做的事，让孩子自己学会思考问题，以免孩子以为世界上的一切事情都很容易。如果有可能的话，家长甚至可以有意识地制造一点困难让孩子去克服，使孩子认识到不管做什么事情都并不是那么容易，在人生的道路上还有很多困难等着他去解决，从而就会促使孩子虚心学习，取人之长，补己之短，不断进步。

教孩子学会宽容

父母箴言

宽容体现了一个人的素养与气度，表现了一个人的思想水平。教孩子学会善待他人的短处，这样孩子才可以与他人和睦相处；教孩子学会宽容对待他人的长处，可以使孩子不妒忌，从而不断地取得进步。

宽容是一种美德，它像催化剂一样，能够化解矛盾，使人和睦相处。诸如"退一步天高地阔，让三分心平气和"、"大肚能容，容天容地，容天下难容之事；开口便笑，笑古笑今，笑古今可笑之人"这种不注重表面形式的输赢，而注重思想境界和做人水准的高低的行为是高尚的。正如有位哲人所说："宽容是需要智慧的。"

现在的孩子大都以自我为中心，不管发生什么事情，很多人首先想到的是自己，而不是别人。如果别人做错了事，根本没有一点宽容之心，往往会逮住他人的缺点不放。

北京师范大学教育系与中国青少年研究中心，曾经对中小学生做了一次抽样问卷调查。其中，有一个问题是这样的："当你讨厌的同学需要你的帮助时，而且你能帮助他，你会帮他吗？"对于这个问题的回答，表示愿意的小学生、初中生和高中生分别是59.8%、41.7%和37%。由此可见，虽然不少孩子对于他人的主动求助表示愿意帮助，但是，从小学阶段到高中阶段，表示愿意帮助他人的人数是递减的。在调查中，还有一个问题是这样的："对于过去欺负过你或严重伤害过你的人，你会怎么办？"对于这个问题，只有29.9%的学生表示会原谅他，有近24%的学生表示很难原谅或绝不原谅，其余的学生则表示原谅但不忘记。从中我们也可以看出，能够主动宽容别人的孩子实在太少了，而事实上，宽容是一种重要的美德。

作为父母，应该充分认识到宽容对于孩子来说不仅是一种待人准则，而且能够保护心理健康。现代科学揭示，宽容有利于一个人的健康长寿。美国密歇根州立大学的研究人员进行的一项研究就发现：当人们想要报复他人时，血压会明显上升；而在宽容他人时，血压则显著下降。因此，作为父母一定要培养孩子宽容的心态。

那么，怎样让孩子学会宽容呢？

1. 不要把世俗的毛病传染给孩子

父母最好不要在孩子面前以自己的眼光议论其他小朋友的缺点，这样容易让孩子对其他小朋友过于挑剔。相反，父母要尽可能表扬其他小朋友的优点，让孩子明白每个人都是有优点的，不要使自己的孩子产生一种以自己为中心的思想，这非常不利于培养孩子宽容的心态。

父母尤其不要对某些人和事物有偏见，更不要把这些偏见在孩子面前表露出来，从而让孩子在潜意识里也受到这种偏见的影响，而对这些人和事物有偏激的看法。

当孩子的小伙伴来自己家里时，父母对其他小朋友的态度不要过分冷落，也不要过分热情，尤其要教育孩子尊重小伙伴，让孩子平等地与人交往。

2. 教孩子换个角度看问题

不管什么时候，父母都可以教孩子学会从别人的角度来看待问题，让孩子把自己置于别人的位置，设身处地地站在别人的角度来思考问题。

在日常生活中，父母要鼓励孩子参与多元化的活动。无论孩子年纪多么小，都要鼓励他接触不同种族、宗教、文化、性别、能力和信仰的人，这有利于孩子与不同的人坦诚相待，遵从规则，平等竞争。

3. 教孩子善待他人

"要想公道，打个颠倒"。宽容是一种美德，在生活中，即使别人错了、无礼了，你若能容忍他人、宽容他人，同样能获得信任和支持，同样能得到别人的友善相待。

在教孩子善待他人的时候，父母可以通过角色互换的方法让孩子摆脱以自我为中心的不良想法，学会心中有他人，宽容他人。父母应该教孩子对其他小朋友多一点忍让，多一份关心，这样别人也会遇事宽容自己，体谅自己，为自己着想。事实上，只要孩子学会了宽容，他就会赢得朋友，就会真正体会生活的快乐。

4. 父母要起表率作用

父母本身具备的品德，一般在孩子身上都可能找得到。因此，父母首先要为孩子创造一个良好的家庭环境。一个整天吵闹不休的家庭，是很难造就出一个具有和蔼品质的孩子的。父母对他人的热情、平等、谦虚等处世原则和行为，是孩子最好的直观而生动的教材，会在潜移默化中培养出孩子尊重别人、爱护别人和谐相处的良好品行。

5. 创造一个和谐的家庭环境

让孩子生活在一个宽容友爱、温馨和谐的家庭环境中，用父母的言行影响孩子，这样，孩子就会逐步形成一种持久的宽容忍让的善良品质。

孩子的宽容心是一种非常珍贵的感情，它主要表现在对别人过错的原谅。这种感情对于孩子个性的健康发展，尤其是感情的健康发展以及对良好关系的建立有着非常重要的意义。宽容的人，时时刻刻都会受到人的爱戴。因此，他们更加容易处理好各种人际关系，能够很快地适应各种不同的环境，能够融洽地与人合作，充分挖掘自己的潜能。富有宽容心的孩子往往心地善良，性情温和，惹人喜爱，受人拥护。

然而，在现实生活中，总有那么一些人，心胸狭隘，小肚鸡肠，处事总是持"宁可我负人，不可人负我"的态度。对别人的不是，甚至并非不是之处也斤斤计较。往往使一丁点矛盾进一步恶化，最终酿成祸患。轻则使人受伤，重者致人命亡。作为父母，这些道理要对孩子讲清楚。

穿梭于茫茫人海中，面对一个小小的过失，一个淡淡的微笑，一句轻轻的歉语，就会带来包涵谅解，这就是宽容。不要苛求任何人，要以律人之心律己，以恕己之心恕人，这也是宽容。宽容地待人，待事，待自己，善待一切存在。让孩子知道，因为宽容，我们知道了幸福的真正意义，因为只有宽容，世界才会越来越多姿多彩的。

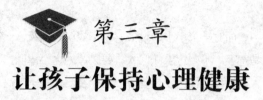

第三章
让孩子保持心理健康

让孩子生活在自信当中

自信是人生发展和成功的心理基础，又是能力和意志的催化剂。当孩子在某方面有了进步，父母应该对于他的进步进行夸奖，即使孩子没有什么进步，父母也应该寻找机会进行鼓励，这样就会让孩子有想要进步的欲望和动力，会让孩子更加渴望进步。

"自信"就是"相信自己"。自信心，是一个人最重要的个性品质。它建立在自我意识成熟的基础上，是自主精神的重要内容。自信心强的人，就会相信自己的力量，不指望依靠别人的帮助，确信自己经过努力一定能够有所作为。因此，自信心是一个人在事业上取得成就的必要条件。

每个父母都希望孩子可以受到良好教育，能早日成才、高人一筹。于是，各种各样的教育方法都被父母们所采用，从小就给孩子买一些锻炼智力的玩具，恨不得孩子一开口就是一口流利的英语，期望孩子会有绘画、演奏等方面的技能……为了这些，父母们让孩子接受各式各样的训练，参加花样繁多的补习班。但是，无数的事实证明，通过这样的教育而获得成功的例子寥寥无几。因为这种狂热、高压的教育方法，充其量只能使孩子习得优秀的外在技巧，而孩子真正需要的是内在力量和精神品格的培养，尤其是自尊心和自信心，它才是导致行动的内在品质。因此，教育的起点，就要从培养孩子自信的好习惯开始，要知道，自信心并非天生，而要靠后天培养。作为家长帮助孩子树立信心，是责无旁贷的。

那么，怎样才能培养孩子自信的好习惯呢?

1. 强化对自我的积极认识

自信是对自己能力的一种正确认识和信任，如果认识不到或是低估了自己的能力，那他很可能会有不自信的表现。孩子正处于一个需要别人引导、帮助和认可的时期，他们对于自己的潜能、长处和不足往往没有什么认识和把握，大多数时候，他们是通过别人对他们的态度来确定自我的价值。如果父母对他们的思想和行为加以肯定，让他从中感受到成功的喜悦，那么，他的自信就会在父母鼓励的话语中不断地得到提高。如果孩子在某方面做得不好，或是失败了，父母就要帮助他们寻找并分析原因，鼓励他要不断地进行尝试，去争取成功。父母应该强化孩子对自我的积极认识，帮助孩子认识到自己拥有巨大潜能和广阔的发展可能性，使其深信：只要自己在某些领域的努力持之以恒，坚持不懈，就一定能取得成功。孩子的自我认识在其成长过程中，对培养孩子自信有着举足轻重的作用。

2. 培养孩子的特殊才能

如果孩子拥有一项特殊的才能，就可以大大加强他的自信。所以，父母可以根据孩子的兴趣和爱好来培养孩子的一些特长，让孩子通过发挥他的特长而树立起信心。只要孩子有兴趣去学，肯定会做得很好，父母就可以抓住机会夸奖孩子，让孩子明白自己也是有能力的，从而培养起孩子的自信心。当然，父母也可以通过展示孩子的特长，让其他人来认可孩子的能力，这样更能提高孩子的信心。

父母应该让孩子知道，每个人都会有自己的特长，自己可能会在一些方面不如别人，但是也完全有可能在其他方面超过别人。父母还可以教会孩子运用一些自我暗示，这样可以让孩子从对某件事的良好感觉中扩散出去，从而形成良好的自我感觉。

父母还可以多鼓励孩子参加课外活动，让他们在学业之外，培养其他的兴趣与爱好；鼓励孩子参加社区义工活动，让他们多接触那些需要别人关爱帮助的人群，这些都会增进孩子的自信心与自尊心。

3. 让一些榜样来引导孩子

无论国内还是国外，甚至就在孩子的身边，都有很多榜样，他们也都是天赋平平没有什么过人的才华，有时候他们甚至是身处逆境的。但他们不甘平庸、不屈服于命运安排，顽强拼搏，终于取得成功。父母可以把这些人的故事讲给孩子听，然后引导孩子向他们学习，为培养孩子的自信提供一些生活中的依据。

4. 尊重孩子的意见

父母一定要注意倾听孩子的想法，了解孩子的看法，一些关于孩子的重大事情要和他们一起商量，并且要尊重他们的意见。构建家庭民主格局，这是培养孩子自尊、自信的无声语言，也是最有效的做法。

5. 父母对孩子要有合理的期望

如果父母对孩子的要求太高，孩子就很难实现目标，一旦他们对父母制定的目标不能实现，就会很难建立信心，甚至会打击到他们的自信心。如果父母能够对孩子的实际水平适当地降低标准，孩子就会很容易取得成功。对于孩子来说，成功会带给他们意想不到的效果，孩子可以从他的成功中体验到快乐，并且能够获得充分的自信，这样，他们就会取得大幅度的进步。

6. 对孩子进行适当的夸奖

当孩子在某方面有了进步，父母应该对于他们的进步进行夸奖，这样可以调动孩子心中的积极因素，促使孩子期望自己取得更大的进步。即使孩子没有什么进步，父母也应该寻找机会进行鼓励，这样就会让孩子有想要进步的欲望和动力，让孩子更加渴望进步。

7. "笨鸟先飞"、"勤能补拙"

对于一些必要的知识和技能，父母可以让孩子提前掌握，等到他正式学这个东西，或是和同伴们一起学习的时候，他就会有"这很容易"的感觉，再加上别的孩子可能没有学过，就会让你的孩子产生自信。

一个人成功的起点是自信，也是他前进的力量，而自卑则是其成才之路上最大的阻力。作为父母不应该只看到孩子成绩单上的成绩，还要看到孩子其他方面的长处。父母对孩子的信任和评价，对孩子树立自信心有着不可估量的影响，因为孩子的经验是很有限的，他的自信心最初是建立在别人对他的反应上。如果孩子认为自己讨人喜欢并具有一定的能力，那他就会勇往直前，对自己充满信心。因此父母要用微笑、赞许的话来鼓励孩子。如果父母成天都在孩子的耳边说"这孩子没出息，比某某差多了"。孩子就可能真的会认为自己没有出息。如果父母经常告诉孩子"你并不比别人笨"、"别人能办到的，你也一定能办到"这些话语，这样就会对孩子产生一些效果，会让孩子拥有自信，而一旦有了自信，孩子就能通过自己的努力取得成绩。

让孩子的笑脸更灿烂

父母箴言

乐观的品格，对一个人的一生很重要。一个孩子如果拥有乐观的品格，便会生活得快乐。让灿烂的笑容永远洋溢在孩子的脸上吧！这样的孩子才会觉得自己能够驾驭生活，能够克服学习中的困难，能够摆脱一些挫折。

乐观是孩子对未来充满信心和希望而又不断进取的个性特征。孩子对那些能够满足自己需要的事物或对象，会产生一种积极的情绪，而对无法满足自己需要的事物则会产生消极的情绪。乐观的性格是孩子应对人生中悲伤、不幸、失败、痛苦等不良事件的有力武器。如果孩子无法乐观地面对人生，就会意志消沉，对前途丧失信心，长此以往，还会损害身体健康。儿童心理学家马丁·塞利格曼认为，乐观不但是迷人的性格特征，还有更神奇的功能，它能使人对生活中的许多困难产生心理免疫力。乐观的孩子不易患忧郁症，他们也更容易成功，身体也比悲观的孩子更健康。

从心理学角度讲，乐观的情绪，能够提高人的大脑及整个神经系统的活力，使体内各器官的活动协调一致，从而有助于充分发挥整个机能的潜能，有益于健康和工作效率的提高。相反，悲观的情绪可能使人的整个心理活动失去平衡，对人的身心健康都可能造成严重的不良影响。

值得庆幸的是，孩子乐观的性格是可以培养的。早期诱发理论认为，人的性格是在后天的环境中逐步形成的，乐观的性格可以通过实践逐步培养，悲观的性格也可以在实践中逐步改塑。

想让孩子成为一个快乐小精灵的父母不妨尝试下面的方法：

1. 不要对孩子"控制"过严，不妨让孩子拥有他们自己的选择权

很多孩子不快乐的主要原因是他们没有自己的自由。有些父母由于对孩子太过溺爱，往往会抑制孩子们的一些行为和举动，甚至会替孩子包办一些事情。这样，孩子就事事不用做，但是，这样一来，孩子就无法在做事中得到乐趣了。并且，孩子们也不见得就喜欢这样。所以，父母要把选择权交给孩子，让他们自己决定自己要什么东西或是做什么事情。比如，年纪小的孩子可以选择要吃什么样的午餐，大一点的孩子可以选择穿什么样的衣服上街，再大一点的孩子可以选择在节假日的时候去什么地方玩、可以选择买什么玩具，或是可以选择看什么电视，这样有充分选择权的孩子才会感到快乐自立。

2. 鼓励孩子多交朋友

不善交际的孩子大多性格抑郁，因为享受不到友情的温暖而感到孤独痛苦。性格内向、抑郁的孩子更应多交一些性格开朗、乐观的同龄朋友。这样孩子就能接纳各种性格的人，有助于养成豁达的心胸，快乐的性格。此外，家长自己也应与他人相处融洽，热情、真诚待人，给孩子树立起好榜样。

3. 允许孩子自由地表现悲伤

当孩子在遇到困难的时候，往往会自然地流露出悲伤的情绪。这个时候，父母应该允许孩子自由地表现出他的悲伤。假如孩子在哭泣的时候，父母要求孩子停止哭泣，不能表现出软弱，孩子就会把心中的悲伤积聚起来，久而久之，反而会造成孩子消极的心理。

对于孩子所表现出的悲伤或软弱，父母不要呵斥，应该让孩子尽情地发泄心中的郁闷，只要孩子发泄够了，他自然会恢复心情的平衡。当然，如果孩子需要父母的帮助，父母应该及时安慰孩子，用相同的心理去感受孩子的情绪，努力引起孩子的情感共鸣，从而缓解孩子的不良情绪。

4. 让孩子拥有广泛的爱好

开朗乐观的孩子心中的快乐源自各个方面，一个孩子如果仅有一种爱好，他就很难保持长久的快乐。试想，只爱看电视的孩子如果当晚没有合适的电视节目看，他就会郁郁寡欢。假如孩子是个书迷，但如果他还能热衷体育活动，或饲养小动物，或参加演出，那么他的生活将变得更为丰富多彩，由此他也必然更为快乐。

5. 引导孩子摆脱困境

生活中不如意者十之八九，没有谁能够没有一丝烦恼地走过整个人生，谁都会遇上一些让自己烦恼的事情，即使他是一个乐观的人。但是乐观的孩子和悲观的孩子在遇到同样的事情时，他们的处理方式却是截然不同的。他们的反应虽然和先天的遗传有关，但大多方面还是父母教育的问题。所以，当孩子遇到困境时，父母要多留心孩子的情绪变化。如果孩子闷闷不乐，父母无论自己多忙，也要挤出一点时间和孩子交谈，教育孩子学会忍耐和坚强面对，鼓励孩子凡事多往好的方面想，不要尽往消极的方面想。

父母对于孩子情绪的变化也一定要注意观察，只要孩子愿意与父母沟通，父母就要引导孩子把心中的烦恼说出来。这样，孩子的烦恼很快就会消失，他也就很快会恢复快乐。当然，父母也可以帮助孩子克服一些困难，教给孩子以正确的态度和措施来保持乐观的情绪，这些都是促使孩子摆脱消极情绪的好方法。

6. 拥有自信十分重要

一个自卑的孩子通常比较内向悲观——这就从反面证实拥有自信与快乐性格的形成

息息相关。对一个智力或能力都有限，因而充满自卑的孩子，家长应该仔细观察他的言谈举止，适时适当并审时度势地多做表扬和鼓励。来自家长和亲友的肯定有助于孩子克服自卑、树立自信。

7. 父母要做乐观的人

父母在教育自己的孩子时，要以身作则，每个家长不管是在工作上还是在生活中也都会遇到各种各样的不如意，而父母对待这些事情的方式会直接影响到孩子的做法。如果父母在面对困境、挫折时能够保持自信、乐观的精神，那么孩子也就会受到父母的影响。当他们在遇到这种情况时，也就会自然而然地乐观面对。

让孩子学会坚强地面对困难

父母箴言

父母要从小教育孩子，不管面对多么糟的情况都一定要学会坚强，要具有跌倒了再爬起来的精神，这样孩子在以后的人生道路上，才能够走得更远。

在生活中，人们对于那些冲破困难和阻力、经受重大挫折和打击而坚持到底的人，其敬佩程度是远在生活中的幸运儿之上的。征服的困难愈大，取得的成就愈不容易，就愈能说明你是真正的英雄。当接连不断的失败使爱迪生的助手们几乎完全失去发明电灯泡的热情时，爱迪生却靠着坚韧不拔的意志，排除了来自各个方面的精神压力，经过无数次实验，电灯终于为人类带来了光明。在这里，爱迪生的超人之处，正在于他对挫折和失败表现出了超人的顽强的刚毅精神。

巴尔扎克说："苦难对于一个天才是一块垫脚石，对于能干的人是一笔财富，而对于庸人却是万丈深渊。"有的人在噩运和不幸面前，他会不屈服、不后退、不动摇、顽强地同命运抗争，因而在重重困难中冲开一条通向胜利的路，成了征服困难的英雄、掌握自己命运的主人。而有的人在生活的挫折和打击面前，变得垂头丧气、自暴自弃，进而丧失了继续前进的勇气和信心，于是成了庸人和懦夫。培根说："好的运气令人羡慕，而战胜噩运则更令人惊叹。"

一个人在顺境之中当然会做出一些成绩，但是更容易出人才的却是在逆境当中，因为逆境和挫折的情境会磨砺出一个人的意志。在逆境中经过挫折千锤百炼成长起来的人，会比在顺境中生活的人更具有生存力和竞争力。因为，在顺境中成功的人只熟悉成功的感觉，却不知道怎样面对挫折，而在逆境中奋斗的人既有失败的教训又有成功的经验，他们会显得更趋成熟。他们能把挫折看成一种财富，深谙只有经历了失败才可能会得到成功，成功是建立在失败的基础上的，因此要具有笑对挫折、迎难而上的风范。

对于孩子来说，只有经历了失败，才会知道如何面对失败，才会在失败中变得更加坚强。每个孩子都会遇到这样或是那样的麻烦，在面对困难和挫折的时候，胆小懦弱的孩子往往没有坚强的意志去克服困难和挫折；坚强勇敢的孩子则能够做到持之以恒，凭借自己坚强的意志，战胜困难和挫折，越过障碍和绊脚石，从而取得成功。所以，父母要从小教育孩子，不管面对多么糟的情况都一定要学会坚强，要具有跌倒了再爬起来的精神，这样孩子才能在以后的人生道路上，走得顺顺利利。

1. 让孩子学会自己生活

一些父母对孩子百依百顺，什么事情都不让孩子去做，只让他们在舒适、平静、安稳的情况下生活，从而剥夺了孩子自我表现的机会，衣来伸手、饭来张口的生活方式，导致了孩子独立生活能力的萎缩。所以，父母的包办代替是孩子形成软弱性格的重要原因之一。

生活善于自理的孩子在生活中会表现出坚强的一面，在面对挫折和困难时，他们会用自己的能力去处理这些问题，不会无所适从。因此，父母要让孩子学会自己生活，让他们自己去面对生活。要让孩子自己去做一些事情从而让他们受到锻炼，当父母以后暂时离开时，稍大一些的孩子能够自己待着而不害怕；当发生意外情况时，也能够不惊慌、不哭泣等。这些看起来是小事，但是对培养孩子坚强、勇敢的品质是很有益处的。

2. 支持孩子大胆地去做事、说话

父母教育孩子要用正确的方法，父母可以在孩子未成熟期加以保护，但这种保护应当随着孩子的成长发育越来越少。父母要训练孩子单独生活、适应社会的能力，这种训练应随着孩子的成长越来越多。千万不要凡事包办，养成孩子胆小怕事的依赖心理。

还有一些内向软弱的孩子不喜欢过多地说话，对于这种孩子，父母应尽量避免对他们说："你必须这样或那样做"之类的话，而是应该多对他们说"你看怎样办"，"你有什么想法吗"之类的话，给孩子一个独立思考并发表自己意见的机会。

3. 不要把孩子当成弱者

想让你的孩子坚强，千万不要把孩子当成弱者来看待。只有让孩子自己去站立，他的双腿才会坚强，他的意志才会坚强。

在公共汽车上，有人给一个 5 岁的小女孩让座。孩子的妈妈却对让座的人说："让她站着吧，她已经到了该自己站立的年龄了！"

4. 教孩子凡事再坚持一下

有这样一句话"胜利往往来自再坚持一下的努力之中"，其实正是这样，当一个人在

遇到困难的时候，能够有足够的意志去让他再"坚持一下"，这种坚强的意志足以让他取得成功。

当孩子在不断训练下，做出一些比较勇敢的事情，父母应该不断鼓励、称赞孩子，让孩子感受到勇敢的乐趣，觉得以前的胆小非常幼稚，让孩子从内心上勇敢起来。这样，孩子就会越来越胆大，越来越活泼。

5. 鼓励孩子与社会打交道

有些内向的孩子在年龄小的时候，只习惯于同自己熟识的人待在一起，与社会上的人打交道时会产生一种潜意识的惧怕。因此，父母在孩子小时候就要培养他们处世的能力，鼓励孩子与社会打交道，多接触各种人。

6. 帮助孩子增强应付他所害怕的对象或环境的信心

有一些孩子在成长过程中时常发生过害怕的情绪。那么如何帮助孩子克服害怕情绪呢？

儿童有害怕情绪时，父母不该嘲笑或处罚他们。如果孩子害怕一个人在房间里关灯睡觉，可在他床头上装一个灯的开关，让他掌握或明或暗的主动权，帮助孩子消除害怕。

经常给孩子讲一些有趣的知识，有助于消除他们的害怕心理。如有孩子害怕蜜蜂，可耐心地向他解释蜜蜂是如何辛勤劳动、采花粉酿蜜的，只要你不惹它，它就不会蜇你。

教孩子正确面对挫折

有的孩子一旦遇到挫折就容易产生一些消极的反应，他们往往会用逃避的方式来避开那些挫折。想要改变这种现象，唯一的方法就是在孩子遇到挫折时，父母要教育孩子勇敢面对挫折，向挫折发起挑战。

挫折，就是指当事情的发生并非是预期的情境与感受时，人们内心的一种感受。在不同年龄段的孩子会有不同的挫折经验，在面对挫折的时候也会有不同的表现。对年纪小的孩子来说，当他想要玩某个玩具时，妈妈把玩具收起来；当他想吃零食的时候，妈妈加以阻挠，这些事情都可以导致他挫折感的形成。年龄小的时候，孩子通常是通过哭闹或是大发脾气的方式来表现。年纪大的一点的孩子，他们就会和年纪小的孩子的挫折感来源不一样了，当他们遇到挫折没有办法解决的时候，或是和预期想象的不一样的时候，他们就会表现出生气、沮丧等负面的情绪。

其实，对于孩子来说，挫折的发生是没有办法避免的。既然没有办法避免，那就只有让孩子学会在面对挫折时正确对待方法。那么，父母该怎样做才能帮助孩子战胜内心的恐惧，成为解决问题的能手呢？

1. 父母要树立挫折教育意识

很多父母都认为，年纪小的孩子心理承受能力也是弱的，所以对孩子的保护就显得有些过了。父母认为不应该让孩子遭受过多的挫折，这样对他们没有什么好处。父母的这种观念直接影响到了孩子对于挫折的认识和理解。

正确地说，让孩子受点挫折和磨难是对他有好处的。孩子遭受挫折的经历有利于培养现代人的良好品德；有利于发展孩子的非智力因素；有利于丰富孩子的知识，提高他的能力。所以，对于挫折的教育价值，父母应该让他有一个正确地认识，可以把它看成是一种磨炼意志、提高适应能力的好方法。

当然，如果父母把挫折教育看成是一种吃苦教育，专门让孩子参加一些以吃苦教育为主的夏令营，或者参加一些探险、到边远穷困山村去体验的活动等，只能说，这只是一种片面的挫折教育，或者只能说是挫折教育的一个方面。

要让孩子对挫折有一个全面的认识，让孩子正确对待各种挫折和不如意，父母可以把自己在事业和家庭生活中遇到的挫折和不如意告诉孩子。在这种情况下，父母对生活的热爱、执着、不怕困难的态度和坚强的意志，就是孩子在面对挫折时最强有力的精神支柱。

2. 培养孩子独立生活的能力

让孩子在现实生活中具有独立生存的能力，能独立面对挫折，较好地解决问题，这些就是进行挫折教育的目的。美国教育方面的专家认为，培养孩子的抗挫折能力，就是要培养孩子独立生活的能力。美国的孩子从小就单独拥有自己的房间，自己活动，锻炼独立生活能力。很多美国大学生都是自己去挣钱来交学费的。孩子成家的时候，父母往往也只送上一个祝福，而不像中国父母那样要为儿子买房子、为女儿置办嫁妆等。

因此，父母应该从小就锻炼孩子独立生活的能力，父母可以让孩子从两三岁时开始独立睡眠，让孩子自己吃饭、穿衣服、整理床铺、收拾玩具等；孩子的年纪稍微大一些，就可以让他扫房间、替父母买东西等；再大一些，可以要求孩子独立解决问题，自己挣钱来花等。父母对孩子的要求要一致，不要产生分歧，这样不利于孩子的培养。只有从小让孩子学会独立生活，他才可能在生活中成熟起来，提高抗挫折能力。

3. 给孩子设定一些挫折障碍

挫折会光临每个人，不管是成人还是孩子。对于孩子来说，在他成长的道路上难免会遇到苦难、阻碍。如果孩子平时的一切都很顺利，那么，一旦遇到了一些不顺利的事情他们就会感到紧张，从而找不到解决的办法。所以，父母可以有意识地在孩子的生活或是学习中安排一些困难，让孩子习惯了面对挫折，当他们一次次地经历挫折之后，他们就会从中找到解决挫折的方法。

在安排挫折的时候，父母要有目的、有针对性地组织障碍性活动。这样既可以提高孩子的适应能力，增强其韧性，同时又不会超过孩子的心理承受限度。比如说，对于年纪小的孩子，如果孩子想要一种东西，父母可以不用马上拿给他，让他自己动脑筋去想办法，看怎样才能够拿到。对于年纪稍微大一些的孩子，可以让他参加各种劳动，在劳动中体验生活的艰辛；也可让孩子多参加集体游戏，在游戏中让他体验到失败和不如意等。

4. 鼓励孩子克服挫折

有的孩子一旦遇到挫折就容易产生一些消极的反应，他们往往会用逃避的方式来避开那些挫折。想要改变这种现象，唯一的方法就是在孩子遇到挫折时，父母要教育孩子勇敢面对挫折，向挫折发起挑战。当孩子一次次面对困难并且一次次战胜困难的时候，他们就会增添勇气，激起战胜困难的愿望。这样，他们害怕的心理也就会消失，而自信心也会随之增强。这时候孩子会认为自己已经有能力去克服困难了，抗挫折能力也就培养起来了。

5. 在孩子失败后，温情地鼓励孩子

可以说，不如意的事情充斥着我们的整个生活，对于孩子来说，家人的温情与支持就是他们信心的来源。尽管所有的父母都希望自己的孩子可以一帆风顺，不希望任何磨难降临到孩子的头上，但是挫折却会像影子一样跟随着孩子的一生。面对这种情况，我们也只好把它当作生命中正常的一部分，用一颗平常的心去对待它。所以，当孩子在面对挫折的时候，父母要用温情去温暖孩子受挫的心，对孩子进行引导，避免挫折对孩子的心灵造成不可抹灭的伤害。

6. 提高孩子的应变能力

应变能力是孩子处理困难和挫折时的一种重要的能力。培养孩子的应变能力，随时准备行动，把握机会或解决问题，可以帮助孩子变得更果断。

在平常的生活中，父母可以有意识地对孩子的应变能力进行锻炼。通过锻炼之后，会让孩子各方面的能力都得到提高。

首先，可以让孩子有适应自身生理或心理变化的能力，孩子会把自己身体某个部位不舒服的情况及时告诉成人；当他们感到烦恼的时候，会选择向父母或知心伙伴倾诉，而不是让烦恼把自己淹没。

其次，让孩子有适应周围环境变化的能力。比如，应该知道早晚气温不同；应该注意保暖；应该知道出门要带什么东西；应该知道不同的地方可能会发生什么情况等。

再次，可以让孩子对突如其来的事件有应变能力。比如，当孩子一个人待在家里，遇到突然停电时，他们会知道怎样去点燃蜡烛、开手电筒；当他们遇到陌生人问路时，应该怎样避免被骗等。

最后，让孩子有对不同事物做出不同反应的能力。比如，虽然说要相信他人，但是，当孩子在面对陌生人，或者心存不良的人时，他们知道应该采取什么样的办法；如果父母生病了应该怎么办，等等。这些都要教孩子去判断，当面对这类事情的时候该怎么办。

只有培养孩子具有较强的应变能力，遭到任何紧急情况才会将损失降到最低程度，争取到最好的结果。

一个人的人生注定既有高潮也有低潮，既有峰顶也有低谷，没有谁可以永远春风得意、一帆风顺，也不可能永远背时背运、道尽途穷。所有的挫折都会有尽头，只要一个人拼力攀登，就可以更快地到达顶峰；只要一个人主动奋斗，就可以更快地突破逆境。

让孩子学会用正确的态度来面对失败

父母箴言

不要害怕让孩子面对失败，因为，失败不会使孩子有所损伤，反而能把孩子磨炼得更加坚韧、果敢和聪明。只有经历了各种各样的失败，才能证明孩子的能力，才能让孩子成熟起来。

"失败"通常是一种无声的语言，是一种我们所不了解的语言。要不然，我们也不会在面对它的时候犯同样一个错误，当我们面对这种错误的时候，也不会吸取不到一丝的教训。实际上，失败这种语种是世界上最容易了解并最能出效果的语言。因为，它是一种宇宙通用的语言，当我们聆听不到其他语言的时候，大自然就通过它跟我们对话。

用正确的态度来对待失败，是让孩子成长和成熟的一个重要组成部分。很多的家长都希望自己的孩子能有出息、有才能，但是，他们一心只想让孩子认识成功，和成功握手，却没有想到让孩子在认识成功之前要及早地对挫折和失败有所了解。因为，只有这样，孩子才有冲向成功以及和逆境做斗争的准备。所以，父母要尽早给孩子这种锻炼的机会，等他们长大了，面对逆境的时候就会显得从容不迫了。

那种经常被视为是"失败"的事情，其实通常只不过是一位"过客"而已。父母可以让孩子把这种失败看成是一种幸福，是生活赐予的最伟大的"礼物"。因为它可以使人们振作起来，调整人们的努力方向，使我们向着更美好的方向前进。这些看起来像是"失败"的事，其实却是一只看不见的慈祥之手，是它阻挡了我们的错误路线，并以伟大的智慧促使我们改变方向，向着对我们有利的方向前进。

如果人们把这种失败理解为一位"过客"，并且是一位让人引以为戒的"过客"的话，它就不会在人们的意识中成为失败。事实上，每一位"过客"来临时都会带来一个教训，我们能够从中吸取极为宝贵的知识，而且，通常来说，这种知识除了经由失败获得外，别无其他方法。

还有一句话是说"在哪里跌倒，在哪里爬起来"，其实这是不逃避失败的一种态度，相反，它也是正确对待失败的一种态度。

那么，为什么要强调一定要爬起来呢？下面的几条理由应该可以说明这个问题：

1. 保住自己的尊严

人的天性就是看上不看下、扶正不扶歪的。一旦你跌倒了，如果你本来就不怎么样，那别人会因为你的跌倒而更加看轻你；如果你已经有所成就，那么你的跌倒将会是许多心怀妒意的人眼中的"好戏"。所以，为了不让人看轻，保住自己的尊严，就一定要爬起来！不让他们有任何机会来小看你和嘲笑你。

2. 爬起来才有机会

虽然说"跌倒"并不代表永远的失败，但是也得先爬起来，才会有机会继续和别人竞争。如果只是躺在地上，即使有机会，也会让站着的人抢走，所以一定要爬起来。如果因为跌重了而不想爬，那么不但没有人会来扶你，而且你还会成为人们唾弃的对象。如果忍着痛苦要爬起来，迟早会得到别人的协助；如果丧失"爬起来"的意志与勇气，当然不会有人来帮助你，因此，一定要爬起来！

3. 证明自己的意志和能力

一个人要成就事业，他的意志力相当重要。一个人的意志可以改变一切，跌倒之后忍痛爬起来，这就是对自己意志的一种磨炼。有了钢铁般的意志，便不怕再次跌倒了。有时候人跌倒了，心理上的感受与实际受到伤害的程度不一样，因此一定要爬起来。这样才会知道，自己事实上完全可以应付这次的跌倒，也就是说，只有爬起来才能证明一切。

总而言之，不管跌的是轻还是重，如果没有再爬起来的想法，那就等于永远丧失了竞争的机会，会被人看不起。这是人性的现实，没什么道理好说。所以一定要爬起来，并且最好能重新站立起来。就算爬起来又倒下去，至少也是个勇者，而绝不会被人当成弱者。而且，一个人的一生不可能是一帆风顺的，总有摔跤、跌倒的时候，这就是所谓的打击。但有一点要记住：不管是什么样形式的"跌倒"，不管跌得怎样，一定要记住：跌倒了，一定要爬起来！

许多人只希望做个平庸的人，能够过着简单的生活，赚取微薄的收入，他们就心满意足了。他们的要求不高，不是因为他们天生一副懒骨头，而是因为害怕失败，不知道有失败才会有成功！假如你一帆风顺，处处得意，并不证明你有能力，反而显示出你胸无大志、人生目标定得太低、只求得过且过，这是毫无意义的。

让我们告诉孩子：命运之轮在不断地旋转，如果它今天带给我们的是悲哀，明天它就将为我们带来喜悦。

让孩子把一件事情坚持做下去

🚢 父母箴言

成功的过程中会遇到许多艰难、挫折、失败，战胜它们最有效的方法就是坚持。父母要培养孩子的敏锐目光，可以让他看清成功背后的景象；要培养孩子持续的毅力，坚持到困难向他退缩。

坚持下去，已经成为所有卓越人物的共同点，也已经成为他们生活中的一个基调。父母要让孩子知道，每一个成功的人，在确定了自己的正确道路之后，都在不屈不挠地坚持着，忍耐着，直到胜利。波斯作家萨迪在《蔷薇园》中写道："事业常成于坚持，毁于急躁。我在沙漠中曾亲眼看见，匆忙的旅人落在从容者的后面；疾驰的骏马落后，缓步的骆驼却不断前进。"

坚持对于一个人成就事业是相当重要的。说起来，一个人克服一点儿困难也许并不难，难的是能够持之以恒地做下去，直到最后成功。

其实，很多时候成功与失败的差距往往仅一步之遥，父母要告诉孩子，只要咬紧牙关坚持一下，便会拥抱胜利。但是，许多人正是因为在前面的困难中已经筋疲力尽，在最后的关头，即使遇到一个微小的困难或障碍都可能放弃而导致前功尽弃。事实上，对于孩子来说，胆怯懦弱是普遍存在的。美国斯坦福大学心理学家菲利普·津巴多在20世纪的七八十年代对近万人的调查中发现，大约有40%的人认为自己胆怯、腼腆。胆怯有许多表现形式，如公共场所胆怯、社交胆怯、特定情境胆怯、特殊动物胆怯等。

"习惯是人的第二天性"，"教育孩子，就是逐渐培养他们良好的习惯"。这两句话告诉我们，好习惯是培养出来的，把教育内容以习惯的方式在孩子心中固定下来，随时随地应用，形成一种本能。在培养的过程中离不开坚持不懈，父母培养孩子坚持不懈的一种习惯，有利于许多好习惯的养成，有利于整个教育的顺利进行。

培养孩子做事有始有终、坚持不懈的好习惯，父母可以通过以下两点来教育孩子：

1. 让孩子做事有目标

父母可以为孩子设定一个目标，然后要促使孩子针对目标来采取行动，并在其身边推动这种行动的进行。父母可以在孩子完成目标的过程中鼓励他，但是不可以帮助他完成，要让他独立完成；当孩子想半途而废的时候，父母要制止他的行为，一定要让他把这件事做下去，实现既定的目标。

在实现奋斗目标的过程中，设立既定目标将会激励人们去克服困难，坚持不懈地去奋斗。实现既定目标的愿望越强烈，施行起来就越持久、越彻底。

父母在激发孩子成就大业的兴趣与耐力的时候，需要向孩子作远大志向的教育，树立正确的价值观、帮助孩子确立间接的远景性目标。但是仅仅靠这些是远远不够的，因为远景性的目标与孩子的当前实际情况有相当一段距离，而真正让孩子更加努力地为实现既定目标而奋斗，父母应该从小激发孩子内发性动机力量，并从小事培养孩子持之以恒的决心。

2. "磨难"是培养毅力的沃土

随着生活水平的日益提高，"磨难"对于孩子们来说是一个接近陌生的词语。但是许多事实证明"自古雄才多磨难，梅花香自苦寒来"。

张海迪自幼截瘫，无法上学，但为了学习文化，她长期不顾一切地顽强学习，终于成为作家，便是很好的一个例子。能不能坚持下去，其关键在于能否以不屈的意志、顽强的精神来与噩运抗争，创造出奇迹，做出常人无法做到的事。

在顺境中成长的孩子，磨难可能成为他们的致命伤；而在逆境中长大的孩子，磨难却成了人生道路上一笔可观的财富。因此，父母们应该在日常生活中给自己的孩子设置一些障碍，让他独立克服障碍、跨越障碍，父母可以在旁边关注，必要时要给予适当帮助，以此锻炼孩子面对"困难"而坚持不懈的毅力。

在困境中坚持不懈是逆商（AQ）的精华所在。这种坚持的力量是一种即使面临失败、挫折仍然继续努力的能力。我们常常能够观察到，正确对待逆境的销售人员、军人、学生和运动员能从失败中恢复并继续坚持前进，而当遇到逆境时不能正确对待的人（低 AQ者）则常常会轻易放弃。

意志力坚强的人懂得培养自己的恒心和毅力，并将它变成一种习惯，无论遭受多少挫折，仍坚持朝成功的顶端迈进，直至抵达为止。

经得起考验的高 AQ 者常常以其恒心耐力获酬甚丰。作为吃苦耐劳坚韧不拔的补偿，不论他们所追求的目标是什么，都能如愿以偿。他们还将得到比物质报酬更重要的经验："每一次失败都伴随着一颗同等利益的成功种子。"

英国首相丘吉尔不仅是一名杰出的政治家，而且是一个著名的演讲家，十分推崇面对逆境坚持不懈的精神。他生命中的最后一次演讲是在一所大学的结业典礼上，演讲的全过程大概持续了 20 分钟，但是在那 20 分钟内，他重点只强调了两句话，而且是相同的两句话：坚持到底，永不放弃！坚持到底，永不放弃！

这场演讲是成功学演讲史上的经典之作。丘吉尔用他一生的成功经验告诉人们：成功根本没有什么秘诀可言，如果真有的话，就是两个：第一个就是坚持到底，永不放弃；第二个就是当你想放弃的时候，回过头来看看第一个秘诀：坚持到底，永不放弃。

告诉孩子：敏锐的观察力、果断的行动和坚持的毅力是成功的必备要素，你可能用敏锐的目光去发现了机遇，同时也能用果断的行动去抓住机遇，但是最后还是需要用你坚持的毅力才能把机遇变成真正的成功。

让孩子学会对自己的事情负责

🚢 父母箴言

生活自理能力是一个人生存于社会的基本条件，是孩子独立性的一种表现。父母应当珍视孩子不同年龄段的生活自理愿望，而不要过多约束，剥夺孩子"独立成长"的机会。这样不仅可以培养孩子的生活自理能力，而且还可以培养他们的责任心。

现在的大多数家庭中的孩子都是独生子女，因此在素质教育的探讨中，关于孩子的人格发展特点受到了更多的关注。尽管到目前为止，对于现在的孩子是否有独特的人格发展进程尚有争议，但大量关于独生与非独生子女之间的发展比较研究，至少给我们提供了许多极其有意义的启迪。

很多专家认为，总的来说，独生子女和非独生子女相比较起来，独生子女相对比较自私、任性、不知道尊重长辈。但是在大部分性格特征上，并不是说独生子女比非独生子女差，甚至他们有机会比非独生子女发展得要好，但也更有可能在这方面出现问题。这种向两端分部的情况说明，这种发展特点并不是独生子女生来就有的，也不是他们所处环境关系，而是对于他们的教育不恰当、不完善，特别是家庭教育。因此培养独生子女的健康人格，关键还在于恰当的教育方式。

对大多数父母来说，感情的分寸往往难以掌握，表达感情的方式也不恰当，常常是盲目的溺爱代替了理智的教育。因为就这么一个孩子，父母就把全部的爱都倾注于这唯一的孩子身上了。当孩子进入学校以后，如果学校又只是片面的看重文化知识方面的学习，忽视了学生性格方面发展的问题，那么，孩子就又错过了矫正不良性格特征的另一个重要发展时期。

那么，作为独生子女的父母，应该如何选择恰当的教育方式呢？那就是对孩子要"严格要求、不娇不纵"，掌握爱的分寸，不必对其行为过分担心和限制，并为其创造"集体环境"，这些是克服独生子女性格发展中所产生种种弊端的关键。具体地说，他们应该充分认识到孩子在各方面的发展需要，并采取相应的教养行为模式。

俗话说习惯成自然。习惯不是某种行为的偶然表现，而是一个人习惯化了的行为方式。让孩子从小学会独立自主，父母可以通过以下六点来教育孩子：

1. 让孩子认识真正的自己

想让孩子全面正确地认识自己，就要了解孩子在各个年龄阶段所具备的一些能力。要知道什么年龄的孩子应该可以做一些什么事情，这样，父母就可以放心让孩子自己去做自己的事情，去慢慢地发现真正的自己，而不是依赖父母告诉他是一个什么样的孩子。除此之外，父母还要在日常生活中让孩子去发掘一些自己的个性、特点、习惯、兴趣和爱好等等。因为选择的过程也就是一个认识自己的过程，只有了解自己的方方面面，才能更好决定取舍。常会听到有些孩子说自己没有什么特别的兴趣和爱好，或者今天的兴趣是这个，明天又变成另外的了。这都是父母平时很少注意培养孩子的兴趣造成的。

2. 让孩子自己安排和自己负责

很多父母不给孩子自主选择的权利，是因为他们对孩子没有信心，怕他们会做出一些错事，这样，也会让孩子对自己失去信心。很多父母对自己孩子的照顾是十分的周到，从生活到学习，各个方面都替孩子想到并且帮他们做好，可以说，一切可以包办的父母都一手包办了，孩子只需要吃饭、睡觉和学习。从表面上看，父母对孩子真的是无微不至，但是，正是父母的这些无微不至的行为"培养"了孩子的依赖性。其实，对于孩子来说，他们也希望能够得到父母的信任，把自由选择的权利还给他们。如果父母可以经常对孩子说，"你可以做好这件事"，"这是你自己的事情，你可以自己选择"，类似这样的话语，这样，孩子就会勇敢去做尝试，而不是一味地依靠父母。

如果父母对孩子管束太多，或者经常强迫孩子服从自己的意志去做事，就会使孩子的精神负担过重，心情受到压抑，个性发展受到阻碍，从而缺乏独立自主性。所以，有些时候，父母可以让孩子试着对自己的事情做一些安排，并且告诉他，一切事情的后果他要负责。比如，让孩子对他某一天的行动自己做安排，父母不要插手，如果在这天，孩子因为出现了什么错误而发脾气的话，父母千万不能自揽责任，而是要让孩子意识到自己想做的事情应该自己安排好，并且学着负责到底。这样，久而久之，孩子就会养成自立的好习惯。

3. 给孩子充分的空间，让孩子自由的发展

让孩子在独立的活动中发展他的独立自主性。想要让孩子成为一个独立自主的孩子，就要为他提供一些独立思考和独立解决问题的机会。可能他还没有足够的生活经验，也许他会对一些事情做出错误的判断。但是，这种错误是绝对有必要的，也是可以被理解的，因为他们需要从中吸取教训。如果父母不给他们自由发展的空间和机会，他们也就不会有足够的实践来面对将来需要做出自主选择的事情，到时候，他们很可能会束手无策，也可能会茫然以对，毕竟谁也不会一开始就具备自主选择的能力。

当然，这不是说父母对孩子就可以撒手不管了。父母可以对孩子做出选择的依据和动机做一些了解，还可以把自己的经验和想法告诉他们，以供孩子参考。如果孩子的选择确实存在着某些问题，也可以和他们一起来商讨解决。

和每个成年人一样，孩子也想拥有自己的时间。如果时间的安排完全由成人包办，孩子只是去执行，那么孩子的自主性就永远也培养不起来了。

4. 与孩子建立亲密的关系，让孩子充分感受到爱

因为独立自主性的培养，需要以孩子的信任感和安全感为基础。只有当孩子相信，在他遇到困难时一定会得到帮助，他才有可能放心大胆地去探索和尝试。因此，在孩子活动时，父母应该陪伴在身边，给予鼓励。

5. 相信孩子能处理好自己的事

自主选择并不是让孩子进行盲目的选择，当孩子在进行某些重大决定的时候，父母可以帮助孩子收集资料，了解和熟悉各选项，这样有助于孩子进行科学、理性的选择。如果孩子没有很强的自主选择能力，父母也可以和他一起分析资料，找出各选项的利弊，最后了解孩子做出选择的动机。如果孩子有较强的自主能力，父母则可以让他自主完成选择。只要父母在重大的事情上帮助孩子把好关，防止出现重大的错误即可。当然，不同年龄阶段的孩子具有不同的自主能力，父母这种把关的尺度也应该不一样。

培养孩子用揠苗助长这种违反客观规律的做法，肯定是要失败的，但是消极地完全"顺其自然"，也不利于孩子的成长。遵照客观规律，积极创造条件，让孩子去锻炼，这才是我们应该采取的正确做法。

6. 尊重孩子的选择

孩子的选择往往可以表现出他的自主性，但由于父母害怕孩子自己所做出的选择是错误的，总是不敢把选择的权力交给孩子。可是，如果从来不让孩子有机会使用选择的权力，那么，他也就永远都学不会自己选择，永远没有自主性。

有的父母在把某些选择权交给孩子的同时，会事前为他提供有关情况，帮他分析各种可能，并且告诉孩子，一旦选错了，自己必须要负起错误的责任。他们认为，在这种情况下，即使孩子的选择是错的，也是对于孩子的一次教训，是很值得的。比如，有一位妈妈带孩子去少年宫报名，就先让孩子看看小组活动，本来，妈妈的意愿是让孩子学钢琴，可是发现孩子在舞蹈组门前看得出神。于是，妈妈尊重孩子的选择让她报舞蹈班，但要求孩子对自己的选择负责，一定要坚持把舞蹈学好。

父母和孩子做出的选择当然不可能是完全一致的，在这个时候，父母不应该不听取孩子的意见就否决它。如果经常否定孩子的选择，就会让孩子觉得父母不尊重他们的选择，这样就会打击孩子的积极性，更不利于培养孩子自主能力的发展。

培养孩子的幽默感

🚢 父母箴言

幽默风趣既是一种喜剧性的艺术形式，也是一种适应环境的人生态度，在人与人的交往中，更是一种沟通的技巧。因此，培养孩子的幽默感，是赋予孩子独特个性的神奇魔力。

幽默风趣这种能力也是因人而异的，有的孩子可能会比其他的孩子更幽默些。然而每一个孩子享受幽默的能力却是相等的。父母可以鼓励孩子在家里制造一些幽默的气氛，这样不但可以让家庭有一种和谐愉悦的气氛，而且可以让孩子紧张的神经得到放松和休息。

在我们的国家，因为受到传统的"君臣、父子"方面的道德文化的滋养。所以，一般父母与子女的关系是很严肃的，如果一个儿子和他的父亲开玩笑，就会被认为是"没大没小"、"没尊没卑"了。同样的，如果父母和子女之间有点"幽默"，就会显得父母轻浮了。因此，直到现在仍旧会有一些父母以长者自居，不能和孩子平视。然而，这样一来，孩子的性格里就会少了些许"幽默感"。

如果父母在教育孩子时，能来点幽默，可能就会有意想不到的效果，在充满幽默的环境下教育孩子，那么孩子的性格中也就自然而然地充满了幽默的因子。幽默是一种非常重要的社交技能，不管是成人还是孩子都非常推崇这种品质。尽管孩子们讲笑话和使别人发笑的能力各有不同，但每个孩子都有欣赏幽默的才能。幽默的孩子会成为伙伴中的焦点，这样有利于培养他的领导和组织才能；幽默的孩子在走向社会的时候，也会在这个复杂的社会里生存的游刃有余。

那么，如何把孩子培养成一个人见人爱、幽默风趣的人呢？

1. 营造一些幽默环境

父母可以在家里搞一些活动，比如，可以拿出一些时间，让全家人聚在一起讲笑话和谜语。在讲笑话的时候，父母可以搞一些怪相和鬼脸把孩子逗笑，当父母讲完之后，也鼓励孩子去讲一些他所知道的故事，当孩子讲完之后，父母一定要表现出很好笑的样子。这样才会让孩子有继续讲下去的勇气。还可以多让孩子看一些幽默的图画，以增强孩子的幽默感。

2. 用幽默的方法培养孩子

在日常生活中，父母要有意识地运用幽默的方法去培养孩子的幽默感。幽默的方法不仅可以培养孩子的幽默感，而且往往可以保护孩子的自尊心，会产生较好的教育效果。

使用幽默式的语言会让孩子感到快乐，而且会更加听从你的教导。比如，许多孩子在玩玩具时，往往比较兴奋，能够一口气玩上半天甚至一天。但是，在玩完后，孩子们却很少会主动去收拾整理玩具。这时候，父母最好不要说："快把玩具收拾起来！要不以后就不让你玩了！"可以使用幽默一些的语言："玩了这么长时间，你肯定累了吧？问问这些玩具是不是也累了？要不，你把它们送回家吧，让它们好好休息一下，明天再跟你一起玩好不好？"相信孩子会用一种同情心去感受，并会主动地收拾好玩具的。

3. 经常给孩子讲一些幽默故事

在家庭生活中，父母可以经常给孩子讲一些幽默故事，让孩子在不断的熏陶中逐渐培养起幽默感。孩子听多了幽默故事，自然能够模仿、吸收幽默故事中的幽默因子，也会逐渐变得幽默起来。

值得注意的是，跟孩子说笑话或表演滑稽的动作时，要考虑孩子的年龄。因为大人认为好笑的语言或动作，孩子不见得有同感。但孩子认为好笑的语言或动作，大人要陪孩子一起笑，虽然从大人的角度来看也许并不见得好笑。

4. 丰富孩子的幽默词汇

六七岁的孩子正是语言能力加强的年纪，他们会渐渐明白许多词语有多种不同的含义。他们喜欢讲一些有双重含义的词语。

十几岁的孩子则更迷恋于双关语和笑话，他们喜欢用这种双关的语言和笑话来表达对他人的正面或者负面的情感，保持与同伴之间的亲密关系。有时候，这种笑话会为孩子们友谊的象征，如果一个孩子被其他同学告知了一个笑话的内容，这就表明他已经被这位同学接受了，对方愿意把他当成好朋友。

因此，孩子们需要有丰富的词汇来帮助自己表达幽默的想法。如果词汇贫乏，语言的表现能力太差，那也无法达到幽默的效果。父母平时可以多给孩子讲些幽默故事，机智故事，脑筋急转弯等，训练孩子思维的敏捷性，丰富他们的词汇。

5. 注重幽默的高雅性

父母应该让孩子明白，幽默可以让人感到快乐，同时幽默也可能成为伤害别人的工具。比如，别人的种族、宗教信仰、生理残疾等是不能用来当作幽默材料的，这样会伤害对方的情感。如果孩子在无意中开了这样的玩笑，父母千万不能鼓励，而是应该郑重地与孩子讨论一下这个问题，引导孩子尊重他人。

父母在培养孩子具有幽默感的同时，也要记得自己孩子的个性特点。有的孩子比较活泼，有的孩子比较内向，他们所表现出的幽默感的形式也会有不同，有的比较外露，有的比较含蓄。幽默来自人丰富的内涵，随着知识面的拓宽、阅历的增加，举止谈吐自然会有所改变。父母不要操之过急，要耐心丰富儿童的内心世界。真正的幽默是自然而然表现出来的，千万不要为了幽默而幽默，最终变成冷嘲热讽，或者变得油嘴滑舌。这些都不是父母培养孩子幽默感的初衷。

6. 和孩子共同创造幽默

我们很多父母在处理事情和教育孩子的方面，很少会利用"幽默"这种方法。据南开大学社会学系对北京、天津两市的 300 多户家庭的调查显示，妻子认为丈夫情感呆板，缺少幽默、浪漫情调的占 61.7%，丈夫认为妻子多柔情、少幽默的占 80.4%，而子女认为父母毫无幽默感的高达 88.8%。只有 11.2% 的父母知道用幽默方法，实在少得可怜！

父母要亲力亲为，与孩子共同创造幽默，对培养孩子的幽默个性起着重要的作用。

其实幽默是情感宣泄的一种方式。弗洛伊德说："诙谐与幽默是把心理的能量以游戏的方式释放出来。"幽默也是一种乐观向上的生活态度，它基于一个人对自己的尊重。幽默与搞笑是截然不同的，在大多数情况下，有幽默感的人总是不动声色就能使别人充分享受到幽默的愉悦。

幽默感是人与人之间的润滑剂，通过幽默的表达，可以舒缓紧张情绪，更能营造出快乐的气氛。父母应给孩子足够的空间，让他们寻找自己的生活乐趣。

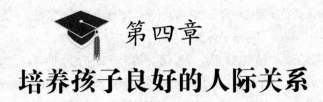

第四章
培养孩子良好的人际关系

从小培养孩子善于交际的能力

　　善于与他人交往的孩子不仅能够从容地与同龄人交往，而且能够从容地与老师等成人交往。良好的人际交往是适应社会的表现，孩子是否善于同别人打交道，在人群中人缘如何，对他以后的学习和人生的发展有很大的影响。

　　卡耐基曾经说过，一个人的成功，他的专业知识所起的作用是15%，而他的交际能力却占85%。所以，和谐的人际关系以及高强的交往本领，是未来社会判断成功者的重要标准。因为，只要一个人生活在社会中，他就不得不和他人打交道。

　　人际交往是人与人之间相互联系的一种最基本的方式，是父母在教育孩子的过程中不可忽视的一项内容。如果你的孩子没有同龄的伙伴，那么这样的孩子就会缺乏集体主义的意识。当他们步入社会以后也会无所适从或是不尊重他人，自傲、任性，或是封闭自己，自私、孤僻，种种不良的性格就会出现在他的身上。许多工作都是需要人们通过协作一起去完成的，所以，父母必须从小就培养孩子善于交际的好习惯。

　　其实不用父母强迫，孩子也总是希望能够和自己差不多大的孩子玩在一起，也希望会有几个在思想上、学习上或者生活中志同道合的朋友，希望可以从朋友那里获得鼓励、信任和支持。在与周围的人相处时，朋友的肯定态度总是多于否定的态度，孩子们就会感到与他人有一种休戚相关、安危与共的情感，并愿意牺牲自己的利益去为他人谋利益。

因此，父母要经常与孩子谈论关于朋友的话题，或是倾听孩子和他的朋友之间所发生的一些事情，千万不要阻拦或过多参与孩子们之间的交往，孩子们之间自有一套评价朋友好坏的标准。即使孩子们在交往中吃了亏，他自己也会从中吸取教训。

既然一个人的交际能力那么重要，父母应该怎样培养孩子善于交际的能力呢？

1. 多与孩子沟通

父母和孩子之间的沟通是培养孩子理解、关怀、接纳、自信和尊重心理的重要因素。有些父母不愿意与孩子共同探讨，他们认为那是浪费时间。只是一味地让孩子接纳自己的观点、尊重自己的权利，很少有父母会做一个换位思考。他们不会知道他们那样的教育方式，对孩子的内心平衡会产生多么不良的后果。所以，父母平时要多和孩子沟通，多了解孩子的想法，这样，才会有利于父母对孩子的教育。

2. 帮助孩子结交朋友

一个人不能离开朋友的陪伴，即使是孩子也需要伙伴，友情能使孩子有一种归属感，孩子和他的小伙伴之间会有共同的乐趣，共同的感情，共同的语言，所以孩子们都喜欢在一起。即使他们之间从不相识，甚至语言不通，孩子们也会一见如故，亲热地玩起来。所以，父母应该为孩子创造交友氛围，让孩子们之间建立起温馨美好的感情。在这种气氛熏陶下，孩子们就会相处得快乐融洽。在孩子们相处的过程中，给予他们正确的引导和支持，通过接纳他的朋友、招待他的朋友等种种方法帮助并鼓励孩子与人交友。

3. 多参加集体活动

父母应该鼓励孩子多参加团体活动，让自己融入集体生活中。在集体活动中做一些自己能做的事情，加强与同学的交往，增加同学对自己的好感和信任。在一个集体中，每个孩子都会有属于自己的智慧和个性，他们会发现自己和别人的不同，也会从中找到适合自己的一个角度。在集体中，也会让孩子无形中产生对一种信念的凝聚力，形成一种共同帮助而忘小我的团体意识。这种意识的形成，有利于孩子在以后的人际交往中，改变那种以自我为中心的傲慢、优越感，使他与大家形成一种融洽、和谐的相处关系。

4. 培养孩子的专长

有位专家说："友谊是以共同爱好为基础的。如果你的孩子朋友不多，你可以帮助他培养某些爱好，从而认识更多的朋友。"马克思与恩格斯的友谊，就是建立在有共同志向、共同语言等诸多共同爱好基础之上而结出的。所以，父母要挖掘孩子的各种专长，让孩子结交广泛的朋友，拓宽、延长孩子的交际之路。

5. 教给孩子一些交往技巧

随着时代的发展，现在的孩子非常讲究个性，要想与之保持良好的关系也需要一定的技巧。父母可以教给孩子一些交往的技巧，帮助孩子得到同学的友谊。以下这些交往技巧能够帮助孩子在与人交往中获得他人的好感。

（1）使用礼貌用语，如"谢谢"、"再见"、"对不起"、"没关系"等，不要对别人说粗话、做不礼貌的动作。

（2）主动和同学打招呼问好，能帮助打开友谊之门。

（3）在和同学的交往中，宽容同学的缺点和过错，不要为一些小事而斤斤计较。

（4）与人交往要注重的是给予，而不是什么事情都希望得到回报。

（5）不要无故打断他人的讲话，当别人在说话的时候要认真倾听，不可以心不在焉或是只顾做自己的事情。

（6）不要在背后议论别人，也不要打听别人的秘密和隐私，更不可以把别人告诉你的秘密大肆宣扬。

（7）对待别人要真心诚意，讲信用，不欺骗说谎。

（8）不要用捉弄、嘲笑的方式吸引别人注意，这样反而会引起别人的反感。

（9）在和同学的交往中，善于发现别人的优点和长处，多赞美别人，不要因为自己的某些特长而处处炫耀自己。

（10）与他人说话，尽量讲一些两人都感兴趣的话题，不要独自说个不停而不考虑他人的感受。

（11）同学之间交往尽量不要有过多的物质往来。

（12）不对自己的成绩得意忘形，要体谅他人的感情。

（13）学会带领其他同学参与到集体交往中来，组织大家围绕一定的主题交流。

培养孩子与人合作的能力

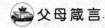 **父母箴言**

与人合作的能力已成为当今世界人才的重要素质之一。目前由于孩子中独生子女的数量大大增加，任性、脾气大、与人合作能力差成为孩子中大多数人的弱点。所以，培养孩子与人合作的能力是父母刻不容缓的工作。

合作是现代人的一项基本素质与品格。如果一个人不能与人真诚合作，他就不可能成功。

合作不是一般意义上的人际交往，而是为了一个共同的目标结成的互助互利的双赢关系。一般来说，有交往与合作习惯的人，在心理学上被认为是外向的人。外向的人往往能够自觉地与人交流，做事的时候也喜欢询问他人，获得他人的帮助。但是，外向的性格并不是天生的，这种性格是可以后天培养的。

那么，怎样来培养孩子与人合作的能力呢?

1. 让孩子懂得与人合作的重要性

在日常生活中，有许多事情必须要两个或两个以上的人一起合作才能完成，只靠一个人的力量是无法做到的。父母可以利用这种机会让孩子体验一下个人无法完成的挫折感，从而懂得与人合作的重要性。

2. 让孩子体验合作的乐趣

成功的合作可以让孩子产生良好的体验，这种体验能够带给孩子无穷的乐趣，进而促进孩子的合作意识和合作行为。

3. 让孩子与同伴交往

让孩子有足够的时间与同伴在一起，他们可以一起交谈，一起分享玩具，一起做游戏，一起出去玩耍，一起做作业。父母要知道，孩子们应当有他们自己的生活，如果孩子不喜欢与别的孩子交往，父母就更要有意识地鼓励他（她）与同伴接触、交往。如果父母和老师因为怕孩子学坏而过多地干涉，甚至禁止他们的交往，那就无异于因噎废食，因为这种交往是孩子获得合作的能力与情感体验的最基本的条件，它有利于养成合群性，消除孩子执拗或孤僻的倾向。

4. 让孩子与同伴共同承担一定的任务

想要提高孩子的交往水平，可以让孩子与同伴分担一些任务，并通过力所能及的活动努力完成它。有时，对于一些复杂的任务，可以进行必要的分工，但必须保证他们活动的相互牵制性，以便他们通过必要的主动交往与协调达到总体任务的完成。否则，合作就会变成单干，不利于培养合作精神。另一个需要注意的是，一旦交给了他们任务，就要鼓励他们独立完成，即使遇到困难或者发生争执，只能提供咨询，而不要越俎代庖，代替他们完成任务。

5. 鼓励孩子独立解决与同伴交往中的矛盾和问题

这样做是进一步提高孩子的合作能力所必需的。孩子在交往中遇到矛盾是不可避免的，如果学不会妥善解决这些矛盾，就永远学不会合作。而且善于解决交往矛盾，是高水平的合作与交往能力的标志。因此，孩子交往时遇到矛盾与问题时，不要回避，也不要代为解决，而要鼓励孩子独立解决，最多也只能提些建议。培养孩子独立解决矛盾能力的主要途径，是让孩子迎着矛盾去主动交涉，而不是闭门思过，也不是回避或拖延。有的孩子只喜欢和一种同伴交往，而不肯和其他同伴交往，这种过于挑剔的交往倾向实际上就是回避交往的困难与矛盾。对于这种孩子更应有意识地引导、鼓励，设法使其体验到交往中解决矛盾的成功与满足感，从而乐于学会和各种人交往。

6. 让孩子知道竞争和合作是可以同时存在的

现在的孩子一般都是独生子女，一般在家里不会有人跟他争什么东西，父母也通常不会对他的言论提出什么不同的意见。但是在家里以外的地方，比如学校，就出现了竞争者和反对者。这样，孩子就认为反对他以及和他竞争的同学是不会成为合作对象的。所以父母要及时教育孩子端正他的竞争心理。竞争目的主要在于实现目标，而不在于反对其他竞争的同学。父母要教孩子把其他同学作为学习上的竞争对手，生活上的合作伙伴，千万不可一味地把他人当成竞争对手和敌人，不顾一切地对立他人。这种思想是不健康的。同时，父母要教给孩子与人合作的技能，教育孩子考虑集体的利益，学会在关键时刻要约束个人的行为，牺牲个人的利益。如果孩子缺乏这种意识或者精神，与人合作是不可能成功的。

能让孩子很好地和别人合作，前提是孩子必须具有和人合作的能力。那么，怎么样才能让孩子具有和人合作的能力呢？

1. 给孩子创造一种良好的家庭气氛

如果一个孩子生活在一个整天争吵不休的家庭里，是很难让他具有和谐的人际关系的。父母一定要把家庭成员之间的关系处理得恰当、合理。对邻居、对来客都要热情、平等、谦虚、有礼貌。这样，孩子就会以父母为楷模，逐步养成尊重别人、爱护别人的良好品德。

2. 树立平等观念

想要让孩子在平等的原则上为人处事，就要让孩子明白，不管对谁或是对什么事情都应树立平等的观念。要让孩子懂得，在人格上，人和人之间永远是平等的。不管碰到什么事情都要无私地对待，要言而有信。只有这样做，人与人之间才能互相信赖、和睦相处。特别是要教育孩子严于律己，宽厚待人，尊重他人。

3. 要让孩子多参加集体活动

有一些孩子常常会"以自我为中心"，这些孩子很难融入集体的生活中，也很难和同龄的小伙伴和睦相处。但是，当他们碰了几次钉子之后，就会慢慢改变这种"以自我为中心"的行为。可能是因为在经历了几次碰钉子的事情后，意识到了在集体活动中一定要想到别人。所以，父母要让孩子多参加一些集体的活动，这样会让孩子在活动中获得与他人相处的经验，在以后和别人的合作中孩子才不至于犯"以自我为中心"的错误。

4. 保证孩子受锻炼的机会

孩子从小在家庭中学到的知识、培养的精神，都会渗透到他们的性格中去，并且会在长大后带入社会。一个懂得合作精神的孩子会很快适应工作岗位的集体操作，并发挥积极作用；而不懂合作的孩子在生活中会遇到许多麻烦，产生更多的困难，而无所适从。

教孩子专心倾听别人的说话

父母箴言

孩子要与人融洽相处、流畅地交流，必须要先学会倾听。倾听他人既是一个听的过程，也是一个学的过程。在倾听他人的过程中，孩子可以从他人的言语中学习到一些自己不知道的知识和他人为人处事的态度与原则。

再也没有比专心倾听别人说话的人更礼貌的了。常发牢骚甚至最不容易讨好的人，在一个有耐心和同情心的听者面前，也常常会软化而屈服下来的。

有一位哲人曾经说过："上帝给我们两只耳朵，却只给我们一个嘴巴，意思是要我们多听少说。"这说明，听在人们交往中居于非常重要的地位。善于倾听他人的说话在人际交往中是非常重要的。心理学研究表明，越是善于倾听他人意见的人，与他人关系就越融洽。因为倾听本身就是褒奖对方谈话的一种方式，你能耐心倾听对方的谈话，等于告诉对方"你是一个值得我倾听你讲话的人"。一位名人说："学会了如何倾听，你甚至能从谈吐笨拙的人那里得到收益。"

事实上，在谈话中，不管什么人都不可能总是处于说的位置上。要使交谈的双方双向交流畅通无阻，就必须善于倾听他人的谈话。善于倾听他人说话的人，懂得"三人行，必有我师"的道理，不仅能够及时地把握对方的信息，弥补自己的不足，不断完善自己，而且能够让对方产生被尊重的感觉，加深彼此的感情，有利于人际交往。

但是，在我们的现实生活中，往往会发现很多孩子非常善于表达自己，但是却不会倾听他人，无法与人在交往中体现出真诚，甚至不愿意倾听他人的建议和忠告。事实上，每一位父母都应该培养孩子倾听他人的习惯，它将使孩子终身受益。

1. 倾听孩子的心声

想让孩子养成倾听他人的习惯，父母必须要有认真倾听孩子心声的习惯，但是，在现实生活中，许多父母都没有做到这一点，他们总是喜欢自己说，而从来不会去倾听孩子。经常会有父母这样感叹："孩子有什么话总不肯跟我说，我说什么孩子也不愿意听，真是拿他没有办法。"事实上，只是平时父母没有倾听孩子的习惯，而孩子说的话就得不到父母的重视，所以，孩子只有把自己的想法藏起来。而且，孩子还会感觉到父母是不尊重自己的，从此更加减少与父母之间的沟通。这种后果将是非常严重的。

倾听孩子的心声不仅是了解孩子心灵的有效途径，也是培养孩子倾听他人的重要方法。父母一定要专门抽出时间来倾听孩子的心声，让孩子感受到你对他的重视和赏识。在倾听孩子说话时，父母一定要端正姿态，千万不要摆出一副表面上倾听、实际上千方百计想出一些理由来反驳他的样子，完全不顾及孩子的感受，总是否定孩子的思想，这样孩子便不会再主动与父母交流了。

更重要的是，通过倾听孩子们说话可以了解他们心中的感受。不论孩子提出什么样的问题，父母都要尽可能找时间去倾听，而不要让孩子等你有了时间再说。立即倾听孩子说话，有助于赢得孩子的信任，更有助于培养孩子与人交往、倾听他人的好习惯。

2. 用心倾听他人

有些孩子在听别人讲话时往往会心不在焉，或是左顾右盼，一点都没有用心在听，这种方式是最容易伤害别人自尊的。说话的人往往会觉得自己不被尊重，因此不愿再讲，更不愿讲心里话，谈话不仅无法收到较好的效果，还会影响到双方的关系。

父母要教育孩子在别人愉快的时候分享他人的快乐，在别人痛苦、失落的时候分担他人的痛苦和失落，这种用心与人交往的表现必然会赢得他人的好感。父母要让孩子知道，在人际交往中，孩子不仅需要理解他人的情绪，而且还必须感受和体验他人的情绪。

3. 教给孩子倾听他人的礼仪

倾听他人有许多好处，但是，怎样才能认真地倾听他人呢？

（1）倾听他人的环境最好比较安静，这样可以减少外界的干扰。

（2）交谈时保持冷静的心态，不要受到其他事物的影响。

（3）要面带微笑，不要显示出不耐烦的样子；要让对方感到轻松自如，而不是拘束。

（4）倾听时不要挑对方的毛病，不要当场提出自己的批判性意见，更不要与对方争论，尽量避免使用否定别人的回答或评论式的回答，如"不可能"、"我不同意"、"我可不这样想"、"我认为不该这样"，等等。应该站在对方的立场去倾听，努力理解对方说的每一句话，并可以对他人的话进行重复。

（5）交谈过程中要少讲多听，不随意打断他人的讲话。

（6）倾听的过程当中要运用眼神、表情等非语言传播手段来表示自己在认真倾听。尽可能以柔和的目光注视着对方，并通过点头、微笑等方式及时对对方的谈话作出反映；也可以不时地说"是的"、"明白了"、"继续说吧"、"对"等语言来表示自己在认真倾听。

（7）如果对对方谈到的内容比较感兴趣，可以先点点头，然后简单地表明自己的态度，最后再说"请接着说下去"、"这件事你觉得怎么样"、"还有其他事情吗"等，这样会使对方谈兴更浓。

（8）要注意倾听对方说的内容，最好能够在对方讲完后简单地复述一遍，这样可以让对方感到被认真倾听，同时也确保理解了对方所讲的内容。

（9）如果对对方的谈话不感兴趣，可以委婉地转换话题，比如，"我想我们是不是可以谈一下关于……的问题"等等。

倾听他人的心声是孩子必须具备的美德。孩子要与人融洽相处，流畅地交流，必须要先学会倾听。倾听他人既是一个听的过程，也是一个学的过程。在倾听他人的过程中，孩子可以从他人的言语中学习到一些自己不知道的知识和他人的为人处事的态度与原则。想要让你的孩子在人际交往中做到最好，倾听是他必须要修的一门课程。所以，父母们，赶快行动起来吧，把你的孩子培养成为一个善于倾听的天使。

让孩子学会赞美别人

🚢 **父母箴言**

人类本性上最深的企图之一是期望被赞美、钦佩、尊重，可见被赞美是人内心的一种基本愿望。父母如果想让孩子长大后能很好与人沟通，会得体地表达自己的心声，就从小培养孩子赞美的能力吧！

赞美是语言的钻石，赞美有着巨大的威力，赞美是我们乐观面对生活所不可缺少的，是我们自强、自信、自我肯定的力量源泉；赞美是人际关系的润滑剂，还可以约束人的行动，能使人自觉克服缺点，积极向上；赞美的效果常常会出乎人的预料，即使是简单的几句赞叹都会让人感到心理上的满足。向别人传递一个真诚的赞美，能给对方的心灵带来光明。所以，在日常生活中，应该培养孩子去发现，去寻找别人值得称赞的地方，并设法真诚地告诉别人，这样既能给别人的平凡生活带来阳光与欢乐，使生活更加光彩，也会让赞美别人的孩子有一个良好的人际关系。

在人际交往中，赞美要运用得体，它是一种密切人与人关系，消除隔阂，增加双方亲近感的奇妙的"润滑剂"。由于它能使别人获得自尊心和荣誉感的满足，从而有效地削弱了抵触与对立的情绪，这就同时增强了双方的理解、信息和亲近感。赞美可以使人受到鼓舞、不断进取，也能使人盲目自满、故步自封。所以，对别人进行赞美的时候一定要讲究技巧。要记住这样一句名言："赞美词是一把两面有刃的利剑，它能增进人际关系，铲除隔阂；也能刺伤对方的自尊心，破坏关系。"

赞美别人应是一种习惯，这种习惯应该从小就开始培养。那么，怎样让孩子学会赞美别人呢？

1. 赞美别人一定要真诚

赞美绝不是虚伪的胡乱夸赞，也不可以用漫不经心的态度，一定要用认真诚恳的表情来赞美他人。如果别的同学把事情搞砸了，你却"不失时机"地赞美道：你做得真好，我想做还做不到那个样子呢。这个时候，赞美就变成一种讽刺了。不真诚的赞美往往会起反作用，不但不会使别人舒畅，反倒会伤害别人。

实际上，真诚的赞美与虚伪的谄媚有着本质区别：前者看到和想到的是别人的美德，而后者则是想从别人那里得到非分的好处。只有真诚赞美别人的人才能真正得到别人的爱。

赞美有时候没有必要去刻意修饰，只要是源于生活，发自内心，真情流露，就会收到赞美的效果。

2. 对事不对人

赞美也绝不是阿谀奉承。教孩子赞美别人不能毫无根据，只是说："你真是一个好人！"那样的赞美毫无意义。所以，一定要赞美事情的本身，这样对别人的赞美才可以避免尴尬、混淆或者偏袒的情况发生。比如，当父母带孩子到朋友家做客，朋友准备了美味的饭菜，这时候，父母可以让孩子这么说："阿姨你做的饭真好吃。"而不要只是说："阿姨，你真好。"

3. 可以直接赞扬

以具体明确的语言、表情称赞对方的行为。如赞扬同学的作文写得非常好，就该说："你的作文写得真好，我要是也有你那么好的文笔就好了。"这样的话语既平等，又真实，充满羡慕，让别人觉得很舒服。即使被赞美者知道自己的作文写的没那么好，也会对称赞者平添一份友好的感情。而赞美长辈则应怀着敬佩、尊重、学习的心情。

4. 也可以间接赞美

教孩子以眼神、动作、姿势来赞美和鼓励别人。一般的人对表情和动作的感受远远超过对语言的感觉，有一些场合，人的表情在多数情况下是下意识的，装也装不像，其中所含的虚伪成分是很少的。比如，可以用微笑、惊叹，或是夸张地瞪大眼睛表示对别人能力的倾慕和敬畏，这种方式是容易被对方接纳的。另外，如果想让孩子有赞美别人的习惯，父母首先要学会赞美孩子。比如，赵越的英语习成绩一直很差，他经常为此感到十分自卑。在一次期末考试的时候，他的英语成绩侥幸有所提高，并且受到了老师的表扬，他的父母更是给了他充分的赞扬和鼓励。这次意外的好成绩使他重新找回了自信，学习不断进步，最终考上了理想的大学。

恰当地赞美别人是很重要的，它能拉近人们彼此的距离，让别人对你充满好感，充满信任。生活中，只要孩子注意到了这一点，经常恰当地赞美别人，将会改变孩子的生活，让孩子生活在爱的世界里，体会到爱的快乐。

教孩子学会与人分享

父母箴言

许多父母习惯于过度溺爱孩子，把孩子放在家庭的主导地位，在这种情况下，父母看到的却是心中没有他人的孩子。他们不会关心父母，不会关心他人，更不会关心社会，这样的孩子是值得父母焦虑的。教孩子学会分享，是这一问题的解决之道。

分享是一种美德，更是一种快乐。萧伯纳曾经说过："你有一个苹果，我有一个苹果，彼此交换，每个人只有一个苹果。你有一种思想，我有一种思想，彼此交换，每个人就有了两种思想。"分享能够让人减少痛苦，获得快乐。一个人在生活中需要与人分享自己的痛苦和快乐，没有分享，他的人生就是一种惩罚。

现在的孩子以自我为中心的现象，已经成为困扰广大老师和家长的一个严重问题，而孩子的这种自我中心的心理根源于父母的私爱和溺爱。为了不让孩子的爱心枯竭、泯灭，父母不仅要爱孩子，更重要的是要让孩子学会爱。如果父母只是一味地给予孩子爱，对孩子是没有好处的。"溺爱是父母与孩子关系上最可悲的事，用这种爱培养出来的孩子是不会把心灵献一点儿给别人。"这是一位教育家的经验之谈。所以，父母在爱孩子的时候，应该教孩子学会与人分享。

与别人分享好吃好玩的东西，对别人说一些关心体贴的话，同情并帮助有困难的人，不计较别人的过错，对别人能够宽容和谦让，孩子的爱心就是通过这样一次次的行为模仿和强化而逐渐形成的。

那么，怎样才能让孩子养成与别人分享的好习惯呢？

1. 让孩子尝到分享带来的乐趣

一般来说，以自我为中心的孩子会有以下三个特点：

（1）自私、故步自封。只看到自己而看不到别人的孩子是不会有什么进步可言的。

（2）缺乏自信。虽然有的孩子表现出娇纵的人格特征，但是就其本质而言，仍然是一种缺乏自信心的表现。

（3）社会性差，不合群。

自我中心作为一种人格特征，它所产生的消极作用和负面影响的第一要素就是自私。这就直接导致了那些以自我为中心的孩子在和外界的交往中会排斥"异己"、拒绝开放、忽视理性力量、回避真诚、吝啬付出、难以与他人合作、缺乏公心（为他人、为集体考虑）。所以，这就需要父母们用一些巧妙的计策把其自私的外壳击碎，让孩子能够拥有一份懂得分享的智慧。父母可以从家庭中的活动做起，父母要与孩子一同参与、共同分享，让孩子尝到分享带来的乐趣。

2. 通过移情引导孩子与他人分享

当孩子还只有几个月大的时候，父母就要让孩子学着与别人分享东西。孩子渐渐长大了，在餐桌上，要让他学着给长辈夹菜；鼓励孩子给爸爸妈妈拿东西；教孩子给客人让座，让孩子做这些力所能及的事，这些都会让他们从中品尝到做了有益于他人的事而给他们带来的喜悦。

3. 父母要学会分享孩子的东西

实际上，在这里所说的"分享"有两层意思：既要教孩子学会分享，还要父母学会分享——而这一点却往往会被父母们所忽视。

很多父母宁可自己受苦也不愿让孩子吃苦，把那些好吃的、好玩的、好用的全都放在孩子的面前。虽然他们在思想上也会担心孩子会成为一个不知道关心别人的冷血儿，但在行为上却不会与孩子分享。在一个家庭中，经常会发生这样的一幕：一个孩子诚心诚意请父母一块吃东西，父母却坚决推辞说："你吃，妈妈不吃"，或者"爸爸不喜欢吃油炸的东西，也不喜欢吃甜的东西"。就这样，孩子与人分享的好意被父母给扼杀了。慢慢，孩子也就养成了吃独食的习惯，那些谦让与分享的习惯也让他们丢到九霄云外去了。

4. 用交换的方法让孩子学会分享

许多孩子在公共场合里玩耍的时候，总是希望自己能够独自占有所有的东西。事实上，孩子的这种行为和想法都是不好的。但是，如果父母一味地批评孩子，则反而会产生负面作用。遇到这种情况，父母应该鼓励孩子与其他的孩子交换自己的一些玩具或是图书。让孩子学会把东西借给别人，再向别人借东西，通过交换东西而逐渐让孩子学会和人分享。

5. 允许孩子有自己的宝贝

其实每个人都会有不愿意与别人分享的宝贝，孩子也一样。有些东西可能是孩子特别喜欢的，也可能是孩子认为某些重要的人送给他的礼物，这些对孩子来说有着特殊的意义。总之，父母在提倡孩子与人分享的同时也要允许孩子有不和人分享的宝贝，而且要让孩子懂得珍惜自己的宝贝。当其他的孩子来家里玩的时候，父母可以允许孩子把他认为重要的宝贝"藏"起来，不让其他人分享。但是，对于大多数的东西，父母应该要求孩子与人分享。

只有孩子藏好了自己的宝贝，他才会大方地把其他东西借给别人，才会更好地和别人分享。如果父母强迫孩子把所有的东西都与人分享，这不但不合理，反而会激发孩子的逆反心理，让孩子做出相反的行为。

教孩子学会分享，可以提高其社会认知能力，从而增强社会适应性；学会分享，可以让孩子懂得在"资源共享"中获得"可持续性发展"；学会分享，可以让孩子重获脚踏实地的自信、勇于自主的独立性。所以，让你的孩子从自私的堡垒中冲出来吧，分享的天空下可以让他们自由的飞翔。

让孩子学会尊重别人

父母箴言

在人际关系中，要得到别人尊重最好的办法就是尊重别人。让孩子学会怎么去尊重别人，也就教会了孩子怎么得到别人的尊重。这样，孩子以后踏入社会就会自然而然地对别人表示出尊重，这对他的人缘也会有很大的帮助。

俗话说：不怕没有钱，就怕没尊严。尊严可以改变一个人的命运。所以，父母要培养孩子从小就要有骨气、有尊严。不仅如此，还要让孩子学会尊重别人的尊严。只有学会尊重别人，才是真正的尊重自己。

让孩子知道，也许只是一个微笑，一声问候，一句夸赞，一个祝福，都可以为人们彼此的沟通与交往架设一座心灵的桥梁。编织一条情感的纽带，在相互尊重中传递出温暖与关爱，接受着祝福与帮助。

现在的人们在考虑怎样处理和别人相关的一些问题时，通常95%的时间是在考虑自己，如果我们多分出一些时间来忘掉自己，好好地想一想对方的优点，不讲任何无价值的奉承话，真诚地评价对方，由衷地称赞对方，表现出你对对方的尊重。那么，你所说的话，他将牢记，并会不断地在他生命的长河中得到重视，一直到永远，你也会成为他所尊重的人。

可是，怎么样才能培养孩子尊重他人的习惯呢？父母可以考虑下面的五点做法。

1. 真诚地欣赏别人

美国哈佛大学的心理学家威廉·詹姆斯指出，人类本性最深的需要是渴望得到别人的欣赏。想要让孩子学会尊重别人，就必须让他学会诚实地、真心地欣赏不同的人，只有这样，他才会找出别人身上的特点，从而让他觉得尊重和敬佩。所以，应该让孩子学会找出每个人身上独特的地方，并欣赏他的特点，从而形成一种习惯。

现在的孩子都喜欢把人分类，诸如老师、学生、家长、孩子、同学、朋友等等，并认为只有少数人和他们是同一类的。这样一来就限制了他自己。假如他认为自己喜欢某种人的话，他就会和他所喜欢的那类人走得很近。但是，当他和其他类型的人相处的时候，就会觉得非常紧张。而且和他们不欣赏的人相处的时候就不会找出别人身上的特点，也就不会对别人表现出他的尊重。所以，父母要教会孩子和不同的人相处，不要把自己锁在一个小圈里，要学会欣赏不同人的特点，学会尊重所有的人。

2. 真诚地关心他人

你若不尊重别人，别人也很难尊重你。而尊重一个人最基本的做法就是去关心他。心理学家亚德洛说："对别人不感兴趣的人，生活中困难最大，损害也最大。"所以人类中的失败，都在这些人当中发生。美国前总统罗斯福非常受欢迎和尊重，一个重要的原因就是关心别人。想要与别人很好的相处，就应学会关心他人、尊重他人。当然，热心助人是要花时间和精力的。比如，孩子要交朋友，他们就有必要记住朋友的生日，并按时致贺，与朋友打招呼挂电话时，都要表现出热忱。

3. 培养感受别人经历的能力

要学会"体会"别人的感受，这将使孩子的生活更丰富。如果孩子经历过某种感受，就可以体会到别人在某个特殊情况下的感觉。譬如，当他还记得心爱的东西被弄坏时的那种感觉，现在他的一个朋友的书包上被人划了一条口子，他就可以体会朋友的那种感觉。他们或许还可以谈一下自己心里的感觉。父母要告诉孩子，要尽量记住别人的话，并且尝试体会他们的经历和感受。

4. 记住别人的名字

美国总统约翰逊，把与人相处的九条原则写在纸上，放在自己的办公桌里。其中第一条就是记住别人的名字，如果做不到，就意味着你对那个人不太关心。许多人往往对自己的事物较有兴趣，尤其是对自己的名字最感兴趣。如果能记住一个人的名字，并能容易叫出，这样会是对一个人最大的尊重。

5.避免讥讽别人

讥讽别人不仅不讨人喜欢，而且是危险的。因为它伤害了一个人的自尊心，并会激起他人的反抗。所以，父母应该让孩子知道，即使你不喜欢一个人，你可以减少和他的交往或是接触，但是，绝对不能对他有不尊重的话语和行为。

在人际关系中要得到他人的尊重最好的办法就是尊重他人，任何人在心底都有获得尊重的渴望，受到尊重的人会变得宽容、友好、容易沟通。所以，让孩子学会怎么去尊重别人，也就教会了孩子怎么得到别人的尊重。这样，孩子以后踏入社会就会自然而然地对别人表示出尊重。

让孩子学会说"不"

🚢 **父母箴言**

要培养孩子成为有用之才，独立性和自信心的培养是关键。而教孩子学会拒绝，则是对孩子独立性和自主精神培养的一个方面。所以父母要培养孩子当遇到不正确的要求时，能分辨是非，敢于说"不"，不应该胆小、懦弱。

喜剧大师卓别林曾说："学会说'不'吧！那你的生活将会美好很多。"在拒绝别人时要讲究技巧，表达自己的意愿时语气要委婉，同时一定要记住，拒绝是对事不对人的。另外，在拒绝别人之前，可以先听一下别人所提出的要求，不要对方还没有说要让你帮什么忙或是做什么事，你就已经在找借口拒绝了，这会让对方误以为你在敷衍他；拒绝时要面带笑容、语气缓和、讲明理由；在拒绝之后，可根据对方的情况再提出建议。

英国心理学家朱莉娅、贝里曼等人提出的"破唱片技术"，对不会说"不"的孩子来说，具有很好的借鉴意义：如果你需要拒绝某人的不合理要求，或者想对他说"不"，或者想尽快结束某个你认为没有任何意义的讨论，你可以"像播放破损的唱片时总在一个地方一遍遍地重复那样，你要做的事就是以坚定的态度一遍又一遍地重复你的意见"。

亚杰带着复杂的心情来到了咨询室，他说在自己的心中藏着一个解不开的结，这个结常常让他觉得心情非常压抑，但是却又找不到原因，也不知道要怎么样去打开那个结。

"我不知道怎么拒绝别人，不知道怎样对别人提出的要求说'不'。当别的同学提出一些要求的时候，我从来没有拒绝过，即使那个时候我很忙，很不愿意去满足他的要求，可我却从来不敢拒绝别人。就因为这样，我常常会打乱自己所制定的学习计划。"亚杰说这些话的时候显得非常的无可奈何。他还说，虽然自己的内心非常苦闷，但是这表面上他还是没有表现出一丝的不高兴。他常常责怪自己，为什么这个"不"字会那么难以说出口。

亚杰的这种情况属于 NSN 综合征。NSN，就是 NEVER SAY NO 的缩写。NSN 综合征是指人们由于不会拒绝而产生的紧张、焦虑、恐惧、自信心下降等一系列情绪障碍。

患有 NSN 综合征的孩子，都是太过看重自己在别人眼中的形象，他们会认为自我的价值是取决于别人的看法和观点上的。如果拒绝了别人，可能会招致反感，从而影响到人际交往。所以，即使别人向他提出一些不合理或是超出他能力范围的要求，他也不会拒绝别人，因为他害怕引起别人的不满；如果是偶尔拒绝了别人，也总会感觉到很抱歉而后悔万分；有时候，即使是别人伤害到了自己，也不会表达出自己的愤怒和不满。对于这些孩子来说，拒绝别人的要求自己的心里会很难受，但是，如果不拒绝他们则会更难受。由于他们的委曲求全，别人可能会提出更多或是更进一步的要求，这些要求有时会非常不合情理，有时甚至是挑剔、敌视的。这样会导致更严重的后果。也就是说，有的孩子会将自己的这种焦虑情绪压抑到极限，一直到他们不能或是不想再压抑的时候，最终会以攻击性的方式表现出来，这样只会对人际的交往造成不可弥补的损失。那些患有 NSN 综合征的孩子曲解了人际关系的平等原则，他们是把别人的"满意"建立在了自己的"痛苦"之上的。

NSN 综合征的形成有很多原因，其中不正确的家庭教育方式、对人际关系的错误认知等都有可能成为诱因，而自卑则是一个很重要的方面。出现 NSN 综合征的人，往往会感觉自己没有足够的吸引力，总是害怕惹别人生气，进而压抑自己情感的表达，总是把自己和别人放在不平等的位置。

想要让孩子学会拒绝，以下建议可供父母参考：

1. 营造民主的家庭氛围

这个条件是教孩子学会拒绝的前提。家长要明白不管孩子有多大，他都是家庭中的一个成员，是一个独立的人，绝对不能对孩子持独断专行的态度，而是要用商量的口吻向孩子表明自己的态度和想法，也要允许孩子把自己的意见、想法充分地表达出来，允许孩子对父母的想法和做法持否定意见。如果孩子提得对，或在某些方面有一定道理，父母应该尽量接受。这样既可以开发孩子的智慧，又可以培养其独立能力和锻炼其意志。

2. 让孩子独立

在日常生活中，只要是孩子自己可以做到的事情，就要鼓励孩子自己单独去做。父母没有必要包办代替。只有这样做，孩子才能从日积月累的亲身体验中积累经验、增长才干，才会有能力对父母或他人的行为做出接受与拒绝的判断。

3. 把握自己的情绪

父母要帮助孩子正确地把握自己的情绪，明辨是非。父母所要教孩子学会的拒绝是一种经大脑分析思考后的有意识行为，是对人、对事做出的理智判断，它与孩子感情用事、耍脾气，或无端拒绝父母合理的要求是两回事。

4. 体验别人的感觉

孩子是最单纯、善良的，当他了解到自己的一句话、一个举动可能会给小朋友带来了不愉快，心里就会感到不是滋味。父母所要做的，就是要给孩子解释清楚，他的言行在对方内心产生了什么样的感受。当体验到了他人的感受时，孩子也能设身处地地想一想，怎样让对方高高兴兴地接受自己的决定，轻而易举地达到目的。

5. 商量是一种交往技巧

拒绝别人有时候要和对方反复地"磨嘴皮子"，直到对方认可为止。比如芊芊不想把遥控飞机给嘉伟玩，于是就抱着飞机跑，而这种行为的结果就是两败俱伤。与其这样，还不如找一个理由，对他晓之以理，让他心平气和地接受。孩子的注意力一般会转移得很快，只要这个"岔"打过去，哪还记得明天和以后？以商量的口吻和小朋友对话，既可以巧妙地守住自己心爱的东西，又可以避免一场暴风雨。

6. 泰然接受他人说"不"

父母要在孩子很小的时候就应该在孩子的头脑中强化一个概念，那就是——别人的东西不属于我，只有在人家同意的情况下，才能享用一会儿。如果能和小朋友换着玩，一件玩具就能换来很多种，孩子们都能玩到自己没有的东西。

其实社会就是一个巨大的关系网络，在很多情况下，孩子在其中都必须与他人共同分享许多权利，不能一个人独占。父母所要做的，就是教会孩子如何平和、友好、委婉、商量地拒绝小朋友的要求；同时泰然自若地接受他人的拒绝。这将会使他们受益终身。

第五章

培养孩子的想象力和思维能力

打破孩子的定势思维

父母箴言 ···

孩子正处于一个身体心智发展的成长时期，如果养成定势思维的不良习惯，就会对孩子思考能力的发展、智力水平的提高产生巨大的阻力，还会限制孩子想象的空间。这些对孩子的学业进步以及身心健康是有百害而无一利的。

人们常常会按照一种常规性的思维模式来思考问题，久而久之就形成了一种难以阻遏的惯性，它对人们的思维活动产生着严重的影响。孩子正处于一个身体心智发展的成长时期，如果养成定势思维的不良习惯，就会对孩子思考能力的发展、智力水平的提高产生巨大的阻力，还会限制孩子想象的空间。这些对孩子的学业进步以及身心健康是有百害而无一利的。

有这样一个故事。有两个小孩子长得是一模一样，他们的出生年月日、家庭住址、电话号码、家长的姓名也是完全一样，第一次看到他们的人都认为这两个孩子是双胞胎，可是这两个孩子却说不是。大家都感到挺疑惑的，就问他们是什么关系。原来，他们不是双胞胎，而是三胞胎中其中的两个。在这里，大多数人就是犯了定势思维的错误，因为在许多人的心中两个长得像的孩子就是双胞胎，可是他们忘了还有三胞胎的存在。所以，当我们在思考问题的时候，如果可以转换一个方向，就会有很多可能性，也会得到很多不一样的答案。但是，怎么样才能打破孩子的定势思维呢？

1. 培养孩子善于思维的兴趣

好奇心是孩子语言和思维的突破口。孩子的好奇心理可以凝聚成为一个又一个"为什么"，也可以说，好奇心是孩子思维最直接的反映。他们对事物越是好奇，他的思维运动就越强烈。从这个意义上来说，激活孩子的好奇心，有利于培养孩子独立思维的好习惯。

好奇心是孩子的专利，父母要通过正确的引导来保护孩子的好奇心，培养孩子打破砂锅问到底的习惯，对于孩子所提出的问题一定要表现出兴趣，和孩子一起寻找答案，这样可以开发孩子独立思维的能力。

2. 开发孩子思维的丰富性

讲故事、猜谜语是激发孩子想象力的重要途径。孩子酷爱听故事，尤其是童话和神话故事，最能激发孩子的想象力。

童话是通过幻想创造的情境和形象来曲折地反映生活的，家长可以在娱乐中对孩子进行启发和教育。比如说：常常给孩子讲一些童话故事，常用一些富有童话式的语言，比如"月亮婆婆"、"太阳公公"等，或者用童话情节将触景生情的一幕给孩子讲述出来，或者在孩子的小房间里摆放一些玩具，在墙壁上张贴一些童话故事，家具样式小巧、别致、颜色丰富等，给孩子营造一个具有童话特色的小空间，让孩子在"童话世界"中遨游。也就是说让孩子的想象力在听童话、看童话、讲童话中得到启发。

实践证明，长期感受"童话氛围"的孩子，思维能力、想象能力、创造能力等各方面都会超过很少接触"童话氛围"的同龄孩子。

3. 培养孩子思维的细腻性

不论是培养孩子的观察力、还是培养他的想象力，在这些过程中，都无法忽略孩子在其中的存在和作用。观察是一种有目的、有计划、有组织的知觉，是一个主动的知觉过程。观察力就是指一个人对事物的观察能力，所以有人将观察称为"思维着的知觉"。

所以父母应该从培养孩子的观察兴趣开始，向他们提供大量的观察环境与观察的感性题材，在此基础上来发展他们的思维能力。

比如带着孩子走进大自然，一起和他们观察花草树木的变化、虫鱼鸟兽的习性。他们会提出一些"为什么天一下雨蚂蚁就搬家"、"天为什么是蓝的？云为什么是白的"、"鸟为什么会飞？虫为什么会爬"等问题。

大自然里会有无数的"为什么"从孩子的思想中迸射出来，荒诞的、奇怪的、值得成人深思的，甚至是现代科学仍无法解答的问题。无论其对与错，这些都是孩子思维运动的结果，他们的思维一旦飞起来就是神奇的，有时也是相当深奥的。如果与此同时，家长有意识地引导孩子去想象、比拟，这些事物就会在孩子头脑中变成无数美好而奇异的童话。

在孩子想象的同时，家长可进一步引导孩子把自己的想象用语言描述出来，或用图画将其表达出来。

4. 培养孩子思维的灵活性

引导孩子对已经熟悉的事物变换一个角度或多个角度去认识，从而培养孩子灵活的思维能力，这样就会使孩子遇到问题时总是从多方面去发现事物的多面性、多样性、多变性，以形成考虑事情全面的好习惯。

比如，当孩子在解答出一道数学题后，家长可以对孩子进行表扬，可以鼓励孩子："如果你能用另一种方法再将其解答出来，那样会比别人掌握得更好。"凭借孩子好胜的心理，他就会努力去找出另一种解题方法。然后家长可以用更动容的表情或语言让孩子明白他很聪明。当孩子的兴趣被激活时，家长还可以再次鼓励孩子分析这道题是否还有更简洁的解题方法。如此这样，一方面让孩子对数学产生一种"剖析"兴趣，另一方面使他明白事物具有的变通性。

一个人思维的发展，不仅与其智力因素有关，而且和一系列非智力因素的个性特征也是相关的。善于思维的好习惯可能是由众多特征构成，其中包括孩子的种种才能和其不同于他人的人格特征。

5. 让孩子走进自然，接触社会

现在的孩子生活面并不很宽，见识也比较少，再加上受传统的定势思维习惯的影响，思维水平自然就受到了许多限制。家长要利用一切有利时机让孩子走出家门，走入社会，到公园、博物馆、动物园、科技中心等地，了解社会生活，接触更多的人，开阔眼界，增加知识积累，扩大思维范围。孩子一旦具备了一定的见识，他思考问题的方向就会灵活得多，就不会被旧思维老办法限制。写河流，就到河岸上走一走，看看鱼虾飞鸟、山花野草，收集关于河流的传说、神话、历史等，激发写作灵感，增加知识，扩大思维的范围。

6. 营造宽松、自由的创新氛围

克服定势思维，其实就是打破传统，创造求新。创新思维只有在自由、宽松的环境中才能孕育、诞生。家长不要给孩子过多的限制和压力，应留给他们足够的自由思考的空间和放松的心情，以便能深刻、全面地掌握知识，提高学习成绩。

7. 从不同角度看待问题，同中求异

我们可以经常发现，对于同一个问题，不同的孩子的回答却是千篇一律，缺乏新意。父母在这一点上应该给孩子适当的帮助，引导他们从不同的角度、不同的方向去思考问题，鼓励孩子发表个人意见，提倡一题多解，并且能够同中求异。

让孩子学会思考

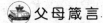 **父母箴言**

聪明的父母在面对孩子的问题时，会启发孩子去想、去分析、去运用自己学过的知识和经验，看书、查参考资料等，让孩子自己去寻找答案。孩子在寻找答案的过程中，思考能力就会得到提高。

使孩子的头脑变聪明的最重要的一点是培养孩子善于思维的好习惯。善于思维是认识活动的核心，它参与到其他的智力因素之中，使其他智力因素更加具有理解性、概括性和深刻性。心理学家早就认为人的智能结构一般是由观察力、记忆力、注意力、想象力、思维能力、语言表达力以及动手操作能力构成，而其中思维能力则是智能活动的核心。

思维是人们思考问题的过程，是人脑对客观事物的认识过程。思维力就是解决问题的能力。日常生活中所说的"让我想一想"，"我再考虑考虑"中的"想"、"考虑"指的就是思维。思维能力主要包括分析、综合、比较、抽象和概括、具体化。

孩子的思维发展趋势是从形象思维到抽象思维。3岁前的孩子，他的思维方式主要是动作思维，是依靠感知和动作来完成的。他们在听、看、玩的过程中，才能进行思维。比如，婴幼儿常常边玩边想，但一旦动作停止，思维活动也就随之停止。3岁后，孩子的思维就从动作思维向形象思维过渡，他可以依靠头脑中的表象和具体事物的联想展开思维，他能摆脱具体行动，运用已经知道的、见过的、听过的知识来思考问题。但他的思维活动必须依托一个具体形象来展开。5岁后，孩子的形象思维开始占主导地位，并已经初步出现抽象逻辑思维。孩子能够从理解事物个体发展到对事物关系的理解；能够从依靠具体形象的理解过渡到主要依靠语言来理解；能够对事物进行比较复杂、深刻的评价。比如，五六岁的孩子在看电视时，可以说出谁是好人，谁是坏人，还会用各种理由来说明他的看法。

一个人智力水平的高低，主要通过思维能力反映出来。有一句话是这样的："教育就是叫人去思维"。孩子学习有双重的目的：一是掌握知识，二是发展思维技能。大多数父母和教师往往只注意前者而忽略了后者，因此出现了许多学习成绩较好，但思维能力较差的"高分低能"的孩子。可见，培养孩子广阔、灵活、敏捷的思维能力，对开拓孩子的智慧极为重要。

那么，怎样来培养孩子爱思考的好习惯呢？

1. 引导孩子独立思考

许多孩子在遇到疑难问题时，总希望家长给他答案。如果父母对孩子有问必答，虽然解决了孩子当时的问题，但从长远来看，孩子会养成依赖父母的习惯，遇到问题时不会独立思考，不会自己去寻找答案，这对发展孩子智力没有好处。

因此，聪明的父母在面对孩子的问题时，会启发孩子去想、去分析、去运用自己学过的知识和经验，看书、查参考资料等，让孩子自己去寻找答案。孩子在寻找答案的过程中，思考能力就会得到提高。如果孩子实在无法独立解决问题，父母可以示范，通过请教他人、查阅资料、反复思考等方法，让孩子学习思考的方法，这对孩子的影响是非常大的。

2. 善于对孩子发问

问题是思维的起点，如果孩子经常面对各种问题，大脑的思维就会比较活跃。因此，父母要想提高孩子的思维能力，就要多向孩子发问。

向孩子发问，不要只问对或错的封闭式问题，最好依据孩子的能力，问一些没有唯一答案的开放性问题，如：回形针有些什么用途？如果让你去郊游，你会选择哪里？为什么要选择这个地方？可见，向孩子发问要有一定的技巧。

3. 营造平等的家庭氛围

调查显示，在民主、平等的家庭氛围中成长的孩子，敢于发表自己的意见，思维比较活跃，分析问题也比较透彻。而在专制的家庭气氛中成长的孩子，则不敢畅所欲言，容易受家长的暗示而改变主意，或者动摇于各种见解之间，或者盲从附和随大流，这就影响了其思维独立性的发展。

因此，父母要鼓励孩子敢于发表自己的看法，在孩子发表自己的意见时，哪怕是错误的，父母也应让他说完，然后再给予恰当的指导。对于孩子的正确意见，父母应该肯定、表扬，让孩子增强发表意见的信心。

4. 培养孩子的探索精神

许多孩子都有较强的好奇心，喜欢"打破砂锅问到底"，每当见到一个新事物，总想更深入地去了解，往往会不自觉地摸一摸、问一问、拆一拆、装一装。许多父母对孩子的这些行为很是烦恼，经常批评孩子甚至恐吓孩子，其实，这些都是孩子喜欢探究和求知欲旺盛的表现，父母的呵斥只会挫伤孩子思维的积极性。

正确的做法应当是因势利导，鼓励孩子的探索精神，并启发孩子"异想天开"。例如，让孩子突破常规的思维模式，从另一个角度去思考问题，孩子就会发现平时盛饭的碗可以用来当乐器，平时装热水的暖瓶还可以用来装粥，这就是"发散思维"或"求异思维"。这种发散性的思维模式可以让孩子在学习时不盲目听信，解决问题时善于从多方面考虑，从而提高孩子的学习兴趣和思维能力。

5. 让孩子自己来处理问题

孩子在学习、生活中，经常会出现各种各样的问题，对于孩子的问题，父母不要一味地包办，应当与孩子一起讨论、共同设计解决方案。在这个过程中，孩子需要分析、归纳，需要设想解决的方法与程序，这对于提高孩子的思维能力和解决实际问题的能力大有好处。

6. 丰富孩子的知识与经验

许多孩子之所以不能很好地思考，不是不知道思考的方法，而是在逻辑思考或者推理的时候，孩子们往往因为知识和经验有限而无法得出准确的结论。因此，父母要注意丰富孩子的知识与经验，让孩子拓展思维的领域。

孩子的知识越丰富，思维也就越活跃，因为丰富的知识和经验可以使孩子产生广泛的联想，使思维灵活而敏捷。

7. 培养孩子的推理能力

推理能力是思考能力中比较重要的一个方面。推理需要对概念等有深刻的理解才能进行。父母平常要对孩子解释一些概念性的事物。

培养孩子的抽象思维能力

父母箴言

一个人智力水平的高低，可以通过孩子的抽象思维能力反映出来。父母应该对抽象思维有正确的认识，并且在教育培养孩子过程中自觉地采取措施，这样才能让孩子变得更聪明。

抽象思维又称逻辑思维，是思维的一种高级形式。它的特点是以抽象的概念、判断和推理作为思维的基本形式，以分析、综合、比较、抽象、概括和具体化作为思维的基本过程，从而揭露事物的本质特征和规律性联系。

在这里介绍一下抽象思维的特征和特征的实质。

抽象思维有两个最基本的特征：抽象性和确定性。由这两个特征还派生出其他一些特征，如形式性、精密性、简单性、理论性和分析性等。不过后者都是由抽象性和确定性所决定和制约的。所以，主要介绍抽象思维的抽象性特征和确定性特征。

1. 抽象性

人们透过事物的现象，认识事物的本质和变化规律，把握事物间的联系，达到真理性的认识，始终离不开理性的抽象。也就是说，人们从现象到本质的认识在思维中是通过抽象来完成的。

以数学的发展为例：古埃及人和古巴比伦人尽管掌握了关于空间和数量关系的大量知识，但这些知识主要是凭经验进行考察的结果。在所有古埃及人的著作中，法则仅能应用于为数有限的具体情况。在他们的几何学中，没有用一个三角形来代表一切三角形这种在建立演绎体系时所必需的一般化的抽象概念。抽象的数的概念还有待引进。古希腊人则不同。数学之所以会在古希腊发展起来，就是因为古希腊人依靠古埃及人和古巴比伦人的数学素材，进行了"智力革命"，从事物的多样性中辨别出共同性，并把它抽象出来，加以一般化，从而导出与更广泛的经验相符合的新关系。就是由于这个缘故，古希腊人被称为是科学方法的倡导者。亚里士多德把抽象称为自然研究的路线或途径。

抽象性的实质，我们可以从三个方面去理解。

首先，抽象就是抽取事物的共同点。抽象最主要的是对同类事物去除现象的次要的方面，抽取它们的共同点，从而使思维从个别中把握一般，从现象中把握本质。

其次，抽象就是选取事物的深入点。一个事物往往有几个特点。抽象的实质是从这些特点中选取一个被认为在某个方面特别重要的特点，而忽视所有其他特点。这样，抽象能够限定探究范围，突出某一重点，限制其他思路，并把某一种思路引向深入，从而使我们能够深入地研究认识对象。

再次，抽象就是理想地复现认识对象。抽象的目的在于把事物加以理想化而再现于思维之中。因为不可能单纯通过从可观察现象概括共同点来把握理想事物，所以必须脱离直观地运用思维的抽象力量创造出理想客体。同抽取共同点相比，理想化是更深刻的抽象。

抽象既是抽象思维的重要手段，也是抽象思维的重要特征。正是在这个意义，我们把这种思维叫作抽象思维。

2. 确定性

确定性是抽象思维的又一基本特征。从信息论的观点看，所谓知识，就是不确定性的减少。所以，认识真理的意义，就在于不断减少和消除对自然界和社会在认识上的不确定性。一般说来，认识中的不确定性来源于认识主体的感性活动和思辨的猜测。经验认识是人的感官对于自然现象的直觉认识，这种认识通常只是知识的准备和原料。作为"前知识"，这种认识的最主要特征是不确定性。抽象思维要获得本质，就必须以确定性去减少和消除这种根源于事物现象偶然性的不确定性。只有确定性的思维所获取的认识才称为知识。因此，可以说理论知识和日常知识之间的最重要的区别就在于理论知识的命题必须具有严格的确定性，而日常知识不需要严格的规范。

爱因斯坦曾说过，科学的概念最初总是日常生活中所用的普通概念，但它们经过发展就完全不同了。它们已经变换过了，并失去了普通语言中所带有的含糊性质，从而获得了严格的定义，这样它们就能应用于科学的抽象思维中。例如，信息和系统原是日常生活中的普通概念，信息论和系统论对它们作了严格的定义，使之成为这两门学科中的科学概念，而信息论和系统论也正是由于引入了这两个具有确定性的概念，才奠定了这两门学科的基础。

抽象性和确定性是抽象思维的两个基本特征，二者是统一的。爱因斯坦有一句话，可以说是言简意赅地表达了抽象思维的抽象性和确定性的这种统一。他说："科学家必须在庞杂的经验事实中间抓住某些可用精密公式来表示的普遍特征，由此探求自然界的普遍原理。"仔细玩味这句话，我们便可以体察抽象思维中抽象性和确定性的统一关系。

孩子思维的成熟过程，其实就是人类由蒙昧走向文明的缩影。牙牙学语的婴儿，最初不会有什么抽象思维能力，他们也许连苹果与梨的差异都搞不清。然而生活能使孩子们学会抽象，比如小宝宝淘气，用手触摸火炉，结果烫起几个泡。有过几次教训后，他就不会再触摸任何火炉包括那些不曾烫过他的火炉了。他显然自发地形成了这样一种朦胧意识：那些东西也是火炉，也会烫人的。这种朦胧意识十分可贵，因为他已经自发地从同类事物的个体中抽象出了该类事物的共性。

不过，如果仅靠自然形成，没有足够的刺激，孩子的智力发育就会相对缓慢很多。3岁之前的孩子，对他进行训练，会显得过早；而对学前的孩子，父母则完全可以运用各种手段，在潜移默化中对孩子进行这方面的启蒙了。

1. 教孩子归类

父母可以把日常生活中的一些东西根据某些相同点将其归为一类，如根据颜色、形状、用途等。父母应注意引导孩子寻找归类的根据，也就是事物的相同点，从而使孩子注意事物的细节，增强其观察能力。

2. 教孩子认识大群体与小群体

首先，应教给孩子一些有关群体的名称，如家具、运动、食品等，使孩子明白，每一个群体都有一定的组成部分。同时，还应让孩子了解，大群体包含了许多小群体，小群体组合成了大群体。如动物——鸟——麻雀。

3. 让孩子了解顺序

了解顺序的概念有助于孩子今后的阅读，这是训练孩子逻辑思维的重要途径。这些顺序可以是从最大到最小、从最硬到最软、从甜到淡等，也可以反过来排列。

4. 让孩子建立时间概念

幼儿的时间观念很模糊，掌握一些表示时间的词语，理解其含义，对孩子来说，无疑是必要的。当孩子真正清楚了"在……之前"、"立即"或"马上"等词语的含义后，孩子也许会更规矩些。

5. 理解基本的数字

有些孩子两三岁就能从1数到10，甚至更多。但与其说是在数数，不如说在背数。应该把数字具体化，如"1个苹果"、"3个人"等。父母在孩子数数时，应多点儿耐心。让孩子一边口里有声，一边用手摸摸物品，逐渐过渡到用眼睛"默数"。日常生活中，能够用数字准确表达的概念，父母们尽量讲得准确。同时，还应注意使用"首先"、"其次"、"第三"等序数词。

6. 掌握一些空间概念

大人们往往以为孩子天生就知道"上下左右，里外前后"等空间概念，实际并非如此。父母要利用日常生活中的各种机会引导孩子，比如："请把勺子放在碗里"。对于孩子来说，掌握"左右"概念要难些。

7. 在游戏中发展孩子的思维

游戏是培养孩子抽象思维能力最有效的途径之一。通过游戏，孩子的活动变得更复杂，其思维发展水平更高。如通过搭积木、玩魔方、走迷宫、下棋、拼拼图等玩具类游戏，可以训练孩子对空间、规则等方面的认知，从而提高其抽象思维能力。

怎样提高孩子的想象力

父母箴言

每个人都有一双想象的翅膀，它会把人们带到各种奇怪的地方。而孩子的想象更是天马行空，完全不会照着规矩来，各种奇形怪状的东西都会在孩子想象的空间里飞扬，而父母要做的就是拓展孩子的想象，让它飞得更高更远。

想象是人的一种思维活动，它是人的大脑对已有的表象进行再创造，进而创造出新形象的过程。想象不是凭空产生的，想象所需的材料都来自生活，来自人的经验。无论多么新奇、多么古怪的想象，都建立在已有的信息基础之上。想象在发明创造中起了至关重要的作用，直接推动了人类的进步。

一般来说，想象包括无意想象和有意想象。无意想象是没有自觉目的，不需要付出努力的一种想象，对孩子的智力发展意义不大。有意想象是有自觉目的，需要孩子做出一定努力的想象，它是孩子智力的一部分，能直接促进孩子智力的发展。

有的父母认为，孩子会不会想象没什么意义，这种观点是不正确的。鲁迅是这样评价孩子的想象的："孩子是令人敬服的，他们常常想到星月以上的境界，想到地面以下的情形，想到花卉的用处，想到昆虫的言语，他们想飞上太空，他们想潜入蚁穴……"事实上，孩子的想象力有时候是足以让我们这些自以为是的成人感到惊叹的。曾经有一位6岁的小姑娘，因为做出一幅畅想未来到月亮上荡秋千的美术作品，而荣获了联合国举办的世界儿童绘画比赛一等奖。因此，父母一定要重视培养孩子想象力的好习惯。

那么，有什么好方法来培养孩子的想象力吗？以下是一些好建议。

1. 丰富孩子头脑中的表象

人的想象总是以自己头脑当中的表象为基础。表象是外界事物在孩子头脑中留下的影像，它们是很具体的、很形象的，是想象的基础材料。想象就是大脑在外界条件的刺激影响下，对头脑中所存储的表象进行加工改造，从而形成和创造新形象的心理过程。比如，当老师朗读一篇优美的风景散文时，每个孩子的脑子里就会出现一幅非常美丽的画面，但是，每个孩子脑子里的画面是各不相同的。这是因为，每个孩子在想象的时候，需要借助各自存储在脑子里的表象进行加工和创造。如果头脑中的表象积累越多，孩子能够用来进行想象的资源就越多。

因此，父母在日常生活中要引导孩子多观察、多记忆形象具体的东西。父母要根据孩子的年龄大小和生活环境，经常利用节假日，带着孩子去接触新鲜的事物。例如，带领孩子去博物馆参观，参加各种公益活动，带领孩子去郊外游玩，指导孩子观赏各种事物，都可以让孩子记住许许多多的表象。尤其值得注意的是，农村的父母要多带孩子到城市去，让孩子认识城市的建筑、交通设施等；城市的父母要多带孩子到农村去，让孩子认识农作物，欣赏美丽的田园风景，了解花鸟虫草的生活习性等。

事实上，孩子认识的事物越多，想象就越广阔。如果父母只指望孩子通过课本来学习，是无法养成良好的想象习惯的。为了让孩子记得又多又准确，父母可以引导孩子用语言描述出来，或者以日记的形式记下来，这些都是孩子进行想象的重要资源。

2. 让孩子积累词汇

想象虽然以形象形式为主，但是需要用语言将想象的内容表述出来，词汇在这时起到了重要作用，词汇量大的孩子能很顺利地表述一件事情，词汇量贫乏的孩子则常常由于找不到合适的词汇而中断想象。如，一个孩子如果词汇量不大，他在自己极度兴奋的时候，只知道用"高兴"来表达，再也找不到其他的词语了。

因此，父母应该引导孩子有意识地积累词汇。比如，多给孩子提供一些富有幻想色彩的书籍，如童话、科幻作品、神话、寓言等。父母可以让孩子准备一个专门用来记录文学名句、名段的摘记本，随时把阅读中遇到的名句、名段摘抄下来，在空余时间多翻阅摘记本，巩固这些词汇。这样，孩子的词汇量就不知不觉扩大了，在想象时就可以顺利表述心中的想法，从而促进想象力的发展。

3. 鼓励孩子讲故事、读故事、记日记、画画

讲故事能促进孩子的想象能力。父母要从小就鼓励孩子自己编故事、讲故事。可以讲给同学听，也可以讲给爸爸妈妈听，这样不仅锻炼了语言表达能力，而且也促进了孩子想象力的发展。父母也可以引导孩子按照某个主题想象，并适时地给孩子以赞扬，并提供一些建议。

如果孩子已经识字，父母要重视让孩子自己去阅读，这对孩子想象力的发展是大有好处的。因为，依靠父母讲解，想象的余地总归有限，自己阅读则可以主动地进行再造想象的训练。因此，只要孩子达到一定的识字量，能够自己阅读了，父母就应该指导孩子阅读，并给孩子购买一些童话、神话、民间故事书等能够启发孩子想象力的作品。

父母也应该鼓励孩子记日记，把好的故事记录下来，不断修改。通过不断想象，孩子的想象能力就能不断提高。

图片很能激发孩子的想象能力，父母可以有意识地让孩子多接触各种图画。例如，父母可以购买一些景色优美的风景图片和知识性趣味性较强的图片，让孩子认真观看，并在此基础上画出来。当然，孩子画什么，父母不应该限定，应该让孩子想画什么就画什么，这样，孩子才能充分发挥他的想象能力。通过不断的锻炼，孩子的想象能力必定有所提高。

4. 用游戏启发孩子的想象力

爱做游戏是儿童的本能，对于孩子的自发游戏，父母应该给予关注，善于引导孩子通过做游戏来发展想象力及其他能力。

创新性思维是想象力的基础。父母要积极培养孩子的创造性思维能力。首先，父母要培养孩子独立思考能力，让孩子敢于打破陈规，敢于标新立异地提出自己的见解。

其次，父母要鼓励孩子提问，碰到自己无法解答的问题，要努力弄懂，或者向其他人请教，然后再向孩子解答。

再次，父母要鼓励孩子求异思考，比如，当孩子在做数学题时，父母可以问孩子："除了这种做法以外，还有没有其他的解法？"阅读文学作品时，鼓励孩子不断问"为什么是这样"，"为什么不可以是那样"，这些都有利于培养孩子的想象力。

5. 鼓励孩子幻想

幻想是创造想象的特殊形式，它往往脱离现实，能跨越时空创造出未来事物的新形象。幻想越大胆，可能出现的错误也越多，但是其创新价值也是不可估量的。

其实，幻想是十分可贵的。正如郭沫若在《科学的春天》一文中指出的："科学需要创造，需要幻想，有幻想才能打破传统的束缚，才能发展科学。"

因此，父母要鼓励孩子进行幻想，哪怕有时候孩子的幻想具有常识性的错误，例如，孩子想让鱼在天空飞翔，让人在海底生活等，父母没有必要非要去纠正孩子，因为，孩子正是受缺少常识的限制，才可以想出一些成人想不出的想法来。

不要剪掉孩子想象的翅膀

父母箴言

孩子的想象力是无处不在的，父母其实不需要做太多的事情，只需要开放自己的思维，放开孩子的手脚，让孩子可以在想象的空间里自由地飞翔就可以了，千万不要剪掉孩子那双飞翔的翅膀。

作为家长，应该正确地引导孩子的想象力，也要积极参与孩子的想象游戏，同时让孩子主持游戏，给孩子发挥自己的想象力留下足够的空间。也可以考虑为孩子提供独自游戏的机会，让孩子在游戏或其他创造性的活动中发挥无拘无束的想象。父母可以经常给孩子提一些"开放式"的问题，让孩子用多种答案来回答问题，这样也可以启发孩子的想象。讲一些有启发性的故事给孩子听，让孩子想象下面的故事情节，使孩子有发挥想象力的机会，培养孩子复述情节生动又富有想象的故事，这对培养孩子的想象力更有好处。

我们常常惊叹：美国在科技创新方面总走在世界前列！然而许多人却不知道或不愿意接受美国的《公民权法》中的两项规定：幼儿在学校拥有两项权利：1. 玩的权利；2. 问为什么的权利。

据说，这一规定与美国历史上的一个精神赔偿案有关。

1968 年的一天，美国一位 3 岁女孩指着一个礼品盒上的"OPEN"对她妈妈说，她认识第一个字母"O"。这位妈妈非常吃惊，问她是怎么认识的。女孩说是幼儿园的老师教的。这位妈妈在表扬了女儿之后，一纸诉状把幼儿园告上了法庭，理由是该幼儿园剥夺了孩子的想象的权利。因为她女儿在认识"O"之前，能把"O"说成是苹果、太阳、足球、鸟蛋等等圆形的东西。但是，自从幼儿园教她认识了字母之后，孩子就失去了这种想象的能力。她要求幼儿园对此负责，并进行精神赔偿。

此案在法院开庭时，这位妈妈做了如下辩护："我曾在一个公园里见到两只天鹅，一只被剪去了左边的翅膀，放在较大的水塘里；另一只完好无损，放在很小的水塘里。管理人员说，这样能防止它们逃跑，剪去左边翅膀的因无法保持身体平衡而无法飞行；在小水塘里的因没有足够的滑翔路程，也只能待在水里。现在，我女儿就犹如一只幼儿园的天鹅，他们剪掉了她一只想象的翅膀，过早地把她投进了那片只有 ABC 的小水塘。"

陪审团的全体成员都被感动了。幼儿园败诉！

父母是孩子的第一任老师。然而许多的父母望子成龙心切，过早地用成人的观点教育孩子，常常否认、甚至耻笑孩子的想象。孩子进入幼儿园后，幼儿园为满足家长的心理，开始教孩子许多所谓规范的知识。进入中小学之后，更是把孩子"好玩"的天性视为"洪水猛兽"，进行严厉的教育。在教学中，教师常常把自己的观点强加给学生，总是强调答案规范统一。这样就扼杀了学生的想象力，不利于学生创造能力的培养。

孩子的想象力是无处不在的，作为父母的我们不必刻意限制或是多加管教，让孩子自由发挥自己的想象力，可能会取得事半功倍的效果。

爱因斯坦说过："想象力远比知识更重要，因为知识是有限的，而想象力概括着世界上的一切并推动着进步。想象才是知识进步的源泉。"由此可见，孩子想象力的培养是非常重要的。孩子的想象也许有时候看起来，有些可笑和不切实际，但是作为成人的我们是否想过，瓦特正是有了"为什么蒸汽能把壶盖顶起来"的思考，才有了后来蒸汽时代的到来；莱特兄弟正是有了"人能否长上翅膀，像鸟一样在天空中飞翔"的异想，才有了人类飞翔天空的现实……可是看看当今的孩子们，他们的想象力究竟还有多少呢？

有这样一个真实的故事，在某个学校的考试中，有这么一个问题："雪化了是什么？"这个问题对于稍微有点常识的人来说，是很简单的，但是老师在后来的阅卷中发现，有一个孩子给出了一个出人意料的答案："雪化了是春天。"然而，这个别出心裁的答案被打上了一个鲜红的"叉"号，至于原因，自然是因为跟标准答案不符。

好一个跟标准答案不符！它如同一把坚硬的锉刀，毫不留情地磨掉了孩子们的想象力。但判卷的老师也是言之凿凿：我们这道题目考察的是孩子对于物理知识的掌握，雪化了当然就是水，虽然这个学生的答案非常有想象力，也很有诗意，但是他的答案与标准答案不符，不管他的想象力何等丰富，我们也只能给他判错。

其实，社会上已经有许多有识之士开始着手保护孩子的想象力了，哈尔滨市少儿活动中心就曾经创办了一个想象绘画班，然而最后的结果，却叫主办者哭笑不得。在想象绘画班开办了一段时间后，主办方为家长们开了一个绘画成果展，然而没想到的是，看着孩子们把马画成蓝色、绿色，家长们生气了，这是咋教的？这不是误人子弟吗？尽管校方再三解释这是要给孩子一个想象的创作空间，可班上 80% 的家长还是让孩子退了学。

这不由得叫人想起一个故事：

世界著名作家歌德小时候，他母亲常给他讲故事，但他母亲讲故事的方法比较独特，总是在讲到中途的时候停下来，留下一个让小歌德想象的余地，让他自己发挥想象，继续说下去，这就很好地激发和保护了孩子的想象力，使歌德后来成了举世闻名的大作家。

事实上，我们现在许多家长和老师在对孩子进行教育的时候，往往喜欢用讲故事的方法来引起孩子的兴趣，那么我们何不试着像歌德的母亲那样，把我们的故事，换一种方式来表达出来呢？让孩子用他那双想象的翅膀在想象的海洋里自由地飞翔。

让孩子在想象中成长

父母箴言

虽然孩子的梦想可能永远都不能实现，但是，每一个孩子都在憧憬着未来，并会为这或远或近的"未来"投入他们全部的努力。父母一定要支持孩子的梦想，让他们在想象中成长。

很多人都听说过想象这个概念，但是它究竟有什么含义？在人的智力活动中有什么重要作用？能不能提高想象力？人们对这些问题不一定有太多的了解。

想象是在外界现实刺激的影响下，在头脑中对记忆的表象进行加工改造，从而形成和创造新形象的心理过程。比如说，我们读古诗《敕勒歌》："敕勒川，阴山下。天似穹庐，笼盖四野。天苍苍，野茫茫，风吹草低见牛羊。"在我们脑子里就会出现一幅非常壮美的图画，而且每个人脑子里的图画都各不相同。这就是每个人想象的结果。每个人在想象的时候，都借助原来脑子里的表象进行加工和创造。

在人的智力活动中，想象占有十分重要的地位。俄国教育家乌申斯基说："强烈的活跃的想象是伟大智慧不可缺少的属性。"著名物理学家爱因斯坦创立"相对论"，就是采取所谓"思想实验法"，在充分发挥想象力的基础上，经过严格的逻辑思维和严密的数学推导而成的。

因此，有一位物理学家赞叹爱因斯坦的成就时说："作为一个发明家，他的力量和名声，在很大程度上应归功于想象力给他的鼓励。"

孩子在学习各门课程中都要借助想象力。没有想象力，很难理解教材中的图形、图画，对教材中用描述方法表现的具体事物也很难知道它的具体样子，写作文干巴巴，不会有形象生动的描写。想象力，还直接关系着一个孩子创造力的发展。现实生活中的许多发明创造，都是从想象开始的。

孩子的心灵成长需要想象，其实很多孩子天生都有属于他们的梦想。孩子的童年就是一个梦想生根的地方，孩子的梦想就像是鸟儿飞翔的翅膀。如果缚住了孩子的翅膀，孩子永远都不会知道自己到底可以飞多远、飞多高。如果一个孩子拥有了他心中的梦想，他就会做出许多让父母惊奇的事情，孩子这些多姿多彩的梦就是他最宝贵的财富。

孩子本来是充满童真、充满童趣和富于幻想的，他们想做的事情应该有很多。但是，现在的孩子离他们的梦想却是那么的遥远。

在一次研究调查中，有一个这样的问题，"长大之后想要做什么"，有 92.71% 的孩子回答"上一个好大学，找一个好工作"。这样一个成人式的回答怎么会出现在孩子的口中？大部分的孩子好像是忘记了他们的年龄，所有本该属于他们的激情与幻想在他们身上毫无踪影，好像他们是一个马上要考虑工作和生存的"小大人"。看到这种情况，不禁会问，是谁让孩子变成了这个样子？是谁把孩子的幻想给磨去了？不可否认，这和父母的教育有关，父母把生存的压力过早地传播给了孩子，孩子也就自然开始压制自己内心的激情与渴望，甚至对生活冷淡，他们过早感受到了生存的压力。

在生活中可以常常听到父母这么训斥孩子"不要瞎胡想"、"你不要异想天开了"，就是这样的训斥把孩子的想象力扼杀了。

著名诗人纪伯伦说："我宁可做人类中有梦想和有完成梦想的愿望的、最渺小的人，而不愿做一个最伟大的无梦想、无愿望的人。"而人类发展的历程也表明：没有"异想天开"，便没有人类社会的进步。许多古人"异想天开"的事，经过科学家们不断地探索与研究，在今天都变成了现实。所以，当你的孩子有奇特的想法时，请不要责备他们"胡思乱想"，而应当给他们以适当的鼓励和引导。

1. 父母应尊重孩子的想法

例如，你打算教孩子学习阿拉伯数字，当你在本子上端端正正地写下一个"0"时，孩子便会马上展开丰富的想象，说这是张大的嘴巴，煮熟的鸡蛋，妈妈的耳环或者是其他一些你根本想不到的东西。这时候，你千万别为孩子没有按照你的思维去学习而火冒三丈，责备他："胡说！这是阿拉伯数字零。"殊不知，这样做很容易挫伤孩子想象的积极性，把孩子的思维过早地束缚在成人所划定的框框里，而失去了儿童应有的天真与童趣。

2. 不要把现在不可能的事情认为永远都不可能发生

例如，当孩子对你说："妈妈，我长大了要到太阳上去探险。"你千万不要对他说："傻瓜，太阳那么热，上去还不把你烤成灰？"而是应当鼓励、引导孩子："你的想法很好，但那需要有丰富的知识，从现在起你就要好好学习，将来发明一种不怕太阳高温的飞船和宇航服，这样才能在太阳上探险。"父母一定要用心地倾听孩子每一个"可笑"的幻想，而不要嘲笑他们，因为每一个奇妙的想象在若干年后都有可能变成现实。如果父母仅凭自己的经验来强迫孩子接受自己的判断"可能或不可能"那么孩子独特的个性和创造性就会被无情地扼杀于摇篮之中。

3. 父母要鼓励孩子想象

一对年轻夫妇为了培养孩子的记忆力和复述力，每次给孩子讲完一个故事后，便要求孩子重述一遍。有一次，听完《狼和小羊》的故事后，孩子认为可爱的小羊不应该被凶恶的狼吃掉，便加了一个情节：小羊拼命奔跑，并且大声呼救，正好被猎狗听到了，猎狗跑过来勇敢地与狼搏斗，终于战胜了可恶的大灰狼。孩子的父母听非常生气，"我是这样讲的吗？下次好好听着，别讲错了！"孩子感到很委屈，连听故事的兴趣也没有了。对于这对年轻夫妇的做法，我们不能不感到很惋惜，因为他们扼杀的不仅是孩子听故事的积极性，还有孩子的想象力、同情心和孩子成为小作家的可能性。

孩子的"异想天开"体现了孩子独特而丰富的想象力，父母正确的引导和鼓励，将成为每一位"异想天开"的孩子攀登科学高峰的阶梯。所以，当孩子"异想天开"时，不要再对他们泼冷水了，让孩子自由地想象，让他那双想象的翅膀自由地飞翔吧。

第六章
培养孩子的注意力和观察力

培养孩子专注的能力

父母箴言

注意力分散是孩子的一个普遍问题。一般来说，孩子的注意力是不太稳定的，往往对什么事都感兴趣，注意力容易随兴趣转移；同时，孩子的注意范围较小，注意力常会受情绪影响，注意分配能力也较差。所以，父母要对孩子的注意力加以引导。

激发孩子学习潜能的一个必要条件就是专注。一旦孩子养成了专注的习惯和个性，那么他的智力活动便进入了一个质的提高期，而这种让他专注的事物也必将成为他日后极其重要的部分。所以，当一个人在做某件事情的时候一定要专注。那些今天想当歌唱家，明天想当影视红星，后天又想当艺术家的孩子，注定要一生无所适从，一事无成了。

培养孩子做事专注的习惯，将会在他的人生中产生重大的影响。要知道，只有让孩子先形成一种专心的习惯，才有可能在日后对自己的事业全身心投入，不会被其他事情所干扰。所以，父母就要在孩子小的时候把孩子的专注能力给激发出来。当孩子在做某件事的时候，父母可以要求他在规定的时间内完成并帮助他排除外界的干扰；让孩子对他所感兴趣的问题不断寻根问底，深入思考；让孩子在兴趣广泛的基础上，选择最着迷的对象深入下去，父母还要有意识地强化孩子这方面的兴趣。

1. 让孩子在一个安静的环境中学习

想要让孩子能够在学习的时候集中精力，父母就应该让孩子在一个安静的、没有任何干扰的环境中学习，因为，孩子周围的环境往往会导致孩子注意力的不集中。所以，在孩子的学习环境中一定要物品摆放整齐有序，也不要有太多不必要的东西，更不要布置一些照片或是图画等和学习没有关系的装饰品，书桌上面也不要放和学习没有关系的东西，这样就不会让孩子的注意力集中到别的地方而忘了学习。当孩子在做作业的时候，父母要尽量不要讲话，保持安静，更不要打开电视机，从而达不到让孩子专心学习的效果。

很多父母会犯一个错误，那就是，当他们让孩子认真学习的同时，自己在孩子学习的周围，制造出一些让孩子不能专心学习的声音。比如，有的父母会在孩子学习的时候在客厅看电视，有的父母会用很大的声音彼此聊一些事情，甚至有的一些父母会在孩子学习的时候总是问孩子一些问题。一定要记住，当孩子开始学习的时候，父母要尽量避免和他说话，也不要在孩子学习的周围制造出声音，更不要在孩子学习期间询问孩子一些问题，因为这些都可能会成为孩子不能集中注意力的原因。

2. 让孩子按时完成作业

一般父母都会遇到这样的情况，如果要求孩子在一定的时间内完成作业的话，孩子就会按时完成甚至是超时完成，而且正确率非常高。这个时候，孩子在学习时的注意力是绝对集中的，可是如果孩子没有被这样要求，那么，他用的时间就会很长，并且正确率明显比前一种情况低得多。虽然他用了很长时间来做，但是他的注意力却没有集中。所以，父母应该根据孩子的作业量订出时间，要求孩子在规定的时间内集中注意力，认真完成作业，如果孩子可以按时完成或者是超时完成的话，父母可以让孩子做一些适度地放松。

如果孩子的作业实在是太多的话，父母可以把孩子的作业分开，让孩子一部分一部分地来完成，这样不但对集中孩子的注意力有所帮助，而且还能够让孩子的学习有松有紧，可以提高孩子的学习效率。可是，如果父母要让孩子一次性把大量的作业做完，不许孩子在中途休息，并且还在孩子的身边不停地唠叨的话，就会让孩子开始产生抵触的心理，从而对学习失去兴趣，注意力当然也就不会集中了。

3. 给孩子玩的时间

父母总是希望孩子把大把大把的时间都花在学习上，成天趴在书桌上认真的学习，最好从来不会有想要玩的念头。可是，孩子的天性就是玩，如果父母把孩子的天性都剥夺了，那他怎么可能会专注于其他事情呢？如果父母硬要孩子只是学习，一点儿玩的时间都不留给孩子的话，那么孩子就会在学习的时候有意地拖延时间，有时候明明可以一个小时就做完的功课，他可能会花上二到三个小时，那么，多出来的那些时间他就会用到走神、发呆或者是玩铅笔上。因为他知道，父母只有在看到他学习的时候才会高兴，为了取悦父母，他只能这样做。

可能有的父母对于专注的含义不是太了解，专注的意思是指在一定的时间里高度地集中注意力，而不是说必须长时间地集中注意力。更何况，长时间地集中注意力对于孩子来说，不但不是什么好事，反而会让孩子不能更好地专注于一件事情。

4. 培养孩子的有意注意

有意地注意一件事情或是一个东西对于孩子来说很重要，有一些孩子的学习成绩差并不是因为他的智力差，而是因为他的注意力太过涣散，精神也集中不起来，所以，才导致了他们学习成绩不好。大家都知道，对于学生来说，最重要的就是听老师讲课。如果孩子不能在刚刚接触听讲时养成良好的听讲习惯的话，他的学习生活将会遇到一些困难。所以，父母要在孩子上学之前让孩子多做一些需要集中注意力才能进行的活动，这样对培养孩子的注意力是很有好处的。

很多孩子会对老师所讲的内容没有什么兴趣，所以他们的注意力才会涣散，才不能专心听讲，但是孩子又必须要注意听老师所讲的内容，因为，只有这样，他们才会学到知识。针对孩子的这种情况，首先，父母要让孩子知道听老师讲课的重要性，然后再找出对老师讲的有兴趣的地方，提高自己在听课时的注意力。如果孩子对于老师讲的实在是提不起什么兴趣，父母还可以让孩子自己告诉自己，一定要认真听课，如果把这堂课听懂，下次考试的时候就会容易多了，自己就会轻而易举取得好成绩了。另外还可以让孩子告诫自己，如果自己今天能够把这堂枯燥乏味的课听下来，就说明自己有很好的控制能力，这样不仅可以锻炼自己的控制力还可以让自己多学一些知识，何乐而不为呢。

5. 不要对孩子重复交代

总是有一些父母在对孩子交代的时候重复好多遍，生怕孩子记不住，孩子听多了也总会感到厌烦，所以当父母说话的时候，他们总会显得漫不经心。而在和别人交谈的时候，也就没有办法准确地抓住别人所讲的主题，因为，他已经习惯了别人不断地重复。所以，当父母在对孩子说某件事情的时候，只要说一遍就可以了。这样，可以让孩子在听父母讲话的时候集中注意力，抓住事情的主要内容，就会提高孩子集中注意力的能力了。

6. 通过玩游戏训练孩子的注意力

游戏是让孩子最感兴趣的一件事情，也是能够让孩子的注意力在一定时间内保持高度集中的一件事情。父母不要认为孩子做游戏是在浪费时间，其实游戏是可以用来培养孩子注意力的最好方法之一。因为，如果孩子想要在游戏中取得胜利的话，他就必须在游戏时把自己的注意力集中在游戏上，克制自己不分散注意力。所以，让孩子多做一些游戏，这也是一项提高孩子注意力的法宝。

关注孩子的注意力障碍

父母箴言

有些父母常常会抱怨，自己的孩子越来越马虎了，做什么事情都是丢三落四的，注意力一点也不集中。但是，很多父母没有想过，孩子如果有这些症状，很可能是患了"注意力障碍"这种病。父母要对孩子的"马虎"找好原因，对症下药。

父母们常常会抱怨，孩子越来越马虎了，做事情丢三落四，注意力不集中，一点也坐不住，还经常和小朋友打架。但是，父母有没有想到没有，你的孩子如果有这些症状，很可能不是一般的"马虎"，而是患了病，这种病的名字叫"注意力障碍"。

注意力障碍对孩子的学习与成长都会产生很大的危害，那么这种病会有哪些表现呢？

1. 注意力缺损

这类的孩子主要表现为主动的注意功能异常，他们很难根据一定的任务和要求自觉地把他的注意力集中到某一项活动或是任务上面去；另一方面，这类孩子还会表现出被动的注意功能相对亢进，非常容易就会被外界的一点细小的变化吸引住，进而把注意力转向和他没有关系的事情上去。

2. 多动

这类孩子不管在什么地方都会特别的好动。比如，在课堂上，他们会不断地扭动身体，还会无故地离开自己的座位；在家里的时候，也会时常地翻箱倒柜，把房间里弄得到乱七八糟，就连睡觉的时候也会来回滚动，睡不安稳。有的孩子还有一些不良的习惯性动作，像是眨眼睛、咬手指甲等。另外，他们虽然有很多动作，但是他们的动作都非常的不协调，运动水平通常也会比较差。在走路或是奔跑的时候会经常摔跤，做操的姿势也不正确、不协调。

3. 冲动

这类孩子在行动之前往往缺乏思考，不会在做出某一行动或是某一件事之前去思考这种行为的后果。当然，他们也不会对自己过去的行为进行什么反思。具有这种冲动行为的孩子常常会不等老师说完问题，就会把答案抢先说出来，或是硬生生地打断别人的回答；在集体活动中，他们也不能耐心地等待；在需要排队的场合，他们也总爱插到队伍的前面。

4. 精力不足

这类孩子可以花很长时间去投入一个游戏当中，并且会相当兴奋，但是，当他们在面对学习的时候，却会时常表现出倦怠、懒散。他们在做游戏以外的一些事情的时候也经常是边做边玩，对一些目标明确的活动更是表现出冷漠。

5. 角色管理失控行为

这类孩子往往会在学校中表现得非常幼稚和任性，一旦他们想要得到什么就必须要满足他们，稍有一点不顺心就会大发脾气，并且还会摔东西。他们一般对挫折的忍受能力比较差，会经常哭闹。他们还会经常违反纪律，对于老师的要求不服从，还会与老师争辩。

还有一些父母经常问这样的问题：有的教师说，患有"注意力障碍"的孩子，应当在游戏和玩的时候也会表现出注意力的不集中，可是我的孩子看电视或玩游戏机时候，注意力特别集中，只是一到学习就注意力不集中了，这是真正的注意力障碍吗？如果是注意力问题，为什么在玩的时候或者在孩子感兴趣的活动中，孩子却能专心致志呢！

过去人们认为，注意力有问题的孩子在游戏中注意力也不能集中。现在，专家却认识到，注意力障碍主要表现在学习方面。假定在游戏中，我们观察两个孩子，其中一个是有注意力障碍的，另一个是正常的，就会发现两个人在玩游戏时都会很兴奋和投入，但面对枯燥的学习任务，两者就表现出明显的不同：正常的孩子能够按照要求完成作业，而障碍儿童则磨蹭、效率低下。

给许多孩子一些玩具，告诉他们当老师出去时不许碰这些玩具，然后老师出去 3 分钟。结果发现，患有"注意力障碍"的孩子触碰玩具的次数为正常孩子的两倍。正常组的孩子能够使用一些延迟满足的策略来控制自己，比如对玩具说话，数一数有多少玩具等，而有"注意力障碍"的孩子却没有这样的策略。

让孩子对颜色进行快速联想：首先用彩色墨水涂染一些小方块，然后让孩子说出根据某种颜色能联想到什么事物，如"绿色"能联想到树叶、草坪等等。还有，在红颜色墨水涂染的方块背面写上"绿"这个字，然后先给孩子看字，再问他们方块正确的颜色是什么。在这些实验中，"注意力障碍"孩子童的准确性通常都比正常的孩子差，他们需要更长的时间才能做出反应，并且会出现更多的错误。

一系列的实验表明，这种症状的关键不在于注意力的缺损，而在于人的自我控制能力低下和自我管理的缺陷。

正如美国研究注意力障碍的著名学者巴克利所言：注意力障碍的背后是孩子不能控制自己的行为。游戏与学习的一个最大不同就是前者能够带来即时的快乐满足，而学习带来的满足是将来的；游戏只需要人们按照现有快乐去做，争取更多的快乐，而学习则需要计划，要不断地向自己提出问题并解决问题。总之，游戏不需要自我控制，而学习则需要自我控制。

现在，这种病症已经成为影响孩子学习和身心健康的一大问题。那么，应该怎样正确治疗它呢？一般来说可以用药物校正和教育矫正。

1. 药物校正

治疗"注意力障碍"的药又称心理刺激类药物，因为它们的功能主要是增进或提高中枢神经系统的唤醒或警觉能力，如果正常的孩子服用了这类药物也会提高大脑的兴奋性和唤醒程度。但服药有一定的副作用，个别孩子会出现食欲减退、恶心或头痛等症状，甚至可能会影响身体发育或身高。所以，用药物校正时必须经过医生的同意，父母千万不能私自给孩子吃药。而且，如果可以不用药物就尽量不要用这种方法。

2. 教育矫正

相对于药物校正，教育矫正是一个比较安全的方法。父母可以设计一个个别化的教育方案，对孩子进行听觉、视觉或者阅读能力、自我控制及身体动作协调性的训练，这样做虽然不如药物治疗效果那样迅速，但有利于孩子学习能力的发展和学习的自动化、熟练化，使学习成为一件轻松的事情。长期的训练确实可以提高孩子学习的自觉性、准确性和学习的速度。

怎样才能克服孩子注意力涣散的毛病

👬 **父母箴言**

　　有很多成绩不理想的孩子都存在着一个共同的缺点，就是注意力涣散，他们做什么事情都是漫不经心、粗心大意。为此，父母们非常着急。其实，这和孩子的自信心、心情等密切相关。

许多学习成绩不理想的孩子，存在着一个共同的缺点，就是注意力涣散，上课时思想容易开小差，阅读课本时不专心，做习题时精力不集中。做什么都漫不经心、懒懒散散、粗心大意，这样的孩子怎样能把学习搞好呢？这些孩子只有克服掉注意力涣散的毛病，才能把学习搞好。那么，怎样才能克服这种缺点呢？

1. 培养注意重点的习惯

不管是听课、读书或者是做作业还是做别的事情，都要让孩子学会动脑子综合分析和比较，通过思考区别出所学内容的重点和非重点、本质和现象。动脑子思考的过程不仅能把孩子的注意力吸引过来，而且一旦区别出重要的与一般的内容，使认识得到加深，还会产生愉快地体验，使注意力稳定得更久。

训练孩子的注意力，一方面要让孩子将注意力稳定于注意对象不断发展变化的各个过程，另一方面要注重各种不同过程的相互联系，同时还要让孩子区别出主次轻重缓急。有的心理学家指出，具体训练应该这样做：要使每一客体的一般知觉保持得相当好，同时还要从次要的东西中分出主要的东西来，并把注意集中在主要的东西上。在孩子每次活动或上课时，父母要让孩子学会动脑子分析内容的主次。这样坚持下去就能增强孩子的注意力。

有的专家认为，集中注意就是将精力指向特定对象，专心的意思主要是专注地思考，对所关注的事物进行分析综合、比较归纳、抽象概括和系统化、具体化的思维，或者进行发散思维和聚合性的创造性思考。可以说所有伟大的科学家、艺术家和学者都具有高度集中注意于思维的非凡能力。想要让孩子们成为人才，就必须训练他们的注意力，特别是要训练他们专心思维的能力。

2. 专心训练

培养孩子注意力的可靠途径就是训练孩子能在各式各样的环境条件下都专心学习或做事。一旦孩子确定了要干的事，就要有计划有目的地集中注意力，去干好要干的事，不要受其他刺激的影响和干扰。坚持无论读书学习，还是干其他事情，都把它们当作锻炼注意力的机会和场合，经常训练就会逐步形成良好注意的习惯。

苏联心理学家普拉托诺夫说："要想使自己成为一个注意力很强的人，最好的方法是，无论干什么事，都不能漫不经心！"

3. 学会不想自己

人们都有这样一个毛病，常常以为自己是被注意的中心，因此不自觉地把注意力指向自己。例如，当我们穿一件新衣服，或者戴一顶异样的帽子，就总会以为众人都在注视自己。当一个学生考试不好，或做了件错事，他就会觉得众人在议论自己，看不起自己，甚至觉得没脸见人。一个同学站在座位上回答问题，虽然紧张但是还能说出话来，但如果站到讲台前面对着全班同学，他就会吓得说不出话来。因为他害怕答错了惹人耻笑，怕老师批评，怕同学会议论等，其结果是越想越怕，以致吓得连话都说不出来。其实这种总以为众人在注视自己的想法多半是或完全是自己的臆想，自己的许多不自然的态度和表现都是自己遐想的结果。每个同学都有自己的学习任务，有着自己的事情，每个人的思想重点或注意指向都不相同，他们不可能有那么多时间注视别人，正像你自己常常把注意力指向自己一样，可能众人也还没有顾得上注意你呢。

有的学者说:"自我的感觉是臆想的一种形式。别人并不会如你所想象的那样关心你。他们都有自己的事要忙。记得这一点,你在他们面前便不会感觉不舒服了。"

让孩子克服这种恐惧感的方法首先是让他不想自己,不要把注意力放到自己身上。其次是把注意力集中在眼前要解决的任务上,专心致志做事的人,就不会因为其他事情引起不安。

4. 关键是要有信心

能不能使孩子注意力集中,他的自信心是一个关键因素。静下心来以后,就要相信自己能够集中注意,全神贯注地听课,于是就能获得好的效果。所以要教会孩子自己对自己说:"我能够集中注意力,能够很好地听课!"如果孩子没有信心,认为自己的注意力集中不起来,那就会真的出现注意力不集中,就会出现失败。

5. 疲劳是集中注意力的大敌

孩子长时间地连续学习,彻夜不眠地看书会使他感到疲劳,因而大脑神经兴奋水平降低,注意力难以集中。比如长时间开车的司机,会因"疲劳驾驶"出现事故,这是非常危险的,有些人还会为此付出惨痛的代价。一定要让孩子们在学习过程中注意劳逸结合,保持精力充沛的生理状态,这样才能增强注意力集中的水平。

6. 心情愉快有利于注意集中

心情舒畅或联想愉快的事情能帮助集中注意力。有些研究生一想到学习的结果能获得硕士、博士学位,能戴上博士帽,心情就充满愉快,注意力就能集中。在出外旅游时,旅途劳累辛苦,但一想到它是一次难得的有意义的活动,也就不觉得苦了。常常跟孩子说一些愉快或是孩子有兴趣的事情,教他把克服注意力涣散当成是一件愉快的事情来做,这样注意力增强的速度就会很快了。

7. 心情平静有益于注意力

心里平静,情绪稳定,有助于个人控制自己的心理状态,使之集中精力,指向学习目标。所以在需要注意力集中之前,先使心神安定下来。有人说:"只要能静下心来,就等于集中了一半的精力。"反之,当孩子在心情焦躁、烦乱的时候,要想让他集中注意是一件很困难的事。那么如何才能使孩子的心理安静下来,下面再推荐几个放松的技巧,父母也可以和孩子一些来做。

(1)深呼吸法

坐好,轻轻闭上眼睛,慢慢地呼气、吐气的速度越慢越好,然后慢慢地吸气。如此重复数次,心情就会平静下来,就能把与学习无关的杂念赶出脑海,干扰一旦被排除,就能全神贯注地去学习了。

(2)静坐法

静静地坐着,脑子里不要想任何事情,眼观鼻、鼻观口,约半分钟左右,这样就会渐渐地达到无私、无欲、无我的一种精神境界，这时脑子就会平静下来。"宁静致远"，这时学习的效果会格外好，思考问题也深刻，有人说这也是发挥个人潜力的一种有效措施。

（3）目标转移法

请仔细观察眼里的某一件物品，看清它的形状、颜色、材料和其他特点，然后闭上双眼，回忆所观察到的物品，再睁眼观察一下所看物品，检查回忆得是否正确。这时就会发现，脑子里原有的想法或杂念都被"扫除"出去，大脑变得平静了。

（4）回忆法

上课前，让孩子提前2分钟坐在座位上，认真地回忆这门课程上一次讲到什么地方了？主要内容是什么？自己已经掌握了多少？这样的考虑会不知不觉地引导孩子的思路，使之纳入这堂课的轨道。

在晚上做作业和复习功课时，如果心理状态不安静，也可以用回忆法，回忆课堂上老师讲课的内容，这样既复习了功课，又能平静下来，专心致志地做作业或复习功课。

（5）聆听法

聚精会神，仔细倾听某一种声音，对周围其他的声音则听而不闻。被倾听的这种声音愈轻微，注意力也就会愈容易集中。如此反复训练，注意力就能集中。例如，有位中学生，放学回家后，每天练习听时钟的滴答声。第一天10次，第二天15次，第三天20次，逐渐增多，每次都训练自己只听到钟的"嘀嗒"声，周围声音都听不见。半个月后，他的专注能力大大提高，而且能排除外来干扰，专心致志的学习，长时间训练，就可以养成专注的良好习惯，则受益会更多。

为什么要让孩子拥有善于观察的能力

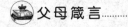 父母箴言

观察是有目的、有计划、比较持久的知觉。这是人对客观事物感性认识的一种主动表现，是有意知觉的高级形式。观察是孩子增长知识的主要手段，它在孩子的实践活动中，具有重大的作用。

观是看，察是想。让孩子观察问题，不仅仅应该让孩子知道事物是这样的，而且必须知道为什么是这样的。孩子要认识一个事物，总是从观察开始的，有了观察，便开始有了

注意、记忆、想象和思维等，如果把孩子的观察比作蜜蜂采花粉，那么思维等心理活动就好比将花粉酿成蜜，没有花粉就酿不出蜂蜜。没有良好的观察，孩子的思维就会因为缺少材料而得不到良好的发展。所以观察是认识的基础、思维的触角。

观察是孩子认识世界、增长知识的主要手段。它在孩子的一切实践活动中，具有重大的作用。孩子通过观察，获得了一些知识，对一些事物有了一些鲜明的印象。观察和随便看看、随便听听是不一样的。而孩子观察能力的强弱决定着孩子智力发展的水平，因为观察力是一个人智力活动的基础，想要发展孩子的智力，首先就必须把观察的大门敞开，让外界的信息源源不断进入孩子的大脑。如果把孩子观察的大门堵住，老是让信息吃闭门羹，那么，他的智力不仅不会提高，反而会每况愈下。

心理学专家认为，如果让孩子生活在缺少日常刺激使感觉起作用很少的环境下，会使他们的知识内容显得苍白无力，而且注意力涣散，容易受到暗示，并且缺乏学习能力。另一个实验表明："仅仅遮断触觉刺激，也会使被试者智力迟钝，手指尖的灵巧性下降，感情容易冲动，并出现离奇古怪的思维。"既然缺少一般性的感知，就会使孩子的智力活动受到如此明显的不良影响，那么，缺乏有目的、有计划的观察，对孩子智力活动的消极影响是不言而喻的。

大量的事实证明，观察力是一个学者不可缺少的品质。认识来源于经验。我国著名科学家李四光以他敏锐洞悉各种现象的观察力著称于世。他走到哪里，就观察到哪里，处处留心，时时注意，从不放过任何一个微小的观察机会和意外情况。无论是出国讲学，参加国际会议，还是旅行、散步，他都要找机会进行地质观察。

一个有作为的人是否能够提出并解决新问题的前提也是观察力。人类如果要进步，就要不断地发现新问题，解决新问题。一个具有敏锐观察力的人，即使在众人司空见惯的事物中也能发现新问题。我国古代的名匠鲁班上山时被草叶划破了手指，他从草叶边缘呈锯齿形的特征中受到启发，发明了锯。德国著名的科学家魏格纳病在床上，仔细观看起一幅世界地图来。普通的一张世界地图，人们不知看了多少遍，而魏格纳却通过观察发现，各大洲的边缘，像锯齿一样参差不齐，却恰好可以互相拼接在一起，由此提出了"大陆漂移学说"，后来得到证明，一举成名。生物进化论的创始人达尔文，一次发现许多昆虫落到一种特殊植物的叶子里面，植物受刺激后，分泌出一种消化液，把昆虫吃掉，变成这种植物体的营养。后来达尔文经过16年的观察研究，写出了《论食虫植物》一书，为生物学研究做出了贡献。我国著名的药物学家李时珍的巨著《本草纲目》，著名地理学家徐霞客的《徐霞客游记》都是他们不辞劳苦，有计划、有目的地进行实地观察的结晶。

这些大量的事实证明，没有敏锐的观察力，就不会有什么新的发现，也就不会有人类的进步。

观察力还是孩子进行学习活动的必要条件。学习活动是一种复杂的智力活动，智力活动的基础就是观察。没有一点观察力就无法写作文，孩子就无法解数学题，无法听课。观察力在孩子的一切活动中都是必不可少的。将来要当科学家、艺术家、企业家或领导人都应具备高度敏锐的观察能力。

苏联教育家赞科夫经过几十年研究，发现学习成绩差的孩子有一个共同特点，就是观察力差。学习的基础是以直接经验为主，间接经验为辅。而观察是孩子们获得直接经验的重要途径，观察力的强弱，直接影响着学生的学业成绩。

例如在语文学习中，两个字的字形、写法只有细微差异，观察力较强的同学就能看出来，观察力较差的同学就常常把它们认错或写错。在写作上，如果观察力较强，就可以抓住现实生活中的大量材料，感到有东西可写，对人物、事件的描写就细致、深入、具体、生动；反之，在这方面能力较差的学生，就感到没有什么可写，写不具体，或就事论事，空洞无物。

在数理化的学习中，如果有较强的观察力，在老师用实验演示或图形说明某一个概念时，就能抓住本质，看到数量关系的变化，理解概念的实际意义。在简便计算和速算过程中，也需要有较强的观察力，才能发现运算的各个数的特征，选择合适的简便方法。例如，要求同学们找出下列数的关系，在（　）中填上适当的数1，2，3，5，8，（　）。观察力好的同学，很快能从数的顺序上观察出数量关系的变化，填入恰当的数，而观察力差一些的同学可能感到无从下手。

在理化实验中，观察力更为重要，特别是通过对实验现象的观察，推断物质的结构和性质。例如：初三学生做钠和水反应的实验，观察力强的同学，能全面而细致地观察到钠与水激烈反应的现象：钠与水激烈反应而熔化成小圆球，浮在水面上，做无规则运动，发出嘶嘶声，并且钠球不断变小，最后全部消失。而观察力差一些的同学，只能看到钠浮在水面上着火了，而描述不出更多的现象，这种观察力的差别必定造成对钠的结构性质进一步思维和记忆的能力的差别。

通过以上的说明，父母要让孩子在做好功课的同时要尽量多参加科技活动，进行实践中的认真观察。

我们下面谈谈观察力的特点。观察力的特点又称作观察力的品质。了解观察力的特点对提高孩子的智商有着重要的意义。

1. 观察的目的性

如果一个人在进行感知时，没有明确的目的，那么就只能算是一般的感知，不能称作为观察。只有当那种感知活动具有明确的目的时，它才能算是观察。因此可以说，目的性是区分一般感知和观察力的重要特点之一。

作为观察的目的性，至少应当包括：明确观察对象、观察要求、观察的步骤和方法。

而这些内容，可以在观察前的观察计划中以书面的形式写下来。一般来说，不论是长期的观察，系统的观察，还是短期的、零星的观察，都必须制定观察计划。

观察的目的性，还要求我们在进行观察时，必须勤做记录。这种记录是我们保存第一手资料最可靠的手段。记录要力求系统全面，详尽具体，正确清楚，并持之以恒。实践证明，要做好观察记录，特别是长期的系统的观察记录（如观察日记），必须坚持到底，持之以恒。切忌半途而废，功亏一篑。中国科学院副院长、气象学专家竺可桢在北京几十年如一日，对气候变化，进行长期观察，从不间断。他每天都坚持测量气温、风向、温度等气象数据，直到逝世的前一天。而他的观察和记载也为编写《中国物候学》积累了丰富的资料。

2. 观察的条理性

观察是一种复杂而细致的艺术，不是随随便便地进行所能奏效的。观察必须全面系统，有条不紊地进行。长期的观察需要如此，短期的观察也需要如此。

一般来说，有这样几种方式。

按事物出现的时间，可以由先到后进行观察。

按事物所处的空间，可以由远及近或由近及远地进行观察。

按事物本身的结构，可以由外到内，也可以由内到外，或者由上到下，由左到右，可以由局部到整体，也可以由整体到局部进行观察。

按事物外部特征，可由大到小或者由小到大进行观察。

观察力的条理性，可以保证输入的信息具有系统性、条理性，而这样的信息，也就便于智力活动对它进行加工编码，从而提高活动的速度与正确性。如果一个人做事杂乱无章，那么通过他所获得的信息也就必然是杂乱无章的。这样，他要想在一堆乱麻中理出一个头绪来，必然要花费较多的时间和精力，甚至还可能影响到结果的正确性。

3. 观察的理解性

观察力包含两个必不可少的因素：一是感知因素（通常是视觉），二是思维因素。

思维因素是观察力的主要作用，它可以提高观察的理解性。理解可以使我们及时地把握观察到客体的意义，从而提高我们对客体观察的迅速性、完整性、真实性和深刻性。

在观察过程中，运用基本的思维方法，对事物进行有效比较分类、分析、综合，找出它们之间的不同点和相同点，这样，就易于把握事物的特点。考察事物的各种特性、部分、方面以及由这些特性、部分、方面所联成的整体，就会使我们易于把握事物的整体和部分。

4. 观察力的敏锐性

观察力的敏锐性是指迅速而善于发现容易被忽略的信息。科学家和发明家的可贵之处就在于此。牛顿根据苹果坠地发现了万有引力规律，瓦特根据水蒸气冲动壶盖发明了蒸汽机。在学习活动中，同学之间的观察力也是千差万别，同是一个问题，有的同学一眼就看出问题的要害和内在联系，有的同学则相反。敏锐性的高低是观察力高低的一个重要指标。

观察力的敏锐性与一个人的兴趣往往是密切相关的。不同的人在观察同一现象时，会根据自己的兴趣而注意到不同的事物。兴趣可以提高人们观察力的敏锐性，例如，同在乡野逗留，植物学家会敏锐地注意到各种不同的庄稼和野生植物；而一个动物学家则又会注意到各种不同的家畜和野生动物。

达尔文曾经谈到自己和一位同事在探测一个山谷时，如何对某些意外的现象视而不见："我们俩谁也没有看见周围奇妙的冰河现象的痕迹；我们没有注意到有明显痕迹的岩石，耸峙的巨砾……"显然，达尔文对各类生物的观察力是非常敏锐的，但对于地质现象却没有什么兴趣。

观察力的敏锐性是与一个人的知识经验密切相关的。一个知识渊博、经验丰富的人，他在错综复杂的大千世界中，自然容易观察到许多有意义的东西。相反，一个知识面狭窄、经验贫乏的人。他面对许多被观察的对象，总有应接不暇的感觉，而结果是什么都发现不了。

当然，知识对观察的敏锐性有时也有消极作用。有些人常常凭借知识对一些事物进行主观臆断。歌德曾说过："我们见到的只是我们知道的。"

5. 观察力的准确性

首先，正确地获得与观察对象有关的信息。在观察过程中，不仅要注意搜寻那些预期的事物，而且还要注意那些意外的情况。

其次，是对事物进行精确地观察，既能注意到事物比较明显的特征，又能觉察出事物比隐蔽的特征；既能观察事物的全过程，又能掌握事物的各个发展阶段的特点；既能综合地把握事物的整体，又能分别地考察事物的各个部分；既能发现事物之间的相似之处，又能辨别它们之间的细微差别。

再次，搜寻每一细节。一个具有精确观察力品质的人，他在观察事物的过程中，就会避免那种简单的、传统的、老一套的方式，选择那种不寻常的、不符合正规的、复杂多变的创新方式，这往往是富有创造力的表现。例如，让被试者在 30 分钟之内用 22 种不同颜色，一寸见方的硬纸片，拼成 24 厘米长、33 厘米宽的镶嵌图案时，创造能力高的人通常会尝试把 22 种颜色全部用上；而较平凡的人则趋于简单化，利用颜色的种类较少。不但如此，创造能力较高的人所拼的图案，近乎奇特，无规律，不美观，他们不愿意依样画葫芦，仿拼任何普通图形，而愿意大胆地独出心裁，标新立异，不怕冒险，向通俗的形、色挑战。

各种观察力的品质在学习活动中有各自不同的作用。观察的目的性是学习目的性的一个有机组成部分，它可以保证我们的学习能够按照一定的方向和目标进行。观察的条理性，是循序渐进地从事学习的不可缺少的心理条件，它有助于我们获得系统化的知识。观察力的理解性可以帮助我们在学习中对由观察而获得的知识的理解，不至于生吞活剥，囫囵吞枣。为了获得某些看来平淡无奇，实际上意义较大的知识就必须具有敏锐的观察力。精确性可以帮助我们对所得到的知识深刻准确地领会，不至于似是而非，以假乱真，错误百出，纰漏丛生。在学习中，我们必须把观察力的各种品质结合起来，按照预定的目标去获得系统的、理解的、深刻的、真实可靠的感性知识。

提高孩子的观察能力

父母箴言

现在的孩子生活范围狭窄，对于社会和自然的接触机会少，所以他们缺少一些实践，进而对他们的观察力也就造成了一定的影响。引导孩子发现事物间的区别、现象的各种变化，可以使他们逐步养成仔细、严谨的观察习惯。

观察是孩子积累知识、发展智力的重要途径，虽说有眼有耳就能看能听，但同时接触同样的事物，有的孩子能在脑子里留下准确、完整、丰富、深刻的印象，有的孩子却只有支离破碎甚至错误的印象。可见，观察力不是生来就有的，而是需要有意识地培养。观察也不是一种消极的知觉活动，而是知觉与思维结合的积极的活动。孩子观察能力的培养也是智力开发的重要内容。

观察是一个人认识事物的重要途径，观察是智慧的眼睛。没有良好的观察习惯，没有敏锐的观察力，就谈不上聪明，更谈不上成才。这也是很多孩子的学习始终不理想的一个重要原因。

观察能让人更透彻地了解到自然、社会。养成了观察的习惯，就如同登山者获得了一把开山大斧，前进道路上的一切荆棘、迷雾都会被清除干净，隐藏在丛林深处的真理就会清晰地展现于眼前。观察力既是人通过眼、耳、鼻、舌、身感知客观事物的能力，也是孩子完成学习任务的必备能力。孩子学习知识需要从观察开始，即使是间接地从书本上获得知识，也离不开眼睛、耳朵等感官的观察活动。许多孩子学习成绩不好的原因就是观察力极差，从而导致思考能力和判断能力低下，由此可见，培养孩子的观察能力是非常重要的。

那么，怎样培养孩子观察力呢？

1. 指导孩子明确观察目的

孩子在观察当中，往往目的性不明确，喜欢凭自己的兴趣观察那些自己感到好奇的事物。事实上，孩子的观察任务，直接影响观察的效果。观察目的越明确，孩子的注意力就越集中，观察也就越细致、深入，观察的效果也就越好。

指导孩子明确观察目的，不仅要教育孩子树立观察的意识，认清观察对于发展自身智力的好处，而且要教育孩子在观察任何事物时，都要有明确的目的，也就是说观察什么，为什么观察。

2. 培养孩子的好奇心

当代著名物理学家李政道博士说："好奇心很重要，要搞科学就离不开好奇。道理很简单，只有好奇才能提出问题，解决问题。可怕的是提不出问题，迈不出第一步。"

一个人对各种事物的好奇心越强烈，就越具有探索的眼光。如果一个人对周围的事物都熟视无睹，就不可能发现新事物。正如爱迪生所说："谁丧失了好奇心，谁就丧失了最起码的创造力。"

3. 教孩子通过观察去验证所学的知识

在现实生活中，当孩子学了新的知识后，如果对某些内容持有怀疑的态度，父母这时不要直接告诉孩子答案，因为答案太死板，孩子接受起来比较机械。事实上，可以让孩子通过实验观察自己去寻找正确的答案，这样不仅可以锻炼孩子的观察力，而且孩子从中学到的知识会更多，记忆会更深刻。

当然，在观察之前，父母应该教孩子做好充分的准备。做好充分的准备，可以激发孩子的观察兴趣，在观察的时候就会主动地去认识事物、观察事物。因此，在要求孩子观察某个事物时，可以让孩子先做准备，特别是知识上的准备，比如，在孩子观察猫的习性时，让他先看一些猫的相关资料，这样有利于孩子根据已有的知识去辨别事物，取得有效的观察效果。

4. 让孩子有计划地观察事物

父母要帮助孩子拟订观察的计划，让孩子明确观察的对象、任务、步骤和方法，有计划、有系统地进行观察。

让孩子观察的事物应该从简单到复杂、观察的范围从小到大、观察的时间从短到长，这样有计划地指导孩子观察事物，有利于逐渐提高孩子的观察能力。例如，父母可以鼓励孩子自己种一盆花或其他植物，每天观察其变化，并写观察日记，父母则不断给以指导。这样，孩子在观察过程中充满了兴趣，往往可以观察到丰富的内容，效果也会很好。再比如，父母可以让孩子观察父母怎样做菜，然后让孩子一边观察，一边学着做。这样，孩子不仅提高了观察力，而且还锻炼了动手能力。

5. 在观察后对孩子进行提问

许多孩子观察后就把观察的过程放在一边，这时，如果父母能够在孩子观察后进行提问，不但可以检查孩子观察的结果，而且可以促进孩子确定观察的内容和重点。

可见，生活中，父母应该鼓励孩子多提问，可以让孩子问父母、问老师，甚至是问陌生人，然后通过不断的观察去找答案，并抓住事物的本质。父母要鼓励孩子在观察之后进行整理，把获得的材料做必要的分析和综合，从而得出科学的结论。

6. 开阔孩子视野、激发观察兴趣

家长要充分利用周围环境和自然界千变万化的特点，扩大孩子生活的范围，开阔他们的眼界，随时随地激发他们的观察兴趣，引导他们观察各种事物的特征以及变化过程，如大树、小草、小动物、日出、刮风、下雨、霜冻等自然事物和现象。晚上看星星，就给他讲一讲星系，讲一讲与星星有关的故事；白天看云，就讲一讲云的形成。家长要利用有限的空间，种植树木花草，饲养小动物，为孩子提供一个观察的场所和氛围。到商场，就观察商品的摆放、商场的布置等等。将日常生活细节融入学习中。

7. 教给孩子观察的方法

观察要讲方法，有了科学合理的方法，观察效果就会事半功倍。在一些范围大、事物多的场所观察，可以采用重点观察法。家长要根据孩子的实际情况引导孩子有选择地观察一部分重点景物，如在野生动物园里，着重看几种珍稀动物。黑格尔说，培养观察的最好方法是教给他们在万物中寻求事物的"异中同，同中异"。观察松树叶子的形状，可用比较观察法，比较松叶与一般树叶形状的差别；参观一道工艺品的制作过程，适宜采用顺序观察法，以便清楚地了解工艺品的制作步骤；观察动植物的生长、天气变化等都可采用顺序观察法。总之，家长要逐步把适合观察特定对象的科学的方法教给孩子。

8. 把观察和表达结合起来

观察是从外界获取信息的手段。将所获信息表达出来，才能真正达到观察的目的，才能提高孩子整体的智力水平。当父母带孩子去公园玩，回来以后，父母可以让孩子把游览公园的过程，所见到的花草虫鱼，所听见的鸟鸣禽声一一叙述出来，这样不但增加了观察的力度和深度，同时训练了孩子的逻辑思维能力以及表达能力。

9. 观察加想象

引导孩子一边观察，一边想象、联想，孩子看到月亮，就问他：月亮像什么？孩子也许就会说，像镜子、像孩子的脸蛋、像盘子……这样将观察同联想、想象结合起来，孩子对事物的认识就会更全面、深入，而且能由此及彼，举一反三，这对孩子各方面能力的发展大有好处。

10. 纠正粗心、马虎的毛病

很多孩子写作文困难，口头表达简单、粗略，这与观察时粗心大意有很大关系。家长要及时纠正孩子不仔细、粗心马虎的毛病。观察事物尽量落实到事物的每一个部分、每一个环节及其他更细微的地方。

引导孩子发现事物间的区别、现象的各种变化，还可以使他们逐步养成仔细、严谨的观察习惯。

第二篇

教孩子养成好习惯、好性格

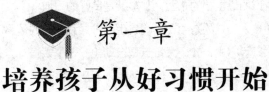

第一章
培养孩子从好习惯开始

好习惯将使孩子受益一生

📖 父母箴言

马克思说："父母的职业是教育孩子。"从道义上讲，科学教育子女是父母义不容辞的责任。父母应树立科学的教育理念，力争用科学的方法使孩子养成良好的习惯，使孩子的智力得到最大程度的发挥。

关于习惯，我国古代大思想家墨子最有名的思想就是"束丝说"："染于苍则苍，染于黄则黄，固染不可不慎也。"的确，孩子生下来就像一束白丝，父母把它染成黑的就是黑的，染成黄的就是黄的，所以说染丝不可不谨慎，对孩子的教育也是这样，千万不能掉以轻心。

大教育家叶圣陶先生曾经说过："教育其实就是培养习惯。"培根也说过："习惯是人生的主宰。"之所以这么说，是因为习惯一旦形成，就会成为一种半自动化的潜意识行为，对人生、事业、生活起着永久性的作用。良好的习惯就像人存放在自身当中的"道德资本"，会使人终身受益。

在一次诺贝尔奖得主的聚会上，记者问一位科学家："请问，您认为您在哪所大学学到了最重要的东西？"

这位科学家说："在幼儿园。"

"在幼儿园学到了什么？"

"学到了把自己的东西分一半给小伙伴；不是自己的东西不要拿；做错事要表示歉意……"

这位大科学家所谓的最重要的东西，其实就是良好的习惯。

习惯是今后伴随孩子一生的东西，影响其生活方式和成长的道路。习惯是不断重复或练习而形成的固定化行为方式，其最大特点是自动化。一个人一旦养成良好的习惯，其学习、生活和工作效率便会大大提高，具体表现在以下几个方面：

1. 养成了习惯，则无须花费时间考虑，无须高度集中注意力就能顺利完成一系列活动，既节省精力又能提高功效。

2. 养成了习惯，人的动作会更加协调、准确。人就可以得心应手地从事某些复杂、难度高的动作。

3. 人的动作习惯一旦形成，就会长久地保存下来。换句话说就是，习惯能使人的行为能力得到贮存。当需要时，潜意识马上就会唤醒那些中断了的行为习惯，肢体感官随即也能按定势做出相应的反应。所以，恢复过去的某些行为，要比当初学这些行为快得多。

习惯是在人的生活、学习过程中逐渐形成的，是可以培养的。父母要想使自己的孩子更出色，就得从培养孩子的好习惯入手。

那么，父母应如何科学地培养孩子良好的习惯呢？专家认为主要应从以下几个方面入手：

1. 明确要求，严格执行

对孩子行为习惯的要求，父母应交代得详细明确，让孩子清楚明白，决不能含含糊糊，使孩子看不见摸不着，不知从何入手做。

"没有规矩，不成方圆"。在孩子了解清楚明确的基础上，就应严格实施。父母决不能只提要求，在行动上却不加以督促。不严格要求孩子，遇到困难就放任孩子打退堂鼓，非但不能使孩子养成良好的习惯，反而会加重孩子的惰性，使孩子变得散漫任性。因为在好习惯形成过程中，常常有相反力量在作祟。如拾金不昧等，只要有一回因私心杂念夺去了孩子对好品德的追求，重新做起来就会变得困难了。

所以，对孩子的要求一旦提出，就应严格施行，毫不退让，更不能轻易改变。这样，才有助于孩子良好习惯的养成。

2. 孩子有了好的表现要及时鼓励

心理学家威廉·杰姆斯曾说过："人性最深层的需求就是渴望别人的赞赏。"著名作家马克·吐温也曾深有体会地说："靠一个美好的赞扬我能多活上两个月。"谁都希望得到别人对自己优点和长处的赞赏，天真烂漫的孩子尤其是这样。因此，父母要抓住适当的时机，对孩子多加赞赏。

父母鼓励孩子的方法有很多，对孩子来说，父母一句赞赏的语言，一个信任的神态可能都是不小的鼓励。父母鼓励孩子的机会也很多，孩子自己动手叠被、整理衣物时，父母可以对孩子说："宝贝，自己的事情自己做，真是好样的！"孩子为他人、为社会做了好事时，父母可以对孩子说："关心他人、助人为乐是一种了不起的行为，爸妈为你感到自豪！"孩子在学习或生活上遇到了困难、打击却不灰心，父母可以对孩子说："困难是暂时的，爸妈相信，只要你不向困难低头，就一定会成功！"等等。

3. 树立正确的教育理念

每一位年轻父母生下孩子的时候，都会感到无限的欣慰，全家人感到莫大的幸福，因为孩子会给家庭带来幸福、欢乐，使家庭生活大放光彩。沉浸在欢乐之中的父母，没有不想把孩子教育好的，然而由于教育方法不得当或者其他方面的原因，随着孩子年龄的增大，这份光彩很快就会消失，代之而来的则是无限的烦恼、痛苦和悲伤，甚至是社会的灾难。

有关数据显示：未成年犯人和普通未成年人之间的差异是父母对孩子思想品德的关心程度不同。未成年犯人父母往往是更多地关注孩子的健康、学习功课、吃饭穿衣，思想品德在他们的教育理念中的地位是微乎其微的；普通未成年人父母则把思想品德放在第一位，然后才是健康、学习功课等。"重智轻德"的错误教育观必然会导致许多不良习惯的形成。

从道义上讲，科学教育子女是父母义不容辞的责任。马克思说："父母的职业是教育子女。"父母要放下架子，学会尊重孩子；在新知识面前，要和孩子共同学习；从古代、现代的家教典故中学习，从身边的好家教中学习。

作为父母，要自觉学习教育孩子的方式方法，不断提高自身的教育能力，特别是培养孩子良好习惯和矫正不良习惯的能力。

4. 防微杜渐，及时矫正孩子的不良习惯

对于孩子的行为，父母不能听之任之。父母一定要把孩子的坏习惯消灭于萌芽状态，防患于未然。否则"小洞不补，大洞吃苦"，等到孩子的坏习惯发展到违法犯罪的行为时，就为时已晚了。父母应让孩子明白"勿以恶小而为之，勿以善小而不为"的道理。对孩子身上已经出现的不良行为习惯，父母一定要帮助孩子及时矫正。

5. 做好打持久战的准备

良好习惯的养成不是一朝一夕的事，它必须经过长期的训练。虽然美国有专家研究发现，养成一个习惯需要 21 天，但这 21 天是个平均数，养成的习惯不一样，每一个人的认真程度不一样，刻苦程度不一样，所用的时间也肯定不一样。

虽然我们无法确定让孩子养成一个习惯究竟需要多长时间，但可以肯定的是，所用的

时间越长，孩子的习惯就会越牢固。所以，对于孩子每一个习惯的培养，父母都应做好心理准备，长时间坚持。这对父母来说是十分艰巨的任务，但为了孩子的终生幸福，广大父母要不怕反复，要持之以恒。

美国心理学家威廉·詹姆斯说："播下一个行动，收获一种习惯；播下一种习惯，收获一种性格；播下一种性格，收获一种命运。"用科学的方法培养孩子良好的习惯，才能使孩子的智力得到更有效地发挥。

可以说，一个好的习惯将使孩子受益一生。

教育孩子要勤俭节约

🍃 父母箴言

节俭是一种美德。它不仅能使我们家庭富裕、温馨，还能培养孩子艰苦创业的精神和奋发向上的品质。

某小学开学伊始组织了一次特殊的展览。"展品"都是该校学生们丢弃的文具，包括橡皮、小刀、直尺、胶棒、圆珠笔、涂改液等，堆得像小山一样。重要的是，这些文具几乎还都能用。

尚能使用的文具为何无人认领？很大程度上是因为孩子们还没有珍惜自己物品的意识，还没有养成良好的节约习惯。

在这一代孩子的铅笔盒里装满了幸福，而这幸福来得太容易。父母们都觉得自己当年没条件，而现在有条件了，再苦不能苦孩子，再穷不能穷学习。于是孩子学习上要什么给什么，缺什么买什么。这就导致孩子不拿这些小东西当回事。

节俭是一种美德。它不仅能使我们家庭富裕、温馨，还能培养孩子艰苦创业的精神和奋发向上的品质。很难设想，一个挥金如土、贪图享受的"小少爷"或"大小姐"，将来能成为艰苦创业的栋梁之材。

关于节俭，有这样一个故事。

有一个人从一无所有变成了全城最富有的人，许多人就去找他询问致富的方法。富翁说："假如你有一个篮子，每天早晨在篮子里放进10个鸡蛋，每天晚上再从篮子里拿出九个鸡蛋，最后将会出现什么情况呢？"

"总有一天，篮子会满起来，"有人回答，"因为每天放进篮子里的鸡蛋比拿出来的多一个。"

富翁笑着说："致富的原则就是在你放进钱包里的十个硬币中，最多只能用掉九个。"

这个故事要说的是：除非养成节俭的习惯，否则你永远不会积聚财富。一元钱对你来说可能微不足道，但是它却是财富得以生长的种子。如果一个人能够节俭地利用自己的收入，尽量减少开支，不支付不必要的消费，那么几乎所有人都能够自给自足。

但不幸的是，这却是世界上最困难的一件事情。许多人甘愿艰苦地工作，但是能够做到生活节俭，量入为出的人却非常少。那些把辛苦工作赚来的钱立刻就花掉的人，他们的收入没有多久就会被吃喝一空，他们从不拿出一小部分作为积蓄，以备在疾病或者失业等紧急情况下使用。所以在金融危机来临的时候，他们陷入了困境，甚至要破产。这些从来不为将来准备的人不会比一个乞丐过得更富足。

在培养孩子节俭的习惯上，父母们完全可以从一些小事做起。

我们不妨就以孩子常用的作业本来说。

鹏鹏上五年级了。平时他的作业本未用完就急着换新的。看着一本本未用完的本子，妈妈很心疼，多次提醒他，但收效甚微。

放假前，妈妈让他把未用完的作业本整理一下，清点出来。清点完了，妈妈问："一共有多少页没用的。"

答："96页。"

"能订几个本子。"

"每本30页，可以订三本。"

"如果我今天不让你清点，你就把这些当废纸扔了吧？"鹏鹏低下了头。

妈妈又说："一两张纸，看起来不起眼，但积少成多，不用了，就是浪费。你平时最爱看书，你也知道造纸是多么不容易！但你却毫不心疼地把一本本没用完的本子丢掉，这不是几角钱的问题，这样长期下去，你就会养成大手大脚、不注意节约的坏习惯。节俭，可是做人的美德啊！"

节俭其实就是一种理财教育，因为节俭就是一种理财观。只是有许多父母刻意避免在孩子面前提到"钱"字，生怕过早让孩子接触钱而形成对金钱的错误认识。

而在美国，对孩子的理财教育从三岁就已经开始；在英国，政府决定在小学就开始设置理财教育课，并随着年龄的增长开设不同的理财教育内容，让孩子从小就正确地对待金钱和使用金钱，并学会初步的理财知识和技能。

现代消费市场上，琳琅满目的商品不断更新换代，它们不仅吸引着成年人的目光，对喜欢追求时尚的青少年来说，也是一种极大的诱惑。

然而，生活在比利时的孩子们，却从八九岁起就懂得了如何"精打细算"地支配自己有限的零花钱。在比利时，常常能听到孩子们说"我还没有攒够钱，不能买自己喜欢的东西"、"我的钱要等到商品降价时才能用"之类的话，因为他们知道，父母在给零花钱方面是绝不会迁就他们的。在比利时父母眼中，零花钱是孩子们初学理财的工具，而不是提供单纯的物质享受条件。

翻开比利时孩子们的德育课本，你很难在里面找到专门教育孩子要节俭的话语或经典故事，因为学校和父母们更注重从生活道理上对孩子言传身教。

在比利时，通常从八岁开始，孩子们每周就能从父母那里得到零花钱了，但金额不多，多是几枚硬币。孩子们要想买到自己喜欢的东西，必须一点一滴地慢慢积攒。虽然每个家庭给孩子零花钱的标准不一，但父母们培养孩子节俭意识的原则是一致的，即不会给孩子额外的"补贴"，他们必须有计划地支配自己的零花钱。当然，如果孩子攒的钱还不够，而他又确实想尽快买到自己想要的东西时，可以先向父母借，然后再用以后的零花钱慢慢偿还。这种办法能让孩子体验到满足消费欲所要付出的代价，从而帮助他们节制消费欲，避免任性消费。

布里吉是五个孩子的母亲，其中三个孩子用慢慢攒钱的方法买了手机，目前还有一个孩子正在攒钱，准备在三到五年后买一台电脑；还有一个孩子用向父母借钱的方法买下了自己喜欢的一张游戏碟，但后来三个月的零花钱也被陆续扣掉了。这张碟对孩子来说得来不易，他付出的是三个月没有零花钱的"代价"，学到的却是在消费面前应有的谨慎和思考。

对孩子来说，从小养成节俭意识既是一种美德，又是一种生活能力。父母的消费方式和行为对孩子起着潜移默化的作用。在这方面，父母们应谨慎行事。在花钱之前，先制定一个消费计划，告诉孩子哪些该花、该怎么花。

同样，父母在给孩子零花钱时也应建议他们存一部分，并帮他们制定一个有计划的消费"目标"。这样，孩子们在买东西前就会再三权衡自己最需要什么，由此学会选择并意识到自己不可能拥有所有喜欢的东西。

心理学家认为，父母要根据家庭的实际情况制定零花钱标准，尤其应该符合孩子的实际需要，不能一味地张口就给，更不该给孩子买大量礼物、品牌服装和时尚用品。因为钱来得太容易对孩子们来说并不是件好事，它不仅会造成孩子自命不凡和不合群的性格，还会使他们缺乏自立能力和吃苦耐劳的精神，给他们将来的生活带来不利影响。

为了培养孩子节俭的习惯，建议父母们从以下几点做起：

1. 教育孩子正确认识金钱的含义

要让孩子从小懂得钱是什么，钱是怎么来的和怎样正确地对待钱财。

2. 教孩子学会花钱

孩子的消费行为是由被动逐步走向主动的，从小学低年级开始就应该教孩子买东西，如何用钱，如何选择物有所值的物品。教孩子把钱保管好，防止丢失、被窃。让孩子养成先认真思考再花钱的习惯，避免盲目消费。让孩子"一日当家"、记收支账，是教孩子学会理财、培养节俭品质的好方法。

3. 教孩子学会积累

孩子手里的零用钱、压岁钱应该有计划地使用，适当积累。让孩子在存钱、用钱的过程中养成节俭的好品质。

4. 教孩子懂得量入为出

要让孩子明白，花钱必须有经济来源，花钱要看支付能力如何。即使家庭经济富裕，也要坚持前面提到的三条标准。

5. 教育孩子珍惜物品，不浪费

让孩子懂得所吃、所穿、所用皆来之不易，随意浪费是不珍惜劳动果实、不尊重劳动的表现。让孩子经常参加劳动，体会劳动的艰辛。

营造分享的家庭氛围

父母箴言

分享中包含着宝贵的平等与博爱的思想。让孩子学会分享，对于培养孩子的合作能力是至关重要的，而合作能力恰恰是孩子社会化过程的重要一步。

现实生活中，我们都越来越深刻地意识到：现在的孩子什么也不缺，可是却越来越小气、越来越"独"、越来越自私了。他们不愿和别人一起分享，不会有福同享，别人的就是自己的，而自己的决不给别人。

这种"小气"虽不是什么大毛病，但如果父母不及时纠正，孩子将会成为一个不愿与人分享、独占意识很强的人，那么将来他就很难拥有良好的人际关系。而不善于和别人合作，就注定要在激烈的社会竞争中被淘汰。所以，培养孩子从小与他人分享的意识很重要。

可是，小孩子能理解分享的含义吗？当然可以，孩子并非没有理解力。只不过，孩子理解事物的方式与大人不同。通过口头解释大人就能明白的事情，你对孩子讲半天，可能他都似懂非懂。要让孩子理解，需要给他亲身体验、感受的机会。孩子体验到了，才能理解。

所以，要让孩子理解分享，根本的解决方法不是去说教，而是让孩子与身边的环境互动，去体验，去感受，做到真正的理解。

父母很有必要为孩子创设充满"分享"的家庭环境。孩子身边所有的人、物、事件、情绪，共同构成他成长的环境。当环境中充满了分享的意识、情绪、行为，孩子的"分享"也会从心底发生。如果说学会分享有一个终极目标，那就是孩子自发地分享，而不是被动遵守成人制定的"分享规则"。

分享不仅仅是简单的行为，其中凝聚着宝贵的美德。它不像汉字、算术，我们可以直接教给孩子。让孩子学会分享，关键在于体验。

生活中见到过太多不懂得"分享"的孩子。其实也难怪，如今的孩子大多是家中的独苗，被人捧着护着。属于他的东西从不需要分给别人，不属于他的东西父母长辈也会千方百计为他弄来。尽管开始只是一只苹果一个梨，但滴水可以穿石。成长在这样环境中的孩子，渐渐凡事都以自我为中心，自私自利、斤斤计较，难以与人友好相处，更谈不上与人分享、合作。

孩子表现出不合群、自私等"反分享"行为，大都是由不当的家庭教育方式造成的。如果家里出现以下情况，那父母们就要好好反省，看看孩子是否生活在"反分享"的环境中。要知道，在这样的家庭环境中，是培养不出懂得分享的聪明孩子的。

在现实中，我们还要分辨和注意的一种现象就是，父母和孩子的功利性的"伪分享"。

与谁分享？孩子当然会出于个人好恶，选择自己喜欢亲近的人，但父母会干涉。常听到父母跟孩子讲："你干吗把巧克力分给小明吃，他又从来不给你吃的。"父母把分享看成交换，从而抹杀了分享的本意——分享是为了让别人和"我"一样快乐，而不是用"我"的来换"你"的。

还有些父母特别排斥"有特殊需要的人"。这里所说的"有特殊需要的人"，是指那些身体、智力有缺陷的残障人士。在有些父母看来，如果孩子经常和这样的人在一起，就会模仿他们。或者有些父母会认为，这些人将来都在社会底层，跟他们分享以后也得不到什么回报。同样是功利心在作祟。

"独乐乐不如众乐乐"，"分享"的精髓就在于平等与博爱。人人平等，所以要"均分"；人人相爱，所以要"共享"。

分享中包含着宝贵的平等与博爱的思想。而让孩子学会分享，对于培养孩子的合作能力也至关重要，而合作能力恰恰是孩子社会化过程的重要一步。如果孩子的社会化过程慢、发展不足，那么就算他发育健全，但身体、智能的优势也不能得到充分发挥，最终会导致感情不成熟、不适应社会生活。

与人分享不是自发的，必须教给孩子怎样去做。为了给孩子营造"分享"的家庭氛围，在教育孩子时，父母们还应具体做到以下几点：

1. 给孩子创设分享的机会

父母要鼓励孩子多参加活动，让他在与同伴共同活动时共同分享快乐。同时，也要经常提供孩子为父母服务的机会，比如吃水果时，让孩子进行分配，若他分配得合理，应及时表扬强化。

2. 让孩子明白分享不是失去

孩子之所以不愿与人分享，是因为他觉得分享就是失去。父母应该理解孩子这种难以割舍的"痛苦"，让他明白自己对别人关心帮助后，别人也会回报自己同样的关心与帮助，这样彼此关心、爱护，大家都会觉得温暖和快乐。

3. 不能让孩子搞特殊化

在家庭生活中要形成一定的"公平"环境，不让孩子吃独食，防止滋长"独享"意识。父母要教育孩子既看到自己也要想到别人，知道自己与其他成员是平等关系，要求孩子做到好东西应该大家分享。

4. 父母要为孩子树立榜样

父母要做与人分享的模范，经常主动地去关心帮助他人，使孩子从小受到良好家庭风范的影响，耳濡目染，就会养成同他人分享与合作的良好品质。小孩子不肯与人分享是很自然的，而且很小的孩子常常认为凡是他能够得到的东西都是属于他的。但是他们也喜欢讨大人的欢心，如果教给他们分享，当他们五六岁时，一般能在大多数时间里和伙伴一起好好玩。

5. 学习合作

让孩子看到一起工作和分担任务的好处。或者告诉两个孩子，他们可以得到一份好吃的东西，但必须两个人分享。

6. 告诉孩子必须分享

很多孩子愿意在别人家玩人家的玩具，但是让他拿出自己的玩具，他就不乐意了。如果是这种情况，你在客人到来之前，让孩子挑选几样他愿意让别人玩的玩具，告诉他不要担心玩具被弄坏。这样当他无条件地与别人分享东西时，他能感到自己对这些东西仍有控制力，它们还是属于他的。

7. 不要期望太多

虽然孩子能够学会分享，但它对孩子来说仍是个很难理解的观念。在要求孩子把玩具拿出来让别人玩时，一定要使他有足够的时间玩自己的玩具。承认孩子的所有权会使他感到分享是在他控制之下的。

另外，父母对孩子的每个慷慨举动都要及时表扬。

做到了这些，你就不愁自己的孩子太过"自私"了。

让孩子学会理财

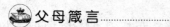 **父母箴言**

很多父母都认为，自己应多赚些钱留给子孙。事实上，这样做只会剥夺孩子自立生活的能力。多给孩子留一分钱，孩子便会多一分软弱。父母所能给孩子的最宝贵的遗产，就是教会孩子自己去开辟生活，自己去理财。

乱花钱是许多孩子普遍存在的问题。许多父母对孩子宠爱有加，孩子要什么就给什么；总是宁愿自己节约，也要省下钱来满足孩子的愿望。殊不知，这种做法最终只会使孩子变本加厉，内心的欲望不断膨胀。

在市场经济的新形势下，每个父母都应该让孩子从小就养成自主理财的好习惯。实际上，理财教育只是一种工具和手段，其目的并不是让孩子学会攒钱，或一定要让他经商，而是要让他成为一个能干的、健全的、真正的人。

在美国等许多发达国家，父母从孩子三岁左右就开始对他们进行理财教育。这些父母大都认为，培养孩子自主理财的习惯，最主要的是让孩子正确理解金钱。让孩子认识到金钱在生活中是必需的，要得到想要的东西就必须用钱交换；自己所花的钱都是父母辛辛苦苦用劳动换来的，不是想有多少就有多少的；钱不是万能的，金钱并不能买来亲情、健康、生命等人生最重要的东西。

那么，在日常生活中，父母应该怎样来培养孩子理财的习惯呢？

1. 让孩子自己去开辟生活

很多父母都认为，自己应多赚些钱留给子孙。事实上，这样做只会剥夺孩子自立生活的能力。多给孩子留一块钱，孩子便会多一分软弱。父母所能给孩子的最宝贵的遗产，就是教会孩子自己去开辟生活。

父母应该让孩子对金钱有一种正确的观念，如果孩子坐拥巨额家产，不用劳动也能满足他们的各种贪婪的欲望，那么这无疑是把孩子推向了堕落的深渊。孩子由于体会不到挣钱的辛苦，他会无法控制自己的贪婪，从而会成为金钱的奴隶；一旦某天他没有了钱，就有可能受人控制，走向堕落。

比尔·盖茨甚至公开表示过："我不会将自己的所有财产留给自己的继承人，因为这样对他们没有一点好处。"

2. 给孩子钱要有节制

儿童教育专家认为，孩子越早接触钱，就会越早具备理财的观念，长大后也就越会赚钱，关键是家长如何教孩子花钱、理财。父母要学会用生活事例教孩子钱是来之不易的，花钱要有节制。

父母在给孩子零花钱时，一定要有节制，不可随意多给，也不要有求必应，要把钱的数额控制在孩子有能力支配的范围之内。应给多少，数额应根据孩子的日常消费来预算，例如，主要包括餐费、交通费、购买学习用品的费用、必要的零食费等。

一般来说，从孩子一年级开始就可以给孩子一些零用钱。最好的方法是每星期的同一天，给孩子同样数目的钱，这样可以使孩子做到心中有数。随着孩子年龄和责任心的增长，给孩子的零花钱也可逐步增加。

3. 让孩子控制自己的欲望

适当地拒绝孩子很重要，即使父母完全可以满足孩子。父母也必须让孩子知道，不是想要什么就能得到什么。

许多父母都有这样的体会，每当带着孩子走进玩具店或者商店的时候，孩子总是会没完没了地要求父母买各种玩具和食品等。这是许多父母感到头痛的问题。

有一位妈妈非常明智，她每次带女儿去商店前，总是先跟女儿说："妈妈带你去商店玩，你只可以买一件你最想买的东西，价格在 20 元以内。你得先想好要什么，如果你要好几件东西，妈妈就不带你去了。"女儿听完"条件"后，总是高兴地回答："妈妈，我知道了，我最想要一个小娃娃，不过我还得去店里看看什么娃娃漂亮。"就这样，妈妈虽只给女儿买了一个娃娃，但孩子却很高兴。

4. 要让孩子明白自己的钱花到哪里去了

当孩子手中有了一定数目的钱时，父母要帮助孩子科学合理地使用。许多孩子的毛病就是父母给多少就花多少，花完了再向父母要。针对这点，父母要督促孩子制定一个合理的消费计划。当然，消费计划主要由孩子来制定。

例如：父母在给孩子钱的时候，可以提出一个支出原则，让孩子自己去制定计划，父母不要干预孩子制定计划，但是要对孩子的计划进行监督、检查，看看孩子是否根据计划合理地使用零花钱。通过父母的指导和监督，孩子就会提高理智消费的能力，能够有所节制地花钱。

5. 要教孩子一些少花钱的方法

告诉孩子，一个人可以在生活中尽量减少金钱的支出，这样，手中的钱就会多起来。有什么方法可以少花钱呢?

例如，买东西之前必须要想清楚是否真的需要，可以让他在心里问自己"我需要这个东西多久"，"是不是已经有其他东西可以替代打算要买的东西"，这些问题可以帮助孩子认识到有些支出是不必要的。教孩子每周在固定的一天去购物，而不要天天购物。购物之前一定要列个清单，要根据自己的需要去买东西，不要见什么买什么。

6. 经常性地让孩子来持家

无论做什么事，如果不能设身处地、亲身去体验，就无法知道其中的艰辛。不当家不知柴米贵。父母只有让孩子积极参与到家庭理财中，其理财能力才能得到快速提高。

为了让飞飞自觉做到计划开支、节约开支，妈妈提议实行家庭成员轮流理财。

到了飞飞理财的那个月，刚开始天天买鸡鸭鱼肉，大手大脚地花钱，不到10天，就用去了当月收入的一大半。爸爸提醒他，这个月还有三分之二的时间。飞飞为难了，从此每天只吃白菜萝卜。结果，当月只结余20元。即便如此，妈妈仍鼓励他说："还算不错，略有结余嘛! 零花钱也花得比前些日子少得多了。但以后理财还要注意一个问题，那就是认真地做好计划开支，不能时而过紧，时而过松，要做到细水长流。"

那年暑假，他们一家三口外出旅游。爸爸妈妈将旅游理财的任务也交给了飞飞。买票时，飞飞考虑再三，还是买了硬座票。他说这样三人往返车票可以省下500多元。买盒饭时，爸爸本来要给飞飞买15元的，但飞飞说一律买5元的。

让孩子持家理财，可以让孩子真真切切地体验到理财的重要性，学会理财的方法，从而对理财有个明确的认识，并应用于实践。

在现实生活中，父母应该给予孩子一定的机会去买菜、交水电费、电话费等，让孩子知道家里的钱是怎么花出去的，同时让孩子知道一个家庭的必要开支，体验到生活的艰难。

一些家庭条件不是很好的父母，认为和孩子谈家庭状况，面子上过不去，而且会加重孩子的心理负担。其实不然，许多孩子在了解了家庭状况后，反倒能够替父母着想，控制自己花钱。

7. 让孩子花自己挣的钱

让孩子花自己挣的钱，是培养其自立能力的重要方面。也只有花自己挣的钱，孩子才能真正长大。

国外很多父母都比较重视培养孩子的自力更生能力。美国的中学生有句口号："要花钱，自己挣！"在孩子十几岁的时候父母就应该让他们认识劳动的价值，让孩子自己动手做一些力所能及的事情。孩子只有在使用自己劳动所得的钱时才会比较珍惜。

因此，父母应该让孩子意识到劳动和工作的重要性，让孩子明白：要获得报酬，你就得工作。只有工作，你才有工资用来买吃的、穿的以及支付水、电等家庭必要开支。

父母是孩子爱心的直接播种者

父母箴言

对于一个人的个性发展而言，没有什么能比爱和善良更重要了，这是孩子将来亲和社会的基础和前提。家庭是最重要的爱心培育基地，父母则是最直接的爱心播种者。

爱心是非常重要的素质，它是人性的基础。一个没有爱心的人，就是一个冷漠的人，一个与社会脱节的人。

爱心的产生，是基于个体的社会性情感需要，它不是人与生俱来的品质，而是在后天的环境和教育的熏陶下逐渐形成的习惯性心理倾向。

儿童心理学家研究表明，善良和同情是孩子的天性。婴儿一岁前就对别人的情感有反应，如果旁边有孩子哭，他会随之一起哭；一两岁时，孩子看到别人哭，就会拿自己喜欢的东西去安慰，这表明他已能清楚地分辨自己和他人的痛苦，并有了试图减轻别人痛苦的本能，只是不知道该怎样做才好；到了五六岁时，孩子开始进入认知反应阶段，他知道什么时候该去安慰正在哭泣的同伴，什么时候该让他独处。

这些都是孩子爱心的自然表现，但如果后天得不到很好的培养，那么他的爱心就会逐渐消失。因此，孩子有没有爱心，关键在于父母的引导和培养。

对于一个人的个性发展而言，没有什么能比爱和善良更重要了，这是孩子将来亲和社会的基础和前提。孩子的爱心是通过自然而然的模仿、潜移默化的渗透逐渐形成的，是一个从外在到内在、从量变到质变的发展过程。在这一发展过程中，家庭是最重要的爱心培育基地，父母是最直接的爱心播种者。

那么，父母应该怎样来培养孩子的爱心呢？

1. 给孩子树立关心别人的榜样

俗话说：言传身教。榜样的力量是无穷的，也是最有效的。要使孩子富有爱心，父母必须从自己做起，从孩子一生下来就开始做。

有一对知识分子父母，他们深深地懂得父母的言行在孩子成长中所起的重要作用。他们总是以身作则，并以此来引导孩子。

他们孝顺长辈，在家里，总是给长辈倒茶、盛饭、搬凳子；逢年过节给长辈买东西、送礼物，父母总是让孩子知道，还常常请孩子发表意见该送长辈什么礼物。逢到单位组织旅游或搞活动，如果能带家属的，他们总是带上孩子和长辈，这样既能让孩子与长辈都能开阔眼界，更重要的是，又能让孩子从中体会到父母对长辈的关心。

他们关心孩子，对孩子说话总是温和、体贴，还常常与孩子进行情感的交流，给孩子适当的鼓励和表扬，让孩子直接感受到父母对自己的爱。

他们夫妻之间互相关心，在餐桌上，总是不忘给爱人夹对方爱吃的菜；每逢出差，在给孩子买礼物的同时，总不忘给爱人也买一份；吃东西的时候，他们总会提醒孩子给爸爸或妈妈留一份。

他们还注意使用爱的语言，比如"你辛苦了，先歇一会儿"，"别着急，我来帮你"，"谢谢你为我所做的一切"等。这样，孩子在父母的引导下，也学会了去爱他人。

2. 教孩子站在别人的立场上考虑问题

爱心培养还需要教孩子站在别人的立场上考虑问题。父母可以经常让孩子把自己痛苦状态时的感受与别人在同样情境下的体验加以对比，体会别人的心情，这样可以让孩子学会理解别人。

3. 在生活中培养孩子的同情心

父母要学会利用生活中的事例从侧面来教育孩子关心他人、关心动物。比如，在看电视的时候，如果出现动物弱肉强食的画面，父母可趁机对孩子说："多可怜呀，人可不能这样子！"

人们发现，幼年时期饲养过小动物的孩子，感情比较细腻，心地比较善良。相反，从小没有接触过小动物的孩子感情比较冷漠，与同学发生矛盾冲突时表现为冲动易怒，出口伤人，行为粗鲁，并且会欺负弱小的同学。因此，只要孩子愿意养小动物，父母应尽可能允许他去养。在家中养一些小狗、小猫、金鱼等小动物，或者养一些花花草草，让孩子去照顾，这样也有助于培养孩子的爱心。

4. 让孩子了解一些生活的真实情况

有位职业妈妈，每天要叫儿子起床，然后赶着去上班。有一天，刚上小学的儿子又赖床了。妈妈生气地对儿子说："我也想像你一样睡懒觉，不用去上班。可是，我却没办法，我得去上班挣钱，你们学校马上要付学费了。你知道吗？"没想到，这次儿子乖乖地起床了。从此，儿子总是会自己主动起床。

由此可见，父母不要刻意向孩子隐藏生活的艰难，而是应该让孩子了解一些生活的真实情况，让孩子从小就学着与父母一起分担，做一些力所能及的事情。只有勤快的孩子才会懂事，知道关心体贴别人。

5. 父母要在重要事情上引导孩子

许多孩子在父母的教育下也能做到关爱周围的人和事物。但是，当孩子遇到不被别人关爱的情况时，孩子的内心往往就会感到失落。更重要的是，他对父母教育自己要关爱周围的人和事物会产生一个不良的判断，认为关爱别人得不到回报。这时候，父母要及时察觉孩子的心理，抓住机会对孩子进行引导。

6. 学会接受孩子的爱

许多父母往往只要求孩子好好读书，根本不要求孩子去做别的事情。

"三八"节到了，幼儿园的阿姨让孩子们想办法给母亲过节。孩子们决定给母亲送上一杯浓浓的、甜甜的糖水，让妈妈感到生活是非常甜美的。事后，阿姨找到孩子们了解情况。

一个孩子说："那天，我早早就等着妈妈下班，一听到她下班的脚步声，我就跑上前去，给她递上浓浓的、甜甜的糖水。妈妈一饮而尽，脸上露出幸福的笑容，还亲了我一口！"

另一个孩子说："我可没有你那么幸运。我跟你一样，早早做好了准备，妈妈见到我，却说：'这是干吗？你少来这一套，得几个100分比什么不好？'"

第三个孩子说："我妈妈的脸，是在喝了一口糖水后耷拉下来的。她说：'傻丫头！你到底搁了多少糖啊？'"

这三位妈妈中只有第一位妈妈懂得要让孩子做一些事情，父母应该接受孩子的爱。其他两位妈妈都忘记了应该向孩子索取一些爱，培养孩子的爱心。这可能让孩子们误认为，原来父母是不需要爱的，他们只需要成绩。一旦孩子产生了这样的想法，以后他什么都不过问了，他们会变成不懂爱、不会爱的冷漠的人。

所以，父母应该让孩子参与到家庭生活当中，让孩子去爱他人，同时也要安心接受孩子的爱，这样，孩子才会更有爱心。

怎样对孩子进行诚信教育

父母箴言

　　孩子是否诚实守信，在很大程度上取决于父母的教育。对于孩子经常出现的不诚信行为，父母应该多从孩子的认识发展上找原因，千万不要把孩子的这种行为看成是道德败坏进而打骂孩子。

　　本杰明·鲁迪亚德曾经说过："没有谁必须要成为富人或成为伟人，也没有谁必须要成为一个聪明的人，但是，每一个人必须要做一个诚实的人。"

　　诚信是人性一切优点的基础，这种品质比其他任何品质更能赢得尊重和尊敬，更能取信于人。诚信是立身之本，是一个人最宝贵的财产，它能让孩子保持正直、挺直脊梁、光明磊落地做人，还能给孩子以力量和耐力。

　　每个父母都希望自己的孩子具有诚信的习惯，不喜欢孩子撒谎。孩子是否诚实守信，在很大程度上也取决于父母的教育。对于孩子经常出现言行不一、不履行诺言的行为，父母应该多从孩子的认识发展上来找原因，不要把孩子的这种行为看成是道德败坏而打骂孩子。如果父母从小就注意对孩子进行诚信教育，孩子是可以养成诚信的习惯的。

　　那么，应该怎样来培养孩子诚信的习惯呢？

1. 对孩子进行诚信品质的教育

　　诚信是人的立身之本，父母应该加强对孩子进行诚信品质的教育，从小就教育孩子守信用、负责任。告诉孩子，一个言而无信的人，是没有人愿意与他合作的。

　　进行诚信品质教育父母需要借助实例，以故事的形式讲给孩子听，让孩子明白，诚信对一个人来说是非常重要的，不诚信会带来什么恶果，诚信会有什么收获。

　　在美国华盛顿州塔科马市，10岁的汉森正在与小朋友在家门口的空地上玩棒球。一不小心，汉森将球掷到了邻居的汽车上，车窗玻璃被打坏了。

　　见闯了祸，其他小朋友都吓得逃回了家。汉森呆呆地站立了一会儿，决定亲自登门承认错误。刚搬来的邻居原谅了汉森，但还是将这件事告诉了汉森的父母。当晚，汉森向父亲表示，他愿意用替人送报纸储蓄起来的钱赔偿邻居的损失。

　　第二天，汉森在父亲的陪同下，又一次去敲邻居家的门，表示自己愿意赔偿。

邻居听了汉森的话，笑着说："好吧，你如此诚信，又愿意承担责任，我不但不要你赔偿，还乐意将这辆汽车送给你作为奖赏，反正这辆汽车我也打算弃掉了。"

由于汉森年纪还小，不能开车，所以这辆汽车暂时由他父亲保管着。不过，汉森已经请人修理好了车窗，经常给车子洗尘打蜡，就像是宝贝一样。他经常倚在那辆1978年出厂的福特"野马"名车旁边说："我恨不得快快长大，好驾驶这辆汽车。我至今仍然不敢相信它是我的。"汉森还说："经过这个事件，我更懂得诚信是可贵的。我以后都会诚信待人。"

由此可见，诚信自有它的报偿。孩子付出了诚信，他自然会收获信赖。相反，如果孩子付出的是虚伪，那么总有一天他也会受到别人的欺骗。

当然，诚信品质的教育必须从小时候培养，坚持不懈。父母应该教导孩子从小就做一个诚信的人，要始终如一地要求孩子，教导孩子出现缺点和错误时要勇敢承认，接受批评，绝不隐瞒。针对社会上那种坑蒙拐骗的行为，父母要态度鲜明地进行批判，要让孩子坚信，这种弄虚作假的行为是必将受到惩罚的。只有这样，孩子长大以后才能成为一个光明磊落的人。

2. 满足孩子合理的需要

孩子不诚信的行为大部分是出于某种需要，如果孩子合理的精神需要、物质需要没有得到满足，他必然会寻求满足需要的办法，如果父母对这种合理需要过分抑制，孩子就会换种方式，以某种不诚信的行为来满足自己的需要。因此，父母应该认真分析孩子的需要，尽量满足其合理的部分。

要分析孩子的需要，父母应该认真倾听孩子的心里话，而不要以成人的想法推测孩子的心理。当孩子向父母讲述了他的需要以后，父母应该跟孩子一起分析哪些是合理的，哪些是不合理的；哪些是现在可以满足的，哪些是将来才能满足的。然后及时满足孩子合理的需要，对不必当时就满足的需要可以留到以后慢慢满足；对于不合理的需要，则要跟孩子讲明道理。如果父母不善于判断孩子的需要是否合理，可以请教老师或其他的父母，也可以阅读相关的书籍，避免盲目行动，给孩子"可乘之机"。

如果孩子出现了言行不一致的行为，父母一定要及时指出来，严肃地向孩子讲明道理，并督促孩子认真履行自己的承诺。同时，父母还可以讲讲信义在人际交往中的作用，让孩子懂得履行自己的诺言是多么重要。千万不要觉得孩子还小，或者觉得事情无关紧要就放纵他们的缺点，这样，孩子会不断强化不良的行为，从而形成不良的品格，进而影响他的人生。

3. 相信孩子

我们经常会看到这样的父母：他们要求孩子吃完饭在房间里学习半小时，结果却每隔五分钟进去看一下孩子是否在偷懒；他们要求孩子去买件东西，也总担心孩子把多余的钱买零食吃。

父母们的这些行为，往往导致孩子用撒谎来对抗，而父母们却认为自己的怀疑是有根据的，这就更加滋长了孩子的不诚信。

4. 父母要敢于承认错误

在现实生活中，许多父母都有可能不自觉地对孩子讲一些不诚实的话，或者讲过的话没有兑现。这时候，父母一定要放下架子，以平等的身份向孩子承认错误，以求赢得孩子的信任。

妈妈曾经给森森讲过一个撒谎后鼻子会变长的故事，森森对此深信不疑。

有一天，森森在学校里又听到了这个故事，于是回家跟妈妈说："妈妈，以后我不会撒谎的，撒谎的人鼻子会变长的。你们也不要撒谎啊，要不也会长出长鼻子的。"这时，妈妈觉得有必要给森森讲讲关于故事情节真实性的问题。

妈妈对森森说："孩子，其实这只是一个童话故事。在现实生活中，一个人说谎是不会长出长鼻子的，只会受到良心的谴责。"

森森有点迷惑了："那我们是不是就可以说谎了？"

"当然不是，"妈妈回答，"一个人应该说实话，他说了谎话就会失去朋友，这比长长鼻子还要可怕。"

年幼的森森这才真正明白，童话故事是虚构的，但它并不是不诚实的表现，而是以另一种方式劝人们要讲真话。

培养孩子的孝心

父母箴言

百善孝为先，孝不仅是一种美德和责任，也是一种做人的态度，它应该是代代相传的东西。如果一个人连父母都不孝顺，那么他的人品也将是值得怀疑的。父母应该强化对孩子的孝道教育，这样才能培养出一个孝顺的孩子。

大家知道，乌鸦虽然外表丑陋，但在养老、敬老方面却堪称人类的楷模。当乌鸦年老不能觅食的时候，它的子女就四处去寻找可口的食物，衔回来嘴对嘴地喂给老乌鸦，且从不感到厌烦，直到老乌鸦临终，再也吃不下东西为止。这就是人们常说的"乌鸦反哺"。

孝与不孝只在于一个人的心念之间，乌鸦尚知反哺，作为一个人就更应知此道理。只是孩子太小，还没有明确的是非观，他们是否有孝心就看父母的教育了。

近年来，很多家庭患上了"四二一综合征"，即四个老人和一对父母共爱一根独苗，溺爱已成为严重的社会问题。研究人员曾对武汉 1000 个儿童家庭溺爱孩子的情况做了调查，概括出 10 种溺爱现象，这里摘录一些，便于家长朋友"照镜子"。

1. 过分注意孩子，把孩子当作欢乐的中心，一家人围着他/她转。

2. 轻易满足孩子的物质要求，对孩子有求必应。

3. 对孩子放任自流，生活懒散，允许孩子的饮食起居没有规律。

4. 不敢严格要求，害怕孩子哭闹，只有祈求央告。

5. 不让劳动，剥夺独立要求，一切包办代替。

6. 大人管教不一，当面袒护孩子，导致孩子是非不分，性格扭曲。

7. 给孩子特殊待遇，使孩子变得自私自利。

8. 孩子在家中地位高人一等，处处特殊照顾，如吃"独食"。

长辈盲目的爱是否得到了回报呢？先看看下面这个真实的故事吧。

奶奶六十大寿，孩子非要先吃一块生日蛋糕，爸爸不允许，孩子犯了横："不让我先吃，你们也别想吃！"一巴掌把生日蛋糕打翻在地。奶奶哭着说："我爱你 12 年，你爱我一天也不行吗？"

12 年的爱得到的回报却是"爱我一天也不行"，令人寒心，发人深省。孩子为什么会这样冷酷无情、自私自利呢？很大程度上是因为父母过于溺爱孩子，没有使他们养成孝敬老人的习惯。

1992 年日本青少年研究所进行的一次跨国调查，其对象是日本 15 所中学的 1030 名学生，美国 13 所中学的 1052 名学生，中国大陆 21 所中学的 1220 名学生。问："你最尊敬的人物是谁？"结果，日本学生认为第一是父亲，第二是母亲；美国学生认为第一是父亲，第二是"球星"，第三是母亲；而中国学生前 10 名尊敬的人中竟没有养育过他们的父母！

现实确定如此，家里有好吃的，老人总是先让孩子尝，孩子却很少请爷爷奶奶吃；孩子生病，长辈更是忙前忙后，百般照顾，而长辈身体不适，孩子却很少问候。那么，被日本孩子尊为第一的日本父亲到底是如何爱孩子的呢？

有个日本小朋友写了一篇作文，叫《懒爸爸》，为什么称之为"懒"爸爸呢？他写道：我摔倒在地上，哭着要爸爸把我扶起来，可爸爸却用鼓励的眼光看着我，不紧不慢地说："你自己爬起来嘛。"我只好自己爬起来。我的校服脏了，妈妈要替我洗，爸爸却说："让他自己洗！"我只好硬着头皮自己去洗。家里的一些东西坏了，爸爸不但不管，还找来工具逼着我去修理，就这样，爸爸"懒"得做的一些事，我却学会了……

最后，这位小朋友以发自内心的感激之意，深情地写道："懒"爸爸，你的良苦用心，我真心领会了。

这样的家长反而使孩子感到尊敬，令我们深思。

事实已告诉了我们，今天强化孝敬父母教育的重要性，孝敬父母是孝敬长辈的起点，也是做人最基本的道德，假如孩子连孝敬父母都不懂，又谈什么尊敬其他长辈？谈什么关心他人？

那么，家长应该怎样教育孩子孝敬父母和老人呢？

1. 言传身教为孩子树立榜样

家长要给孩子讲道理，举实例，让孩子明白长辈辛苦劳动换来了一家的幸福，理应受到孩子的尊敬。

俄国作家列夫·托尔斯泰曾写过一个《爷爷和孙儿的故事》。

爷爷老了，行动不便，吃饭时口水鼻涕一起流出来，儿子、媳妇嫌他脏，不让他同桌吃，把他赶到灶边独个吃。

有一次，爷爷不小心把吃饭的瓷碗打碎了，儿媳破口大骂："老不死的，以后给你一个木盆吃饭算了。"过了几天，夫妇俩发现儿子米沙拿着斧头好像在做什么东西，爸爸问："米沙，我的宝贝，你在做什么？"米沙一本正经地回答："亲爱的爸爸，我在做木盆，等到你和妈妈老了用它吃饭，免得打碎碗。"

这时，这对夫妇猛然醒悟，感到十分惭愧，把自己的父亲请回来，并拿出家里最好吃的给老人吃。

故事的道理很明白，父母是榜样，孩子耳濡目染，自然会学习父母、效仿父母。

2. 要从小事做起

让孩子多体验，如让孩子关心父母健康，参与家务劳动，父母生病时让孩子照顾，端水送药等。

经常让孩子做一些力所能及的事情是很必要的，因为只有在他们有了切身体验之后，他们才能领会父母照顾他们的辛苦，从而知道体谅父母，尽自己的力量帮父母做事，为父母分忧解愁。

父母要使孩子懂得：在家庭中，他不仅有享受父母爱抚的权利，同时又有自己应尽的义务。比如，听从父母对于饮食起居、生活制度和用品购买的合理安排，乐于接受父母的正确要求，并参加一些力所能及的劳动等。在这种和睦的家庭气氛中，孩子对父母的尊敬就会自然养成。

在独生子家庭中，孩子在物质和精神方面都享受到最大的爱，如果这种爱仅仅是向儿女的单向倾斜，而不能实现爱的双向交流，那么这种爱就是畸形的溺爱，甚至还没有脱离动物的本能。只有把大家给予孩子的爱转化为孩子对大家的爱，这才是理性的爱，才是爱的升华。

王凯是个独生子，但他却对爸妈缺少关切之情，也不能正确理解爸妈对他的爱心。为此，父母感到很伤心。在一位教育专家的建议下，王凯的父亲采取了一系列的措施。

双休日爸爸骑车带王凯到公园里玩。回家的路上行人稀少，爸爸问道："你觉得骑车有意思吗？"王凯说没骑过，不知道是否有意思。爸爸问他想不想试一下，王凯高兴地表示同意。于是爸爸骑坐到后车架上，双手伸直了把住车把，王凯跨到大梁上骑车，凭自己的操作使自行车滚滚向前，这使王凯兴趣陡生。可他毕竟还小，骑过 800 米后就有些体力不支了，额头上也渗出了小汗珠。

最后他喘着粗气停下来，好奇地问："爸爸，你骑车带我上学也这么费力吗？"爸爸说："尽管我力气大些，不过每天也都挺累，尤其是上坡时更费力气。"

星期一爸爸照常骑车带儿子上学。骑到一个上坡处时，坐在后边的王凯忽然跳下来，用一双小手推起车来，爸爸心满意足，真诚地说了一句："感谢儿子，你现在知道关心别人了，这太使我高兴了。"

王凯为什么变了？当然是专家的方法起了效果——让孩子多体验。只有让孩子体验到别人的疾苦，才能激起他们的爱心和同情心，从而促使他们设身处地为别人着想。

3. 父母应树立自己的威信

有威信的父母才能获得孩子的尊敬。父母的威信，严厉打骂"打"不来，单纯疼爱"疼"不来，用钱买它"买"不来，反复说教"说"不来；只有在他们自己模范行为的影响下，在他们对孩子的帮助中，威信才能真正树立。

父母的威信来自他们的事业。当孩子闪动着好奇的眼睛开始观察周围世界的时候，家长就应该向他说明自己的工作。比如，爸爸是一位建筑工人，他可以指着新建的大楼告诉孩子，"这是爸爸亲手建成的，会有许许多多的人高高兴兴的搬进去住。"

让孩子觉得自己的父母很能干，这种自豪感可以让孩子从心底里尊敬、佩服你。

第二章
不断强化孩子的好习惯

让孩子成为真正的动手操作者

父母箴言

　　教导孩子动手"操作"是一件很复杂的事。如果没有适当的教导，孩子的操作便会乱七八糟，而这类杂乱无章的动手操作正是孩子的特征；如果父母能对其加以指导，使其动作具有明确的目的性，这样孩子便会静下心来，成为一个真正的动手操作者。

　　"孩子的智慧在手指上"，换句话说就是，要开发孩子的智力，最简单高效的方法就是让孩子多运动自己的双手。特别是幼儿时期，孩子的大脑发育很快，双手动作灵活，这时多动手更能促进头部机能的发展，使大脑变得更聪颖。世界上有许多奇思妙想，都是通过手变成现实的：劳动的手创造了世界，也造就了人类。

　　所以说，培养孩子从小动手操作的好习惯是非常重要的。

　　实践也证明，许多成功人士所取得的成果，也都是通过无数次动手操作才取得成功的。

　　诺贝尔，世界杰出的科学家、发明家和企业家，17岁时赴外国学习和参观，学习机械、化学等知识，回到瑞典后从事硝化甘油的研究工作。之后一直从事炸药的研究、制造、生产、销售工作，同时也涉及其他的科学领域。

在诺贝尔的一生中，他的父亲对他的影响最大。他的父亲是一个"发明狂"。在父亲的影响下，诺贝尔对炸药产生了浓厚的兴趣。

有一次父亲带诺贝尔去参观自己的火药工厂。诺贝尔接触到了许多使他感到新奇的事物。此后，诺贝尔就更加勤奋地阅读各种书籍，尤其是有关科学研究的基本原则，有关机械、物理、化学方面的书，好让自己快一点明白父亲所说的那些陌生的东西。他在父亲的书架上，找出化学读本，翻看制造火药的方法。当他发现火药就是用硝石、木炭和硫黄混合制成的时候，兴奋不已，并准备亲自尝试火药的威力。

备齐了原料，他便在药品库中找到装硝酸钾的瓶子，并把里面的白色粉末倒在小袋子中，拿回家后立刻关起房门开始做实验。经过一次次改进，他终于找出了一种最佳的混合比例，使火药的威力显著增强。在实验中他不断总结经验，还发现一个有关炸药的基本原理：把火药包扎得越紧，爆炸的强度就越大。

就这样，诺贝尔从游戏中、从不断的实践中完成了一个突破，为他以后从事炸药事业跨出了重要的第一步。这一步来自他对自然的好奇，来自他对书本的钻研，来自他对危险的无畏，最重要的是来自于他反复的实践操作。可以说，是"手"为创造力提供了一套"有思想的工具"。

培养孩子善于操作的好习惯，是为了使孩子的身心头脑更协调，这也是家庭教育工作的关键和指南。著名教育家蒙台梭利指出：自由就是动作，动作是生活的基础，动作练习具有发展智力的作用；教导孩子动手"操作"是一件很复杂的事，如果没有适当的教导，他们的操作便会乱七八糟，而这类杂乱无章的动手操作正是孩子的特征；如果父母教他们动手操作，使其动作有明确的目的性，孩子便会静下心来成为一个真正的动手操作者。

手是伟大的，父母培养孩子从小动手操作的好习惯，相当于给孩子埋下了一颗"长青果"。至于如何培养孩子从小动手操作的好习惯，我们建议父母从以下几点入手：

1. 让兴趣引导孩子勤动手

孩子对身边的一切新鲜事物都有着很强的好奇心，这是由人的本性所决定的。孩子会认为帮助父母是一件很光荣的事，父母应趁此机会让孩子勤动手，并引导其成为一种习惯。

孩子常常会摆出"小大人"的样子，说"我自己来，我会"，"妈妈放手，我能"等言语。在这种情况下，父母应该放手，让孩子自己来。

在生活中，父母可以用一些废弃物品与孩子共同动手制作工艺品，比如用蛋壳制作人头像或用泡沫雕刻一些形状简单的东西。这样一方面能让孩子从小认识到双手的魅力，并让其懂得生活中有很多废弃物是可以利用开发、变废为宝的；更重要的是，"成就感"可以增强孩子动手的兴趣。

平时要多买一些手工制作图片或书籍，让孩子从中展开制作的想象力，并逐步培养自己动手制作的兴趣。多让孩子做一些动手的游戏，像折纸、剪纸、粘贴、组装玩具等，多为孩子提供动手的机会。

2. 鼓励动手，增强孩子的信心

称赞是鼓励孩子、增强孩子信心再合适不过的一种激励方式。

当孩子做出一些"小成绩"的时候，你不要忘记告诉孩子，他们是多么的优秀；当孩子帮你做了某一件"小事情"的时候，切不可忘记告诉孩子，你是多么地感激他们对你的帮助。这种真诚的感谢会令孩子更积极、更认真、更负责地做一个自信、热爱劳动的好孩子。

不要让孩子失去动手的机会。有时父母会因为孩子动作太慢、太笨，而代替孩子去做。这样容易使孩子养成依赖心理，产生很大的惰性。不要强迫孩子做其不愿意做的事，或者其力所不能及的事，希望孩子做的，一定是孩子能够完成的，否则会挫伤孩子的信心与勇气。因为父母一个否定的眼神或一声消极的语气，都对孩子有极大的"摧毁力"；相反家长一个赞赏的表情或一句激励的话语，又有着使孩子充满自信并取得成功的力量。

3. 手脑结合开发孩子的智力

孩子的动手能力是对大脑发育最好的刺激。三岁前父母应该教孩子握笔、写字、做手工、拿筷子等，动手的同时就将新的刺激源源不断地输入大脑。脑的使用度愈频繁，其成熟度就会愈高。

脑越用越灵，手越用越巧。因此，父母应该安排孩子做一些必要的家务活。例如，起床后自己叠被、扫地、擦桌子、饭后洗碗、刷锅、购买小件物品等。这些应当要求孩子主动来做，这对孩子能力和责任心的培养作用都不可小视。

父母可以帮助孩子做一些简单的小实验，让孩子在动手的过程中开发智力，体验成功的快乐。使孩子的思想及时地由被动操作向主动实践转换，从而养成手脑并用的好习惯。

不要扼杀孩子的创造性

　　要培养孩子的创造力，先要培养孩子对事物的兴趣。只有从兴趣入手，才能使孩子对问题产生疑问，并有足够的信心和勇气去深入了解问题的实质，直至问题解决，进而才可能会有富于创造性的东西产生。

　　创造力是一项综合能力，它与一个人的兴趣、质疑能力和模仿能力的关系非常密切。只有理清创造力与这三者的关系，才能掌握创造力的本质，才能找到各式各样的方法来培养孩子超常的创造力。

1. 兴趣是培养富于创造好习惯的前提

　　兴趣是最好的老师。一个人事业上的成功与其对所从事事业浓郁的兴趣是分不开的，兴趣是他们探索精神的先导和发挥创造力的门户。反过来说，一个生气勃勃和富于创造精神的人，也总能睁大敏锐的眼睛，仔细观察周围的一切事物，进而产生更加浓郁的求知兴趣。

　　詹天佑是我国历史上一位杰出的工程师。他主持修建的京张铁路是我国第一条铁路，他还参建了商办的粤汉铁路等。这一系列的成就离不开其儿时所养成的对新鲜东西存有好奇的习惯，强烈的好奇心是创造的原动力。

　　詹天佑自小就打心眼里对新鲜的事物感兴趣。他最喜欢看有关工程、机械方面的画报，他可以不厌其烦地看一遍又一遍。看不明白的地方就问，因此他还很爱提问题。他心灵手巧，能把一些有趣的东西一笔一笔地抄下来，自个儿琢磨。就这样，还不满10岁的詹天佑从画报中得到了无限的乐趣。自然而然地，詹天佑对机械产生了浓厚的兴趣，大人小孩都称他为"机器迷"。

　　詹天佑家里有一座自鸣钟，他看来看去像发现了新奇事一样，就心里纳闷：自鸣钟为什么能告诉人们钟点呢？他为什么一点也不知疲倦呢？他决定要打开这个"秘密"。后来，他就偷偷地把这座自鸣钟的机件拆下来，再装上。今天拆装一个部件，明天拆装另一个部件，把整个钟的全部机件都瞧了一遍，终于弄清楚了自鸣钟的构造和原理。而且他能有条有理地讲给小朋友和大人们听。詹天佑对工程机械研究兴趣的幼芽，便由此一点点地萌生了。

19 世纪英国教育家斯宾塞认为，儿童厌恶某种事物并不是天生的，而是"不良教育的后果"。在孩子个性心理素质的发展过程中，兴趣起着相当重要的作用。父母们都懂得培养孩子正当兴趣的重要性，但又常常被这一问题所困扰。

那么，怎样培养孩子的正当兴趣呢？

（1）不断强化孩子的中心兴趣

兴趣是创新的基础。孩子对某件事情感兴趣，做起来可能就会事半功倍。因为兴趣会使孩子主动、上进，这更有利于进一步开发孩子的独创能力。

孩子兴趣广泛并非是什么坏事，但如果在众多的兴趣之中没有中心兴趣，将来就很难有志趣。而一般来说，孩子中心兴趣的培养，要经过孩子的自我淘汰与自我净化，它需要一个过程。俗话说，强扭的瓜不甜。明智的家长会从孩子的实际出发，因势利导，最终让孩子自我选择。父母强加干涉是不会有好效果的。

人们通常所走的成才之路是这样的：兴趣—爱好—钻研—成功。也就是说，兴趣是成才之路的起点。中心兴趣形成后，需要强化，即兴趣的巩固。兴趣的强化过程不是一蹴而就的事情，必须不断地用丰富而生动的事实去强化。强化兴趣的目的是为了使兴趣变成爱好，即行为、实践、钻研。成功是目标导向，即把爱好升华为志趣，产生自学的内发性的动机力量，矢志不渝地去努力。孩子的能力有大有小，禀赋有高有低，但只要能沿着这条成才之路走下去，就能成为社会所期盼的创新人。

（2）让知识走进孩子的内心

孩子都是"性情中人"，他们总是在某种情绪中认识事物。事物在他们眼里都带有感情色彩，往往拟人化，这就是为什么孩子都喜欢童话故事的缘故。他们很难像成人那样平静、冷静、客观地认识事物。只有能触及他们感情的东西，才能被他们更深切地感觉、记忆、理解。孩子更像是文学家，而不像是科学家。根据这个特点，我们在提高孩子知识水平的时候，一定要考虑他们的情绪状态，让枯燥乏味的知识养料真正走进孩子的心中。

有一个教育家给学前班的孩子们上课。他准备了一个"发言球"，从讲台上抛出去，嘴里说"3＋5＝"，哪个孩子接到球，哪个孩子就说出答案，孩子们学得很高兴。听课的老师有的就不理解，认为这样做浪费了一道程序，不如直接提问来得省事。教育家回答说："当然也可以提问，但是没有'发言球'，孩子也就没有了学习的兴趣。"

孩子由认识事物到喜欢事物是需要借助一定的媒介的，那就是"兴趣"。对孩子来说，一开始任何事物都是茫然的。因此，当他们认知事物的时候，一定要指导他们把有关知识和他本人的生活体验结合起来，这样才便于他们理解并产生兴趣，否则就会事倍功半。也就是说，要想让孩子了解事物，必须让这个事物走进他的心、引起他的兴趣。

（3）创造成功的条件

有意识地给孩子创造成功的机会，以旁敲侧击的方式增强其信心，从而让孩子满怀信心地创造成功。

许多家长不顾实际，对孩子进行超前学科教育，或硬性教育，使孩子饱受失败的痛苦，以至于学习兴趣荡然无存。父母应尽可能地为孩子提供成功的机会，让他们能够尝到成功的喜悦，从而提高学习的积极性。这样，孩子逐步形成了学习兴趣，他们便会"不用扬鞭自奋蹄"。

2. 质疑是创造好习惯的起点

创造习惯的培养，需要从孩子质疑能力的培养开始。父母必须有这种教育的战略眼光，从小重视培养孩子的质疑能力。通俗点说，就是多问"为什么"。

质疑能力是科学进步的起点，是创造力的前提。当牛顿提出"苹果为什么落地"时，就预示着探索地球引力问题的开始。创造力往往是从问题中产生的。所以说，创造力是不失时机地给孩子以充分发挥智慧潜能的机会。对孩子一些看似荒唐的提问，父母应该报以重视的态度，鼓励孩子自己去探索，去行动，使孩子的创造能力得以充分发挥。

当你陪孩子在公园散步，孩子眼望大树发呆时问"为什么树的枝叶一边多一边少呢"，这时你耐心地回答说："阳光充足的地方，树的枝叶就茂盛一些，相反则少。"

孩子紧接着问："为什么有阳光的地方，大树的枝叶茂盛？"……面对这一连串的追问，你要尽力且耐心地认真解答。使孩子从"为什么"中得到启发，产生刨根问底的思维意识，同时扩展想象力的范围。

可以说，创造习惯的培养与思维、想象习惯的培养方法有许多共同之处，在提高思维能力的同时也能提高孩子的创造力。还有孩子想象力的培养方法也是创造力培养的方法。这也说明，好习惯之间是有连锁效应的，因此孩子的好习惯的形成是全面发展的结晶。

3. "模仿"是培养创造习惯的最初模型

模仿就是孩子对人、动物、事物的表面现象的仿效，这是创造的开始。模仿是孩子的本能，也就是说，孩子往往先观察事物，进而对事物进行模仿。但是很多人认为，发展孩子的模仿能力，是缺乏创造力的表现。这种观点是错误的，我们不能用大人的眼光去看待孩子。其实孩子的创造能力往往是从"模仿"中产生联想，进而启发思维运动，最终才向创造力的方向逐渐发展的。

比如说，孩子常常会把身旁的一些碗、勺、奶粉一类的东西，当作模仿大人做饭的"道具"，并会自拟一些"剧情"，有声有色。对于孩子来说，这种"创造性的模仿"将会增加他们的生活常识。当然在培养孩子"模仿"的过程中，父母正确的引导是不可缺少的。

比如对影视中的一些打杀、抽烟等镜头，在孩子的心中有时会产生"很酷"的新鲜感，一旦孩子对其产生好奇心，就容易"模仿"。此时，父母就需要对孩子进行正确引导，告诉孩子哪些模仿对象是健康的，哪些会产生不良后果，培养孩子从小对"是与非"的分辨力。

在这里值得注意的是，父母一定要以身作则，不要忘记孩子具有很强的"模仿"能力。

此外，父母为孩子创设良好的环境，对开发孩子的创造能力也是有所帮助的。比如说，给孩子买一些玩具、积木、实验器具或书籍、资料等，让他们的创造力在游戏中自然产生、在实验中得到实践论证、在书籍的指导下更系统。

给孩子一双善于观察的眼睛

 父母箴言

善于观察的好习惯是一个人智力活动的基础，是学习与创作的基础。培养孩子养成善于观察的好习惯，让孩子学会运用自己的眼睛，这就相当于给了孩子两双眼睛：一双在寻觅，另一双在思索。

仔细观察是一个人取得一切伟大成就的必备素质，艺术家、科学家需要它，医生需要它，工程师需要它，孩子将来要想有所成就更需要它。可以说，善于观察的好习惯是一个人智力活动的基础，是学习与创作的基础。

在教育界，经过长期的摸索之后，人们终于看到了儿童游戏所具有的意义和作用。一度被看成单纯无目的的游戏或顽皮，最终被认为是一个获得知识、为日后打基础的过程。在培养孩子善于观察好习惯的时候，父母应该注重培养孩子从实物中获得知识的乐趣。

哲学家的根本特点就在于，他们能够观察到别人所忽略的事物之间的关系；而诗人则能够看到众人看不到的美妙事实。因此，系统地培养孩子的观察习惯是家庭教育的一个重要的任务。

卜镝，8岁时获全国儿童画比赛一等奖，9岁时出版新中国第一本个人儿童画集，并先后在多个国家和地区举办个人画展。他的父母是如何教育儿子取得成功的呢？

当卜镐的父母意识到，在孩子脑力和心理发展的过程中，观察力具有相当重要的意义时，便不失时机地利用游戏对卜镐进行有效的训练，让他的观察力得到快速的提高。当父母发现卜镐热爱观察大自然这一特点时，便经常带着他去参加各种活动，让他感受外部世界，丰富他的感性经验。父母还不断诱导卜镐以游戏的方式，养成善于观察的习惯，从而引导他走上了画画的道路。

一天，爸爸下班回来，看到地板上涂满了密密麻麻的粉笔道子。便弯下腰仔细一看，不禁高兴地叫起来："画得太好了！"卜镐画的是他自己和森林里的动物伙伴们一起捉迷藏的有趣情景。而他却说是画着玩的，看来孩子一般是把画画当成一种开心的游戏了。

从游戏中得到启发，父母懂得在鼓励孩子勤于观察的同时，还要注意让孩子善于观察。

随着孩子的成长，父母不断地把卜镐送入新的生活中去，让他用自己的眼睛去发现"美"，而卜镐也正是在生活中用他自己的眼睛发现了美，然后用画笔富有创造性地表现出了这种美。在每次观察活动结束后，卜镐都会记美术日记。把他的爱、他的激动，把他眼里、心里的愿望都凝固在纸上。他的日记与日俱增，这些成了他童年生活的缩影，也为他日后的成功打下了坚实的基础。这个好习惯使他拥有了一双聪明的眼睛，观察到了别人看不到的东西。他用欣赏的眼光去观察世界，用爱的情怀去感受世界，用热情的图画去表现世界。

善于观察的好习惯，使卜镐走上了画画的道路；观察的积累与发现，使卜镐踏上了成功之路。

懂得观察的眼睛，才是一双聪明的眼睛。好奇是观察的基本动因，发现特点是观察的目的，兴趣是培养观察习惯的前提，细致是培养观察习惯的基本要求，准确是观察习惯的根本。

因此，在父母培养孩子善于观察的好习惯时，可以从以下几点抓起：

1. 培养孩子观察的兴趣

观察的兴趣必须在观察的实践中培养。父母可以有计划、有选择地引导孩子去观察他所熟悉、所喜爱的事物，如经常带领孩子观察大自然、参加旅行、参观展览等实践活动，不断丰富孩子的观察内容。

在孩子进行观察时，要围绕所观察的事物或现象，讲一些有关的科学道理或传说故事，以激发他的兴趣。

例如，孩子发现天空中的云在飘动，原因在哪儿呢？可以引导他进行有关的思维活动。首先要让孩子感觉是否有风以及风向如何？在孩子做出回答后，让孩子观察云的动向与风的动向是否一致？最后让孩子自己做出自己的答案。也就是说，在引导孩子观察的同时，还要注意启发孩子对观察到的现象多问"为什么"，进而引导孩子独立得出结论。当孩子通过观察，对大千世界、芸芸众生产生好奇心后，孩子便养成有目的、有计划、有选择的观察习惯。

另外，根据孩子在游戏中往往表现出超常能力的特点，也可以用游戏的方式对孩子的兴趣加以启发引导。

比如，在孩子刚到一个新环境时，马上让孩子闭上眼睛，让他说出在那一瞬间他都看到了什么，以及所看之物都在什么地方等等。开始时父母所选游戏，应尽量浅显易做。父母应选择那些孩子可以理解的、感兴趣的东西或事物，尽量让游戏具体、直观、形象。同时，还要保证孩子能在游戏中发现一些东西。随着孩子观察习惯的形成，父母可以适当、适时地增加观察难度，以便孩子的观察力能有新的进展。使习惯发展成为一种能力，孩子将会受益终身。

2. 培养孩子"细致"观察的习惯

大多数人都能在自己擅长的方面作分析性观察。比如，植物学家一眼就能分辨出哪些是草本植物，哪些是木本植物；珠宝商通过珠宝的光泽度就能看出珍珠层的薄厚；裁缝师一瞅便可断定衣物质料的好坏等。不过，父母们最理想的还是培养孩子全方位的观察能力。父母应试图能在生活的每一个方面，都发展孩子的这种观察能力，以培养孩子观察习惯的养成。为了做到这一点，父母可以对孩子做一些训练。

例如，随时随地教孩子留心周围环境，细心观察事物的不同方面，如周围人的面部特征、衣着颜色、动作姿势等。提醒孩子观察房间的布置，如墙、地板、天花板的颜色等。尝试不断转移孩子的焦点，尽量找出一件完整东西的不同部分。或者用游戏的方式，在提高孩子兴趣的同时，达到增强孩子细致观察能力的目的。比如，让孩子先细心观察眼前的事物，跟着闭上眼睛，在脑际中重现该件东西，并用语言叙述出来，直到事物与脑海影像以及语言描述一样为止。

利用生活中的每一个细节进行训练，不仅可以增强孩子细致、准确的观察能力，提高孩子的表达能力，还可以开发孩子右脑的创作潜能。善于观察的人，就在于能够感知到别人所忽视的微小却有重要价值的方面。

3. 提醒孩子观察事物要以发现特点为目的

巴甫洛夫说："在你研究、实验和观察的时候，不要做一个事实的保管人。你应当力图深入事物的根源，应当百折不挠地探求支配事实的规律。"这就是说，在培养孩子观察能力的同时，父母应引导孩子在观察中积极思考，把观察过程和思考结合起来，让孩子对观察到的事物进行记录与分析，达到透过现象看本质的程度，否则观察将失去大部分意义。

此外，教孩子养成及时作观察记录的习惯尤其必要。要求孩子在观察过程中及时记下观察所需材料。为了避免遗忘，保证准确性，不能只凭记忆。尤其是观察的内容越复杂，细节越多，记忆就越不可靠，而且时间越久，印象就越模糊；要求孩子在观察之后及时整理记录，作口头或书画的总结。做记录的目的，是为了让孩子养成观察与思考相结合的习惯，因为只有这样才能让孩子的观察能力全面、细微、敏锐突出起来。

观察是创造力的源泉。培养孩子养成善于观察的好习惯，让孩子学会运用自己的眼睛，这就相当于你给了孩子两双眼睛：一双在寻觅，另一双在思索。

不要给孩子的求知欲泼冷水

父母箴言

在任何时候，都不要给孩子的求知欲泼冷水。实在无法回答孩子的问题，你可以告诉孩子应向谁求教，或以后阅读哪一类书籍，以激起孩子向书本要知识的热情。要知道，因势利导地引导孩子的兴趣自然发展，是父母教育孩子的一项重要任务。

对孩子来说，外面的世界是陌生的，但也正是陌生的东西才能引起他们的好奇心和求知欲。父母在带孩子上街或玩耍的时候，孩子总会提出各式各样大人想不到的问题，有些问题还会使父母一时为难。但为了使孩子养成积极求知的好习惯，父母应尽量给孩子一个满意的答案。要知道，如果一个小孩对一切都漠然，那很可能是智商不高的表现，绝非好事。

当然，不可能所有的父母对孩子所提的问题都有所研究。因而，要回答孩子的"为什么"就并不容易。他们的问题常常会使父母无言以对。要回答得当，就有很大的学问了。但是"不厌其烦地讲解"的做法和态度，却是值得父母借鉴的。

春天，父母常爱带孩子到公园去玩。看到初春盛开的桃花，母亲会指给孩子看："你看这桃花开得多好看！"这时，有的孩子就会好奇地问："桃花怎么会开呢？"这个问题，母亲还不难回答。她可以说："春天来了，桃花就开了。"然而什么是春天，为什么到了春天花儿就要开，孩子仍然是迷雾一团，于是孩子不免要问："为什么桃花要在春天开呢？"孩子们这类天真的问题很多，有些确实还很难回答。这是由于许多大人们认为是当然或自然的事情，孩子们却觉得新鲜稀奇。

"为什么"，正是孩子们推想出来的问题，也是他们求知欲的表现。如果这时父母对他们的问题等闲视之，随随便便给以搪塞，就会抹杀孩子对周围事物的兴趣，扼杀孩子的求知欲。时间久了，孩子的推理思考能力，也会逐渐减低。

相反，如果父母对孩子说："是呀，为什么桃花在春天就会开花呢？这个问题问得好。"然后和孩子耐心地解释并提出一些启发性的问题："春天的天气是不是暖和些了，冬天干枯的树叶现在没有了，天气一变暖，又长出了新的嫩叶，对吗？所以天气一变暖，花儿也就开了。"如果能够这样与孩子讨论，启发孩子思考，发表自己的看法，那么就会增强和提高孩子的求知欲。同时，也会增加母子之间的亲密关系。

旺盛的求知欲是孩子聪明成才的先决条件。所以，父母应重视孩子的发问，并加以鼓励。孩子的智力有限，理解力有限，当然对于孩子的询问，不一定要解答得很详尽。但绝不可随便编个理由敷衍，更不可违背科学乱讲。

在任何时候，都不要给孩子的求知欲泼冷水。在自己不能很好地解答时，不妨直接向孩子承认"妈不知道"，或说"妈也不清楚，将来我问清楚了，再告诉你"这样做并不是什么丢人的事。因一个人本来就不可能什么都清楚；同时也不应忌讳向孩子说明父母读的书不多，过去没有条件上大学等等。

更重要的是，这样做可以从小教育孩子对科学和学习应该采取老实的态度：知之为知之，不知为不知。让孩子从小养成一种实事求是的精神。

你也可以告诉孩子应向谁求教，或以后阅读哪一类书籍，激起孩子向书本要知识的热情。因势利导地引导孩子的兴趣自然发展，是父母在教育子女中的一项重要任务。

"学问学问，边学边问。"学问和知识就是人在不断的探索中，在不断地提出问题和解决问题的过程中获得的。大人如此，孩子更是如此。区别只是大人遇到了问题，在没有适当的人可以求教时，他可以自己去看书、查资料，寻找答案。而孩子由于知识有限，没有这方面的能力，或者这方面能力较差，就需要父母的帮助。

孩子有问题找父母，这正是孩子对父母信赖的表现。做父母的为了孩子的成长应尽一切努力来解答，如帮助解答孩子的问题，孩子还没有查书寻找答案的能力，父母就应自己查书寻找答案。

孩子上学以后，有些问题孩子可能在课堂上没有弄懂，或者孩子对老师在课堂上讲授的仍不满足，或者在做功课中遇到了困难，父母都应热情而耐心地予以帮助和解答，以满足孩子的求知欲，并激起孩子学习的热情。

反之，如果孩子的问题父母不予解答，而视作累赘，敷衍搪塞。孩子自然也就没有了提问的兴趣。他何必自找没趣呢？同时，孩子在学习或做功课时遇到了难事，父母不能伸出援救之手，孩子的学习兴趣就会下降，甚至完全丧失学习的信心。

孩子稍大一点的时候，会问起有关家庭亲戚之间的纠纷。有时父母会很难回答，也不想回答。这时父母可以坦白地告诉孩子："这个问题不好回答，不能回答。"而不要说："小孩子不应知道这种事情！"以阻断孩子的询问。因为孩子有了这种不愉快后，为避免再次受到伤害，以后心中有疑问也不敢再问了。这种事情发生多了，父母子女之间就会产生隔阂。

还有一类问题是父母常感到难以启齿的，那就是有关两性的问题。现在的家庭中，通常都是一家大小围在电视机前消磨闲暇时光。当电视中出现有关性的镜头时，出于好奇，有些还不大懂事的孩子就会提出一些问题："妈妈，他们这是干什么？"问得父母很难为情，加上头脑中的一些封建意识，父母甚至会不满地斥责："你这个孩子真是的，怎么问这些事情！"

这样回答是对孩子不好的，因为它非但不能说明问题，反而会使孩子对性产生一种不正常的好奇心。最好不让年纪很小的孩子看这种电视。如果孩子已经看了，且产生了好奇心，可以告诉他等将来长大了就懂了，而不必加以神秘化或丑化。

不要轻易给孩子扣上"不自觉"的帽子

父母箴言

自觉不自觉，跟孩子的生理特点和学习内容有很大的关系。父母应找准原因，耐心培养孩子的自觉性，而不能轻易给孩子扣上"不自觉"的帽子。要知道，一个孩子一旦有了很好的自觉性，其前途就很光明了。

现在城市里的孩子，在物质方面几乎什么都不缺，但就是缺少理想和追求。人没有理想往往就会觉得百无聊赖，最常见的表现就是做什么事情都没有自觉性。

孩子的自觉性主要表现在生活和学习的各个方面：按时完成作业，自觉复习功课，自己准备学习用具，收拾屋子，自己洗衣服甚至做饭等等。但是，很多孩子都做不到这些，他们整天玩也玩不够，既不愿意学习，也不喜欢干活，甚至吃饭穿衣、上学都需要父母"拨一下，动一下"，让不少父母很头疼。

其实，任何自觉性都不是天生就有的，是需要后天逐步培养的。

1. 用兴趣去培养自觉性

要培养孩子的自觉性，首先要培养孩子良好的兴趣和动机。

有些父母过早地让孩子认字、计算、背诗、阅读，过分地强迫孩子学习知识，占用了孩子的娱乐时间，因此孩子对学习产生厌烦情绪，总是想玩，学习的时候常常是"身在曹营心在汉"。

有些父母把孩子管得死死的，除了读书就是练琴，没有其他娱乐活动，孩子的生活很枯燥很乏味，因此对一切都不感兴趣，更不知道学习是为了什么，为什么要学习。

事实上，要想让孩子养成自觉的好习惯，只需让他对自己要做的事产生兴趣。人人都喜欢做自己感兴趣的事，也只有感兴趣的事我们才能做得更好更快。对孩子来说更是如此。在兴趣的指引下，孩子做起事来就会像做游戏一样开心，无须大人催促。可以说，孩子对做某件事产生兴趣的同时，其自觉性也就形成了。所以，有时候父母无须刻意去培养孩子的自觉性。

2. 要求孩子严守规矩

一件事情决定了，开始做了，就一定要有始有终，绝不允许半途而废。孩子如无故中途退却，就应受到批评，父母绝不可迁就。因为有了第一次迁就，就会有第二、第三次。先例一开，再想要孩子遵守规定或制度，或者要求孩子、教育孩子要坚持，克服困难，把一件事情做得有始有终，把功课做完，就困难了。

通常，父母给孩子制定的规定和制度，孩子却很少能遵守和实行。原因就是孩子缺少管束，想干什么就干什么。作为父母，由于对子女的疼爱，经不住孩子的纠缠，而放松尺度，不能严格要求。

计划和生活学习制度，对孩子确实是一种约束，但对孩子的健康成长却是必不可少的。

有的父母在带孩子到公园里玩耍时，看见孩子闯到花圃里摘花也不喊住；或去喊了一声。孩子不听，就听任孩子摘花。让孩子养成一种不讲社会公德或不遵守公共规则的恶习，以致有的孩子长大后开始犯罪。

所以为了把孩子培养成对社会有益的人，父母对孩子都应该从小就严格要求他们守规矩，遵守学校或家里规定的生活和学习制度。当然这在开始时会有些困难，看似不近人情。但只要父母坚持、循循善诱，孩子一旦养成习惯就能自觉遵守了。而且一旦戒除了孩子的任性，他们在学习和以后的工作上也就都会坚忍顽强且自觉。

3. 通过学习增加自觉性

如今，父母对孩子的关注、照顾和保护，可以说是无以复加了，孩子根本没有机会自己去处理自己的事。有不少孩子已经十多岁了，却从来没有洗过衣服，更没有做过饭，对学习以外的东西一窍不通。

父母应该知道，孩子的运动能力、动手能力、协调能力等都对学习有很大的帮助。道理很简单，如果孩子很懒，学习上就必然会遇到很多问题，遇到了问题而懒得去努力解决，其结果只会使他们对学习失去兴趣，当然更不可能自觉去学习了。

有的孩子知道学习的重要性，也有一定的学习能力，但就是缺乏足够的自觉性，没有自制能力，不能很好地约束自己。出现这种情况，父母们应该怎样做呢？没有什么做法适用于所有的家庭，所有的孩子。

因此，根据父母们的经验，我们只能提出一些零碎的建议：

（1）帮助孩子正视自己的学习状况

学习上不够自觉的孩子通常很"迷糊"，就是对自己的学习状况并不十分了解，或者懒得去正视它。

燕子是个语文数学都难得及格的女孩子，不到万不得已，她决不肯做作业。别人问她成绩怎样，她总是说："马马虎虎。"是虚荣吗？不是，是"迷糊"。了解自己学习状况的孩子会觉得有很多事要做，不了解的孩子整天好像"啥事都没有"。在这种情况下，父母要帮助孩子正视自己的学习状况。

乐乐爸爸的做法值得父母们借鉴。每天乐乐做完作业，爸爸都要跟他一起，把当天学习中好的地方和不好的地方（如写错的字、做错的题）用本子记录下来，做成一个学习进展情况的"家庭档案"。乐乐做作业之前、考试之前，都会去翻档案。翻了档案，不用爸爸督促，乐乐就知道自己该做什么了。

（2）适当地陪伴孩子学习

这一点建议在教育理论的教科书上找不到多少理论依据，但许多成功的父母们却经常谈到这一点。孩子有很强的依赖性，父母适当的陪伴，是对他们的一种支持。如果大人都在看电视，或已经睡觉了，却让孩子一个人在写作业，这样孩子很容易把学习当成一种苦差事，自觉性就很难形成。

在陪伴孩子的时候，父母只需关心孩子学习的过程，而不必太在意学习的具体情况。否则，孩子就会觉得你是检查员、监督员，比老师还老师，那你的陪伴可能就会是一件有害无益的事情。

（3）给孩子自觉的机会

父母一旦觉得孩子不够自觉，往往就会迫不及待地替孩子安排好一天当中的学习生活："你应该先做什么，做完后再做什么！……"这样就剥夺了孩子自己做事情的机会。时间长了，孩子们也就懒得自己动脑筋安排自己的学习了——反正父母会操心的！这样，孩子是无法自觉的。

可见，最好还是让孩子自己安排什么时候开始做作业，什么时候开始看书，用多长时间。父母的工作就是督促孩子按自己制定的计划去学习，该做什么，就做什么。

（4）监督孩子说到做到

既然做什么事是由孩子自己安排的，他就没有理由不照着做。在这一点上，做父母的是丝毫也不能跟他妥协的。养成了该做什么就做什么的习惯，孩子自然会自觉学习。

当然，为了保证孩子真正能按照自己说的去做，一开始，父母应注意不要让孩子给自己做出要求偏高的计划。

培养孩子持之以恒的习惯

🚢 **父母箴言**

培养孩子具有恒心的方法有很多，如参加体育锻炼、读书自律等。父母要根据自己孩子的意志特点，有针对性地培养训练，刚柔相济。但根本之点在于启发孩子的自我需求，让其主动养成持之以恒的好习惯。

持之以恒是一个主观能动的心理过程。具体来说就是，人在自觉地确定目标之后，能够根据目标来支配、调节自己的行动，坚持不懈，克服种种困难，最终实现目标。

其实，一个人要想生存就得不断积累经验，让自己无休止地自我创新。而无论是经验还是无休止的创新，都需要持之以恒的毅力。毅力不是瞬息而就，说有就能有的东西，它的形成需要一个过程。它的形成应该在家里，而不仅仅是学校。持之以恒的毅力对于孩子的意义是不言而喻的，但它恰恰又是孩子容易缺乏的。

"千里之行，始于足下；九层高台，起于垒土"凡事业上有所作为的攀登者，无不是从小事做起，锤炼自己的意志。

一个孩子，如果连自己的学习用品都丢三落四的，怎么能保证演算习题时不粗枝大叶呢？所以父母培养孩子的意志要持之以恒地从小事抓起，决不姑息迁就，要一抓到底。

曾有学生问大哲学家苏格拉底，怎样才能修学到他那样博大精深的学问？苏格拉底听了并未直接作答，只是说："今天我们只学一件最简单、也是最容易的事，每个人把胳膊尽量往后甩，再尽量往前甩，"苏格拉底示范了一遍，说，"从今天起，每天做300下，大家能做到吗？"

学生们都笑了，这么简单的事有什么做不到的？

过了一个月，苏格拉底问学生们："哪些同学坚持了？"有九成同学骄傲地举起了手。

一年过后，苏格拉底再一次问大家："请告诉我，最简单的甩手动作，还有哪几个同学坚持了？"这时，只有一人举起了手，这个学生就是后来成为古希腊另一位大哲学家的柏拉图。

人人都渴望成功，人人都想得到成功的秘诀。然而，人们常常忽略这样一个道理：即使最简单、最容易的事，如果不能坚持下去，也绝对不可能打开成功之门。成功并没有秘诀，但坚持是它的过程。

培养孩子的恒心应从小事做起，不断进行训练。一个人的意志是否坚强，可以从他的意志行为中得到体现。在成长的过程中，独生子女缺乏恒心与毅力的现象比较普遍，这在很大程度上会影响孩子的学业、交往、品德及心理健康。很多时候，成功与失败往往就取决于一个人能否坚持到最后一刻。

培养孩子持之以恒的习惯的方法有很多，在此择要介绍几种：

1. 用兴趣引导孩子持之以恒的决心

兴趣是孩子高效率把事情做好的前提。在现实生活中，并不是对必须去做的每件事，孩子都一定感兴趣，但是孩子对自己感兴趣的事，都有着明显的自觉性、持久性等高效率特点，而对于自己不感兴趣的事则往往需要父母的约束与督促。为了使孩子提高做事效率，父母应该引导孩子对事物产生兴趣。

很多上学的孩子比较喜欢的口头禅是"郁闷"或者"烦"。事实上，学习本身的确没有多少乐趣可言。然而父母并不这么认为，他们一厢情愿地认为学习是最有意义的事情，并且一味地强迫孩子对学习产生"兴趣"。孩子的学习兴趣是需要父母去加以引导的，而不能靠强迫的方法来获得。

孙欣沉溺在电脑游戏中不能自拔，虽然三番五次地向妈妈写保证书，但一点也不起作用。为了帮助孩子改掉坏习惯，妈妈采取了这样的措施：限制每天上网的时间和内容，并引导孙欣将上网与学习联系起来。结果孙欣通过上网来辅助学习，出现了一学就是半天，甚至忘记吃饭的现象，并由此对学习产生了兴趣。为达到一定的学习目标，孙欣还为自己制定了一个苛刻的学习计划表，并持之以恒，最终实现了这个目标。

2. 让强烈的欲望与责任感激发孩子的行动

无论做什么事，仅有明确的目标是不够的，还必须有实现目标的强烈欲望与社会责任感。例如登泰山是很多人的强烈欲望，从山麓的红门到山巅的玉皇顶有七千多级台阶，而且越上越陡，到十八盘，每盘两百级，几乎是直上直下，每登一级都要付出极大的努力。对于一般的游客来说，如果体力不支，中途而返也无可非议，因为没有社会责任和义务。

但对于挑夫来说就不一样了，从中天门出发肩挑 120 斤砂石、水泥等重物，一天上下两个来回，支撑他们从事这种艰苦工作的力量是恒心，是所承担的社会和家庭责任。

许多孩子不能攀登成功的顶峰，并非没有目标，而是缺乏由强烈欲望和责任感所激发的意志行动。

3. 适度创设困难磨炼孩子的意志

逆境、困境能铸造一个人顽强不息的意志品质，中外历史上不乏这样的事例。现在大多数孩子养尊处优，稍遇逆境决心就动摇。在他们小时候，如果父母能人为地给他们适度创设困难，让他们接受强大心理承受能力的锻炼，那么有朝一日他们面对逆境和困难的考验时，就能经受住锤打。

1999 年，18 岁的成都女孩刘亦婷被美国哈佛大学、哥伦比亚大学等四所世界一流高等学府录取，还获得全额奖学金，成功的背后总蕴藏着艰辛。刘亦婷 10 岁上四年级时，父亲给她设计了一个奇特的"忍耐力训练"：捏冰一刻钟。刘亦婷捏的是冰箱里特意冻得结结实实的一大块冰，父亲手拿秒表，一声"开始！"刘亦婷就把冰放到手里。

第一分钟感觉还可以；第二分钟，就觉得刺骨的疼痛，她急忙拿起一个药瓶看上面的说明，转移注意力；到第三分钟，骨头疼得钻心，她就用大声读书的方法来克服；到了第四分钟，让她感到骨头都要被冰冻僵了，这时她使劲咬住嘴唇，让疼痛转移到嘴上，心里想着：忍住、忍住；第五分钟，她的手变青了，也不那么疼了；第六分钟，手只有一点痛了；第七分钟，手不痛了，只觉得冰冰的，有些麻木；第八分钟，她的手完全麻木了……当爸爸说："15 分钟到了！"她高兴得欢呼起来。而她的手却变成了紫红色，摸什么都觉得很烫。爸爸急忙拧开自来水龙头给她冲手。此时此刻，作为父亲，为女儿有这么顽强的意志力而由衷高兴。

手捏冰块自我折磨，这是对感受极限的挑战，是对毅力的考验。一些好奇的大学生都试过，可没有一个人能坚持一刻钟。由此可见，刘亦婷的成功绝非偶然。

艰苦的环境，特别是艰苦的生活环境和劳动，往往是对一个人意志最好的考验和锻炼，也最能培养人。

孟子说："天将降大任于斯人也，必先苦其心志，劳其筋骨，饿其体肤，空乏其身……"说的就是，恒心是在艰苦环境中自我锻炼出来的。所以父母给孩子创设一些困境，让孩子的心理得到锻炼，这对于培养孩子的恒心和毅力都是很有必要。

4. 鼓励孩子挑战自己的弱点

急躁、懒惰、缺乏毅力、什么事都干却都难干到底……这些都是人性的弱点，也是实现人生目标、理想的巨大障碍。一个人若能有勇气挑战自己的弱点，便能逾越障碍，获得成功。

春秋时期，吴王夫差打败了越王勾践，并霸占了勾践的妻妾。越王勾践忍辱负重，十年不食珍馐，不着锦缎，每天睡石床、舔尝苦胆，在艰苦的环境里挑战自己的弱点，以图他日能复国雪耻。后来，在勾践的不懈坚持下，吴王夫差终于被打败。

诸如此类的例子很多。家长可针对孩子意志的薄弱点，选取一两个突破口，鼓励孩子挑战自我。可以说，这是为孩子铸造恒心的良方。

培养孩子的恒心的方法还有很多，如：参加体育锻炼、读书自律、在集体中接受监督、严守诺言，等等。父母要根据自己孩子的意志特点，有针对性地培养训练，刚柔相济。但根本之点在于启发孩子的自我需求，让其主动养成持之以恒的好习惯。

不断强化孩子积极参与的意识

父母箴言

很多孩子常常看见大人们做什么，就吵着也要做什么。这既是孩子有参与意识的表现，也是孩子开始出现独立意识的表现。这时，父母应尽力协助，给予孩子自由发挥的机会。虽然孩子很可能还做不好这样的事情，但能不能做好与孩子的参与意识相比，就显得微不足道了。

孩子在两三岁的时候存在着"我自己来"的心理要求，但这时他们往往什么也干不好。有的父母图简单省事，对孩子的这种主动性和表现欲采取不理睬的态度，仍像原先那样包办一切，结果阻碍了孩子心理的健康发展。

孩子要求"自己来"的时候，父母应因势利导，教他们一些自我服务的技能。其实，这种教育是很简单的，只要父母端正态度就可以了。

一般来说，从身边的事情教起：比如穿衣服、脱衣服、吃饭、洗手、收拾玩具等。教这样的孩子不要急于求成，每件事都可以分解成若干小步，每次做到一两个小步，逐渐达到熟练的程度就可以了。

可以专门为孩子准备一些小工具，如小喷壶、小围裙、小拖把等。这样既能教会孩子技能，还可以给自己添个小帮手。

孩子有参与意识是好事。很多孩子，特别是小孩子，常常看见大人们做什么，就吵着也要做什么。

男孩子看见哥哥或父亲骑自行车，就会哭着要骑自行车。虽然他的脚还踢不着踏板，却总是跃跃欲试。女孩子看见母亲洗衣，有时也哭着要洗衣。这既是孩子有参与意识的表现，也是孩子开始出现独立意识的表现，他们希望像大人一样有事可做。

因此，如果孩子出现这样的要求，父母不要随便给他们泼冷水，"你人才比车子高一点，就想骑车子，别把车子摔坏了"，"人小小的，就想洗衣，不要把衣服洗脏了"等。

泼这样的冷水是很容易伤害孩子自尊心的，对他们的健康成长十分不利。孩子可能确实是太小了，还不能做这样的事情，可是能不能做这样的事情与孩子的参与意识相比，前者就显得微不足道了。

孩子有了参与意识，有自己尝试的意愿，父母就应该尽力协助，给予孩子自由发挥的机会。这对孩子的成长很重要。孩子如果成功了，父母要加以鼓励。如果没有做好，不应责备，更不应该从此以后不让孩子做这样的事情，因为任何事情都有一个学习和熟悉的过程。

当孩子们要求做某种尝试时，即使我们知道会有许多困难，或者不会成功，也还是应该给孩子一个尝试的机会，让他们去考验自己的才能。有时孩子可能会想出父母想不到的办法，产生超乎寻常的构思。如果事先就以肯定会失败为由而不许孩子尝试，那么孩子内心潜伏的无限可能性就无法得到发挥。这种害怕失败的心理状态，会使孩子不敢轻易尝试新的事物，养成孩子保持缄默、消极和被动的不良习惯。

事实上，任何人走向成功通常都要经历无数次的探索与失败。任何人在做一件事情的时候，都有一个学习与实践的过程，而且开始通常也都是做不好的。通过不断的实践，才由做不好达到做得好。

就以洗衣服这样一件简单的事而论，一个人初次洗衣服时肯定洗得不干净。因为他没有洗过，没有经验，不知道怎样才能洗得干净。做饭也是一样的，很多人第一次做饭，不是少放了水，把饭煮得过硬，就是多放了水，把饭煮得过稀。这是不足为怪的。因而，如果孩子第一次做什么事，做坏了，父母不要过于责备，而应帮助他总结经验，找出没有做好的原因，下次加以改进，可能就会做好了。

"失败是成功之母"，说的就是这个意思。没有失败，哪里会有成功？不过这个道理说起来简单，做起来却并不容易。有些父母看见孩子没有把事情做好，就干脆自己过来代劳。他们的说法是："我自己动手省事得多。"这种越俎代庖的做法，对教育孩子是极为不利的。

对孩子的选择和决定，父母既应监督，也应检查。必要时，还应给予帮助，帮助和启发孩子做出正确的选择。这是因为孩子的选择有时不一定完善，可能会有不够妥当和欠缺的地方。只要没有什么不良的后果，父母就应尽量不插嘴，让他们自己去总结，并从中吸取教训。这样，孩子可能会取得更大的进步。

儿童心理学专家做过一项测试：父母在超市购物的时候，让孩子与父母选购物品，一般来说，孩子都会与父母合作，很少出现不听话或使性子的举动。购物的时候，父母可以诱导孩子，让他做一些小小的选择，比如问孩子："我们今天是买梨呢还是橘子？"并且要经常鼓励孩子，比如说："宝宝帮妈妈找到麦片了，真乖。"父母只要这样自始至终地鼓励孩子参与，自然比等孩子捣乱的时候再想法制服他更有效。

当然，在此过程中，父母的态度一定要平和，目的要明确。父母要求孩子参与的时候，态度要很温和，不要使用犹豫、不耐烦及粗暴的口吻。一句话，就是要让孩子明白父母到底要他做什么。比如父母要带孩子出门，不能说"快，走了"这样很笼统的话。而应该蹲下去，正眼看着孩子，很和气地说："把外衣穿好，帽子戴好，我们要出去了。"孩子如果按照要求做了，父母就应该抓住这机会进行表扬，强化孩子的这种行为。

具体地说，父母可以采用以下几种方法强化孩子的参与意识。

1. 父母给孩子选择的权利

要让孩子参与，就要给孩子相应的权利。有的父母错误地认为，孩子如果有了适当选择的权利，就会产生占了上风的感觉。因此，常常只让孩子在"是"或"不"之间进行选择。其实这样会限制孩子的思考范围。但话又说回来了，刚开始的时候，也应提倡孩子在两样东西之间进行选择，以免把选择范围弄得太大，孩子无法进行有效的选择。

如果孩子选择了父母所提供的范围以外的东西，父母可以这样教导孩子："这个选择不错，但它不在我们选择的范围之内。"让孩子有不符合游戏规则的感觉。

2. 让孩子感到同父母一起做事有意思

孩子之所以愿意与父母一起做事，很大程度取决于有没有意思。比如，孩子刷牙的时候，父母给他念一首刷牙的儿歌，让他跟着歌中的步骤刷牙，孩子就会感到很有意思。如果孩子拒绝穿衣服，父母可以对他说："听，小裙子说话了：我是你的小裙子，快点快点把你的头伸进来。"父母大概会觉得这样做有点可笑，但孩子却是很喜欢的。

3. 父母要强调合作的益处

父母要让孩子知道，跟大人合作也是为了他自己好。如果孩子明白了这一点，就会产生很高的积极性。一般的情况是，两三岁的孩子已经懂得好多道理了，父母用孩子能够接受的语言跟他解释做这件事对他的益处，孩子是可以接受的。比如说，"你和我一起把桌子收拾干净就可以画画了"，"你换好睡衣就可以听妈妈讲故事了"。

只有希望参与，才可能取得最后的胜利。即使孩子失败了，也不要灰心，要敢于让他接受再一次的失败，再进行下一次的参与。有这样的决心，你还怕孩子不积极参与吗？

第三章
让好习惯陪伴孩子健康成长

教孩子从倾听中获取财富

父母箴言

孩子的特点是好动、表现欲强，绝大部分孩子都喜欢别人听自己说，而没有耐心去听别人说。他们往往会趁别人说话的时候去干别的事情，因为他们认为别人说话不关他的事。但父母一定要明白，倾听其实是孩子感知和理解语言的行为表现。

善于倾听别人谈话的人，能从别人的谈话中发掘出对自己有利的信息，并能为己所用。他们靠倾听别人的谈话，学习为人处事的技巧，学习生活方面的某些细节……从而使自己在倾听中学习，在学习中不断地成长。

别说是孩子，就连父母可能都很难相信，用心倾听、善于倾听别人的谈话对自己能有这么大的好处。不信的话，我们就一起来看看这个故事吧。

小猫长大了。

有一天，猫妈妈把小猫叫来，说："你已经长大了，三天之后就不能再喝妈妈的奶了，要自己去找东西吃。"

小猫惶惑地问妈妈："妈妈，那我该吃什么东西呢？"

猫妈妈说："你要吃什么食物，妈妈一时也说不清楚，就用我们祖先留下的方法吧！这几天夜里，你躲在人们的屋顶上、梁柱间、陶罐边，仔细地倾听人们的谈话，他们自然会教你的。"

第一天晚上，小猫躲在梁柱间，听到一个大人对孩子说："小宝，把鱼和牛奶放在冰箱里，小猫最爱吃鱼和牛奶了。"

第二天晚上，小猫躲在陶罐边，听见一个女人对男人说："老公，帮我一下忙，把香肠和腊肉挂在梁上，别让小猫偷吃了。"

第三天晚上，小猫躲在屋顶上，从窗户看到一个妇人对自己的孩子叮念："奶酪、肉松、鱼干吃剩了，也不会收好，小猫的鼻子很灵，明天你就没得吃了。"

就这样，小猫每天都很开心，它回家告诉猫妈妈："妈妈，果然像您说的那样，只要我仔细倾听，人们每天都会教我该吃些什么。"

靠着倾听别人的谈话，学习生活的技能，小猫终于成为一只身手敏捷、肌肉强健的大猫。它后来有了孩子，也是这样教导孩子："仔细地倾听人们的谈话，他们自然会教你的。"

用心倾听别人谈话，不仅能使孩子学会很多东西，而且，在人际交往中，倾听还是关心他人的一种表现。它对于家庭、事业乃至整个社会，都是不可缺少的。一个人只要注意倾听，就能够摆脱孤立片面的境地，进入友爱的人际圈。

倾听能力在现实生活中运用得非常广泛，大到听报告、欣赏音乐，小到一句话及每个字的听和用等，日常生活中时时处处需要倾听。倾听能力的强弱直接影响孩子知识技能的接受和掌握。

那么，怎样培养孩子善于倾听的习惯呢？下面介绍几种方法供大家参考：

1. 培养孩子良好的倾听习惯

良好的倾听习惯是发展孩子倾听能力的前提和基本条件。由于独生子女在家庭中的特殊地位，孩子的表达能力增强了许多，可是有些习惯却不好，如大人说话时常插嘴，不能认真仔细地听等等。

要发展孩子的倾听能力，必须培养孩子良好的倾听礼貌和习惯，这是提高孩子听懂语言的重要保证。应让孩子懂得在听故事、听别人讲话时，要尊重他人，可以自然地坐着或站着，眼睛看着说话的人，并且不随便插嘴，安静地听他人把话说完。这是一种倾听礼貌。

2. 让孩子按指令行事

好动是孩子的天性之一，也是身心发展的一个阶段，为此，可以用按指令行事的方法来发展孩子的倾听能力。

如，要求孩子听指令做相应动作；在日常生活中交代一些任务，让孩子完成，以锻炼孩子对语言的理解能力；让孩子根据某种音乐或节奏等，一边看着大人的手势，一边完成某些动作或相应的行为等。

3. 对孩子进行听辨练习

要提高孩子倾听的水平，从根本上说，就必须提高孩子的听辨理解力。也许有些父母认为：只要耳朵不聋，哪个孩子不会听？这其实是一种肤浅的认识。

要知道，"能听"绝不等于"善听"，这就好比一个人可以从地面上双脚起跳，并不等于他就是跳高、跳远的能手。同样是"能听"的人，由于倾听的水平不一样，倾听的效果、交际的效果必然大相径庭。

听辨理解力强的孩子不仅能在倾听中及时跟上大人的语速，迅速听出大人话语的思路要点，辨出真假，理解语意，而且能听辨出对方话语中的"弦外之音"，从而挖掘出对自己有利的信息，并加以利用。对于听辨理解力强的孩子来说，倾听别人说话的过程就是学习的过程，就是不断丰富自身知识的过程。

现实中，我们经常发现，有的孩子听一件事时，只听到其中的一点儿就听不下去了，这就是倾听质量不高，听得不仔细、不专心、不认真的表现。

对于这种情况，父母可以在日常生活中对孩子进行有目的的听辨练习，让孩子去判断语言的对错，并加以改正。

如，你说"玉米棒结在地下，葡萄结在树上"，让孩子听到后，挑出毛病并纠正。为了吸引孩子注意倾听，你的语速可以稍快一点，让孩子觉得你是在跟他做游戏。

4. 让孩子去传话

只有让孩子把听到的内容说出来，我们才知道孩子是否仔细倾听了。你可以让孩子重复一遍你说过的话。这样，你马上就能弄清楚孩子到底是没有听见你所说的话，还是孩子确实不知道该如何去做。

你可以让孩子听一段话或一个故事，要求孩子认真、仔细听完后回答问题。如：小蚂蚁想去哪里？汽车上坐着谁，等等。

传话法可训练孩子记忆力和倾听力，如让爸爸每天告诉孩子一句话，再请孩子告诉妈妈，这样就逐渐培养了孩子仔细倾听的能力。

5. 唤起孩子倾听的欲望

父母要让孩子知道，声音真是一种非常奇妙的东西。风声、雨声、流水声，笛声、歌声、人语声……是丰富多彩的声音，它能使大自然充满奇趣，使人与人得以沟通交往……如果没有声音，世界将会怎样？枯燥、死寂、可怕……难以想象。

西方有句名言：上帝给我们两只耳朵，一张嘴，就是要我们少讲多听。父母要让孩子知道，在人与人的交往中，学会倾听，不但能给予他人自信，使自己被信赖，赢得友谊，也是了解别人的最好的方式。在别人的话语里，有鲜花、有荆棘、有废渣、有珍珠……细心的倾听者，能从中听到财富。

6. 让倾听提升孩子的审美情趣

自然界中充满了语言，花有花言，鸟有鸟语，就连风，吹过时也有"沙沙""呼呼"之别。大自然有生动、丰富而又无穷的听的资源，我们为什么不让孩子去利用呢？

父母应经常带孩子走进大自然，并引导他们听听四季之声，潮汐之声，乃至万物之声，让孩子们在色彩纷呈的自然之声中感悟、辨析、理解、记忆、想象……从而陶冶孩子的性情，提升孩子的审美情趣。

总之，培养孩子善于倾听的能力，使孩子养成善于倾听的习惯会对孩子的人生产生不可估量的作用，会对孩子全面素养的提高起到巨大的推动作用。

因为，学会了倾听，也就学会了尊重别人，学会了真诚处事，学会了关心，也学会了与他人合作。

别怕劳动会累着孩子

🚢**父母箴言**

缺乏劳动意识的孩子会养成依赖成人的习惯，而且，由于孩子没有经过劳动的磨炼，以后走上社会也很难胜任工作。劳动不仅能够造就孩子，而且能够给孩子以快乐和幸福。之所以这么说，是因为劳动能使孩子获得能力，从而可以走向生活上的独立。

常言道："樱桃好吃树难栽，不下苦功花不开。"只有付出相应的劳动和汗水才能获得美好的东西。当一个人明白这些东西来之不易的时候，他才会更加珍惜，才能体验到快乐和幸福。

劳动不仅能够造就一个人，而且能够给人以快乐和幸福。从 20 世纪 40 年代开始，哈佛大学对波士顿的 456 名男孩子进行了跟踪调查，了解他们的生活经历和成长过程。在这些孩子进入中年的时候，研究人员对他们的生活进行了分析，结果发现，不管这些人的智力、家境、种族或受教育的程度如何，也不管他们遇到多少困难和挫折，从小参加劳动和工作的人，即使只在家里做一些简单的家务，也会生活得比没有劳动经验的人更充实更美满。

这表明，劳动能使孩子获得能力，从而走向生活上的独立。因此，父母要重视培养孩子劳动的习惯。

那么，父母应该怎样培养孩子劳动的习惯呢？

1. 父母要重视劳动教育

孩子不爱劳动与家庭教育有着极大的关系，许多父母心疼孩子，怕孩子吃苦受累，因此往往不让孩子劳动；有些父母则怕孩子干不好，不如自己干来得省时省事；有些父母认为孩子学业重，功课多，不想占用孩子的宝贵时间；有些父母则认为孩子的首要任务是学习，劳动作为一种技能以后自然会做的，用不着父母教育。这些都会导致孩子逐渐失去劳动意识，养成不爱劳动的坏习惯。

教育家苏霍姆林斯基说过："一个大约五岁的孩子栽的玫瑰开出了美丽的花，他会十分惊讶地观看花儿，而且还会观察自己本身：'难道这是我靠劳动创造的吗？'像这样，孩子在慢慢地体验无与伦比的劳动乐趣的同时，还可以增进对自己的认识。"

要培养孩子热爱劳动的习惯，父母首先要重视对孩子进行劳动教育，平时不要溺爱孩子，应该让孩子做一些力所能及的事情。同时以社会生活实际、社会发展历史和家庭生活实例等告诉孩子劳动的重要性，让孩子从思想上认识到劳动的光荣，劳动的伟大，不爱劳动的人是没有出息的。

2. 教给孩子一些劳动技能

劳动也需要一定的技能，干什么活都有一定的方法，这就要求父母教给孩子一些劳动的程序，劳动的操作要领及技巧。

例如，父母要求孩子做饭，就应该告诉孩子做饭的程序，放多少水，煮多长时间等。父母要注意示范，教会孩子劳动程序。孩子只有掌握了劳动的技能，才会愿意去做。

做任何事情都需要一个学习的过程，父母应该耐心地教孩子去做，在孩子遇到困难的时候，千万不要简单地对孩子说："你自己想办法吧！"或者把孩子搁一边不管他，或者严厉地责怪孩子无能，这样会让孩子感到自己没有本事，从而产生厌倦的情绪。

因此，在孩子的劳动过程中给予指导，给予鼓励，培养孩子的劳动技能是比较重要的。在孩子取得进步的时候，哪怕这个进步是非常微小的，父母也要鼓励孩子，让孩子从劳动中体验到快乐和幸福。

3. 注重实践锻炼

对孩子进行劳动教育，不能只限于口头，而应该通过劳动实践来进行。如果父母在平常没有让孩子参加具体的劳动，那么，孩子是不太可能爱好劳动的。

冬冬在家里从来不做家务，在学校里也总是躲避大扫除等集体劳动。老师把这个问题反映给了父母，父母意识到自己平常忽视了孩子的劳动实践，于是，想方设法要让孩子改变这种不爱劳动的习惯。

暑假的时候，父母带冬冬参加一个野外生存训练的夏令营活动。父亲发现冬冬非常喜欢这种活动。

第二次，父母又带他去野营。但是，父母在野营中却不再照顾他，什么事情都让他自己来。平日不爱劳动的冬冬，在这次野营活动中尝尽了苦头。这时候，他才意识到，自己的生活自理能力和劳动能力太弱了。

回家后，冬冬主动要求父母让他多做一些家务，这正中父母下怀。经过一段时间的劳动实践，冬冬对劳动已经不再厌恶，反而产生了热爱的倾向。

由此可见，父母一定要注重让孩子参加劳动实践，不要过于心疼孩子。可以让孩子学着收拾饭桌、洗碗，而不要担心孩子可能会把碗打碎。与孩子的劳动精神相比，打碎一只碗又算得了什么呢？诸如洗衣服、拖地、倒垃圾、购买日常生活用品、修理一些旧东西、整理房间等家务劳动都可以要求孩子去做。

在安排孩子劳动实践时，父母应注意搭配孩子的自我服务劳动和家务劳动，让孩子所做的家务按星期轮流替换。让孩子懂得，作为家庭的一个成员，他不仅要做到自己的事情自己干，而且应该帮助父母做一些力所能及的事情。

父母可以这样对孩子说："把这个交给你，相信你一定会做得很好的。"父母还应该注意，当学校、社区安排公益劳动时，应带领孩子参加，让孩子体验集体劳动的乐趣。

当孩子已经掌握一定的家务技能时，可以试着让他做一周的主人，比如由他决定做什么饭菜、负责采购等，当然父母也应接受他的支配。这样孩子才能真正体会父母平日的辛苦，才能对家庭生活有更深刻的体会，从而更加热爱劳动。

4. 尊重孩子的劳动

培养孩子爱劳动的习惯，需要父母进行一定的强化，但是，父母必须注意不要单纯地把孩子当作劳动力来使唤，不要把劳动当作惩罚孩子的手段，也不要过分用物质或金钱来强化孩子的劳动，而是应该通过表扬、鼓励等方法来强化，让孩子觉得自己有责任有义务做家务。

父母在孩子劳动的过程中应多做具体的指导，多鼓励、尊重孩子的劳动果实，这样会让孩子从劳动中获得快乐，从而有效强化孩子爱劳动的习惯。

让孩子做家务，毕竟会占用他玩的时间，孩子往往会不太情愿。为了让孩子更加乐于做家务劳动，父母千万不要在孩子正兴高采烈或聚精会神地做某件事时让孩子做家务，以免孩子对劳动产生抵抗情绪。

5. 运用方法"强迫"孩子劳动

当孩子不愿意劳动时，父母绝不能姑息迁就，一定要想办法让孩子参加劳动。

美国有一位妈妈，她的孩子们终日只知道看电视、玩游戏，就是不肯干家务，甚至连做功课也提不起劲，每天需要爸爸妈妈不断地呵斥才会勉强去做。终于有一天，这位妈妈决定治治这些孩子。

那天，孩子们发现，妈妈在门前竖了一个牌子，上面写着"妈妈罢工"字样，孩子们觉得很奇怪，于是去问妈妈怎么回事。妈妈说："我每天要工作，还要给你们做饭、洗衣服，但是，你们并不觉得妈妈做的这些事很重要，从不肯帮助妈妈来做，甚至自己的功课都要妈妈来催，妈妈觉得很累。从今天开始，妈妈要罢工了，我不再为你们做家务活了，你们自己的衣服自己洗，自己要吃什么都自己去做吧！"

妈妈说到做到，真的不再为孩子们做家务。这时，孩子们才发现，劳动是多么的重要。妈妈终于让孩子们明白，他们除了看电视外，还有很多事情要做。从此，孩子们逐渐懂得用脑子想事情，并且开始看书、做作业和做家务活。

父母应该明白，孩子们必须劳动，不管他愿不愿意，一个不会劳动的人，会不断自我萎缩直到失去自我，这样的孩子将来是不会幸福的。

正确的表扬能使孩子信心百倍

🚢**父母箴言**

对孩子来说，能得到父母的表扬是一件很了不起的事情，因此，父母不应吝惜对孩子的表扬。但表扬也不是越多越好，父母应避免因表扬过多而影响孩子的行为动机，使他专门为了得到表扬而采取行动。

父母什么时候都不应吝惜对孩子的表扬，尤其是对年龄小的孩子。父母常用成人的眼光去看待孩子的行为，认为孩子没有值得表扬的地方。

其实，年龄小的孩子能做好一些"简单"的事已经很不容易了。要知道，良好的习惯和惊天动地的成绩就是由这些"简单"的行为累积起来的。因此只要有助于培养孩子良好的习惯，能增强孩子的自信心，父母就要慷慨地给予表扬。

父母的表扬能使孩子感觉自己就是天才。当然，如果孩子认为自己是一个天才，那他最终就会成为一个天才。相反，如果孩子觉得自己很笨，他也就会真的越来越笨。究其原因，是心理暗示在起作用，遇到难题就害怕，越怕越容易错，错了就觉得自己更笨，进而形成恶性循环。

在现实中，有很多孩子不能正确评价自己，不能正常发挥自己的天赋，反而整天在缺乏自信的状态下死读书，浪费自己的天赋。他们本来用一半的时间就可以取得双倍的学习效果，却从小被挫折感折断了飞翔的翅膀，这实在是非常可惜的。

孩子的天赋就像一棵刚刚萌芽的幼苗，非常需要父母的赏识。

周弘的女儿婷婷双耳全聋，父亲却全力要她相信自己就是天才。她看书忘了吃饭睡觉，周弘马上就对她说，你看，书上写着，看起书来废寝忘食，你不就是这样的吗？你不是天才，谁是天才？这给了她积极的暗示。

他专找孩子的优点，然后让这些星星之火通过家长的"小题大做"无限夸张，使其成为燎原之势。

婷婷第一次做应用题，十道只做对了一道。也许这时候有的家长巴掌就过去了，他却没有。错的地方不打叉，对的地方打了一个大大的钩。然后发自肺腑地在纸上对她说："婷婷，你太了不起了！第一次做应用题 10 道就对了一道，爸爸像你这么大的时候，碰都不敢碰哎。"小婷婷自豪极了，越来越爱做，一次比一次对的多，升初中考试，数学考了 99 分。

婷婷学写作文的时候，他认为，一篇作文再差，总会有一两个句子写得好吧。他用红笔把好的句子画出来，吃饭的时候，让婷婷当着全家人的面朗读，家人一起为她欢呼。慢慢地，一句变成两句，两句变成三句，她越来越爱写了。

婷婷 10 岁那年，她写的六万字的科幻童话出版了。

1996 年，周婷婷进入辽宁师范大学，成为我国第一个聋人少年大学生。这一年，她 16 岁。

看了周弘积极表扬孩子的事例，为人父母的你有什么感受？有没有感觉到自己很有必要学习一些表扬孩子的技巧，尽快培养孩子正确对待表扬的习惯呢？我们给你提供以下几点建议：

1. 表扬要及时

对于孩子的良好行为，父母要及时表扬。否则，过后再表扬孩子会弄不清楚为什么受到了表扬，因而对表扬不会有什么印象，当然也起不到强化好的行为的作用。因为在孩子的心目中，事情的因果关系是紧密联系在一起的，年龄越小，越是如此。

2. 表扬要具体

表扬得越具体，孩子越容易明白哪些是好的行为，越容易找准努力的方向。

比如，孩子看完书后，自己把书放回原处，摆放整齐。如果这时父母只是说："你今天表现得不错。"表扬的效果就会大打折扣，因为孩子不明白"不错"是指什么。你不妨说："你自己把书收拾得这么整齐，我真高兴！"一些泛泛的表扬，如"你真聪明"、"你真棒"，虽然暂时能提高孩子的自信心，但孩子不明白自己好在哪里，为什么受表扬，就很容易养成骄傲、听不得半点批评的坏习惯。

3. 表扬要有针对性

有些父母常对孩子承诺"你做了这件事我就表扬你"，"你考试达到 90 分我就奖励你"。这容易使孩子为得到表扬奖励才做某件事，哪怕这件事是他应该做的，没有表扬奖励他就不做，这将有悖于培养孩子良好的道德行为。

4. 表扬要针对孩子的个性

对性格内向、个性懦弱、能力较差的孩子要多肯定他们的成绩，以增强他们的自信心。对虚荣心强、态度傲慢的孩子则要有节制地运用表扬，否则将会助长他们的不良性格，影响他们的进步。

5. 表扬要适度

过分的表扬易使孩子骄傲自满，过少的表扬也不利于孩子身心的健康发展。孩子的成长需要父母的鼓励和爱抚。

有一个小男孩不管有没有病都向妈妈要药吃，原来这位妈妈平时不常表扬孩子，只有当孩子有病吃药时才说上一句"能干"，致使孩子认为自己什么都做不好，只有吃了药才算能干。因此他经常以吃药来换取表扬，求得心理上的满足。这不能不说是这个父母在教育孩子中的一个失误。

6. 表扬不仅要看结果，还要看过程

孩子常常"好心"办"坏事"。比如，孩子想"自己的事自己干"，吃完饭后，自己去刷碗，不小心把碗打破了。这时父母不分青红皂白一顿批评，孩子也许就不敢尝试自己做事了。

如果父母冷静下来说："你想自己做事很好，但厨房路滑，要小心！"孩子的心情就放松了，不仅喜欢自己的事自己做，还会十分乐意帮父母去干其他家务。

因此只要孩子是"好心"就要表扬，再帮他分析造成"坏事"的原因，告诉他如何改进，这样才会收到较好的效果。表扬最好在孩子的良好行为之后进行，而不是事先许诺，只有这样才能增强孩子良好行为发生的自觉性。

7. 采用适合孩子的表扬方式

只有采用适合孩子的表扬方式才能收到最好的效果。表扬、鼓励的方式有很多，如：购买图书、玩具、衣服、糖果、饮料等物质奖励；点头、微笑、搂抱、竖大拇指等动作、表情奖励；恰如其分的语言表扬；做游戏、逛公园、讲故事等活动性奖励。所有这些父母们都可以有选择地加以运用。

首先不同年龄的孩子对表扬反应不同，年龄小的孩子，父母的搂抱、亲吻、抚慰等动作，讲故事、做游戏等简单的活动，漂亮玩具、好吃东西等物质奖励就会收到好的效果。

对年龄大的孩子这一套很可能行不通，而这时父母若采用竖大拇指、拍拍孩子的肩膀、微笑等动作，再辅以恰当的语言、孩子喜爱的图书等，却往往会收到意想不到的效果。

每个孩子都有自己的特点，哪种方式最适合你的孩子，就靠你去用心选择了。希望所有的孩子都能在父母适当的表扬声中学会自信、进取、探索和自我激励。

8. 精神激励与物质奖励相结合

精神激励与物质奖励相结合的表扬方式经常被父母们采用，但应该明确，任何时候都应以精神奖励为主。物质奖励一定要伴随言语的指导。不要过分强调物质这一外在的动力，应注意孩子内在动机的培养。在进行物质奖励前后要具体说明为什么，让孩子明白奖励的原因。有些孩子本来可以干好，也应该干好的事情，父母就不应用奖励来刺激，否则会适得其反。

当孩子表现得非常好，或长时间坚持好习惯时，可送给他一个喜欢的小礼物，让他惊喜一番。但这种物质奖励不能滥用，年龄越大的孩子越应采用以精神奖励为主的方法。

批评孩子要让他清楚自己错在哪里

父母箴言

在批评孩子的时候，要让他清楚自己错在哪里，为什么不应该这样做，以后应该怎样做；要让孩子知道，自己年龄小，遇到不懂的事应向别人请教，应请求别人帮忙，而绝不能背着大人去做一些力不能及的事。

批评和表扬一样，也是教育孩子的一种手段，但批评更需要艺术。

孩子有孩子的逻辑，当他意识到自己犯错误的时候，他并不惧怕批评。相反，他倒觉得不批评、不严厉才是不对的。这时，他们往往习惯于等待大人们的批评。当然，他也会耐心地接受批评。

不可否认，也有畏惧批评而掩饰错误并逃避责任的孩子。这很可能是由于以前父母们批评不当引起的。遇到这种情况，父母们就更应该注意批评孩子的方式和手段，是发火、是揭穿、是暴跳如雷，还是涓涓细流，都是父母值得思考的问题。

孩子也是人，他也有自尊。在批评孩子的时候，要让他清楚自己错在哪里，为什么不应该这样做，以后应该怎样做；要让孩子知道，自己年龄小，遇到不懂的事应向别人请教，应请求别人帮忙，而绝不能背着大人去做一些力不能及的事。

博博是个好奇心很强的孩子，遇到问题，他总喜欢搞个明白。有一次他拆开了家里的小闹钟。但他毕竟还小，弄得零件到处都是，小闹钟再也装不上了。

妈妈下班一进家门，就看到他在桌子前手忙脚乱的样子。看到妈妈进来，他还想把面前的东西都藏起来不让妈妈看见。

又好气又好笑的妈妈把博博拉到身边，摸着他的头，说："博博，你在做什么啊？"

博博抬头看了妈妈一眼，马上低下头小声说："妈妈，我把小闹钟拆了，可怎么也装不上了。"

通过博博的话和他的表情，妈妈知道孩子已经知道自己错了，也就没有必要再说他做错事了之类的话了。为了让博博明白自己为什么错了，错在哪里，应该怎么做，妈妈这样告诉他："你不应该在大人不在的时候拿工具去拆东西，不管是小闹钟还是别的什么东西，因为你还小，还没有力气像大人一样使用那些工具。即使是一把螺丝刀，拿不稳，也很容易把手划破，那妈妈该有多担心，多心疼啊。好孩子不应该让爸爸妈妈为他担心，因为博博已经长大了，应该学会自己照顾自己了。"

"还有，你年纪还小，做事也不能像大人一样周全细致。你看现在，零件撒了一桌子，有的找不到了，小闹钟还能正常工作吗？不能正常工作就不能准确告诉我们时间，这样会给爸爸妈妈上班带来很大的不便，每天不都是小闹钟叫我们起床的吗？"

说完了这些，博博抬起头，对妈妈说："妈妈，我知道错了，你罚我吧。""知道错了就是好孩子，妈妈不会罚你的。"

妈妈接着问他，"为什么要拆小闹钟呢？"

"因为想看看小闹钟里面是什么，为什么到时间就会响，而且平时总是滴滴答答地响，那个小针还会不停地绕圈。"博博这么说的时候，一脸的兴奋，让人更不忍心去责罚他了。

"博博想知道小闹钟为什么这样，想法是好的。因为妈妈教过你要细心地观察周围的事物，不懂就问，可见博博是个非常爱探索爱学习的孩子。"

博博听到这些果然十分高兴，妈妈知道，博博又对自己充满了信心，认为自己确实是个爱学习的好孩子。

最后，妈妈并没有忘了补充一点："但下次可不要这样了。你可以等爸爸妈妈回家后问嘛，而且你要求看看小闹钟里面的样子，爸爸妈妈一定会满足你的愿望的。爸爸妈妈在你身边，看着你拆，装不上的时候爸爸妈妈还可以帮你啊。"

为了加深对这件事情的认识，妈妈自己动手尝试着把闹钟重新装了起来。可里面的一些零件不见了，装好后，小闹钟也不能像以前一样继续工作了。在妈妈装的过程中，博博一直在一边看着，妈妈趁机告诉他这个零件是做什么用的，那个是做什么用的。还有小闹钟之所以不能像以前那样是缺了什么。尽管博博并不能完全听懂妈妈的话，但他还是学到了很多东西。

孩子们在一起玩儿，难免会出现吵闹、打架等情况。如果是自己的孩子不对，父母就要及时批评孩子，让他认识到这样做绝对不可以。如果确实是别人的不对，在批评完后，父母也应告诉孩子，当别人骂了你或者侮辱了你，你不愿意容忍并没有错，错的是你在处理这件事情上用错了方法。做人要有自尊，但不能用别人对待你的不好的方式去回敬别人。好的方法有很多，比如和他讲道理，或者告诉大人，让大人告诉他这样做不对。实在都行不通，可以不和他一起玩，直到他认识到自己的错误。

父母们都有这样的经验，体罚孩子的效果并不是很理想。孩子都很倔，打他时他忍着，受不了也会哭，但总是一副不服气的样子。遇到这种情况，父母可以和孩子共同探讨惩罚孩子犯错误的方法。使孩子意识到，这个规则并不是父母强加给他的，而是他自己也认可的。

当然，父母首先要让孩子明确，今后绝对不会再打他了，以前打他的方式是不对的，是爸爸妈妈的不好。孩子自己为自己制定的惩罚措施，自然会自觉去执行。这在一定程度上也可以培养孩子养成自觉的好习惯。

说了这么多，那么，到底如何批评孩子才能收到好的效果呢？父母们可以从以下几个方面多加注意：

1. 先表扬后批评

在批评孩子时，不要不分青红皂白地猛训一通，应采取先表扬后批评的方法，这样孩子容易接受，效果也会好一些。

2. 当场批评

对孩子如不当场批评，就不会有什么明显的效果。因为上午发生的事情，下午或晚上他很可能就已经忘掉，这个时候去批评，就不会起到教育作用。

3. 批评时全家人的意见、态度要一致

孩子做错事的时候，若家里人有的批评，有的庇护，这样是不可能教育好孩子的。另外，也不要全家一起批评孩子，这样会使孩子不知该听谁的好。最好由一人作代表，其他人采取赞同的态度。

4. 父母的批评不应重复

孩子做错了事，应当避免多次重复地教育。如父亲说过了，母亲又接着说；今天说过了，明天又接着说，这样容易伤害孩子的自尊心，尤其对比较敏感的孩子应当特别注意。

5. 情况危险时要严加批评

比如孩子在公路上和水沟边玩耍，或是玩火、耍弄利器时，都可能发生危险，要坚决地加以阻止。

6. 不要在饭前批评

在饭前批评孩子，既影响孩子的食欲，也影响孩子的情绪，有损孩子的身心健康。

7. 批评孩子时不要感情冲动

要记住，批评不是目的，而是为了使孩子改正恶习，斥责与发火应是两码事。更不要动手就打，张口就骂，否则容易使孩子形成抗拒心理。

8. 父母应注意家丑不外扬

孩子做错了事，能在家里进行教育的，就不要拿到外面去。有的父母常吓唬孩子说："明天我到学校去告诉你的老师。"这样会使孩子产生恐惧或不信任感，其结果并不理想。

9. 掌握批评孩子的分寸

孩子犯了错误，父母如果批评过于严厉，会挫伤其自尊心，甚至引起反抗；而如果批评不力，则不能震撼其心灵，他就会觉得无所谓。

因此，父母必须从爱护孩子的角度出发，严肃而又中肯地指出其错误所在、错误性质和危害，彻底揭穿其借口抵赖的心理，并帮助他找出今后改正的办法。这样做，一般都可以达到批评教育的目的。

让孩子养成良好的卫生习惯

父母箴言

在现实生活中，经常会有一些人由于不讲卫生而染上急性或慢性疾病。孩子的抵抗力比较差，容易感染疾病，更应注意讲究卫生。孩童期是习惯养成的重要时期，抓紧这个时期进行培养，使孩子养成良好的卫生习惯，将收到事半功倍的效果。

有人认为，"不干不净，吃了没病"，这是缺乏科学根据的。在现实生活中，确有那么一些人不怎么讲究卫生，而身体也还健康，但是他们的身体健康并不是由于卫生造成的，而是受其他因素的影响。例如，阳光充足，空气新鲜，活动充分，营养齐全等。如果他们再注意讲究卫生，身体会更加健壮。

孩子的抵抗力比较差，容易感染各种疾病，更应注意讲究卫生。孩童期是习惯养成的重要时期，抓紧这个时期进行培养，使孩子养成良好的卫生习惯，将收到事半功倍的效果。

那么，应该怎样培养孩子良好的卫生习惯呢？

1. 教孩子养成良好的饮食习惯

教育孩子不吃不洁净的食物。地上捡的东西绝对不能随便往嘴里放，生吃瓜果一定要洗干净，最好削皮。有的孩子生吃瓜果时只在自来水龙头下把瓜果一冲就算洗过了，其实这达不到消毒杀菌的目的。应该用刷子或丝瓜瓢擦上洗涤液把瓜果刷洗干净，再冲洗两遍，然后用干净的布擦干净才能吃。

2. 培养孩子养成保持身体和服装整洁的习惯

勤理发、洗头、洗澡、剪指甲。这不仅能清洁身体，保证卫生，而且能够促进血液循环，增进健康。

看书、绘画时保持正确的姿势，即眼距书本一尺，胸距桌沿一拳，握笔时手指与笔尖距离一寸，不在光线太强、太弱的地方看书和绘画，不用手或脏手帕擦眼睛。

保护鼻道，不抠鼻孔，养成用鼻子呼吸的习惯。这样可以使吸入的空气在经过鼻腔时变得洁净、温暖和湿润，保护呼吸道和肺，使它们免受伤害。

不挖耳朵，不将异物塞入耳内，洗脸洗澡时不把水弄进耳内，以免损伤鼓膜，引起中耳炎，影响孩子的听力。

教孩子经常注意自己的衣服是否干净整齐，所有的扣子是否扣上了，鞋带是否系好了。还要教孩子经常洗头发，注意自己的头发是否整齐。

3. 督促孩子养成良好的盥洗习惯

常言道：饭前便后要洗手，肠道疾病不会有。睡前洗干净，睡觉也轻松。其实好处何止这些，良好的盥洗习惯会使孩子收到更多的益处。

（1）教孩子饭前便后洗手

人的双手每天要接触很多东西，最易沾染上各种污物和细菌。据查，一只未洗净的手上有4万到40万个细菌，1克重的指甲垢里藏的细菌和虫卵就有38亿之多。所以父母一定要使孩子养成饭前、便后和手脏时及时洗手的习惯。

父母应耐心地告诉孩子为什么饭前便后要洗手："因为手上摸了许多脏东西，在吃饭前不洗干净，吃进肚子里就会生病，肚子就会长出虫子来。"孩子很容易明白这样的道理，会愉快地去洗手。但孩子往往几天新鲜，坚持不了多久，在这个时候父母一定要提醒孩子。父母的表率作用对孩子也有着很大影响，只要持之以恒，孩子就会养成良好的洗手习惯。

父母要为孩子准备好肥皂、擦手毛巾，放在孩子自己容易取拿的地方，要让孩子用流动水洗手，这样符合卫生要求。父母还要提醒孩子，掌心手背都要洗，并教给孩子正确的洗手方法。往往通过父母的一次示范动作，孩子就能心领神会，很快学会自己洗手了。

（2）早晚刷牙、洗脸，饭后漱口

父母要让孩子养成早晚刷牙、洗脸，饭后漱口的习惯。

刷牙的目的是把残留在牙缝和口腔里的食物刷干净，起到保护牙齿和口腔清洁的作用。如果不刷牙或不会正确地刷牙，口腔里残留的食物就要变质，细菌就会很快地繁殖，不断地侵蚀牙齿，还会引起口臭和牙痛。为了保护口腔清洁卫生，预防牙病，就要养成天天睡前刷牙的卫生习惯。

有些家长认为孩子的乳牙早晚要换，不必注意对它的保护，这是错误的。如果不注意保护乳牙，一旦它被龋坏，将影响对食物的消化与吸收，不利于孩子的生长发育。乳牙被龋蚀还会影响恒牙的生长发育。

要教孩子采用正确的刷牙方法，即竖刷法。刷上牙时要从上往下刷，刷下牙时要从下往上刷，里里外外都要刷，保证每个牙面都刷到。刷后用清水漱口，千万不要左右横刷牙齿，因为横刷不但刷不干净牙齿，还容易磨损牙齿和牙床，破坏牙齿表面的保护层——釉，容易使牙龈出血，患牙周炎等疾病。

孩子的自觉性、坚持性比较差，一两次的早晚刷牙并不能形成习惯，所以父母特别要注意督促提醒，才能使孩子刷牙的良好习惯不断强化，并逐渐变成自觉的行动。

（3）洗脚

睡前用温水洗脚能迅速消除疲劳，促进血液循环，使脚部肌肉松弛，感觉舒服，易于入睡。先卷好裤腿，把脚放到水里泡一会儿，用手擦肥皂搓洗脚面、脚跟和小腿，然后用清水冲洗，再用毛巾擦干。

只要父母有耐心，孩子会自然地养成良好盥洗的习惯。

4. 教育孩子养成保持周围环境整洁的好习惯

不乱扔果皮、纸屑，不随地吐痰和擤鼻涕，不随地大小便。这对保障人们身体健康有重要意义。据化验，马路上 20% 的痰都带病菌，结核病人的一口痰里就大约有四五千个结核菌，这些带病菌的痰干了以后，会随风到处飞扬，污染空气，危害人们的健康。因此，从孩子到大人都要养成不随地吐痰的良好习惯。另外人在患病时咽喉和鼻腔里往往有大量的病菌，打喷嚏时很容易将病菌喷出来，所以应该教孩子在咳嗽或打喷嚏时用手帕捂住口鼻。

不乱涂墙壁，不踩桌椅。不仅在家里要做到这点，而且在公园、电影院、公共汽车站等公共场所也要做到。

培养良好的生活卫生习惯是件平凡而细致的工作，要持之以恒地要求孩子。通常运用示范、讲解、提示、练习等方法，给孩子以具体的指导和帮助。当孩子还不会做某件事情时，我们就要向孩子示范并伴随着讲解，教给他们如何做。如果孩子已经会做这些事情，只是还没有完全形成习惯，那么大人就需提醒他们，从而帮助孩子完成这些他们应该做的事情，并逐渐养成习惯。

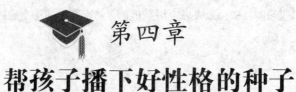

第四章
帮孩子播下好性格的种子

让孩子拥有健康的性格

父母箴言

如果孩子从一出生就能得到较好的看护和喂养，他就会觉得很有安全感，否则就会产生怀疑感；从孩子开始爬行到五岁这段时期，孩子会表现出主动探索周围世界和凡事都要自己去做的倾向，父母应对这种倾向加以保护，以便发展孩子主动和自主的性格。

有位哲人说过这样一句话，一个人的命运就在他的性格中。一个人一生是否有作为，是否成功，是否幸福，起决定作用的因素往往是性格，而不是智力。

美国某心理学家及其助手所做的一项长期追踪研究证明了这一点：他们从 25 万儿童中选出 1500 名智力较好的儿童，对他们进行跟踪调查，30 年后这些孩子有的成了社会名流、专家、学者，而有的则穷困潦倒、乞讨街头。

在"性格决定一生"、"性格造就成败"等观念盛行的今天，父母们都很关注这样的问题：孩子的性格是在哪个年龄阶段形成的？为什么有的孩子性格"很好"，而有的孩子性格却"很坏"？这些性格又是怎样形成的？这些关于人自身的问题也是心理学家们孜孜不倦研究的课题。

实际上，我们生活中一般意义上所讲的性格，就是心理学概念中的人格，指的是一个人对人、对事、对物所表现出的较稳定的态度。

美国心理学家埃里克森把人格的发展划分为八个阶段，前五个阶段是孩子逐步成长的阶段，对父母培养孩子健康的性格会有一定的帮助。

1. 第一阶段：婴儿期（0～1岁）

这个阶段的孩子最为柔弱，非常需要成人的照顾，对成人依赖最大。如果父母能够爱抚婴儿，并且有规律地照料婴儿，以满足他们的基本生理需要，婴儿就能对周围的人产生一种基本的信任感，并从生理需要的满足中得到安全感；相反，如果婴儿的基本需要没有得到满足，或者不能一贯、规律的满足，他们就会对周围的人产生一种不信任感，并从生理需要混乱的满足中产生最初的不安全感。

如果这一阶段的危机得到积极解决，孩子就会形成"希望"的品质，长大后性格多倾向于乐观、信任、活跃等积极的人格特征；反之，孩子就会形成惧怕感，长大后性格往往倾向于悲观、多疑、抑郁、烦躁等消极的人格特征。

这一阶段婴儿所产生的基本信任感是形成健康人格的基础，也是以后各个阶段人格顺利发展的起点。所以父母在抚养孩子的过程中，应适当地满足孩子的生理需要，不宜过分满足和过分剥夺；同时，在满足程度和方式上要尽可能保持一致性、一贯性，不能随意转变，即使变化也要渐进地、有规律地进行，以便婴儿能够适应。

2. 第二阶段：幼儿期（1～3岁）

这个阶段的儿童学会了走动、推拉、说话等活动，也学会了把握和放开，尤其是自身身体的控制和大小便排泄，从而使儿童介入自己意愿与父母意愿相互冲突的危机中。如果父母对孩子的行为限制适当，给予孩子一定自由，孩子就会建立起自主性和自我控制的意识；相反，如果父母对孩子限制、批评甚至惩罚过多，孩子就会感到羞怯，并对自己的能力产生疑虑。

如果这一阶段的危机得到了积极的解决，孩子就会形成意志的品质，成年后性格倾向于坚强、独立、克制、自律等；反之，孩子就会形成羞怯感，成年后性格倾向于意志薄弱、依附、随意、敷衍等消极的特征。太过纵容，孩子成年易形成肮脏、浪费、无秩序等生活习惯；限制太严，孩子则易形成清洁、吝啬、忍耐等强迫性特点。

儿童自主性和自控性的形成，使其性格中自我意识、自我调控能力、适应社会化要求的能力增强，对于个人今后对社会组织和个人理想之间关系的态度及处理产生重要影响，对个体的社会化及未来的秩序和法制生活做好了准备。

所以，父母对孩子的行为必须理智而耐心，适度控制的同时给予一定的自由，并施以科学的训练，及时矫正不良行为。

3. 第三阶段：学前期（4 ~ 6岁）

这个阶段的儿童身体活动更为灵巧，语言更为精练，口语表达能力增强。更重要的是，这个阶段孩子的思维，尤其是表象性思维发展得最快，想象力极为生动丰富，孩子已开始了创造性的思维，开始了对未来事情的规划。

因此，这个阶段的孩子富于幻想，喜欢童话故事、拟人化的游戏及活动，并倾向于通过自己的想象去解释周围的世界。如果父母肯定和鼓励孩子的主动行为和想象力，孩子就会获得积极的自主性，使自身的想象力和创造性得到充分发挥；如果父母经常限制孩子的主动行为，讥笑孩子不切实际的幻想，孩子就会丧失主动性，变得无所适从，并且对自己的能力感到怀疑和内疚。

如果这一阶段的危机得到积极解决，孩子就会形成"方向和目的"的品质，成年后性格倾向于自动自发、计划性、目的性、果断等积极的人格特质；反之，孩子成年后的性格则倾向于不思进取、无计划性、优柔寡断等消极的人格特质。

艾里克森认为，一个人未来在社会中所能取得的工作上、经济上的成就，都与儿童在本阶段主动性发展的程度有关。因此，父母要鼓励和肯定孩子主动性和想象力的充分发挥。

游戏是适合此时期儿童性格发展的最好形式，应该成为儿童的主导活动。

通过各种游戏，不但孩子的运动器官能得到发展，而且其认知和社会交往的能力也能有效增强；同时，游戏还能帮助孩子学会表达和控制情绪，学会处理焦虑和内心冲突，对培养孩子良好的性格品质有着重要的作用。所以，父母应积极组织并引导孩子开展多种多样的游戏，让孩子在游戏中学习，在游戏中成长。

另外，这一阶段也是孩子产生恋母（恋父）情结的特殊时期。因此父母一定要正确对待亲子关系，母亲要有意削弱自己在孩子生活中的重要性，父母要注意自己性别角色的正确扮演，给孩子树立榜样，同时要鼓励和引导孩子与异性同伴交往，建立完整的性别概念。

4. 第四阶段：学龄期（7 ~ 12岁）

这一阶段的孩子大都在上小学，其主要社会生活环境由家庭转移到了学校，活动范围扩大了许多。学习成为孩子的主要活动，并不断促使孩子产生勤奋感。如果不能发展这种勤奋，孩子就会对自己能否成为一个对社会有用的人缺乏信心，从而产生自卑感。

如果这一阶段的危机得到了积极的解决，孩子就会形成"能力"的品质；反之，就会形成无能。

勤奋感的形成，对孩子成年后的社会工作和生活影响很大，将来孩子对学习、工作和生活的态度和习惯，都可追溯到本阶段的勤奋感。

这一阶段孩子性格的发展相对平静，父母应教育孩子勤奋读书，参加社会活动，尝试在各个感兴趣的领域中培养和发展自己的才能，同时培养孩子的生活自理能力，积极参加各种社会公益活动，做一个对社会有用的人。

5. 第五阶段：青年期（13～18岁）

这一阶段的孩子必须思考他已掌握的各种信息，为自己确定生活的基本原则和策略，如果能做到这一点，孩子就能获得自我同一性，否则就会产生角色混乱，即个体不能正确地选择适应社会环境的角色，产生消极同一性，即个体形成与社会要求相背离的同一性。

如果这一阶段的危机得到积极解决，孩子就会形成"忠诚"的品质；反之，孩子就会形成不确定性。

同一性的形成标志着儿童期的结束和成年期的开始，标志着个体人格的成熟，只有建立了积极的同一性，才能顺利地度过青春期，也才能顺利地解决成年后三个阶段（结婚、立业、晚年）的性格发展任务。

孩子从一出生，就开始了性格的塑造过程，并且对成人后的性格及心理都会产生举足轻重的影响。这也为父母敲响了警钟，必须从一出生就开始注意孩子性格的塑造问题，并积极建立起正常的亲子关系，满足孩子身心发展的各项需要。每一位明眼的父母都会明白：良好的性格及心理素质的发展，将比单纯的让孩子多认几个字、多背一些英语单词重要得多！

教养方式直接影响孩子性格的发展

父母箴言

人的性格虽不是一成不变的，但一旦形成也会相对稳定下来。一般来说，三岁的孩子在性格上已有了明显的个体差异，且随着年龄的增长，性格改变的可能性越来越小。因此，孩子的性格主要取决于父母的养育方式。

世界上每个人的相貌各不相同，其性格也是千差万别。那么什么样的性格才是好性格呢？一般来说，好的性格应该包括以下几个方面。

1. 饱满的热情

一个人如果缺乏热情，那么他做任何事都不可能成功。热情，对大多数孩子来说，是与生俱来的，然而，要使其不受伤害，继续把热情保持下去，却不容易。因为热情是脆弱的，很容易被诸如考试的分数、他人的嘲笑等挫伤，甚至摧毁。因此，父母要十分注意保护孩子的热情。

心理学家认为，孩子从小无意识地受到父母态度的影响而形成的性格，儿时一般不易发现，进入青春期之后，这些影响才开始明显地显露出来，并且在以后都难以改变。

2. 充足的自信

一个人只有相信自己有能力迎接各项挑战，他才有可能成功。要做到这一点，父母首先要尽可能早地发现孩子的天资和才能，有意识地去诱导他们，鼓励他们具有充满成功的信心。

3. 热切的同情心

大多数孩子对有生命的动物所遭受的痛苦都是很敏感的。父母经常关心他人，自然会在孩子幼小的心灵中播下同情的种子。

4. 较强的适应能力

怎样培养孩子的适应能力呢？最好的方法是尽早用成年人的爱心和感情去对待孩子，使他们能早日成熟，避免由于过分幼稚和脆弱而经不起来自社会的各种打击。

5. 满怀希望

这种特性能使人在黑暗中看到光明，敢于迎接挑战。要想使孩子对生活充满希望，父母本身就应该是乐观主义者。如经常教育孩子：失败乃成功之母。这样，当困难真的来到时，孩子就不会畏缩不前，而会挺起坚强的脊梁，去战胜困难。

父母的教养方式是影响孩子性格发展的重要因素。曾有人将几百名四岁幼儿的家长按其"权威"和"关爱"程度分成溺爱型、忽视型、严厉型、关爱型、理智型五类。在这五种教养类型中，孩子的发展水平表明，溺爱型、忽视型家庭中长大的孩子，其各方面发展的水平都较低。在思想上接纳子女的非期望行为，行为上部分限制的关爱型父母培养下的孩子，其智力发展较快。思想、行为都部分接纳非期望行为的理智型家庭教育，则使孩子在各方面的能力都显得高人一筹。可见，较好的教养方式对孩子优良品格的形成所起的积极作用。

同时，父母常常是孩子的偶像，他们的一举一动都会成为孩子模仿的对象。生活中我们常常会发现，父母和孩子在举手投足、一颦一笑之间都有着惊人的相似之处，真像是一个模子中刻出来的。这虽然说明了遗传在孩子性格形成中的特别作用，但似乎更能说明后天环境对孩子性格影响的巨大作用。

这就是不仅父母与子女之间存在着奇妙的相似之处，就是同一父母所生的兄弟姐妹之间，在言谈举止中也会有或多或少的相似之处的原因。所谓"近朱者赤，近墨者黑"。现实生活中，我们也常常发现，夫妻二人感情较好的，他们彼此之间会越来越相似，这与他们日厮夜守，天天生活在一起有很大的关系。

因此，环境对性格形成的作用也是不容忽视的，因此为人父母者，还应努力为孩子营造一个良好的成长环境。

古时候孟母为了让儿子有一个良好的生活环境，不惜三次搬家。这就是"孟母三迁"的故事。孟子最终没有让母亲的苦心付诸东流，终于成为中国历史上伟大的思想家。现代人大多由于客观条件的限制，当然不可能再像孟母那样因对周围环境的不满意而频繁搬家，但父母至少可以为孩子营造一个良好的家庭环境。

孩子性格的形成与早期生活习惯有着密切的关系，这一点尚未引起人们足够的注意。常听到有的父母抱怨孩子天性胆小、娇气。殊不知，正是自己无意中错误的育儿方式造就了孩子的这种毛病。培养孩子性格品质要从小抓起，从建立良好的生活习惯着手，如饮食、睡眠、排泄安排、自理能力训练等，这些先入为主的习惯就是孩子日后的习性。

常与他人交往的孩子在处理人际关系方面有很强的能力，在人面前显得落落大方；相反，与人交往较少的孩子多会形成文静内向的性格，羞于与人交往，一说话就脸红，表情和举止极不自然。因此父母还应该注意为孩子创造一个良好的家庭环境，让孩子学会与人交往。

父母的情感态度对孩子性格的导向作用十分重要。现代父母的情感流露比以往更明显，频率和强度更高，这样会使孩子变得非常脆弱和具有依赖性，在娇宠中变得批评不得，甚至父母的声音稍高一点，孩子也会因此受惊而大哭不止，显示出脆弱的性格特征。一般情况下，娇气脆弱的孩子常缺乏足够的心理承受力，一旦受到挫折极容易出现心理障碍。

再则，如今独生子女多，父母的悉心照顾表现在各个方面，对孩子的很多事情进行包办或限制。这些过分"担心"的心理，不可避免地通过言行举止显露出来，对孩子起到暗示作用。不少父母在孩子想参加某项活动之前，总是向孩子列举种种危险，结果使孩子产生了恐惧的心理，并因此畏缩不前。年龄愈小的孩子愈容易接受暗示，父母的性格特点极易潜移默化地传导给孩子。

现在的父母还往往把孩子的身体健康寄托在各种食品和药品上，而不是让孩子在阳光、新鲜空气和户外运动中锻炼身体。一般来说，体弱多病与性格懦弱之间有着一定的内在联系，因为病儿会受到父母更加细心的照顾和宠爱，从而成为助长软弱性格的温床。这种保护过度的育儿方式，会使孩子的性格具有明显地惰性特征，表现为好吃懒做，缺乏靠自身能力解决问题的内在动力。

另外，恶劣的环境可能导致孩子恶劣的性格，这也就是在社会风气极度不良的情况下，容易导致青少年犯罪呈上升趋势的原因。所以专家们一再呼吁：保护未成年儿童，让孩子远离毒品、暴力、色情等一系列社会垃圾。

孩子性格的形成一方面取决于先天遗传，一方面取决于后天生活的环境。身为父母，在注意纠正自己性格中的不足之处，并努力为孩子营造良好的成长环境的同时，还应注意与孩子多谈心，多关心孩子，随时了解他们的所思所想，发现他们成长中的一些性格缺陷，及时给予纠正，如果等到孩子性格已经成型后再纠正就很困难了。

澳大利亚心理学者罗拉黑尔这样概述性格形成中遗传与环境的作用：

（1）在心灵与思想的一些特性上，家庭成员之间存在遗传这个事实；

（2）在许多个别的性格特质中，哪一个会得到发展，又能发展到什么程度，则由环境因素决定；

（3）若是先天已经具备非常强的性格特质，则在任何环境中都可以得到发展。

从罗拉黑尔的结论中，我们可以得到这样的启示：父母在为孩子营造成长的环境时，要注意发现孩子身上存在的特质，为孩子该特质的发掘与发展创造一个最佳的环境。

让孩子变得更坚强

 父母箴言

培养孩子坚强的意志品质，尤其需要父母的榜样力量。懒懒散散，生活懈怠，做事没有信心，经常半途而废的父母，是难以培养出具有坚强意志品质的孩子的。

由于家庭条件优越，很多孩子从小不太可能经历艰难困苦。这就使得他们很容易产生依赖心理，也很难养成坚强的性格。然而，孩子将来所要面对的却是复杂的社会，难免遇到挫折和困难，没有坚强的性格，是不能适应激烈的社会竞争的。

美国心理学家威蒙曾对150名有成就的智力优秀者做过研究，发现智力发展与三种性格品质有关：一是坚持力，即勇敢面对困难，并坚持到底；二是善于为实现目标不断积累成果；三是有自信，不自卑。可见，坚强的性格对人生十分重要。

为了培养孩子良好的心理素质，使孩子具有坚强的意志、美好的心灵、活泼开朗的个性，为造就合格人才奠定基础，父母应从小注意锻炼孩子的意志，重视孩子的自信心和勇敢精神，这是做任何事情想要获得成功的基础。受到不同教育的孩子，他们的意志力、自信心会有不同的表现，比如，有的孩子有一股韧劲儿，做什么事情都愿意亲自试一下，有点磕碰也不会哭；但也有的孩子胆小怕事，碰到生人往后躲，做什么事情也不敢试一下，父母一批评就哭，生活自理能力差。

心理学家指出，性格是人对现实的稳定态度以及与之相适应的习惯性行为方式，是人格的一个重要方面。性格属于非智力因素范围，与智力因素组成心理活动的两个相互联系、相互影响的方面。坚强的性格有利于调动人的积极性、主动性和强化脑细胞活动，使智力活动呈现积极状态，从而使人在学习工作中产生异乎寻常的高效率。

在现实生活中，人的性格是多种多样的，在各种各样的性格中最优秀的性格是坚强性格，具有坚强性格的人具有坚持力、自制力，能不怕困难勇往直前，在学习生活中不断取得成功。

那么如何培养孩子坚强的性格呢？父母们不妨从以下几点做起：

1. 给孩子独立锻炼的机会

如让孩子单独活动，同生人谈话，与小朋友来往，独立完成作业等。即使有一定困难也要让孩子自己去做。因为只有让孩子经常完成具有一定难度的事情，他才能体验克服困难后成功的喜悦，从而增强自信心并变得坚强起来。

2. 要求孩子从小事做起

千里之行，始于足下。从小事做起，持之以恒，是磨炼意志的好方法。许多在事业上有成就的人，都曾通过小事情磨炼自己的意志。

著名科学家巴甫洛夫，以工作精确、细致著称。他写字十分工整，像印刷出来的一样。原来在年轻时，他就是把工工整整地书写作为自己磨炼意志的开端的。

我国体育名将周晓兰，在球场上吃苦忍痛、意志坚强，也与她小时候在小事上的磨炼分不开。上小学时，她常因看电影而耽误功课，在父亲的帮助下，她从克制看电影做起，功课做不完，就把电影票退掉，再好的电影也不去看。经过一段时间，她战胜了自己，养成了很强的自制力。

正如著名文学家高尔基所说："哪怕对自己一点小的克制，都会使人变得强而有力。"因此，父母培养孩子的意志品质，要从孩子"小的克制"入手。从小事做起，只是起点。培养坚强的意志品质，要随着孩子的成长和进步，从小到大，从易到难，从低到高地磨炼孩子。当孩子能够迎接越来越大的困难挑战的时候，一个意志坚强的孩子就站在你面前了。

3. 劳其筋骨，增益其所不能

大家知道，"劳其筋骨"是磨炼意志的重要方法。适合孩子的艰难一些的劳动、体育活动，能使孩子坚强起来。长途远足，爬山，跑步，游泳，较重的劳动……可供选择的内容很多，父母要指导孩子选择，关键在于坚持。当然，其前提是避免盲目性，不能冒险，不能脱离实际。要教育孩子：明确行动的目的，选择适合的内容和方式，一旦行动，不达目的不罢休。

4. 相信和尊重孩子

试着让孩子担负一定的责任，从而培养孩子的自我要求能力和坚持力。心理学认为，让孩子担任一定角色可以使其性格向这个角色靠拢。如某幼儿园的一个幼儿个人卫生不好，当让他来检查其他小朋友的卫生后，他自己的卫生明显好转，并且在其他方面，如自尊心、责任心、协调性等方面也都有明显改善。这个例子说明孩子的性格受大人期望的影响较大，所以在日常生活中父母应把孩子当作坚强的孩子来培养。

5. 让孩子保持健康的身体

一个身体虚弱的孩子对自己的身体没有信心，心情不好，必然怕这怕那，对人对事积极不起来，性格也就很难坚强起来。相反，孩子的身体素质好，有信心，有勇气，就容易培养自信坚强的性格。

6. 培养孩子积极的良好品德

良好的品德受人喜爱和尊重，知识和智慧使人有信心。人的各种心理品质是相互影响的，培养各种积极的良好品德，都能有效地使孩子的性格变得坚强起来。

7. 要求孩子做一些力所能及的事情

如要求孩子摔了跟头不哭，打针不哭等。父母应利用孩子的好强心理，在孩子未哭时给予鼓励，如孩子真的不哭，那么就要及时强化效果。如有的孩子不愿意去幼儿园，常在送幼儿园时大哭大闹，那么父母一方面设法消除孩子去幼儿园的不适心理，另一方面应鼓励孩子"去幼儿园不哭的孩子才是勇敢的孩子"，一旦孩子不哭了，应及时鼓励，加上适当的奖励，这样孩子就会逐渐形成坚强的性格。

8. 防止因性别差异而形成偏见

有的父母认为，男孩子玩布娃娃没出息，女孩子玩冲锋枪不应该。好像女孩子生来就应做饭带孩子，男孩子生来就应该舞枪弄棒，做大事业。成人这种偏狭的观念和做法极不利于孩子性格的健康发展。过早的女性化会损害女孩子的独立性和自信心，过早的男性化也会影响男孩的细致性和敏感性。

9. 对孩子要有耐心

有些孩子虽然一心想独立自主，凡事都坚持自己做，但实际上却往往是心有余而力不足，每件事情都无法做好，如吃饭时把桌面搞得一团糟，衣服穿得东歪西扭。有一些急性子的父母没时间等待孩子慢吞吞无秩序的自主行为，所以凡事一手包办以提高效率和节省时间，这不但会剥夺孩子自主学习的机会，同时也会致使孩子形成依赖心理。因此专家们强调，父母一定要有耐心，让孩子慢慢学着自我探索成长，千万不可操之过急，凡事为孩子"代劳"，只会使孩子永远也长不大。

另外，好奇、爱发问也是幼儿最大的特点，父母在面对孩子提问时，不要急着给孩子一个标准答案，以免阻塞孩子独立思考判断的能力，最好是解释出前因后果慢慢启发诱导。

总之，在这里如此强调坚强的性格对孩子的成长的必要性并非小题大做。很多具体事例都说明，当一个复杂问题出现时需要人们果断地做出决定，对性格坚强者来说遇到问题能沉得住气冷静分析；而性格软弱者则不同，他们往往思前想后优柔寡断以致把事情办糟。坚强的性格对孩子成长非常重要，所以父母想要提高孩子的素质，就千万不能忽视这个方面。

不要伤害孩子的自尊心

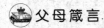

父母箴言

我们大人有自尊心，孩子同样也有。很多父母往往忽略了孩子的自尊心，在很多言行上就会伤害到孩子的自尊心。孩子也需要别人的尊重，尤其需要来自父母的尊重。不管父母们怎么想，为了孩子的将来，尊重孩子都是势在必行的。

自尊心对一个人人格的影响是非常大的，可以说，培养孩子的自尊直接影响到孩子的未来。历史上那些成功人物虽然个性不一，但他们都有一个共同点：都具有强烈的自尊意识，都多少有点"士可杀，不可辱"的特点。所以，做父母的绝对不要伤害孩子的自尊心。

事实上，父母无意间伤害孩子自尊心的事经常发生。

有个孩子他天生不会唱歌，唱起歌来声音就像在敲烂沙罐。上小学二年级时，班上举行唱歌比赛，他只得在家里练唱。母亲恨铁不成钢，就烦躁地说："你这哪里是唱歌，分明是在嚎叫！"这句无意中的评价，不但使这个孩子对练歌失去了信心，连上学都感到痛苦。

当然，这句话如果是出自他的一个同学，他虽不愿听，但他还可能同他吵，甚至回敬他一句："我是嚎叫，你是猪叫！"但是这种话出自自己的母亲，他所信赖、尊敬和依靠的人，他就无法反驳了。因此，这种伤害可能是无法弥补的。

还有一种无意的伤害，那就是父母总认为自己的孩子不懂事，无论什么事情都替孩子做主。其中最常见情形是：同学来找孩子出去玩，母亲也不管孩子愿不愿意，就不假思索地代他说："看书，不去。"

母亲的行为会让孩子在同学面前很没面子。孩子进入小学后，就会有自己的生活圈，有自己的朋友，自己的世界。在那个世界里，孩子在心理上认为自己是独立的，可以不受父母的控制。为了维护自己的面子，有时孩子甚至会故意不听话。母亲在孩子的朋友面前指使孩子，就等于告诉孩子的朋友你的孩子还没有独立能力。一旦同学们发现某人样样都不能做主，就不会再找他玩，不再接受他。这对孩子社会性的发展非常不利。

然而，孩子的这种心理却不易被父母理解或为父母所忽视，以致产生一些不必要的争执和伤害。这些都值得做父母的警惕与注意。

要求孩子尊重父母，是古今中外公认的道德规范。但是，要求孩子尊重父母是以父母也要尊重孩子为前提的。很多父母可能还无法接受这样的理论。父母是长辈，子女是晚辈，子女尊重父母天经地义，而且千百年来历来如此，却从没听说过父母有尊重子女的责任。

不管父母们怎么想，为了孩子的将来，尊重孩子都是势在必行的。一个孩子长到八九岁，就会有些独立的意志和欲望，尤其是进中学以后，他会在心理上认为自己是独立的。他已经有了一些是非善恶的标准与概念。对孩子的这些概念，只要不是错误的，父母就应尊重。而且事实上，做父母的也大都这样做了，因为谁都不会有意去侮辱自己的孩子。

孩子如果在外面受了委屈，父母都会愤愤不平。但是，在日常生活中，有时父母自己无意间伤害了孩子的自尊，却往往没有引起足够的重视。

小孩子在家里不免乱拿东西，而且用过了，也不知道放回原来的地方。于是，有时父母要找一个东西用，找不到就会问孩子把东西拿到哪里去了。如果孩子真的拿了，而且经母亲一问孩子马上就想起来，那当然很好。可是如果孩子没有拿，父母却一再追问埋怨，往往就会在孩子的心灵上留下阴影。

有的孩子既好奇又调皮，总觉得大人做的一切都新鲜。孩子喜欢在爸爸不在的时候，拿他的钢笔做功课；喜欢趁妈妈不在的时候，偷偷穿妈妈的高跟鞋。这些小事发生多了，就会在父母的头脑里产生一种条件反射：只要有什么东西一时找不到了，马上就会想起是孩子拿了。

孩子说没拿，母亲不信，反而会说孩子是撒谎，这实质上是对孩子人格的一种侮辱，孩子心里自然会十分痛苦。然而主观武断的母亲却观察不到，也了解不到自己无意间对孩子心灵上的伤害，还以为自己是正确的。过了几天，母亲自己又无意间在另一个抽屉或什么地方发现了剪刀，于是才恍然大悟，是自己放错了地方。

类似的事情，在不少家庭中都经常发生，而且常常被父母忽视。这种无意间的伤害，给孩子幼小心灵造成创伤不说，也很容易造成父母与孩子间感情上的隔阂。所以，父母一定要学会尊重孩子的自尊心。试想，一个没有自尊心的人，将来会怎样呢？一个孩子一旦失去了自尊，也就会丧失了前进和奋发图强的意志和勇气。

例如，一些不用功和粗心的孩子，在做练习，甚至考试中常会把一些极简单的试题做错。母亲看到孩子的作业本或试卷上连简单的试题都答错了，感到气愤和失望。于是可能会骂："这么简单的题目都不会做！你还能做什么！"有的为了刺激一下孩子，还故意辱骂一两句："你真是白吃了几年饭！你是小学一年级的吧！"

当然，这种话也可能促使孩子深省，从而产生奋斗的决心。然而，这种讽刺话："你还在上小学一年级吧！"对于中小学生却不可能产生什么好的效果。因为这种话只能刺痛他一下，但并不能使他悔悟，认识自己不用功或粗心大意的错误与缺点。

每个小孩都愿意大人说自己聪明能干。父母骂他，"你和小学一年级的学生一样"等于说"你的天资很差"，当然只会使孩子泄气。照理说，在孩子受到老师或别人责骂"你什么都不会"时，作为父母应该鼓励支持孩子："母亲相信只要你好好做，认真地去做，一定能做得很好。"

而且事实也是这样，不管外人怎么说他不行，只要孩子的父母承认孩子的能力，相信孩子的能力，支持和鼓励孩子，最后孩子就一定会努力拼搏，而不会沉沦下去。

反之，如果父母首先就把自己孩子的才能否定了，孩子当然就会无所依靠，进而丧失信心，结果什么都不想做。

还有一种，讽刺话也是不能说的。这就是有的孩子本来对父母依赖性很大，读书做功课都要父母催，做事要父母喊。后来孩子由于某种原因，改变了，自动念书做功课，而且还自动帮助母亲打扫。于是母亲觉得很惊讶，不自觉他说了一两句："今天怎么太阳从西边出来了"，或 "今天这孩子怎么变得我认不出来了？是跟隔壁大维学的吧"。

母亲本来是要表示对孩子进步的高兴，只是感觉有些意外，说了这种带有刺儿的话。不过，即使是开玩笑，这种讽刺话也最好不要说。因为它同样可能伤害孩子的自尊。俗话说得好："说者无心，听者有意。"

遇到上述情况，父母最好通过夸奖来放大孩子身上的闪光之处，这不仅是对孩子的尊重，而且如果孩子长期受激励性话语的影响，其内心就会形成正面的自我意象，久而久之，他们就会越来越自尊自信。

怎样培养一个自信的孩子

父母箴言

健全的自尊感和自信心能使孩子亢奋、进取，坚定地去追求成功。它是孩子心灵的保护层，一旦受到伤害，就会犹如树苗的表皮被剥去一样，最终有可能导致整棵树的枯萎。

自信是能力和意志的催化剂，它是成功人士必备的心理素质。对于一般人来说，正常的智力加上高度的自信就足以取得成功。因此父母要善于鼓励孩子相信自己的能力，鼓励他们克服困难取得成功。溺爱孩子或者蔑视孩子创造性的行为都会扼杀孩子的自信。

做父母的都希望自己的孩子能受到良好的教育，能早日成才，将来高人一筹。于是，孩子还在襁褓中，就给他们买许多玩具，提前教他们学外语、数学、绘画，送他们去学弹钢琴……目的只有一个，就是想让自己的孩子早慧。

但是，无数事实证实，这样的教育，成功者寥寥。因为这种狂热、高压的教育方法，充其量只能使孩子习得优秀的外在技巧，而孩子真正需要的是内在力量和精神品格的培养，尤其是自信心的培养，它是导致行动的内在品质。教育的起点最好从培养孩子的自信开始。

目前，一种旨在提高孩子对抗挫折的心理承受能力的观念已逐渐兴起。西方教育和心理卫生专家普遍认为，对待事物的良好心态是从童年时不断受挫，不断解决困难的过程中培养出来的。父母只有培养孩子在困难和挫折面前不低头的坚强意志和性格，并通过家庭中宽松氛围的营造，允许孩子有自己的想法和生活方式，才能使孩子形成客观、宽容、忍耐及和谐的心态。也只有这样，孩子才能在挫折面前泰然处之，保持乐观与自信。

在成长的过程中，每一个孩子都需要父母不断的鼓励，就像植物需要阳光雨露一样。父母的鼓励能使孩子产生自信，这是做父母的应时刻关注的。

天下父母没有不关心自己的孩子的，然而他们对孩子的关爱方式却各有不同。同样是孩子没把作业做好，父母所持的态度不同，教育效果也就不大相同。

一位父亲发现孩子的作业写得特别潦草，很生气地对孩子说："你的作业太乱，跟耗子啃过似的，你必须给我重写一遍！"孩子看着非常生气的父亲，心中特别不安。然而父命难违，不得不重新写了一遍。但由于孩子是在不情愿的情况下写的，其结果与第一次自然相差无几。

另外一位父亲发现了同样的情况后，也很生气，但他努力克制了自己的感情冲动。他认为，不是孩子不能写好，而是由于态度不够认真所致。在这种情况下，与其把孩子批评一顿，还不如激励他，给他信心，让他下次写好。

于是这位父亲态度和蔼而亲切地对孩子说："你的作业有些潦草，不符合要求，要重写。我知道，要你重写你是不大乐意的。可我为什么要让你重写呢？因为我相信，你第二遍比第一遍会写得好得多。"孩子一听父亲这语重心长的言语，开头有点不高兴，可仔细一想，就深深体会到严明而慈祥的父亲的期望和信任，这种无形的力量使他受到激励，促使他很快又重写了一遍，而且，如父亲所期望的那样，写得相当好。

这两位父亲同样是要求孩子重写，为什么会出现不同的教育效果呢？就是因为前一位父亲严厉的批评，给孩子施加的是压力；而另一位父亲在批评时所含带的信任和期望，给予孩子的却是一种驱动力。

恐怕所有的父母都希望自己的教育能达到上述第二位父亲的效果，这就需要父母学会在批评时鼓励自己的孩子。可以说，自尊自信是唤起自我教育的重要因素。健全的自尊感和自信心能使孩子亢奋、进取，坚定地去追求成功。它是心灵的保护层，一旦受到伤害，就会犹如树苗的表皮被剥去一样，最终有可能导致整棵树的枯萎。

自信心并非天生的，而要靠后天的培养。父母帮助孩子树立信心，是责无旁贷的事情。那么，怎样才能培养孩子的自信呢？以下是我们的一些建议：

1. 强化孩子对自我的积极认识

自信建立在充分评估自己的基础上，认识不到或低估自己的潜能都不利于自信的建立。事实证明，孩子对自己的潜能、长处和不足往往没有把握，很多时候他们是靠别人的评价来确定自我价值的。因此，孩子需要他人的引导、帮助和认可。对孩子思想和行为的肯定，可以让他们从中感受到成功的喜悦，自信也就会在不断的鼓励中得以提高。

对孩子要多以肯定的方式加以鼓励。在强化孩子对自我的积极认识的同时，要用语言肯定，最好不要用物质奖励，更不要以物质利益去刺激他争取领先地位。当孩子在某方面失败时，要帮助他们分析原因，鼓励其再尝试，争取成功。

因为，假若父母一味求全责备，求好心切，过多指责，那么孩子得到的信号将是"我不行"，孩子的自尊感和自信心将在长期的责难声中消退，以至丧失殆尽。

为了改变一些"差生"的心理，哈佛大学的研究人员，曾创造一种"心情交流法"，并取得了出人意料的效果。

他们邀请一部分"差生"办了一个集体治疗小组。这些学生成绩已到了可能被勒令退学的地步。在每周一次的会议上，每个人都畅谈自己的苦经，比如，当前面临的压力、家人朋友对自己不正确的态度等。这种方式，使这些学生第一次感到自己不是孤独的，这在很大程度上减轻了他们的恐惧感和情绪压力。加之心理学家必要的心理指导，这组学生在期末考试时，有75%的人通过了考试。

父母要强化孩子对自我的积极认识，帮助孩子认识到自己拥有巨大的潜能和无限发展的可能性，使其深信：只要自己在某些领域足够努力，并坚持不懈，就一定能取得成功。

2. 父母应该给予孩子多方面的鼓励和表扬

孩子需要保护，随着年龄的增长与能力的提高，父母对孩子可以从完全保护、适度保护、微量保护到完全放手让其独立。对孩子过度的保护，会使孩子在生活、学习、社会交往及心理等方面形成依赖性与不成熟性，带给孩子的信号不是"我爱你"，而是"我觉得你不行，你离不开我的保护"、"我不信任你"，这无疑是对孩子自信心的沉重打击。

再弱的孩子也有他的"闪光点"，父母要从发现孩子的优点入手，及时地给予肯定和鼓励，不断地强化他积极向上的认同心理，从而增强他们的自尊心。孩子取得了进步和成功，父母的鼓励可以增强他们的自尊心；孩子失败了，父母的鼓励可以提高他们再尝试的勇气和自信心。

父母千万不要把孩子的缺点挂在嘴上。因为对于孩子来说，父母的话具有很大的权威性。父母不仅不要经常谈论孩子的缺点，更不能对孩子说结论性的话，比如说"笨蛋"、"你没治了"等话。

可能在父母而言，只是一时"随口而出"，而在孩子的心目中就常常会留下很深刻的印象。即使父母发现了孩子的某些缺点，也要采用暗示的方法告知孩子，以避免对孩子产生心理压力。

父母应不断地在孩子身上寻找值得表扬的行为。表扬要有根有据，而且要细水长流，使孩子不感到虚伪造作。同时，父母应避免在表扬时加入消极的评语，或者拿孩子与他人进行对比等，致使表扬作用受到影响。

总之，鼓励和表扬能帮助孩子构筑美好的自我形象，看到自己重要的自我价值，增强自信心。

3. 让孩子有获得成功的机会

心理学家认为，人的潜力很大。一般来说，人的一生只用了自己潜力的10%。所以，只要充满自信，努力奋斗，绝大多数人都可以成才，都可以在某些领域有所成就。但是，父母仅仅这样教育鼓励孩子是不够的，还需要帮助他们建立适合自己发展水平的合理期望，教育他们不要好高骛远，眼高手低，而要踏踏实实地努力。这样，就可以避免因期望过高、难以实现目标而使自信心受挫。诚然，这样做首先要求父母的期望要合理，要针对孩子的实际情况，切不可盲目与人攀比。

此外，对孩子应适当降低标准，让孩子有获得成功的机会。如果父母对孩子的要求太高，孩子就很难实现目标，就很难建立起信心。如果父母针对孩子的实际水平适当地降低标准，孩子就很容易取得成功。成功对于孩子来说，往往会产生意想不到的自信效果。孩子会从不难获得的成功体验中获得充分的自信，从而取得更大的进步。

4. 尊重孩子的意见

父母在平时要注意倾听孩子的想法，重大事情与他们一起商量，尊重他们的意见，营造家庭融洽的和谐氛围。做父母的自尊、自信，构建家庭民主格局，这是培养孩子自尊、自信的无声语言。

5. 多给孩子讲在逆境中成功者的事例

无论国内国外，乃至孩子身边，都有很多天赋平平或身处逆境，但不甘平庸、不屈服于命运安排，顽强拼搏，终于取得成功的榜样。父母运用这些榜样引导孩子，可以为培养孩子自信的好习惯提供活生生的依据。因为这样的事例往往能给孩子这样的感觉：这些人条件还不如我，他们能取得成功，我肯定也能行。

6. 适当夸大孩子的进步

即使孩子没有进步，父母也应该寻找机会进行鼓励。如果孩子确实有了进步，父母就应该及时夸奖他们"进步挺大"。这样一般都可以调动孩子心中的积极因素，促使孩子期望自己取得更大的进步，从而取得"事半功倍"的奇效。

7. 对孩子进行适度的"超前教育"

俗话说"笨鸟先飞"，"勤能补拙"。父母提前让孩子掌握一些必要的知识和技能，等到与同伴一起学习的时候他就会感觉到"这很好学"，在别的孩子面前就会扬眉吐气。能比别的孩子学得快，他自然就会信心百倍。

让腼腆的孩子变得落落大方

父母箴言

每个孩子对这个世界都要经历一个从陌生到熟悉的过程。父母一定要相信孩子的能力，给孩子一定的任务，让他们做自己能做的事情，而不要老把孩子的缺点挂在嘴上，以免无意中强化孩子的缺点，使孩子变得更腼腆。

每当看到别的孩子在众人面前大大方方地唱歌、跳舞、与人交谈时，腼腆孩子的父母总不免流露出羡慕的眼神。羡慕之余，还打心眼里为自己孩子不爱在别人面前表现的性格而着急，替孩子将来的交往能力担忧。

可光着急没有用，作为父母，必须试着改变这一切，让孩子变得落落大方，并帮孩子养成积极发言、大胆说话的习惯。

1. 培养孩子的口语表达能力

父母可以利用有趣的故事激发孩子的学习兴趣，每天抽时间给孩子讲故事。讲故事时，孩子提出疑问，要对孩子不懂就问的好习惯及时进行表扬。

有意识地训练孩子写日记的习惯。父母可以先启发孩子回顾当天或前一天的生活，选取自己感受最深的一件事，说一句或几句话，想怎么说就怎么说，表达自己的喜怒哀乐。由孩子说，父母执笔记录。在孩子说的过程中，父母随机进行点拨引导，纠正错误，丰富孩子的词汇。积累的词汇多了，孩子说话时语言也就变得丰富起来了。

2. 主动创造锻炼孩子的机会

腼腆的孩子，在人多的时候总不愿意开口说话。如果是这样，父母就要主动为孩子创造锻炼机会。

有一年中秋节，龙龙和妈妈是在外婆家度过的。一大家子人团聚在一起，甚是热闹。晚饭后，妈妈提议搞个"中秋家庭文艺演出"，得到了大家的赞同。

"谁来当主持人呢？"妈妈说。

"我！"龙龙的表姐大声地喊着。龙龙看看表姐又看看大家，没作声。他的神情充满了期待但勇气却不怎么足。

妈妈觉得这么好的机会可不能让龙龙错过了。妈妈知道龙龙很崇拜少儿节目主持人董浩，便故意说："嗯，姐姐挺像著名节目主持人鞠萍姐姐的。谁愿意做她的老搭档董浩叔叔呢？"

"我！"一提董浩龙龙就来劲了。

于是，姐弟俩开始了他们的节目主持。

"首先请弟弟乐乐为我们讲一个故事。"龙龙神气地说。

小弟弟大大方方地用稚嫩的嗓音给大家讲了《三只小猪》的故事。大家都拍手鼓掌。

"下面请姐姐为我们表演舞蹈。"龙龙继续了他的主持。

"现在请龙龙为大家唱歌。"在大家的提议下，龙龙又做起了演员。

于是，孩子的外公拉二胡，舅舅唱《老鼠爱大米》，三个孩子也跟着唱："我爱你，爱着你，就像老鼠爱大米……"屋子里充满了欢声笑语。

从这以后，龙龙的胆子大了不少，当着众人面说话也大方多了。

3. 找到孩子的兴趣所在

可可有点儿口吃，从不主动与人说话。对此，妈妈想了很多办法，都不见明显效果。

有一天，妈妈发现她看到电视上播放《天线宝宝》，就激动地大喊大叫。妈妈想：孩子一定太喜欢天线宝宝了，如果天线宝宝跟她说话，她一定会兴奋的。

果然，有一天，妈妈冷不防地在喊她："拉拉，你在哪儿？"可可反应很快，口齿清晰地说："蒂茜，我在这儿！"

妈妈忽然想：好好地利用一下，或许能训练孩子说话和发言呢！可可果然从天线宝宝那里学到了不少词汇。

后来，家庭成员的角色都换了，爸爸妈妈成了"蒂茜"、"波"，连奶奶也成了天线宝宝中的一分子。有了这样一个交际场，可可感受到了说话的乐趣，口吃毛病改多了。

4. 给孩子以奖励

茜茜很喜欢看书，五岁时就能独自看儿童读物了。幼儿园的老师都反映她十分聪明，什么东西一学就会。可是，茜茜不够大方，不敢主动表现。比如老师让她上台领操，她摇头不肯，而这是很多小朋友都争着做的事。再如她的故事讲得很好，妈妈让她给姥姥姥爷讲个故事，她也不干，即使讲了，也是有头无尾，还不停地做鬼脸。

专家表示，每个孩子都有自己的优缺点，对于孩子的缺点，父母不要老挂在嘴上，这样无意中会强化孩子的缺点。父母可以和孩子以很轻松的语气说，如果她能够表现得非常大方，例如领操、很完整地给别人讲故事等，一次可以得到一枚她喜欢的贴纸，如果不能按要求去做，就要扣掉一枚贴纸，并且不能为贴纸讨价还价，否则也要扣掉一枚贴纸。等孩子有了一定数量的贴纸后，就可以带她去游乐场或开展其他她喜欢的活动。等她的大方行为巩固以后，可以撤消贴纸，辅以口头表扬，直到她的大方行为变成自动化。

5. 抓住生活中锻炼孩子的机会

有些孩子在家里能说会道，可是到了外面，见了生人就不敢说话了。

为了培养孩子的交往能力，父母每天应尽量抽空带孩子走向社会，走向群体，让孩子在与小朋友玩儿的过程中克服胆怯的心理。因为玩儿是孩子的天性，他们会在玩儿中不知不觉交往起来，同时，孩子会因为玩儿得开心而喜欢上了与人交往。

父母一定要相信孩子的能力，给孩子一定的任务，让他们做自己能做的事情。如，特意创设机会，让孩子向邻居或周围的人借东西、送物品。在与邻居、生人来来往往的过程中，孩子表现自我的锻炼机会多了，语言表达也会逐渐完整，交往的态度也将不断自然、大方。

父母还可以有意识地带孩子逛商场、购物，让孩子自己挑选要买的东西。有位妈妈很聪明，她会故意装作找不到要买的东西，让儿子去问营业员，因为是孩子想买的东西，所以孩子很乐意去问。刚开始时，孩子总要妈妈教他怎么说。妈妈也总是耐心地教他，并及时鼓励他。到后来，孩子就会很大方地去向营业员请教了。如果买的东西少，这位妈妈还会给儿子钱，让他自己进去购买。这不仅培养了孩子的社交能力，而且培养了其生活自理能力，可谓一举两得。

为了使孩子在学校里也能表现得出色，父母应和孩子的老师多沟通，向她们反映孩子的性格特点，以及点滴变化。在学校老师的关心、帮助下，孩子在课堂上就会积极大方地发言、表演。

6. 积极给孩子创设"做客"的氛围

父母应多利用时间，把孩子带到朋友家做客。在做客之前，父母要让孩子明确去谁家，对方家里有什么人等情况，让孩子有个心里准备，并以一定的语言来消除孩子的怕生心理，激发孩子想去做客的欲望，如："我们今天要去的阿姨家里，有个姐姐，有很多的玩具，姐姐和阿姨都知道宝宝很能干，而且有礼貌，都特别想和你玩儿。"从而提高孩子与外人交往的信心。

另外，经常将客人请进家里，让孩子体会小主人的自豪感。父母请来的客人，可从孩子熟悉的孩子到没接触过的陌生人逐渐变化，逐渐扩大孩子交往的范围，交流的对象。在鼓励孩子接待客人的过程中，父母不要急于求成，要给孩子一个锻炼、提高的机会，让孩子循序渐进。

比如，让孩子向客人问好说再见，与客人一起分享自己的玩具，分享自己的作品，进而让孩子给客人端茶、送水、拿椅子，再鼓励孩子与客人交流，给客人表演节目，等等。

同时，在来往做客的基础上，父母要学会及时表扬、鼓励孩子。在孩子与生人接触的过程中，父母要关注孩子的表现，并对孩子每一个进步行为给予及时的肯定、表扬。

如，运用亲切的语言表扬："你今天的表现真棒！你会和叔叔阿姨问好说再见，叔叔阿姨都夸你真棒。爸爸妈妈也真为你高兴。"有时，甚至可以给予适当的贴纸、图书、食物及小玩具奖励。让孩子体会到进步的快乐。

总之，只要父母能积极地给孩子创设锻炼机会，用心培养，并持之以恒，相信孩子进步带给你的惊喜将代替你原有的抱怨。

第五章
给孩子一片快乐的天空

让快乐伴随孩子左右

 父母箴言

快乐是孩子最重要的情绪。就身体发育而言，它能使人各方面机能达到最佳状况；就心理发展而言，它能给人积极向上的力量；就学习而言，在放松的心境下才能使大脑处于积极的接收和运转状态，从而发挥出最佳的效果。

几乎没有人不喜欢天真烂漫、活泼欢快的孩子。可是，做父母的是否想过，孩子很小的时候像皮球儿一样，在父母和爷爷奶奶以及幼儿园之间被踢来踢去。上学了，球儿踢给了老师和学校。从此，孩子整天背着沉重的书包，整天有写不完的作业，上不完的课外班儿，他们真的快乐吗？

孩子学习的动力、效率，身心的健康，个性的养成，都离不开快乐的生活。快乐对于孩子的学习成长非常重要！心理学家认为，快乐既是一种心情，也是一种"性格"。快乐的心情有起有伏，快乐的性格则较稳定。

快乐的性格是可以培养的。教育专家们已找到培养快乐性格的一些要素，为人父母的只要在这方面留意，就可能培养出具有快乐性格的孩子。

1. 温馨幸福的家使孩子快乐成长

为了孩子，父母自己首先要做一个快乐和知足的人。专家指出："出身于快乐家庭的孩子，长大后也比一般人快乐些。"其中可能与遗传因素有关，但父母所缔造的快乐环境也是孩子快乐的重要源泉。

把家变得更温馨，看来是个小问题，但对孩子而言，这却是很重要的。如果家里乱七八糟，孩子会不希望小朋友来家里玩。另外，井井有条的家会给孩子带来平和与满足。需要注意的是，温馨不代表干净过头，因为舒适才是快乐的一个组成部分，而干净过头只会给孩子带来束缚。

对于一个家庭而言，无论是每天共同进餐，还是一起庆祝生日或节日都是相当温馨的。过春节时包饺子、放鞭炮，过生日时切蛋糕、点蜡烛，周末全家外出晚餐，月末全家一起看儿童电影等，这些熟悉而亲密的传统习惯都能赋予孩子生活的意义，加强家庭成员之间的感情。

另外，笑对孩子的健康非常有好处。有些父母喜欢在孩子面前保持严肃的形象，以为这样才有尊严。其实不是那么回事，笑出声来，并不会失去你的尊严，反而会让家中充满快乐的笑声。

2. 兴趣爱好是孩子永远的快乐

研究发现，全身心投入到一项充满挑战的任务中去，会给人带来很大的快乐。对于孩子而言，培养他的兴趣爱好，例如集邮、绘画等，让他投入其中，会让他很快乐。但这里的投入并非指给孩子安排满满的绘画课程或者舞蹈练习等，因为那样只会让孩子失去兴趣，失去从中得到的快乐。兴趣爱好不一定是某种竞技，却同样可以开发孩子的智力，更能让孩子从中学会投入的快乐。

快乐的人生活过得很平稳，因此他们可从很多方面得到快乐。倘若一个孩子只能从一种事情上发现快乐，那是相当危险的。比如，某个孩子可能因为错过了他喜欢看的电视节目而整晚都不开心；但另一个兴趣广泛的孩子，他就会改为看书或游戏，并同样自得其乐。所以，父母协助孩子培养广泛的兴趣很重要。

3. 让音乐带给孩子快乐

家长都有这样的经历，有时听一首好歌会让人精神振奋，身心舒畅。音乐可以陶冶人的情操，古代的西方人甚至坚信音乐可以医治一个人肉体和心灵的创伤。现代儿童医学研究发现，给患病的孩子听他们喜爱的歌曲，可以减轻他们的疼痛症状。而对于健康的孩子来说，全家在一起唱唱歌、听听歌，他们往往也会很快乐。

4. 引导孩子迅速恢复愉快的心情

快乐的人与其他的人一样也有情绪低落的时候，但他们却能很快地恢复过来。做父母的只要指出任何困难情况都会有一线转机，教导孩子不屈不挠，便能帮助孩子掌握这种使自己变得快乐的本领。倘若经过努力也没能扭转情况，父母便应帮助孩子寻求安慰自己的办法。每个人都有应付坏心境的方法，但有些是有害的，不值得提倡的。父母应指导孩子做些能平复其心情的活动，如听音乐、看书、骑车、向朋友倾诉心声等。

5. 让孩子体会亲近大自然的快乐

生活在现今的高科技时代，成人们常常忘了亲近大自然。对孩子来说，大自然充满了神奇的力量，无论是雨雪、白云，还是花开、叶落，都可以从中发掘到很多快乐。亲近自然还可以培养孩子的各项感官能力、观察能力、反应能力。

专家研究发现，花工夫饲养小动物是值得的。因为当孩子感到担忧或害怕时，小动物的陪伴会让他们觉得安心一些。通过饲养小动物，孩子可以学会体贴和照顾他人，感觉到自己的价值，有成就感孩子自然会很快乐。

6. 教会孩子解决问题的技巧

当孩子认为自己能解决一些问题时，可以让他们产生良好的自我感觉，能树立起信心，并且有了下次自己解决难题的勇气。

当他们遇到难题时，你可以按下面的步骤教会他们解决问题的技巧：

（1）发现问题；

（2）让孩子描述出他想要的结果；

（3）帮他设计出要达到这个结果的步骤；

（4）让他自己想，哪一步他能够自己完成，哪一步需要别人的帮助；

（5）在他确实需要帮助的步骤上提供帮助。

7. 给孩子展示自己的机会

每一个孩子都有自己独特的天赋和技能，展示这些能给他们带来极大的喜悦。"妈妈，我给你讲一个故事好不好？"这时即使你在厨房做饭，也要满足他这个愿望，并适时地给予肯定："你讲得真是太棒了！"要知道，能和你分享他喜欢的这个故事，对他是多么地快乐。孩子的热情能通过你的分享和肯定，转化成良好的自尊、自信，而这些品质对他们一生的快乐都是最宝贵的。

8. 给孩子提供决策的机会和权利

常言道，童年应该是一生中最快乐的时期，但心理学家对这个说法持保留态度。孩子向来对一切事情都没有做主的份儿，不论是晚餐吃什么，还是家里要买什么东西，他们都不能过问。孩子都有这种无力过问的感觉，因而童年可能并不像成人所想的那么愉快。因此，让孩子自由地做一些选择，是培养他形成快乐性格的一个重要因素。

当然，父母在大多数事情上不能做主，但有些事让孩子做决定也无妨。例如听任2岁孩子吃黄瓜而不吃胡萝卜，或让6岁的孩子从父母准他看的电视节目中挑选一个来看。即使在这个层次，儿童也会在选择中令自己开心。

9. 教孩子与人和睦相处

与人关系融洽是快乐的一个重要条件。尽管父母不能完全支配孩子的社交生活，但却可以通过与孩子的亲近关系，引导他们如何与人相处。因此儿童与他人和睦相处的前提是，他们与父母的关系要好。

父母可以尽量安排孩子常与别的孩子一起玩，例如参加游戏小组，或带孩子到游乐场去跟年龄相仿的孩子玩耍；要是能随时欢迎孩子的朋友到家里来玩，那就更好。父母还可以帮助孩子培养他设身处地为他人着想的态度。他们大可谈谈家里的人、故事或电视节目中的人可能会有的感受。

10. 不要苛求孩子完美

孩子毕竟是孩子，各方面的能力有限，总有这样或者那样的不足。父母不可太过于追求完美，父母如果总是对孩子表示不满和批评孩子，会伤了孩子的自尊，失去自信。所以，下一次当你再要抱怨的时候，先想一下，这个过错是不是跟他们的年龄有关？十年后他们还会这样做吗？如果你的答案是否定的，就别再唠叨个没完。

让孩子从心里笑出来吧！快乐本来就应该是孩子最重要的情绪。就身体发育而言，它能使人各方面机能达到最佳状况；就心理发展而言，它能给人积极向上的力量；就学习而言，在放松的心境下才能使大脑处于积极的接收和运转状态，从而发挥出最佳的效果。

提升孩子的受欢迎度

父母箴言

如果一个孩子很讨人喜欢，孩子不但会变得活泼开朗，父母脸上也有光彩。未来的社会是孩子们的社会，父母应多方努力，提升孩子的受欢迎度，这对孩子将来立足于社会大有帮助。

显然，父母们都期望自己的孩子能成为一个受大家欢迎的人。问题是，现实中确有不少孩子不招人喜欢，不受人欢迎。这种情况在幼儿园和学校表现得很明显。受欢迎的孩子，总有其他孩子围绕在身边；而不受欢迎的孩子却没人找他玩，总是一个人待在一边。

那么，到底什么样的孩子受欢迎呢?

1. 仪表好的孩子受欢迎

被父母打扮得整整齐齐的孩子往往更能讨人喜欢。他们往往更能引起大人的怜爱，忍不住想亲他们一下。相反，衣装不整的孩子常让大人避而远之，并由这种恶劣的印象进而推想这孩子的其他方面可能也存在问题。这种态度对一个孩子身心健康发展是极为不利的。因此，做父母的千万要让自己的孩子衣着整洁，穿戴不必名牌、昂贵，但要整齐、得体。

2. 喜欢笑的孩子受欢迎

一个小孩子要是满面笑容，那是多么可爱! 你看，常常笑的小孩子总是处处受人欢迎，整天哭丧着脸的呢，是很令人讨厌的。

3. 有礼貌的孩子受欢迎

有礼貌的孩子懂得尊重别人。他们动作自然，一举一动都能表现出自身的教养。这种孩子无论到哪里都会很受欢迎。

4. 天真无邪的孩子受欢迎

有些父母教小孩子骗人，骗到了，有的甚至会夸奖他，这种做法实在要不得。天真是孩子的本性，父母不应该让孩子小小年纪就变得那么虚伪。天真无邪的孩子才会受欢迎。

5. 健康的孩子受欢迎

健康可分为两种，就是生理上的健康与心理上的健康。生理的健康是心理健康的基础。有了它才有快乐，才有行为的美，才有天真烂漫的表现。心理的健康常常为人所忽略，对孩子来说就是不要自卑，要有自尊心。

6. 真诚的孩子受欢迎

人与人之间的交往重在一个"诚"字。待人真诚的孩子往往能赢得更多的朋友，获得家人、亲友和老师的喜爱。这种真诚表现在对人诚恳，不弄虚作假；犯了错误坦白承认，不遮遮掩掩，不说谎话骗人。

7. 正直的孩子受人喜欢

正直是一个孩子最不易形成的品质。孩子的是非分辨力是很差的。正因为如此，他们中少数人身上所具有的正直性格才那样难能可贵，受人欢迎。正直的性格主要是指孩子的行为光明磊落，不欺负别的小孩，不做坏事和对不起朋友的事。遇到坏人坏事时，要勇于与之作针锋相对的斗争。

8. 聪明的孩子受人喜欢

因为大人在与孩子进行交流或教育孩子时，有一种潜在的期待，那就是希望孩子能又快又准地领会自己的意思，使自己的劳动不至于白费。聪明的孩子比其他孩子的领悟速度快，很快就能和大人们进行沟通，因而倍受喜欢。

9. 积极主动的孩子受欢迎

孩子不能加入别人的游戏中时，心里会很难过，而掌握一些交往技巧的孩子则能主动参与到游戏中去。他们会用有趣的玩具吸引别人的注意，还会用友善的语言或动作使自己加入游戏圈子中去。

10. 懂得分享的孩子受欢迎

分享对他们来说并没有损失，相反，还会给他们带来意想不到的收获。懂得分享的孩子在游戏中会说："来吧，大家一起玩儿！"这样的孩子很快便能与其他的孩子打成一片，而不会分享的孩子则只能一个人抱着洋娃娃在旁边玩儿。

11. 懂得谦让与合作的孩子受欢迎

在游戏中孩子之间发生摩擦在所难免，有些孩子往往自以为是，总以自我为中心，不愿配合其他孩子，这些孩子的行为往往闹得大家都不愉快，结果导致游戏不欢而散。而在游戏中懂得谦让和配合的孩子却能使游戏在和谐的气氛中进行下去，自然也是下次游戏中孩子最愿合作的对象。

知道了什么样的孩子受欢迎，父母应如何帮助孩子提升受欢迎度呢？

1. 教孩子懂礼貌

这点非常重要，文明的人应该是有修养、有礼貌的。这种品质需要父母对孩子从小进行培养，从小事入手。

教孩子懂礼貌，首先是要懂得语言礼仪，关于这一点，父母必须把握下面三把金钥匙。这三把金钥匙，第一把就是要让小孩子养成说"谢谢"的习惯，当人家给他做好了一件事情的时候，要教他说"谢谢"；第二把是让小孩子说养成"对不起"的习惯，当他对人做了一件不太好的事情的时候，要教他说"对不起"；第三把是要让小孩子养成说"请"的习惯，当小孩子有求于人的时候要教他说"请"。有了这三把金钥匙，一定受人欢迎。

其次是社会规范礼仪："女士优先"、"公共场合不大声说话"、"按规定排队"等。

2. 培养孩子积极、快乐的性情

未来社会需要孩子能够勇敢地担起社会责任，具有积极乐观的生活态度、活泼开朗的性格和良好的社会品德，儿童时代的道德教育将奠定他一生的思想基础。我们大人，谁都不愿意与性格沉闷、心胸狭窄爱计较的人交往。所以，父母应教孩子学会主动跟小朋友玩，热情主动地帮助别人。

3. 让孩子知道规矩

老话说"没有规矩不成方圆"，这个世界是有秩序的，如马路上的"红绿灯"。有些性格独特，特别是在家被溺爱的孩子，以为社会像家里一样"要星星不给月亮"。

然而，社会并不会像家庭那样纵容孩子，情况甚至完全会被反过来。所以，父母要给孩子制定一些规矩，比如"在征得别人同意之前，不能乱动别人的东西"、"在楼道里不能大声喊叫，不能乱跑乱打，不能影响别人"等。

4. 教育孩子主动承认错误

孩子淘气很正常，躺着不动很可能是生病了。淘气就容易做错事，错了要勇于承认，主动道歉，求得别人原谅。如果可以补救，积极行动，将损失降到最小，这对孩子的做人做事都非常重要。

5. 学会谦让，乐意与人分享

积极适应环境，协调好与他人、与集体的关系是孩子的"必修课"，人们常说的"情商"重于"智商"就是这个意思。

在一起玩时，小朋友的性格特征显现出来：有的喜欢拔尖，以"我"为中心；有的脾气大，稍不顺心就生气或大哭。启发孩子学会谦让，把玩具与同伴一起玩，感受到"大家一起玩才有意思"。同伴有困难时，要教导孩子给予帮助，让孩子体会"朋友"的含义。

其实，让孩子学会分享并不需要为他们讲述什么大道理，我们来看两对母子逛超市的情景。

A妈妈和孩子一起选择食品，会边挑边告诉孩子："这是爷爷爱吃的，这是奶奶爱吃的，这是爸爸爱吃的，这是妈妈爱吃的，这是宝宝爱吃的。"回到家里，由孩子负责把东西分给大家。

B妈妈和孩子走进超市，妈妈对孩子说："宝宝喜欢吃什么东西，自己拿。"妈妈提着篮子跟在宝宝后面。回到家里，爸爸逗孩子："好吃的给爸爸点，好不好？"孩子却说："不行，这些都是妈妈买给我吃的，我谁也不给。"

许多家长感慨，现在的孩子太自私了，而且一点责任心也没有。其实孩子的自私与缺乏责任心很大一部分取决于家长的教育方式。将孩子真正当作家庭中平等的一员，对孩子不要只是不停给予，而总是不求回报。要让孩子学会付出，家长的言传身教是非常重要的。

父母要想使自己的孩子成为更有魅力、更受欢迎的孩子，就应该在上述方面下功夫，有意识地加强孩子的好性格。

培养孩子乐观的性格

父母箴言

　　乐观的性格是孩子应对人生中悲伤、不幸、失败、痛苦等不良事件的有力武器。如果孩子无法乐观地面对人生，就会意志消沉，对前途丧失信心，而且长此以往，还会损害身体健康。值得庆幸的是，孩子乐观的性格可以通过实践逐步培养，悲观的性格也可以在实践中逐步被改塑。

　　美国有一对兄弟，一个出奇的乐观，一个却非常悲观。

　　有一天，他们的父母希望兄弟俩的性格都能改变一些。于是，他们把那个乐观的孩子锁进了一间堆满马粪的屋子里，把悲观的孩子锁进了一间放满漂亮玩具的屋子里。

　　一个小时后，他们的父母走进悲观孩子的屋子时，发现他坐在一个角落里，一把鼻涕一把眼泪地在哭泣。原来，他不小心弄坏了玩具，怕父母会责骂自己。

　　当父母走进乐观孩子的屋子时，却发现孩子正在兴奋地用一把小铲子挖着马粪，把散乱的马粪铲得干干净净。看到父母来了，乐观的孩子高兴地叫道："爸爸，这里有这么多马粪，附近肯定会有一匹漂亮的小马，我要给它清理出一块干净的地方来！"

　　这个乐观的孩子就是后来的美国总统里根。他从报童到好莱坞明星，再到州长，直至当上了美国总统。这中间，乐观的性格起到了很大的作用。

　　乐观是孩子对未来充满信心和希望而又不断进取的个性特征。孩子对那些能够满足自己需要的事物或对象，会产生一种积极的情绪体验，而对无法满足自己需要的事物则会产生消极的情绪体验。乐观的性格是孩子应对人生中悲伤、不幸、失败、痛苦等不良事件的有力武器。如果孩子无法乐观地面对人生，就会意志消沉，对前途丧失信心，而且长此以往，还会损害身体健康。

　　值得庆幸的是，孩子乐观的性格是可以培养的。早期诱发理论认为，人的性格是在后天的环境中逐步形成的，乐观的性格可以通过实践逐步培养，悲观的性格也可以在实践中逐步被改塑。

那么，应该怎样来培养孩子乐观的性格呢？

1. 引导孩子摆脱困境

每个孩子都会碰到不称心的事情，即使天性乐观的孩子也是如此。当孩子遇到困境时，父母要多留心孩子的情绪变化。如果孩子闷闷不乐，父母无论多忙，也要挤出一点时间来和孩子交谈，教育孩子学会忍耐和坚强面对，鼓励孩子凡事多往好的方面想，不要尽往消极的方面想。

6 岁的乐乐已经上幼儿园大班了。一天，妈妈从幼儿园接乐乐回来时，就发现乐乐有点闷闷不乐。

妈妈问道："乐乐，今天幼儿园有什么高兴的事呀？"

"今天一点都不好玩。"乐乐不高兴地回答。

"为什么呀？出了什么事吗？"妈妈问道。

"今天幼儿园来了一个新同学，他很会说话，老给同学讲好笑的事情，同学们都不理我了！"原来，乐乐今天在幼儿园受到冷落了。

"那不是很有意思吗？以后，你每天都可以跟这样一个会说笑话的人玩了，你不高兴吗？"妈妈引导乐乐。

"可是，同学们都不理我了呀！"乐乐有些着急了。

"只要你和同学们一样与那位新同学一起玩，你们不是都可以玩得很开心吗？其他同学还是会跟你一起玩的呀！是不是？"妈妈问道。

"嗯，好像是。"显然，乐乐同意了妈妈的看法。一路上，乐乐又恢复了往常的快乐。

父母一定要注意观察孩子的情绪，只要孩子愿意与父母沟通，父母就要引导孩子把心中的烦恼说出来，这样，烦恼很快就会消失，孩子也会恢复快乐。当然，父母也可以帮助孩子克服一些困难，教孩子以正确的态度和措施来保持乐观的情绪，这些都是促使孩子摆脱消极情绪的好方法。

2. 父母自身要乐观

父母在教育孩子的过程中，自己首先要乐观。父母在工作、生活中同样会遇到各种困难，如何处理会直接对孩子产生影响。如果父母能以身作则，在面对困境、挫折时保持自信、乐观的心态，孩子也会受父母的影响，在遇到困难时，乐观地去面对。

平时，父母应该多向孩子灌输一些乐观主义的认识，让孩子明白，令人快乐的事情总是永久的、普遍的。不愉快的事情只是暂时的，不具普遍性。只要乐观地对待，生活仍然是美好的。

例如，碰到周末要加班去，就要对孩子说："今天妈妈要去公司加班，这表明妈妈的工作很忙。"孩子会觉得妈妈很能干，在公司是核心人员。而不要对孩子说："该死的，妈妈今天又要加班去。"因为这样孩子会觉得你是不得不去加班的，这就给孩子留下了不快乐的阴影。

3. 不要对孩子"抑制"过严

许多孩子不快乐主要是因为他们没有自由。父母的溺爱，往往会抑制孩子们的一些行为和举动，甚至替孩子包办一些事情，这样，孩子什么事都不用做，也就无法从中得到乐趣。

美国儿童教育专家认为，要培养孩子乐观开朗的性格，就不要对孩子"抑制"过严，而是要允许孩子在不同的年龄段拥有不同的选择权。

例如，对于两三岁的孩子，应该允许他自己选择早餐吃什么，什么时候喝牛奶，今天穿什么衣服；对于四五岁的孩子，应该允许他在父母许可的范围内挑选自己喜欢的玩具，选择周末去哪里玩；对于六七岁的孩子，应该允许他在一定的时间内选择自己喜欢看的电视节目，什么时候学习等；对于上小学的孩子，应该允许他结交朋友，带朋友来家里玩等。

一般来说，只有从小就享受到"民主"的孩子，才会感受到人生的快乐。因此，聪明的父母不妨做个"懒惰"的父母，让孩子自己去选择、处理自己的事情。

4. 允许孩子自由地表现悲伤

孩子在遇到困境时，往往会表现出悲伤。父母应该允许孩子自由地表现悲伤。如果孩子在哭泣的时候，父母要求孩子停止哭泣，不能表现出软弱，孩子就会把心中的悲伤积聚起来，久而久之，反而造成孩子的消极心理。

对于孩子表现出的悲伤或软弱，父母不要呵斥，应该让孩子尽情地发泄心中的郁闷，孩子发泄够了，他自然会恢复心情的平衡。当然，如果孩子需要父母的帮助，父母应该及时安慰孩子，用相同的心理去感受孩子的情绪，努力引起孩子的情感共鸣，从而缓解孩子的不良情绪。

5. 对孩子进行希望教育

乐观的孩子往往对未来充满了希望，悲观的孩子则往往觉得没有希望。因此，父母要对孩子进行希望教育。希望教育是一项细致的工程，需要父母及时地感受到孩子的沮丧和忧愁，帮助孩子驱散心中的阴影。

平时，父母要多引导孩子看到自己的进步和成绩，鼓励孩子想象自己的美好未来，让孩子对自己的未来充满希望。只要孩子对未来充满了希望，孩子必定会以乐观的心态去面对生活中的事情。

6. 丰富孩子的精神生活

丰富孩子的精神生活可以使孩子把注意力转移到其他事情上。

一方面，父母要鼓励孩子广泛阅读，让孩子在阅读中增加知识，升华思想。可以选择阅读伟人的故事、童话、小说等文学作品。

另一方面，父母要鼓励孩子多交朋友，为孩子创造与同龄人交往的机会，如带孩子到邻居家串门，邀请其他孩子到家里来玩等。

另外，父母可多搞一些活动，如带孩子外出游玩；也可让孩子做一些创造性的活动，如利用废物制作小作品，通过丰富孩子的精神生活，让孩子在各种活动中体会生活的乐趣，增强对生活的信心，培养孩子乐观的性格。

天真活泼的孩子人见人爱

父母箴言

天真活泼是孩子健全人格的开端，是一生幸福、活力和创造力的源头。不活泼的孩子很难受到小朋友们的欢迎，长大后也不易融入社会。孩子正处于可塑性极强的阶段，只要父母平时注意教育孩子的方式和方法，及时进行正确的引导，就会培养出一个天真活泼的孩子。

有些孩子胆小怕生，不够活泼，家里来了客人，总喜欢躲到爸爸妈妈身后。

对于这样的孩子，父母要有耐心，不要对孩子吼："你躲什么躲，叔叔又不是老虎。""你哑巴了？阿姨问你话了。"这些不合情理的话，非但不利于改善孩子的性格，反而会给孩子造成更大的压力。父母应该找出其中的原因，从根本上解决问题。

其实，孩子不活泼除了与遗传有一定的关系之外，很大程度上还与孩子后天的成长环境和父母的教育方法有关。

有的父母对孩子期望过高，要求孩子像大人那样自觉地坐着，聚精会神地看书，孩子感到十分好奇的东西不准去摸、去玩，使得孩子习惯于按照父母的意愿去做事；有的父母为了保持室内清净和服装整洁，怕弄脏房间、衣服，对孩子的游戏加以限制，使孩子不敢玩、不敢动，逐渐变得死板；有的父母自己本身就很忧郁，易怒，天长日久，孩子也变得情绪恶劣；有的家庭气氛紧张，父母对孩子态度严肃，孩子经常感到紧张、压抑；有的父母平日里忽视给孩子创造足够的与小朋友交往的机会；有的孩子身体不好会影响做事的态度……

可见原因各式各样，十分复杂。让孩子有一个活泼的性格，是为人父母者共同的心愿。活泼的孩子做事积极主动，思维活跃，勇于探索，能够通过自己的活动获得新知识和新信息；活泼的孩子适应性强，对周围的事情能够保持一种乐观的态度，对人非常热情，也乐于与人交往。活泼的性格能使孩子保持愉快的情绪、健康的心理，有利于孩子想象力与创造力的发展；能使孩子更容易得到同伴和社会的欢迎，使孩子的个人生活充满欢乐和情趣；还能使孩子较好地对待挫折和烦恼，有较强的心理承受能力。

那么，父母应怎样做，才能培养孩子活泼的性格呢？

1. 健康的身体是活泼开朗性格的体质基础

如果父母们注意观察，就不难发现，孩子在健康的时候情绪通常是非常好，而如果生病了，他的情绪和活动就会出现异常。有的父母反映，孩子平时很好，做什么事情都按照规律去做，可是得了一场病之后情况全变了，这是因为生病容易冲破他原来已经养成的好习惯。因此父母要重视培养孩子健康的身体，让孩子有好的营养、充足的睡眠、足够的运动，以培养孩子健康的体魄。

2. 良好的家庭氛围是孩子活泼开朗性格形成的土壤

家庭应保持民主、和睦、宽松的气氛，不盲目按照自己的意愿去安排孩子的活，保留孩子对合理要求的选择权。孩子在这样的环境中心情轻松愉快，言行无拘无束，有什么想法都敢于、乐于和父母交流，容易养成活泼的性格。

父母要注意把孩子看作是"平等"的人，尊重孩子的自尊心，关心他们的成功与失败，切勿用粗暴简单的方式对待孩子。建议父母每天抽出 15～20 分钟时间和孩子聊天，内容可以是孩子喜欢的图书、游戏、活动等等。

另外，父母应注意自己的情绪、性格以及为人处事对孩子潜移默化的影响，做到乐观豁达，不把自己的坏情绪传递给孩子。

3. 及时帮助孩子摆脱不良情绪

孩子往往有时因为一点小事不高兴，或哭或闹或闷在心里，整天情绪低落。这时父母应注意引导孩子在心情不好的时候出去活动，转移注意力，调整自己的情绪。同时，也要多鼓励孩子自己去克服困难。建议如下：

（1）鼓励孩子从事体能运动，如跑步、爬山、跳绳等；

（2）鼓励孩子将心中的不悦或委屈用画画表现出来，并可以在画中做任何处置；

（3）鼓励孩子用唱歌的方式排解心中的不悦。

4. 不要让知识扼杀孩子的天真

过早地对孩子进行知识教育扼杀了不少孩子活泼的天性。一位童话作家说，一个民族如果小孩说大人话办大人事，那么大人必然说小孩话办小孩事。可惜的是，有的父母虽舍得为孩子花时间，却盲从社会上盛行一时的早期教育，热衷于让幼儿园里的孩子学认字，学算术；有的家长一心把孩子培养成天才，让孩子在一个又一个的特长班之间奔波……

还有的父母对孩子进行科学教育，他们给孩子证明地球是圆的，但孩子生活的大地分明是平坦地向四面八方展开的。而且，孩子们直观地看到，并不是地球围绕着太阳旋转，恰恰相反，分明是太阳从东向西在他们头顶上转。

孩子的确错了，但父母没有必要急于纠正孩子的这种常识性错误，这样做只会在孩子头脑中留下一个解不开的疙瘩。

孩子的世界要比成人的那个所谓客观世界丰富、广阔、有趣得多。在他们看来，星星会眨眼，树叶也会沙啦啦的絮语长谈……他们自由自在地生活在自己的天方夜谭里，而父母向他证明的科学真理，在孩子心目中，恰恰是不着边际的天方夜谭。所以，父母不必急于向孩子灌输所谓的科学知识，孩子早晚会明白那些道理，给孩子留一个思想的空间不是更好吗？

5. 避免对孩子要求过高

对孩子要求过高，就难免会过分严厉地指责和批评孩子。孩子的本性是很活泼很爱说话的，有的父母嫌孩子唠唠叨叨，就严厉斥责孩子，结果造成孩子不敢说话，死气沉沉。在孩子该练习说话的年龄，如果不让他说话，他怎能学会用语言流利地表达呢？所以，只要顺其自然，不吓唬、压制孩子，他便能养成活泼大方的性格。

6. 帮助孩子扩大生活面

有的家长，特别是孩子的爷爷、奶奶总怕孩子受别人欺负，于是就不让他跟别的小朋友玩；或还没等孩子把话说完，已经按孩子的要求去做了。孩子既不需要动口，也不需要动手，这种过分依赖的孩子是不可能健康活泼的。

父母可以经常带孩子串串门，先从小伙伴开始，逐渐扩大至亲朋好友。举行生日会，与小朋友一起表演节目、画画、做泥塑等也可以多尝试；也可以在去菜场、商场购物后，大人站在一旁让孩子自己去付款，习惯与生人接触后还可让孩子单独去便利店买一些零星物品；还要经常和孩子一起观看"欢乐蹦蹦跳"之类的儿童电视节目，鼓励孩子一起唱一起跳。

7. 不要让物质代替亲情

物质生活的丰富并不等于童年的快乐，更重要的是父母时间与精力的合理付出。值得警惕的是，一些经济条件很好的成年人，以优越的物质条件代替自己与子女同在的时间，把孩子寄宿在高价幼儿园里，富孩子成了情感生活的贫儿，高兴不起来，自信心也不足。

父母做到了上述几点，时间长了，孩子自然会恢复天真活泼的天性。

孩子性情活泼，当然令人喜欢，但如果活泼得过了头，太放肆了，没有一点儿规矩，同样会令父母们头疼。做父母的都希望，如果自己的孩子性情活泼又规矩，那该有多好啊！然而，父母在培养、教育、训练和管理孩子的实践中，要真正做得好，达到预期的目的，实在是一件很不容易的事。

现实生活中，许多父母往往不由自主地走上了这样一个极端。为了让孩子活泼，就不讲任何纪律，任其为所欲为，一点儿规矩也没有，结果，孩子无法无天，放肆任性；为了让孩子有规矩，就不给孩子一点自由，这不许做，那不许做，结果把孩子弄得缩手缩脚，"未老先衰"，成了父母手中"呆板"的"木偶"，"牵之则动，息之则止。"

要把孩子培养成既活泼又守规矩的孩子，父母一定要掌握分寸，根据自己孩子的实际情况，确定究竟是要对孩子管得严一点还是要管得松一点。如此，举一反三，触类旁通，才能培养出既不失天真活泼，又落落大方的孩子。

培养孩子开朗的性格

父母箴言

父母的性格会决定家庭的氛围，而氛围会像空气一样被孩子吸入体内，不由自主地影响其性格。在一个民主、欢乐、和睦、文明的家庭环境里，孩子才会情绪稳定、感情丰富、自信心强，进而才会形成开朗的性格。

谁都喜欢开朗的孩子。开朗的孩子总是情绪良好，笑口常开；开朗的孩子不小心眼，不爱生气；开朗的孩子善于与人相处，不孤僻……显然，开朗是一种良好的性格，有利于孩子的身心发展，有利于孩子成材。

孩子的天性是快乐的、活泼的，为什么会有不开朗的孩子呢？

不可否认，孩子性格不开朗有先天的成分。有些人天生性格外向，而有些人天生性格内向。一般来说，不开朗的人多是内向的，但这并不是绝对的。内向的人并不一定不开朗，有很多内向性格的人也是开朗的。这说明先天因素虽有作用，但却不是开朗与不开朗的决定因素，起决定作用的是环境对孩子的影响。

一般来说，孩子畏缩、不合群、不开朗的原因主要有以下几点：

（1）父母望子成龙心切，对孩子要求过高、过严；

（2）孩子胆子小，不够自信，不善于表现自己；

（3）孩子生活很闭塞，几乎没有朋友，整天处于孤独沉闷之中；

（4）父母不开朗，使得家庭环境没有生机和活力，直接影响了孩子。

那么，如何解决这些问题，使孩子拥有开朗的性格呢？教育专家们给父母们提出了如下几点合理化的建议：

1. 给孩子一定的自由民主

父母要满足孩子的归属感，使孩子感到被爱、被尊重，不要盲目按照自己的意愿去安排孩子的活动，要保留孩子对合理要求的选择权。孩子在这样的环境中才会心情轻松愉快，言语无拘无束，有什么想法都敢于、乐于同父母交流，也就容易形成活泼开朗的性格。

父母应根据孩子的不同需要，给他们提供更多的选择机会，尽量避免呆板的说教，并通过与孩子之间的互动，促进孩子个性更好的展示与发展。父母不要过多的干涉孩子，规定孩子今天必须干什么、怎么玩、达到什么强度，明天干什么、怎么做等等。这样很容易打消孩子的积极性，错过他们自愿训练的机会，使孩子变得唯唯诺诺、不敢表现。

2. 引导孩子建立和谐的人际关系

不善交际的孩子大多性格抑郁，因为享受不到友情的温暖而孤独痛苦。性格内向、抑郁的孩子更应多交一些性格开朗、乐观的同龄朋友。

如果说父母是孩子性格的第一位影响者，同龄小伙伴则是孩子形成良好性格、学会为人处事的最好的老师。因为，在与自己的同龄人交往时，孩子会全身心放松、无拘无束，容易形成和保持良好的心境。当孩子在社交中表现得合群时，父母要及时鼓励、强化，这样会对孩子形成开朗的性格有所帮助。

对于性格偏内向的孩子，父母应鼓励他们"走出去"，多到同龄小朋友的家里做客。也可以为孩子"请进来"，邀请孩子的小伙伴到家里来玩。孩子尝到当小主人的滋味，一般都会兴奋、喜悦，会主动带小伙伴参观家里，忙里忙外地招呼自己的小客人，这样不知不觉中他们就增强了自信心，塑造了开朗的性格。

另外，父母还要教会孩子与其他年龄段的人融洽相处。与他人融洽相处者心中较为光明。父母可以带领孩子接触不同年龄、性别、性格、职业和社会地位的人，让他们学会与不同的人融洽相处。此外，父母自身更应与他人相处融洽，热情待客、真诚待人，给孩子树立起好榜样。

3. 生活不宜过分优裕

物质生活的奢华反而会使孩子产生一种贪得无厌的心理，而对物质的追求往往又难以自我满足，这就是为何贪婪者大多并不快乐的真正原因。相反，那些过着普通生活的孩子往往只要得到一件玩具，他们就会玩得十分快活。

其实，满足孩子合理的要求就会促进孩子保持愉快的情绪。对孩子百依百顺，盲目满足孩子所有的要求，或者不管孩子的要求是否合理，均以冷漠对待，都不利于孩子合理情绪的培养。

4. 信任和认可孩子

孩子不开朗，不敢大胆表现自己，往往是因为缺乏自信心，无可奈何时孩子还会以哭的方式来解决。孩子的自信来源于父母对他们的信任、认可与诚挚的鼓励以及孩子成功感、自豪感的体验等。

要使孩子有自信，父母首先要对孩子充满信心，认为他能行。父母要注重自己的言行，试着用亲切的微笑驱散孩子的自卑，用信任的目光消除孩子的胆怯，用慈爱的抚摸鼓励孩子的进步。孩子在父母的信任和认可下，看到自己的点滴进步，相信自己一定能行。

父母还应从发现孩子的优点入手，及时给予肯定和鼓励，不断强化其积极向上的心理。即使孩子出现失误、错误，父母也不要一味训斥、批评，这样会使孩子更紧张、胆怯，我们应该微笑着对他说："没关系，再来一次！""加把劲，会成功的。"

有时孩子因害怕自己不成功，而不敢表现自己，父母应该给孩子制造机会让他们展示自己。父母针对孩子的实际能力，适当降低标准去要求他、鼓励他，往往会产生意想不到的效果。这会使孩子从不难获得的成功体验中获得自信，并争取更大的进步。

5. 给孩子营造开朗的家庭氛围

家庭的气氛、家庭成员之间的关系在很大程度上会影响孩子性格的形成。一个充满了敌意甚至暴力的家庭，是绝对不可能培养出性格开朗的孩子的。

父母要为孩子提供一个愉快、宽松的成长环境。父母的情绪愉快稳定，在日常生活中会感染孩子，孩子的情绪也会处于愉快的状态。父母要根据孩子的年龄特点给予孩子所需要的爱，这种爱不仅能培养孩子的愉快情绪，而且是其人格建构中不可缺少的组成部分。

有研究表明，孩子的性格与父母的性格有着密切关系，因为父母的性格会潜移默化地作用于孩子，父母的性格也会决定家庭的氛围，而氛围会像空气一样被孩子吸入体内，不由自主地影响其性格，例如，一些过分内向的孩子，其父母往往就是内向的。为此，父母要注意自身具有良好的性格，以自己的开朗影响孩子是最自然，最有效的方式。

6. 父母的言行影响孩子的性格

孩子在适应家庭环境的过程中，常以父母为最直接的模仿对象，形成自己的心理定式和性格特征。婴幼儿对父母的态度特别敏感，父母的言行举止足以影响孩子的情绪、意志和行为，久而久之内化为孩子的性格。父母开怀大笑，孩子就会高兴得手舞足蹈；父母怒气冲天，孩子就会吓得胆战心惊。所以，父母要保持常态的、稳定的情绪，即使心情不好也要在孩子面前做到乐观豁达，以便对孩子产生潜移默化的良性影响。

父母对孩子表达爱意的方式也会影响孩子的性格。对小婴儿的爱可以外露，使他感受到父母的疼爱和保护。对两三岁的孩子，既要平等严肃，又要呵护有加，这样孩子才能快乐、自信、开朗，而且独立性强。此外，和母亲相比，父亲的胸襟相对比较宽广，性格也更开朗。有研究发现，孩子与父亲接触的机会越多，性格就会越健全。所以，尽管当父亲的工作压力大，也要抽出时间多和孩子接触。

7. 引导孩子释放不愉快的情绪

在日常生活中，不可能完全避免孩子不愉快情绪的产生，也是没有必要的，关键是要帮助孩子通过适当的途径来释放它。大多数孩子在与小伙伴玩时会感到愉快和欢乐，因此父母就可以多为孩子创造这样的机会，帮助孩子释放不愉快的情绪，也可设法转移孩子不愉快的情绪，避免长时间持续这种情绪。

比如，可以让孩子参加运动，可以让孩子玩玩游戏，可以陪孩子聊天，等等。

第六章
对孩子进行美德教育

谦虚的孩子才会努力上进

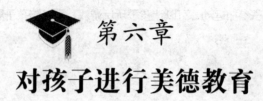
父母箴言

骄傲会使孩子夸大自己的优点，不去正视自己身上的问题，进而把别人看得一无是处。这样的孩子听不进别人善意的批评，总是处于盲目的优越感之中，从而逐渐放松对自己的要求，进而导致成绩下降，最后变得不那么优秀了。

在当今社会特定的家庭环境中，一些独生子女往往不能正确对待荣誉与成绩，有的骄傲自大看不起同学，有的拔尖逞能，有的盲目自满、有点成绩就沾沾自喜，有的把集体的成绩看成个人的，这些将最终影响他们的不断进步甚至脱离同学、脱离集体，最终失去目标成为一个后进同学。所以，父母应从小培养孩子的谦逊品格。

有人去问爱因斯坦，说："您老在物理学界可谓是空前绝后了，何必还孜孜不倦地学习呢？何不舒舒服服地休息呢？"

爱因斯坦并没有立即回答他这个问题，而是找来一支笔、一张纸，在纸上画了一个大圆和一个小圆，对那位年轻人说："在目前情况下，在物理学这个领域里可能是我比你懂得略多一些。正如你所知的是这个小圆，我所知的是这个大圆，然而整个物理学知识是无边无际的。对于小圆，它的周长小，即与未知领域的接触面小，他感受到自己未知的少；而大圆与外界接触的周长长，所以更感到自己未知的东西多，会更加努力地去探索。"

9 岁的儿子也曾问爱因斯坦："爸爸，您为什么那样有名呢？"

爱因斯坦听了哈哈大笑，他对儿子说："你看，瞎甲虫在球面上爬行的时候，它并不知道它走的路是弯曲的。我呢，正相反，有幸觉察到了这一点。"

爱因斯坦就是这样一个谦虚的人。名声越大，他就越谦虚。

事实也是如此。"生命有限，知识无穷"。任何一个人，即使他在某一方面的造诣很深，也不能说自己已经彻底精通，不需要再学了。如果有那样的人，他必将很快就被同行赶上并超过。

骄傲是一种不良的心理状态，孩子，特别是聪明的孩子，常容易产生骄傲自满的情绪，父母应该给予积极的引导，使其心理健康发展。那么，父母应怎样培养孩子谦虚的品性呢？

1. 让孩子认识到骄傲的危害

父母要向孩子讲明道理：谦虚使人进步，骄傲使人落后。谦虚的人会不断学习新知识、新事物，学习别人的长处和先进经验，使自己不断进步；而一个骄傲的人则会自满自足，不愿学习别人的优点长处和新知识新事物，他不但会原地踏步，还会掉队。

此外，谦逊的人往往还懂得尊重他人，团结他人，而团结谦逊的结果往往能凝聚起更大的力量，取得更大的进步。盲目骄傲自大的人就像井底之蛙，视野狭窄，瞧不起别人，这往往会影响团结，导致失败。所以谦逊会迎来成功，骄傲会导致失败。

当然，父母还要让孩子分清自信和骄傲的区别。

自信是一种积极的人生态度，它能使人乐观上进；而骄傲是对自己的不全面的认识，是盲目乐观，常会让人不思进取。对于父母来说，应该培养孩子的自信心，但不能让他们滋长骄傲自满的情绪。形式上两者有很大的相似性，常会让人迷惑，孩子们常会把自己那点小得意看作自信，这时父母应该帮孩子分辨出两者的区别。

2. 帮助孩子全面认识自己

孩子产生骄傲情绪往往是由于自身存在某方面的特长和优势，父母应该帮孩子分析产生骄傲的根源：是学习成绩比较好、有某方面的艺术潜质，还是有运动天赋什么的。然后让孩子认识到，山外有山，人外有人。他的这种优势只限定在一个很小的范围内，在一个更大范围就不算什么了；正确的态度应该是积极进取，而不是骄傲懈怠，因为优势往往和不足并存，努力弥补不足才能不断完善自己。

父母要教育孩子，取得了一定的成绩，这确实是自己努力的结果，但是不要忘记这里也包含着家长的培养、老师的教诲和同学的帮助。

另外，不正确的比较往往也容易滋长骄傲情绪。拿自己的长处与别人的短处相比较，结果自然容易沾沾自喜。父母应该开阔孩子的胸怀，引导他们走出自我的狭小圈子。带他们到更广阔的地方走走，陶冶他们的情操；让他们了解更多的历史名人的成就和才能，以丰富的知识充实头脑，使之变骄傲为动力。

3. 让孩子正确面对批评建议

正确面对批评和建议是终身的学问，骄傲自满往往也和不能很好处理别人的批评和建议有关。

一个成绩很好的孩子很自负，在学校根本不把老师和同学放在眼里。

有一天，班主任老师批评了他，他回到家里一脸不高兴，还赌气说："当个老师有什么了不起的！我不去上学了！"

妈妈问明了情况，告诉孩子："爸妈和老师批评你，并不是看不起你，而是希望你进步。我们当然知道批评你，你会不高兴，甚至还会怨恨我们，那为什么我们还是选择了批评你呢？孩子，大人都是希望你能进步呀！老师也是这么希望的。"

在妈妈的教育下，孩子向老师承认了错误，并慢慢改正了自负的缺点。

要让孩子明白，批评往往直指一个人的缺点，如果一个人能够接受批评，他就能够比较清楚地看到自己的缺点；若能经常听取别人的意见或建议，就能不断充实和完善自己。

4. 避免过度表扬孩子

为了避免孩子骄傲，教育家卡尔·威特先生非常注意培养儿子谦虚的性格，并尽量避免别人轻易表扬他的儿子。因为他知道，孩子一旦滋长骄傲自满的情绪，他的前途就毁了。

一次，一个久闻小威特擅长数学的督学官想考考他。按照惯例，威特先生要求对方答应自己的条件，即"不管考得怎样，绝不要表扬我的儿子"。商量妥当后，威特先生就把特意打发出去的儿子叫进来，考试就开始了。

越考那位督学官越感到惊异，因为每一题小威特都能用两三种解法去完成，也能按他的要求去解题。这样他就不由自主地想要赞扬威特了。威特先生赶紧给他递眼色，他这才住了口。

考着考着就进入了学问的深层，并最终到了督学官所不熟悉的领域。这时，他不由自主地叫了起来："哎呀！真是超过了我啊！"

威特先生想，这下坏了，就立即泼冷水："哪里，哪里，由于这半年儿子在学校里听数学课，所以还记得。"

督学官还不死心，又对小威特说："你再看看这道题，这道题欧拉先生考虑了三天才好不容易做出来。如果你能做出来，那就更了不起了。"

可是，没过多久，小威特就做出来了。这时督学官有些不高兴地说："你事先知道这道题吧。"小威特一听感到很委屈，含着眼泪反复声明自己不知道。

这时督学官说："如果没见过这道题，你就胜过欧拉这个大数学家了。"

威特先生掐了一下督学官的手，立即说："瞎鸟有时也能捡到豆，这也是偶然的。"

督学官这才领会到威特先生的意图，点着头说："是的，是的，"然后附耳小声对威特先生说，"哎呀！我真佩服你的教育法。这样的教育，不管你儿子有多大的学问也绝不会骄傲。"

太优秀的孩子往往经不起表扬，表扬过多往往会导致孩子骄傲自满心理的产生。父母在表扬孩子的时候要注重表扬孩子的某种行为，不要表扬孩子本身——这是表扬的一个技巧。

别怕宽容的孩子会吃亏

父母箴言

做父母的，既可以将自己的孩子培养成胸怀广阔的人，同样也可以将孩子培养成心胸狭窄的人。在价值观日趋多元化的今天，培养孩子学会宽容，以宽广的心胸、豁达的心态笑对人生中的风风雨雨，比以往任何时候都显得重要。

宽容是一种非常美好的性格，它主要表现为对别人过错的原谅。这种性格对于孩子个性的健康发展，尤其是情感的健康发展，以及孩子良好人际关系的建立都有着非常重要的意义。富有宽容心的孩子往往心地善良，性情温和，惹人喜爱，受人拥护，而缺乏宽容心的人往往性情怪诞，易走极端，不易为人亲近，因而人际关系往往不好。

现在的孩子大多数都是独生子女，有些父母时常对自己的孩子灌输"不能吃一点亏"的思想。他们在送孩子上幼儿园前，叮嘱孩子最多的是，不能被人欺侮，谁打你一下，你一定还他一下。有的家长见自己的孩子"吃了亏"，甚至全然不顾当叔叔阿姨的尊严和良知，竟对"肇事"的孩子老拳相加，以大欺小、贻笑大方。倘若双方家长都有"护犊子"症，那又会引出更加不良的后果。

在某公园里，两个孩子为争骑一匹石马相持不下，各不相让。这使得双方父母大动肝火，由相互指责、怒斥，发展到两家六口的"短兵相接"，直到保安出现，才制止了这场令人啼笑皆非的打斗。

父母是孩子的第一任老师，试问，他们的行为会给孩子幼小的心灵留下什么样的烙印呢？爱孩子就要为孩子长远打算。父母的这种行为不仅会导致孩子不能处理好同学之间的关系，而且还会影响到孩子将来人际关系的处理，甚至会影响到孩子日后的夫妻关系。因此，教会孩子学会宽容，不光是为了孩子的今天，更是为了孩子将来的幸福。

别人做了对不起自己或有损于自己的事情，不要耿耿于怀，不要过分计较在意，能够笑一笑过去，就笑一笑过去。宽容是一种美德，是一种做人的风度和境界。宽容能使人性情温和，能使心灵有回旋的余地，能消除许多无谓的矛盾。宽容的人，时时处处都会受到人们的拥戴，因此他们能够处理好各种人际关系，能够很快地适应各种不同的环境，能够融洽地与人合作，充分发挥自己的潜能。

一位幼儿园阿姨曾讲过这样一个故事：

刚来幼儿园的时候，有一天，我带着小朋友去学校体育馆玩，由于孩子特别多，我一时疏忽，在游玩结束后，少数了一个，将一个小孩留在了网球场。

等我发现人数不对时，就赶快跑回来，将那个孩子带回来。那个孩子因为一个人在网球场，受到了惊吓，哭得十分伤心。

不久，小孩的妈妈（一个年轻教授）来了，看到了自己哭得可怜兮兮的孩子。

当时我特别害怕，生怕这个妈妈会痛骂我一顿，然后直接向幼儿园领导提出抗议，最后很生气地将小孩带走，转到别的幼儿园。出乎我意料的是，这个妈妈并没有这样做！

她蹲下来，安慰自己的小孩，并且很理性地告诉他："已经没事了，那个阿姨因为找不到你而非常紧张，并且十分难过，她不是故意的，现在你必须亲一亲那个阿姨的脸蛋，安慰她一下。"

当时那个小孩踮起脚尖，亲了亲蹲在他边上的我，并且说："阿姨，不要害怕，我已经没事了。"

这就是区别，人和人之间素质的区别。一个年轻的女教授对自己儿子的教育，与大多数人的不一样。

做父母的，既可以将自己的孩子培养成胸怀广阔的人，同样也可以将孩子培养成心胸狭窄的人。但为了孩子的幸福，为了孩子将来能有所作为，我们应当教孩子学会宽容。现在有很多父母都把自己的孩子教育成了尖刻、自私、倔强、以自我为中心的孩子，而只有像这个年轻的女教授一样的教育，才能培养出宽容、体贴的孩子。

作为父母，我们应当从哪些方面入手培养孩子宽容的性格呢？

1. 为孩子树立宽容的榜样

孩子最初是从父母那里学习待人接物的方式的。父母宽容、大度、遇事不斤斤计较，与邻里、同事之间融洽相处，孩子就会学着父母的样子处理同学之间的关系，也会变得宽容、好善、乐于与人相处。

伟大的教育家马卡连柯曾指出，父母"在开始教育自己的子女之前，首先应当检点自身行为"。让孩子学会宽容，父母自己首先应有宽容的品质。如父母本人心胸狭窄，无视他人意见，习惯于将自己的意志强加于人，不给人改错的机会，为一点小事争执不休，为一点小利斤斤计较，这类父母的孩子又怎么能学会宽容呢？孩子是父母的影子，父母有一颗宽容之心，宽容的品质才会再现在孩子身上。

2. 教孩子学会"心理换位"

所谓心理换位，就是指当双方产生矛盾时，能够站在对方的角度上思考问题，思考对方何以会如此行事、如此说话。一个人如果能够做到这一点的话，就能够理解对方，就能够减少很多不必要的矛盾。

许多孩子只习惯于从自己的角度思考问题，而从不替别人考虑。要消除这种现象，父母就要教孩子学会"心理换位"。

会下棋的人都会考虑，我这样，对方会怎样应对，对于对方的应对，我又应当如何回应。处理生活中的问题也是如此，能够"心理换位"，能够站在对方的位置思考，能够设身处地地多为对方设想，许多矛盾就都容易化解了。

站在父母的角度上考虑，就会理解父母的良苦用心；站在老师的角度上思考，就会理解老师的艰辛；站在同学的角度上思考，就会觉得大多数同学是可爱可亲可交的。所以，教孩子学会心理换位是非常必要的。

3. 告诉孩子人人都有缺点

金无足赤，人无完人，有缺点和不足乃是人性的必然。和同学交往，和朋友相处，只要对方的缺点不是品质方面的，不是反社会的，就完全没有必要求全责备。多原谅一次人，多给人一次宽容和理解，也就为自己多找了一份好心境。

当然，宽容不是怕人，不是懦弱，不是盲从，不是人云亦云，这一点是必须向孩子讲清楚的。必须让孩子知道宽容是明辨是非之后，对同学、朋友的谦让，而不是对坏人坏事的妥协。对坏人和得寸进尺的人是没有必要宽容的。

4. 教孩子树立平等的观念

人与人之间有差异、观念与观念之间有冲突，这本是常事。问题是不能唯我独尊、一切以"我"为标准，而要尊重不同的信念、价值观，尊重他人不同的思维和行为方式。这种尊重，是宽容的必然内涵。

5. 教育孩子正确看待名利

孩子有上进心，也有虚荣心。要保护并充分用好孩子的上进心，促使其保持旺盛的学习热情，在积极参与集体活动的过程中不断提高综合素质，但是也要防止孩子过分看重外在的荣誉。宽容与虚荣是一对矛盾，虚荣心多了，必定心态不平衡，与人争不必要的虚名，时时争、处处拼，最后不一定是好事。家长如何教育孩子正确看待名誉、将来正确看待金钱，这确实是培养宽容心态的重要方面。

6. 帮助孩子开阔视野

所谓宽容，归根到底是对不同于自身甚至与自身观念、利益相冲突事物的宽容。要让孩子充分了解世界的丰富多样性、纷繁复杂性，了解除我们的生活状态外，还有许多种不同的活法。让孩子明白多元性、复杂性是世界的常态，帮助他接受、融入这世界，而不是固守自己的小天地。这就有了一个最基本的宽容的基础。

父母可以带孩子游历祖国的大好河山，让浩瀚的海洋、奔腾的河流、秀丽的湖光山色陶冶孩子的心灵，开阔孩子的视野和胸襟。

除此之外，父母也可以通过给孩子讲故事的方式，让孩子知道别人是怎样做到宽容的。

让善良融入孩子生活的细节中

父母箴言

父母应该明白，让孩子成为一个善良的人，不是讲两次大道理就能做到的，需要每天，甚至每时每刻，用自己的一言一行把善良融入生活的细节中。只有这样，才能把善良之根植于孩子心中。

一位教育家曾讲过这样一个故事：

有个小学三年级的学生，捉到了几只羽翼未丰的小麻雀，玩弄了一阵之后，就把它们关进了课桌里。后来老师打开课桌，发现那些小麻雀都已经奄奄一息了。老师狠狠批评了他。为什么呢？教育家说：因为这小孩子对小麻雀太残忍了。

几个放学的小学生，发现了一只流浪猫。"打！"一阵乱石过后，寒风中的小猫已经没有能力逃跑了，可顽皮的孩子仍不罢手，他们不知从哪儿弄来了一些汽油，把汽油倒在小猫身上，然后点燃了小猫的尾巴，在孩子们的大笑声中，小猫在火舌中奔跑、惨叫……

教育家苏霍姆林斯基说："从一个小孩如何对待鸟、花、树木，可以看出他的道德，他对人的态度。"不爱护小动物，看似事小，其影响却不小。一个孩子从小虐杀小动物，长大之后，很可能就要杀人。一个孩子假若没有善良，他的聪明、勇敢、坚强、无所畏惧等品质越是卓越，将来对社会构成的危险就越可怕。所以，如何培养孩子从小就树立仁爱之心、善良之心，已成为父母需要迫切关注的一个问题。

那么，怎样才能使孩子有颗善良的爱心呢？请先看一个小故事。

一个小女孩在一片草地上发现了一只被荆棘弄伤了的蝴蝶，她小心翼翼地为它拔掉刺，让它飞向大自然。后来，蝴蝶为了报恩化作一位仙女，对小女孩说："你很善良，请你许个愿，我将让它实现。"

小女孩想了一会儿，说："我只希望快乐。"仙女弯下腰来在她耳边悄悄细语一番，然后就消失了。小女孩果真很快乐地度过了一生。

她年老时，邻人求她："请告诉我们吧，仙女到底说了什么？"她笑着说："仙女告诉我，我们周围的每个人，都需要我们的关怀。"

也就是说，仅仅因为心中有爱，懂得去关怀别人，故事中的小女孩便拥有了一生的快乐。但愿做父母的能从这个快乐秘诀中，领悟到鼓励和引导孩子有一颗善良之心的道理和做法。

1. 让孩子爱自己的妈妈

常常听到周围的一些母亲抱怨：孩子如何不关心母亲，有的甚至打骂母亲。母亲用血乳养育了孩子，孩子却忘恩负义。

有一个男孩，满口脏话，经常欺负女生，甚至连女老师也不放在眼里。虽然老师曾多次对他进行教育，但收效甚微。这个孩子瘦瘦弱弱，并不像野蛮的孩子。问题的原因究竟在哪里？直到有一天老师去家访才恍然明白。

那天开门迎接老师的是他的父亲，老师便随口问了声孩子的母亲在哪里，他的父亲就轻蔑地说：还瘫在床上呢，死猪婆！父亲当着孩子的面，且不顾有外人在场侮辱自己的妻子，怎么可能在孩子心中树起母亲崇高神圣的形象呢？孩子又怎么能很好地去尊重他周围的女性呢？老师愤怒至极，当着孩子的面，批评了他的父亲，这位父亲也意识到自己的行为对孩子的不利影响，感到惭愧和后悔，向妻子道了歉，后来也学会了尊重妻子。这个孩子的毛病也慢慢改掉了。

父母是孩子爱的启蒙教师。孩子正是从父母彼此相爱、相待中感受到家庭之爱，学会爱人的。一个连自己的妈妈都不爱的人，是不可能去爱别人的。父亲对母亲的一言一行都影响孩子对母亲的态度。从父母恩爱、彼此尊重的家庭里走出来的孩子，他们对家人温和亲爱，对外人也谦让有礼。

爱妈妈是爱的萌芽、善的开始。培养孩子尊重妈妈、爱妈妈可以让孩子从以下几点做起：

（1）不要对妈妈高声大嚷；

（2）不要嫌弃妈妈的唠唠叨叨，因为这也是妈妈的爱；

（3）孩子要关心妈妈，关心妈妈的身体，体贴妈妈的困苦，在妈妈遇到困难的时候，要勇敢地站在妈妈的身旁说：妈妈，不怕，有我在这里；

（4）教孩子感谢妈妈，感谢妈妈为了他付出了自己美丽的青春和宝贵的一生。

如此，培养出来的孩子才可能具有细腻温柔的爱心。

2. 培养孩子的同情心

人们发现，幼年、童年饲养过小动物的孩子，感情比较细腻，心地比较善良。相反，从小没有接触过小动物的孩子会感情冷漠。特别是在与同学发生矛盾冲突时表现为冲动易怒，出口伤人，行为残忍，并且会欺负弱小的同学。总之，缺乏同情心的心灵坚冷如石。

为了培养孩子的同情心和丰富细腻的感情，年轻的父母可以在条件允许的情况下，支持孩子饲养小动物。在马克思不太宽敞的家中，就喂养着各种各样的小动物，鸟、猫、狗等，只要孩子想养，父母都允许。没有同情心就没有善良，没有善良就没有人道。父母有责任培养和保持孩子的心永远善良、柔软。同情心是一种重要的心理品质。富于同情心的人善于了解别人的处境，随时准备从道义上、行动上支持别人，从内心深处关心人、同情人。没有同情心的人，他只关心自己，只顾自己的快乐，而无视别人的痛苦，在他的心目中不会有他人幸福的概念，他甚至会把自己的欢乐建立在别人的痛苦之上。

汉斯的女儿雪丽刚会走路，汉斯就送给她一只小兔子。雪丽爱它如珍宝，刚会写一点字，就开始为它作生长记录，自觉地担负起了喂养它的责任。后来，汉斯还让她养了一只鸟和一只小乌龟。

好多朋友都劝他，不要让孩子养宠物，一方面是孩子接触宠物不卫生，另一方面是如果宠物有个三长两短，孩子稚嫩的心灵会承受不住。但汉斯却认为，只要父母掌握尺度，让宠物养成正确的卫生习惯，孩子就不会因宠物而染病；宠物出现生老病死的情况，这是自然规律，孩子早晚都要明了这一真相。除掉这些顾虑，孩子养宠物，为的就是培养其善良的天性：孩子本身就是弱小的，让他们学着照顾宠物，其实也就是在学习照顾比自己还要弱小的生命。

汉斯的善良教育，在雪丽身上开展得比较顺利。不过，也并不是一帆风顺。

雪丽过6岁生日时，特意请幼儿园的一个好朋友到家里来做客。本来，气氛还算融洽，两个孩子玩得非常开心。吃过生日蛋糕，雪丽把自己的小兔子抱了过来："看，它是全世界最美丽的兔子。"

那个小朋友听了，白了雪丽一眼："不，我家的白白比它漂亮100倍。"

"你把白白抱过来比比，"雪丽也急了，"没有比我的兔子更可爱的小动物。"

小朋友哼了一声，没说什么，打电话回家，让父母来接他。小朋友走了，雪丽还在生气："哼，我明天就让所有的小朋友都不理她，看她还敢说我的兔子不好。"

汉斯觉得问题严重——雪丽竟然开始预谋报复了。他打电话到那个小朋友家，了解情况。原来，那个孩子心情不好，因为她养的小兔子，在前两天已经死了，所以今天才和雪丽闹翻。

了解这些情况后，汉斯建议雪丽和她朋友通个电话，两个孩子在电话里聊了起来。聊着聊着，雪丽竟然哭了。原来，知道好朋友顶撞她的原因后，雪丽觉得，自己很对不起朋友："她一定很伤心，我……我要送给她一只小兔子，和白白一样，也是世界上最漂亮的。"

雪丽哭了，汉斯却暗暗地感到欣慰：无论孩子以后是否能成功，至少她有颗金子般的心。

3. 告诉孩子不要盲目地善良

春节，安安跟着妈妈从老家回来，走进地铁车厢刚坐稳，就有几个外地小孩跑过伸着小脏手说："阿姨给我点钱吧！"安安抬头看着妈妈，目光充满了同情，还没等妈妈表态，就从裤兜里把奶奶刚给他的压岁钱掏了出来，几个小孩争先恐后地叫小哥哥，一人一张，伍拾元被分完了，这一刻妈妈看到儿子脸上充满了自信和神圣。

妈妈猛拉了一下他的手，儿子抬起头看到妈妈的表情异常严肃，吃惊地问："我做错了吗？你平时不老爱帮助别人吗？……"

到站了，在站口他们又看到了那几个小孩，每人手里拿着一沓纸币，还在比谁的最多。安安很不解："他们的钱比我的还多呢……"一种悔意写在他稚气的脸上。

妈妈抚摸着安安的头，告诉他："你刚才做得对，很了不起，很少有人像你那样慷慨，他们可以过一个快乐的春节了。不过，大千世界，无奇不有，帮助人是对的，但你还要辨别其中的真伪。"安安似懂非懂地点了点头。

其实，善良是一个很宽泛的感念，所以根本无法面面俱到地说出父母具体应该怎样做，才能使孩子善良有爱心。父母应该明白，让孩子成为一个善良的人，不是讲两次大道理就能做到的，需要每天，甚至每时每刻，用自己的一言一行把善良融入生活的细节中去。只有这样，才能把善良之根植于孩子心中。

孩子不善解人意怎么办

父母箴言

父母可借助生活中的点点滴滴让孩子明白，每个大人都有自己非常重要的事情需要去完成，当这些事情和孩子的需要有冲突时，孩子应当学会谅解。

有这样一个故事：

有两个小和尚为了一件小事吵得不可开交，谁也不肯让谁。

第一个小和尚怒气冲冲地去找师父评理，师父在静心听完他的话之后，郑重其事地对他说："你是对的！"于是第一个小和尚得意扬扬跑回去宣扬。

第二个小和尚不服气，也来找师父评理，师父在听完他的叙述之后，也郑重其事地对他说："你是对的！"

待第二个小和尚满心欢喜地离开后，一直跟在师父身边的第三个小和尚终于忍不住了，他不解地向师父问道："师父您平时不是教我们要诚实，不可说违背良心的谎话吗？可是您刚才却对两位师兄说他们都是对的，这岂不是违背了您平日的教导吗？"

师父听完之后，不但一点也不生气，反而微笑地对他说："你是对的！"第三个小和尚这才恍然大悟，立刻拜谢师父的教诲。

其实从每个人的立场来看，他们可能都是对的，只不过每个人都坚持自己的想法或意见，无法将心比心地站在别人的立场去考虑另外的角度，也就无法设身处地地去为他人着想，冲突与争执也就不可避免地产生了。如果人人都有一颗善解人意的心，凡事都以"你是对的"来先为别人考虑，那么很多不必要的冲突与争执就可以避免了。

现在的孩子生活幸福，丰衣足食，这一切都是父母提供的，但孩子会理解父母所做的一切吗？有的孩子不管大人忙不忙，非要大人陪着玩；有的孩子想要的东西要是得不到，就会闹个没完；有的孩子总认为自己是对的，大人跟他讲道理根本没有用……

孩子在 1 ~ 3 岁的时候初步具备了认识周围事物的能力，其意识和行为的控制能力和分析能力也大为提高，并在大人的影响和教育下开始学说话，因此此时正是教育孩子的最佳时期。能否抓住小孩这一年龄特性，有意识地培养其善解人意的性格尤为重要。

教孩子学会善解人意，要从平凡的小事着手。

妞妞每天都会因为妈妈上班而哭鼻子，只要看到妈妈背包出门，就抱着妈妈不让走。

一天，妈妈急着上班，却又被妞妞发现了，妞妞哭闹："不让妈妈走！不让妈妈走！"妈妈拿起一个洋娃娃递到她手里，对她说："妈妈一会儿就回来了，你先喂饱这个娃娃好不好？她还没吃饭呢！"妞妞根本听不进去："不！不！我不要妈妈走！"接过洋娃娃，将洋娃娃摔在了地上。"再不走，妈妈就要迟到了，快找奶奶去。"趁奶奶过来抱妞妞时，妈妈赶紧出了门。

每天如此，妈妈多么希望妞妞能对她说"妈妈，你去上班吧，我跟奶奶玩"，可什么时候才能实现呢？这很让妈妈头疼。

据专家分析，孩子大都会出现一个特别依恋亲人的阶段，并表现得非常任性霸道。

孩子在 1 岁前由于缺乏"客体永久性"概念，会误以为事物消失了就是不存在了，看到父母离开就以为再也见不到了，因此表现出非常焦虑。此外，受"自我中心"心理的影响，学龄前孩子往往倾向于从自己的需要和立场考虑问题，常体会不到他人的需要，往往表现得非常任性。

其实，孩子的任性、不通情达理和家长的抚养方式也有很大的关系。过分娇惯、迁就孩子，往往会强化幼儿的利己心理，从而难以形成理解他人、为他人着想的性格。

心理学家把善解人意分解为三个方面：有理解别人的愿望；有理解别人的能力；做出良性反应。

善解人意作为一种优良的心理素质，在协调社会人际关系和家庭生活中起着举足轻重的作用。

父母培养孩子善解人意可从以下几个方面入手：

1. 正确对待孩子的任性

学龄前的孩子，往往表现得"自私"、"任性"和"不讲理"。因此，任性心理作为孩子心理发展的一个必经阶段，父母应给予充分地尊重和理解。如三岁的孩子非要有和别的小朋友一样的玩具、离开妈妈会哭闹，都是由孩子心理发展中的"自我中心"和"依恋"心理所决定的。因此，父母在此阶段不应简单地否定、批评孩子。

2. 帮孩子建立理解别人的愿望

要让孩子懂得，人与人之间需要互相理解、关心和体贴。在给孩子付出爱的同时，也要让他们知道别人也同样需要他的爱。这样做才能激发孩子了解别人的愿望。

3. 引导孩子分析事理

体态语与环境信息、话语三者结合能显出某种含义。生活中常注意教给孩子一些这方面的知识，可以使孩子学会审时度势，避免激发不必要的矛盾，以保持家庭生活的和谐。

父母可借助生活中的点点滴滴让孩子明白，每个大人都有自己非常重要的事情需要去完成，当这些事情和孩子的需要有冲突时，孩子应当学会谅解。

孩子经常会提出一些在大人看来不合情理的要求，如果孩子的要求是合理的，父母应履行职责，满足孩子的需要。如果孩子提出的要求不太合理，父母可暂时采取"冷处理"，大多数孩子最终会放弃要求。

4. 教孩子学会宽慰体贴别人

人都有遇到困难、烦恼的时候，都需要得到别人的体谅和帮助。有位诗人说过：能同情人的人，是伟大的人；能宽慰别人的心，是崇高的心。让我们的孩子学会善解人意，让他们在平凡处显出崇高，让他们的生活变得更有意义。

5. 敢对孩子说"不"

有的父母认为孩子太小不懂事，对孩子的要求总是百依百顺，从来不愿说"不"，甚至经常会在孩子的哭闹之下，放弃自己的立场，结果更加助长了孩子的任性。

因此，父母在拒绝孩子要求的时候，应耐心告诉孩子自己的想法，并让他理解，"爸爸妈妈很不喜欢宝宝用哭闹的方式解决问题"，使孩子逐渐学会讲道理。

孩子的健康成长，需要家长的特别关注。父母要做一个有心人，时刻细心观察孩子的喜怒哀乐、言行举止，再适时与孩子交流，由表及里地了解与掌握孩子的心理活动及他对周围发生事情的反应，耐心引导孩子从多角度读懂自己身边的每一个人：家人、老师、同学和朋友，从而建立起正确的是非观念，使孩子逐渐学会理解他人、体谅别人，感激曾伴随自己成长的所有人。

孩子学会了善解人意，在与人交往中就会减少摩擦，消除怨恨，彼此加深了解，增进友谊；孩子学会了善解人意，就会善待他人，与人和谐相处，广交朋友，从而为将来事业的发展奠定坚实的基础。

点燃孩子乐于助人的热情

父母箴言

　　一个孩子只有满怀热情，才能对周围的事物充满关切，才会主动、热心地去帮助别人。在孩子帮助别人之后，或许爸爸妈妈一个亲切的目光，几句鼓励的话语，就会使孩子明亮的双眼里放射出热情的光芒。

　　同情就是对他人的不幸或痛苦产生怜悯之心，并能够理解他人感情的一种情感。乐于助人是孩子的天性，孩子在很小的时候就能表现出同情心。

　　例如，当孩子还是婴儿的时候，他看到或听到别的婴儿啼哭，自己也会哭。稍大一点，他会为小朋友的疼痛而感到痛苦，试图和爸爸妈妈一起去帮助他人。

　　3岁左右的孩子就能找到自己帮助别人的方式。比如：安安看到贝贝哭，把自己的玩具塞到贝贝手里；贝贝毫无反应，安安像小大人一样哄他："我给你糖吃，你别哭了；要不我给你讲小熊维尼的故事好吗？"

　　这个时候，父母就应及时鼓励孩子这种热心助人的行为。安安的妈妈是这样做的，她抚摸着小安安的头说："你能主动帮助小朋友，还能想出不同方法，这特别好，妈妈高兴极了！"妈妈还和小安安共同商量更多的方法，帮助贝贝尽快从伤心的情绪中走出来。

　　随着孩子一天天长大，父母可为孩子设置一些情境，让孩子帮助比他更小的或需要帮助的孩子。比如帮小弟弟或小妹妹穿鞋穿衣服、扶起摔倒的小伙伴，给他拍掉身上的土，吹吹摔红的手，说："没事的，过一会就好了。"在热心帮助别人的过程中，孩子能和周围的人逐渐建立起牢固的友谊。

　　但是，父母也不要忽视这一点，那就是，热心助人的前提是，孩子必须奉献自己的力量，甚至牺牲自己现有的东西，才能去帮助别人，给他人以温暖和方便。人是自私的个体，没有人能够做到真正百分之百的只要付出，不要回报、不要收获。也许其中的收获只是扬名、感激，或者其他的什么，但终究是要被肯定的，否则，人心是会不平衡的。孩子更是如此。

你在公车上给人让座，假如对方理都不理你就一屁股坐下了，连个"谢"字你也没有听到，你心里会是什么滋味？还能有那种热心的喜悦和宽容吗？假如每次都是这样，你还会给别人让座吗？同样的道理，不管是大热心小热心，如果始终没有人肯定，坚持一天两天容易，要长期保持一样的热情可就难了。

为了不使孩子的"热心"变"凉"，父母一定要及时对孩子的行为表示肯定，使热心成为孩子的一种性格特质。记住，向孩子灌输热心助人的价值观永远都不会太晚。

下面是一些培养孩子热心助人的小窍门，供家长朋友们参考：

1. 培养孩子助人的热情

热情是发自内心的，是一种深存于人内心的乐观向上的精神状态。一个人只有满怀热情，才能对周围的事物充满关切，才会主动、热心地去帮助别人。要培养孩子助人的热情并不困难，或许孩子帮助别人之后，爸爸妈妈一个亲切的目光，几句鼓励的话语，就会使孩子明亮的双眼里放射出热情的光芒。

2. 给孩子树立热心助人的榜样

有些父母坚信爱孩子、教育孩子、鼓励孩子的作用，他们的孩子也总是乐于助人，更富有同情心，更会为别人着想。这很可能反映出孩子与父母间的牢固联系，同时也是父母良苦用心的结果。毫无疑问，这同样反映出孩子效仿了父母的行为，要是孩子情绪好，他是极有可能帮助别人的，所以应该努力让他保持那种状态。

要培养乐于助人的孩子，最重要的就是：如果你希望孩子表现得大度、体贴、肯帮忙，你就必须以身作则，示范给孩子们看；要是你言行不一，孩子只会模仿你的行为——即使你把原则和指令讲得头头是道，也没有用。

3. 让孩子相信自己有能力帮助别人

有些孩子在同伴需要帮助时，表现迟疑或冷漠。其实，他本身是愿意去帮助的，只是他缺乏自信，不相信自己能对别人有用，不相信自己能帮助别人。父母要经常寻找机会，让孩子学习自己的事情自己做，并帮父母做事；父母则及时给以赞扬和鼓励，让孩子感到自己有能力帮助别人，从而产生助人的行为动机。

4. 告诉孩子为什么要热心助人

有些父母会对孩子说："要是你打米米，会弄痛他的。"然后他们不但解释这类行为的后果，还爱憎分明的指出"你不可以打人"这条原则。他们培养的孩子大多具有同情心，更喜欢帮助别人。有许多研究表明，对孩子阐明慷慨助人的理由，尤其是强调说明他人的感受时，最能帮助孩子养成友善、体贴的行为方式。

所有的父母都花大量的时间告诫孩子别去做什么，其实更重要的是告诉他们有些事为什么不应该做——特别是当行为的结论会影响别人的时候。制定一些积极的规则也很重要，你应当重复阐明这些规则，尽管有时令人觉得可笑，比如"帮助那些没我们幸运的人总是好的"。

5. 让孩子注意到别人的需要

当同伴处于困境中时，有些孩子能很快察觉到，并伸出援手；而有些孩子却毫无反应，该干什么还干什么。对这样的孩子，父母要经常直接用语言表达自己的需要，描述需要的帮助，并教孩子懂得如何从别人的表情、行为中看出对方的需要。让孩子学会关心他人。

6. 帮助孩子及时做出助人的决定

据研究，情感的力量有助于孩子做出助人的决定。对五岁以下的孩子，父母可以引导他们回忆自己经历过的类似情景和感受，如"以前你系不上扣子的时候，是不是也挺着急的"，"上次你摔了跟头，也这么哭来着"对六岁以上的孩子，父母还可以设置情景，让他们设身处地地想想，使孩子对需要帮助者产生同情，进而做出助人的决定，"要是小朋友都不跟你玩了，你会怎么想"等。

7. 引导孩子做出恰当的助人行动

有时孩子没有去帮助别人，并不是他不想帮助，而是心有余而力不足。这个"力"就是个人能力，如助人的特定技能（想帮小朋友系扣子，自己就要会系扣子）、有效的策略知识（如妈妈突发重病，知道可以求邻居帮助）、人际间问题的解决能力（妈妈生病要求助邻居时，知道怎样向邻居把事情说清楚）等。

8. 温和地强制孩子热心助人

完全没有纪律约束对培养孩子是有害的。原因之一就是：略带专制的家长式作风能令孩子成长、发展得更好。大体上说，孩子对于规矩和行为标准喜欢有明确的指示，这也是培养高度自尊和令孩子受欢迎的方法。

让孩子在社区或是校园里做点有益的事情，比如照料小动物，给不幸的孩子制作玩具，或者教小弟弟、小妹妹们做游戏，这些都可以培养大多数孩子乐于助人的品质。当然，不是所有的孩子都能自发做这些事，必须有人教他们，鼓励他们，甚至有时要强迫他们，但只能是温和的强制，否则会适得其反。

当然，这些能力，需要父母在日常生活中一点一滴地教给孩子。培养出一个热心助人的孩子，这个世界就会多一分温暖和关爱。

帮孩子拔除嫉妒的毒瘤

父母箴言

嫉妒不能完全避免，但任其发展，孩子就会过分自大，一旦遇到比自己强的人，甚至会幻想或采取不正当的手段去伤害对方。所以，父母应该让孩子从小懂得什么是正当竞争，引导孩子接受差异，将嫉妒转化为成功的内驱力。

嫉妒是孩子成长过程中一个无法回避的话题。孩子的嫉妒，不仅在家有，在学校也有。因为性别的原因，父亲在矫正孩子的这种弱点上面，有更多的责任。教会孩子宽容和珍惜友谊，是使其终身受益的事情。

要纠正孩子的嫉妒心理，父母先要分析嫉妒产生的原因。孩子嫉妒心理的产生是与其最关心的事物相联系的，孩子们之间的嫉妒常常反映在以下几个方面：

1. 因别人受表扬而嫉妒

别人受了表扬，有的孩子暗中不服气，有的公开挑人家的缺点，也有的故意表现出无所谓的态度。其实，他们的心理反应是："有什么了不起，我也做得来。"

2. 因别人学习好而嫉妒

学习是孩子们的主要任务，学习成绩是评价孩子的重要指标。因此，有的孩子学习不如别人就嫉妒别人。有一个班级曾经发生这样的怪事：在期中考试前一个星期，班上成绩最好的几个同学的笔记本不翼而飞，这几个同学着急的程度可想而知。考试之后，笔记本又回到了那几位同学的课桌里。显然，这不是一般的恶作剧，是某个同学出于嫉妒心理，采用了不道德的手段。

3. 因亲疏关系而嫉妒

有的孩子因为不被重视，而嫉妒受老师重视的同学，并且常常迁怒于老师，背后议论老师，甚至对班上的某些事情采取消极的态度。

同学之间的亲疏变化，也常引起嫉妒心理的产生。有些孩子因嫉妒别的同学之间关系好，而从中挑拨，甚至诽谤。

4. 因物质方面不如别人而嫉妒

孩子们普遍希望有漂亮衣服、名牌衣服、好的文具、好的玩具等，由于家庭条件不同，父母教育方法不同，总会产生有这个没那个的现象，这是正常的。但是，一些孩子会因此而产生嫉妒心理。当别人的东西脏了、坏了时，甚至幸灾乐祸。

嫉妒是一种消极的社会现象，它是对别人在品德、能力等方面胜过自己而产生的一种不满和怨恨，是一种被扭曲了的情感；它对个人、集体和社会起着耗损作用，是一种对团结友爱非常不利的情感。这种缺点如果保留到长大以后，那么孩子就很难协调与他人的关系，很难在生活中心情舒畅，因为嫉妒心理强的人，别人的成功和他自己的失败，都会给他带来痛苦，平添不少烦恼。

孩子的嫉妒心虽是儿童心理发展中的自然现象，但父母也不能听之任之，父母应及时加以疏导，以免孩子形成不良性格。如脾气古怪、多疑、粗暴自卑、执拗或自暴自弃等，这是对孩子十分不利的。

因此父母平时要关心孩子与人相处时的各种表现，一旦发现孩子有嫉妒心的毒苗，就要帮助孩子正确地对待，及时疏导。

要纠正孩子的嫉妒心理，父母可以从以下几个方面着手：

1. 建立良好的环境

嫉妒心理和行为的产生，虽有多种原因，但从根本上讲，是孩子内部的消极因素和外部环境的消极因素相互影响、相互作用而产生的。父母应当在家庭中为孩子建立一种团结友爱、互相尊重、谦逊礼让的环境气氛，这是预防和纠正孩子嫉妒心理的重要基础。

2. 耐心倾听，让孩子合理宣泄

孩子的嫉妒是直观、真实而自然的，它只是孩子们对自己愿望不能实现而产生的一种本能的心理反应。因此，父母不要盲目对孩子的嫉妒心理和行为进行批评，要耐心倾听孩子们的苦恼，理解他们无法实现自己愿望所产生的痛苦情绪，使孩子因嫉妒产生的不良情感能够得到宣泄，并把握孩子嫉妒的成因。

3. 让孩子正确地评价自己和别人

孩子都喜欢受到表扬和鼓励。表扬得当，可以巩固其优点，增加他的自信，促进他不断进步；如果表扬不当或表扬过度，就会使孩子骄傲，进而看不起别人，认为只有自己好，别人都不如自己，甚至当有人说别人好，没说他好，他就难以接受。

这是因为孩子年龄小，自我意识刚开始萌芽，他还不会全面地看问题，不能正确地评价自己和别人。他对自己的评价是以成人对他的评价为标准的，所以父母要正确评价自己的孩子，不能因疼爱和喜欢，就过高评价孩子的品德、能力，以免孩子对自己产生不正确的印象。

父母还要适当地指出孩子的长处和短处，使孩子明白人人都有长处和短处，小朋友之间要互相学习。父母可以教育孩子经常反问自己："我现在各方面表现如何？有什么优点？有什么缺点？跟上个月比较哪些方面有进步？哪些方面有退步？我该怎么办？我有决心再上一个新的台阶吗？我是否应该听取爸爸妈妈的意见？是否征求老师、同学的意见？"

同时，教育孩子在班上给自己寻找追赶的榜样，看到别人的长处。一个孩子如果能经常这样去想问题，嫉妒心理就会慢慢打消，就能够客观地自我评价，客观地评价别人。

4. 帮助孩子强化自身的优势

现实中的人必然是有差异的，不是表现在这方面，就是表现在那方面。一个人承认差异就是承认现实，要使自己在某方面好起来，只有靠自己奋进努力，嫉妒于事无补，而且会影响自己的奋斗精神。

父母如果发现孩子在某些方面不如别人的孩子，不要当面指责孩子不如别人，而应具体帮助他提高这方面的能力。如果有条件，父母可以请一个能力强的孩子来帮助自己的孩子，这样可以提高孩子的能力，而且孩子之间真诚友好的帮助也是克服嫉妒心理的良方。

5. 对孩子进行谦虚美德的教育

通常嫉妒较多地产生在有一定能力的孩子身上，孩子往往因为已有能力，但没有受到注意和表扬，因而对那些受到注意和表扬的小朋友产生嫉妒。

所以在纠正嫉妒心理同时还必须对孩子进行谦逊美德的教育，让孩子懂得"谦虚使人进步，骄傲使人落后"的道理。让孩子明白即使别人没有称赞自己，自己的优点仍然存在，如果继续保持自己的长处，又虚心学习别人的长处，自己的才干就会更强，就会真正地长久地得到大多数人的喜爱。

6. 引导孩子树立正确的竞争意识

有嫉妒心理的孩子一般都有争强好胜的性格。父母要引导和教育孩子用自己的努力和实际能力去同别人相比，竞争是为了找出差距，更快地进步和取长补短，不能用不正当、不光彩的手段去获取竞争的胜利，把孩子的好胜心引向积极的方向。

父母应设法将孩子的嫉妒心转化为竞争的动力，即让孩子把注意力放在"怎样超过别人"上。教育孩子贬低别人并不能抬高自己，落后的原因不在于别人，而在于自己，以积极的努力缩短实际存在的差距，最终化解内心的不平衡。

父母千万不能用贬低孩子所嫉妒的对象的办法来减轻孩子的嫉妒心理，那样会导致孩子过多地去看别人的不足而放弃自己的努力。

让孩子明白1＋1＞2的道理

父母箴言

　　每个人都有长有短，而合作却能够取人之长补己之短，这就是为什么有时候1＋1＞2的道理。父母只有让孩子明白了这个道理，才能使孩子愿意与其他小朋友合作，将来才能有很好的合作能力。

　　一个老国王有七个儿子，但他们总是不合，经常为了这样那样的小事争吵。一些奸臣企图挑拨七兄弟的关系，以便等到他们的父王死后可以夺取王位。

　　老国王知道了这个阴谋。一天，善良的老国王把七个儿子都叫到跟前，指着放在他们面前捆在一起的七根木棍说："谁要能把这捆木棍折断，就能得到王位。"

　　每个人都想得到王位，都使出了全身的力气去折那捆木棍，脸憋得通红，但没有一个人能把那些木棍折断。

　　"孩子们，其实要折断这些木棍很简单，我现在老了，但是即使像我这样的人都能折断这些木棍。你们看！"老国王说着，将木棍捆儿打开，很轻松地将它们一根一根地折断了。

　　儿子们这才恍然大悟。"这样做太容易了，如果这样，每个人都能做到。"儿子们说。

　　他们的父亲这才说出了真正想说的话："我的孩子们，其实你们就像这些木棍，只要你们团结在一起，互相帮助，你们就会很强大，任何人都不能够伤害你们。但是如果你们分开，任何人都能把你们一个一个地折断。我就像捆这些棍子的绳子，活着的时候还能把你们捆在一起，但是我就要离开你们了，离开了捆绑你们的绳子，你们还能团结在一起、互相帮助吗？"老国王语重心长地说。

　　儿子们终于明白了父王的良苦用心，七双手紧紧地握在了一起。看到儿子们这样团结，老国王放心地离开了这个世界。

　　生存是一门艺术，它的第一法则就是合作。一个人的力量是微薄的，而团结与合作能够聚集强大的力量，完成个人所不能做的事情。一个懂得合作精神的人，更容易适应这个社会，并发挥积极作用；不懂合作的人在生活中会遇到许多麻烦，产生更多的困难并且无所适从。与人合作的能力已成为当今世界人才的重要素质之一。目前由于孩子中独生子女数量大大增加，任性、脾气大、与人合作能力差成为孩子中大多数人心理品质上的弱点。

父母应该如何培养孩子主动参与合作的习惯呢？

1. 告诉孩子，要学会生活，必须先学会合作

每年秋天，大雁都要飞到南方去过冬，它们往往排成整齐的 V 字形，在天空中飞行。科学家研究得知：列队飞行，整个雁群飞行的路程非但不会缩短，反而要比单只大雁飞行的距离长 73%。那它们为什么还要这样飞行呢？

科学家们进一步研究得知，当一只大雁拍击翅膀时，就会为后面的大雁制造上升气流。当领头的大雁疲劳时，就会轮换到 V 字形队伍的尾部，让另一只大雁占据领头的位置。后面的大雁发出"呼呼"的叫声，给前面的大雁鼓劲。大雁无论何时掉了队，马上就会感到独自飞行的阻力，很快会回到队伍中来。甚至，当一只大雁由于生病或受伤而掉队时，会有两只大雁随它一起飞落到地上，帮助和保护它，直至受伤的大雁伤势好转或死去。然后，它们会加入新的雁群，或者组织自己的队伍去追赶前面的雁群。

对于大雁来说，互相合作已不仅仅是一种精神，更是一种生存的技巧。在人类的生活中也一样，如果能够学会与人合作，肯定会大大提高办事的效率。

要学会生活，必须先学会合作。在合作的过程中，你会渐渐学会如何协调自己与他人的利益，使得整体活动得以顺利进行。所以，做父母的应该尝试着培养孩子与朋友、同学甚至陌生人为了同一个目标而合作。告诉孩子，团结的力量可以战胜一切。

2. 使孩子体验到"单独奋斗"的挫折感，明白合作力量大的道理

一个人无论多有才能，其能力总是有局限的。有一位妈妈为了让孩子明白这样一个道理，就引导孩子做了这样一个游戏。

妈妈先让孩子伸出自己的小手，分别谈一谈每根手指头的优势和长处。孩子说："大拇指可以用来赞扬别人，可以按图钉；食指可以指东西，可以挠痒痒；中指最长，可以……"孩子的思维挺活跃，一口气说了不少，爷爷奶奶也在一边及时补充，可谓数尽每根手指的功能。

这个时候，妈妈笑眯眯地递给孩子一个她事先准备好的道具一个装着一个小玻璃球的杯子。妈妈对孩子说："每个手指都有那么多功能，那么，现在你就用你认为最有本事的那根手指把玻璃球从杯子里取出来！记住，只能用一根手指。"

孩子按照妈妈的要求动起手来。可是，不论他怎么努力，玻璃球就是取不出来，急得小家伙抓耳挠腮。这时，妈妈不紧不慢地说："现在你可以邀请另外一根手指同原先的那一根合作。"于是问题迎刃而解。

这位妈妈的用意在于要使孩子懂得，无论一个人多么有才能，总是有所局限的，总有他无法独立完成的工作，因而合作是必要的。

任何一个人要体现出他的才能，都必须以承认参与者的价值为前提。就好比说一位将军，要施展他的军事指挥才能，就一定要有可供调遣的士兵，还要有作为对手的敌人。也就是说，承认别人就是认可了自身的价值。

合作不是一般意义上的人际交往，而是为了一个共同的目标结成的互助互利的"双赢"关系。在这样的关系中，利他行为是更为基础的要素，自己的成功以帮助别人成功为前提。但是，利他行为不是一个人天然地就能做出的，它需要后天的培养。

日常生活中的很多事是必须两个或两个以上的人配合才能够完成的。为了便于孩子理解，父母可以告诉孩子："在幼儿园，如果每个小朋友各自霸占一小堆积木是堆不出什么好看的造型，而大家合作，充分利用积木，就能共同砌出各种好看新奇的造型。"帮助孩子从某些小失败中理性地分析出原因，有助于孩子体会到合作的必要性。

3. 让孩子有成功合作的体验

成功合作的体验是强化孩子的合作意识，养成合作习惯的持久的内部刺激物。它使孩子们在没有大人督促，没有规则要求的情况下，因为能够预见到美好的前景而持续地参与合作。需要指出的是，成功合作不是一定要达成现实的目标。尽管有的合作最终还是失败了，但合作的过程是令人愉快的，参与者都已经尽力而为，从客观上说大家其实都有所收获，这样的合作仍然是成功的合作。

4. 教会孩子参与合作的技能

合作，意味着参与者的个性要服从集体的"共性"，意味着参与者必须约束自己的表现欲以求得整体"合力"的最大化。合作需要有爱心的付出，需要牺牲精神，还需要人际交往的技能。如果缺乏这些素质，合作便是不愉快的，也是不能持久的。在合作中的参与者如果各自心怀局部利益，不愿意尽自己的那一份义务，那么必定不能达成现实的目标，更谈不上成功合作。

梭子鱼、虾和天鹅，想把一辆小车从大路上拖下来。三个家伙一起负起了沉重的担子，它们用足劲儿，身上青筋暴起，但是无论它们怎么拖呀拽呀，小车还是在老地方一点儿也没有移动。

这并不是因为小车太重，而是另有缘故：天鹅使劲往上向天空提升，虾一步一步向后倒退，梭子鱼又朝着池塘拉去。

这个寓言说明，任何一种事物都是由许多相互联系、相互制约的要素组成的，当各种相互作用、相互依赖的要素彼此协调、合作、同步一致地向同一目标运动时，就会形成整体合力，就会产生大于各个要素孤立相加的力量。而当他们互不合作，各自往相反的方向作用时，则会产生小于单个的力量。人们生活在一个普遍联系的世界，科学技术和信息网络已经把地球的每一个角落都纳入整体。可以这样说，每一个孩子的成功都取决于和别人打交道的程度。是否习惯于与他人交往、同他人合作，在很大程度上决定了孩子的发展空间。

5. 让孩子学会悦纳别人

所谓悦纳别人，是指自己从内心深处真正愿意接受别人。合作是双方长处的珠联璧合，也是双方短处的相互遏制，只有欣赏对方的长处，合作才会有真正的动力和基础。

现在很多孩子习惯于吃"独食"，从心理上排斥别人，不愿与其他小朋友合作。父母要让孩子明白，每个人都有长有短，而合作却能够取人之长补己之短。从而使孩子明白，为什么有时候 $1 + 1 > 2$ 的道理，让孩子真心愿意与人合作。

有意识地培养孩子的自立能力

父母箴言..

不能自立的孩子无法在社会中生存，所以，真正的教育并不是给孩子以援助，而是传授孩子独立生存的本领。遇到问题，父母要告诉孩子处理方法，有意识地培养孩子的自立能力，这样才能让孩子成为一个强者。

动物会在孩子长大后把它们从身边赶走，逼迫孩子去独自生存。这种行为看似残忍，实则最有利于孩子的成长。作为高级动物的人类，有多少父母能狠下心这样做？父母对孩子发自内心的百般呵护，是爱孩子还是害孩子？为什么现在许多孩子的自立能力这么差呢？

在发达国家的家庭里，父母们普遍重视从小培养孩子的自立能力和自强精神，因为发达的市场经济要求社会成员必须具备这种能力和精神。

瑞士的父母要求女儿初中一毕业就去有教养的人家当一年左右的女佣人，上午劳动，下午上学。这样做，既可以锻炼孩子的劳动能力，还有利于孩子学习语言。因为瑞士有的地区讲德语，有的地区讲法语，所以女孩子可以边当佣人边学语言。其中也有相当多的人以同样的办法到英国学习英语。掌握了三门语言后，就去办事处、银行或商店就职。

在德国，家长也是培养孩子从小就自己的事情自己做，从不包办代替。法律还规定，孩子到 14 岁就要在家里承担一些义务，比如要替全家人擦皮鞋等。这样做，不仅是为了培养孩子的劳动能力，也有利于培养孩子的社会义务感。

日本的父母在孩子很小的时候，就给他们灌输"不给别人添麻烦"的思想。全家人外出旅行，不论多么小的孩子，都会无一例外地背一个小背包。因为里边装的是他们自己的东西，父母觉得应该由孩子自己来背。孩子上学以后，大都要在课余时间，参加社会劳动挣钱。大学生常靠在饭店端盘子、洗碗，在商店售货，做家庭教师等挣自己的学费。

美国父母培养孩子的出发点是，把孩子培养成富有开拓精神、能够自食其力的人。美国人在孩子刚刚出生时，就开始培养孩子的独立性，让孩子与父母分床、分室而居。孩子逐渐长大，父母就开始刺激孩子的欲望，"你想做什么，你可以去做，你可以失败。"无论是孩子踢被子也好，摔东西也罢，这些都是孩子做事的欲望，正是这种日常事件刺激着孩子的欲望。

美国父母从孩子小时候就让他们认识劳动的价值，让孩子自己动手修理、装配摩托车，到外边参加劳动。即使是富家子弟，也要自谋生路。农民家庭要孩子分担家里的割草、粉刷房屋、简单木工修理等活计。此外，还要外出当杂工，出卖体力，如夏天替人推割草机，冬天帮人铲雪，秋天帮人扫落叶等。因此，十几岁的孩子独立承担大人的一些事情是常有的事，他们可以独立开车，独立做裁判，独立做一些事情赚钱，这些都是父母从小培养独立性的体现。可见，培养孩子的独立性不可忽视。

有人认为美国的父母很自私，宁可自己去看电影，而把刚出生不久的孩子丢给保姆；宁可自己睡着二人世界的房间，而把孩子独自一人留在自己的小睡房……美国人是不是不爱孩子？相反，中国父母虽然用对孩子的 100 分爱，来证明自己是多么的称职，而恰恰是这种爱，很多时候扼杀了孩子的独立性、自信心，甚至孩子将来的成功。

独立是一种很重要的品质，从小不培养孩子的独立性，孩子很难建立自信，而没有强烈的自信心，也很难有较强的独立性，也就很难成功。

那么，父母应怎样从小就培养孩子的独立性呢？

1. 不要把孩子想得那么娇气

新生儿看上去很娇嫩，很多父母总是担心："别伤着孩子。"其实，孩子是没那么娇气的。孩子有近四公斤体重时就开始自行调节体温了；他们甚至对大部分病菌也有了良好的抵抗力；他们每时每日都在成长。即便是刚出生不久、极度需要照顾的婴儿也仍然是一个独立的个体，他的内在成长力是未来独立的基础。所以，不必担心孩子将软软的头颈向后仰了就会伤着；也不必为孩子那未闭合的囟门而担惊受怕，因为它非常结实，足以保护孩子了。

2. 关爱孩子，但切忌过度照顾

孩子对母亲的依恋始于婴儿出生后最初几天的母子接触。之后孩子会越来越依赖父母或其他直接照管者。依恋是孩子对亲情的需要和体验，是一种情绪反应。安全性的依恋对孩子的心理健康有利，是日后社会关系形成的基础。依恋发展正常的孩子，并不需要成人时时伴随。只要在孩子有需要时，父母能出现在他身旁，满足其生理和心理的需要，其他时间孩子是能够独处的。

因此，忙碌中的父母，要尽可能地去关爱孩子，这是对幼儿的最佳教养方式。你可以在进厨房时，把坐在车内的孩子推到身边；你在读书写作时，抽空对他微笑，和他玩一会儿；也可以在睡前给他讲故事、朗诵诗歌……总之，父母和孩子各自拥有空间和时间，这样，孩子才会更快乐，与父母更亲密。

父母切忌过度照顾孩子。父母一刻不离孩子，只会让孩子形成过度的依恋。这种不正常的情绪反应，对孩子独立性的发展是十分不利的。

3. 离开时要向孩子打招呼

孩子一岁半到两岁半之间对父母的依恋最强烈。专家指出，如果孩子到了 2 岁左右还没有依恋，或者孩子到了 3 岁以后，依恋性还非常强的话，都不利于孩子将来走向独立。

也就是说，孩子在一岁半到两岁半之间，依恋妈妈是非常正常的。这是孩子生长发育的一个过程，是孩子自我意识形成的阶段，这时孩子接受新鲜事物需要有一个转折。父母一定要把握这个过渡期，不然的话，往往就会伤害到孩子。

在与孩子分开的时候，父母要向孩子打招呼，包括提前的打招呼预防。比如说妈妈待会儿要上班。先让孩子对你将要做什么有一个基本的了解，基本的感受。即便到时候，孩子仍会有情绪反应，父母也要跟孩子说再见，这样的话孩子就很明确，你的确是走了。如果父母偷偷溜走，一会儿孩子发现妈妈不在，就会觉得很奇怪："妈妈刚才还在，为什么现在不见了？"反而会给孩子造成焦虑。

父母要把孩子分离的焦虑，变成一种重逢的期待。父母可以告诉孩子，比如说你睡醒了妈妈就回来了，你吃完点心妈妈就回来了。回来之后再加以印证："是不是你吃完饭，妈妈就回来了？"这样逐渐让孩子适应。

4. 让孩子在集体中发展独立性

孩子进托儿所和幼儿园的初期，往往会产生恐惧和不安的情绪。解决好这一问题，对父母和孩子都是一个考验。

父母自身对孩子参加第一个社会团体要做好充分的思想准备，以积极愉快的态度让孩子快快乐乐进幼儿园。父母可以让孩子从小就接触同伴；经常让他到大自然中去；让他和其他成人接触；入幼儿园时向教师详细介绍孩子的特点和情感表现，让老师多帮助孩子。这样，孩子就会逐步成为友好集体的一员，在集体中培养发展出来的独立性更具社会价值。当孩子学会自己照顾自己，自己排队，自己洗手，自己做一切能做的事，甚至独立操作和解决一些困难时，独立和自信就能自然发展。

5. 合理利用孩子的独立意识

2 ~ 3 岁的孩子独立意识很强，想要摆脱父母种种束缚，他能力不够，却事事都想"自己来"。

比如，该吃饭了，妈妈习惯性地坐在孩子身边准备喂他。谁知孩子的小手紧紧地抓住碗，说："自己喂，自己喂，不让妈妈喂。"这时父母应让孩子自己吃，教孩子怎样拿碗，怎样拿勺，怎样往嘴里送，妈妈自己再拿一把勺，适时地帮孩子一下。并及时地夸奖孩子："宝贝真棒！会吃饭了！"孩子就会很高兴，从而体会到自己做事的乐趣。

相反，如果父母忽视孩子身体活动的需要和心理成长的需要，事事代劳，处处设防，就会引起孩子的"反抗"。父母应当细心观察孩子，了解孩子的独立意向；相信孩子，放手让孩子做自己想做又能做的事，并对孩子经过努力做成的事给予适当鼓励；让孩子在游戏中扮演大人，照顾娃娃；给孩子更多的行动自由，养成必要的独立习惯。这样，孩子发展的独立倾向就得到了保护，孩子就能顺利成长。

独立性与孩子的自我意识、情感发展、智慧增长、个性成长密切相关，是关乎孩子未来能否成功的重要心理品质。因此，父母就把爱"隐藏"起来一点，让孩子在独立中成长吧！

果断的性格使孩子更接近成功

父母箴言

父母培养孩子果断的品质，要因孩子的气质性格、年龄、性别等的不同而区别对待，千万不要认为那些成功的教育方法对自己的孩子就都是适用的。父母只有有针对性地选择适合自己孩子的教育方法，才能培养出做事果断、有主见的孩子。

一个孩子在山里割草，被毒蛇咬伤了脚。孩子疼痛难忍，而医院却在远处的小镇上。孩子毫不犹豫地用镰刀割断受伤的脚趾。然后，忍着剧痛艰难地走到医院。虽然少了一个脚趾，但孩子以短暂的疼痛保住了自己的生命。

上面这个故事看似简单，实际上却蕴含了很深的道理。故事中的孩子果断地舍弃了脚趾，以短暂的痛苦换取了整个生命。在某些特定的时刻，只有果断地舍弃，才有机会获取更大的利益。

德国伟大的诗人歌德说过这样一句富有哲理的话："长久地迟疑不决的人，常常找不到最好的答案。"我们的老祖先也给过我们这样的教训："当断不断，反受其乱。"决策果断是一种宝贵的人格品质。然而，在现实生活中却有很多人因缺乏这种优秀品质，在关键时刻迟疑、拖拉、犹豫不决，终致错过成功的大好时机而以失败告终。

很多父母也知道培养孩子果断性格的重要性，但往往还不能明确界定孩子的某些行为是不是优柔寡断，是不是缺少主见。

比如，很多父母都喜欢问孩子："爸爸好，还是妈妈好？"孩子可能会回答："爸爸好，妈妈好！"刚开始，父母听了可能还会很高兴，觉得孩子聪明乖巧，年龄不大就懂得不厚此薄彼。可是久了，父母可能就会发现，对于这样的孩子，当你问他两样东西哪样好时，他也总是回答这个好，那个也好。这其实就是孩子没主见的表现。

那么，做父母的要怎样做，才能改正孩子这种对待事物的方式，养成遇事果断选择，有主见的性格呢？专家给父母们提了以下一些建议：

1. 让孩子明白鱼与熊掌不可兼得

很多孩子跟妈妈一块儿逛超市的时候，总是这也想要，那也想要，妈妈不给买，就大哭大闹。这跟父母平时溺爱孩子，什么都由着孩子有关。父母的这种行为使孩子养成了不懂得取舍的习惯。因为孩子觉得，自己要什么就会得到什么，至少哭闹之后就会得到自己想要的东西，那为什么还要取舍呢？全都要岂不更好？

对于孩子的这种想法，父母一定要及时加以引导和改变。平时，父母可以经常要求孩子做出唯一性的选择。比如，父母可以拿着苹果和香蕉问孩子吃哪个，并提醒他只能选择一个。对于孩子模棱两可的回答，要提出批评，而如果孩子做出了果断的决定，则要给予表扬。时间长了，孩子就会懂得鱼与熊掌不可兼得的道理。

2. 让孩子自己做选择

每次和孩子上街的时候，在经济许可的范围内，尽量让孩子自己挑选所需的物品。这时孩子会非常高兴，主动性极强。而对于孩子要买的众多物品，父母要提前规定他可以选取的数量，否则以后就不带他出来买东西。这样做，尽管孩子心有不愿，但慢慢的，孩子就会变得果断起来，因为他已知道果断地选择几件，总比什么都得不到要强得多。

3. 尊重孩子自己的决定

给予孩子做决定的机会，可以培养孩子的果断性。所以，日常生活中，父母要给孩子发表意见的机会，并支持孩子合理的决定。切忌对孩子的生活做出全方位的强制规定。

例如，父母可以以征求意见的方式，让孩子决定是买变形金刚还是买小汽车？星期天活动的内容，是逛公园还是打电子游戏？

父母这样做可以使孩子觉得自己也有做决定的权利，在这种感觉的作用下，孩子往往就会拿出自己的果断来。

4. 引导孩子迅速做出合理的决定

未经深思熟虑就做出决定是鲁莽冲动，而深思熟虑后迟迟不能决断则是优柔寡断，这两种行为是与果断相对立的。父母既要教会孩子仔细思考，审慎地做出选择，又要引导不能决断的孩子尽早做出决定。

父母可以给孩子讲有关鲁莽冲动、优柔寡断和坚决果断的故事，让孩子自己说出哪种性格好。遇到具体的问题，也要让孩子说出怎样做才是对的，并果断地付诸行动。

5. 督促孩子坚持自己的决定

果断的品质还包含着做出决定后把决定贯彻到底的素质，即对孩子毅力方面的要求。

父母可以在孩子做出决定之后，与孩子达成口头或书面的协议，规定明确的奖赏与惩罚条款。当然，惩罚条款一定要由孩子自己提出，父母只要觉得合理，就要严格监督孩子执行。

6. 让孩子变得更自信

对自己充满自信的孩子是不会犹豫不决的。帮助孩子克服优柔寡断的最好办法是让孩子肯定自己的能力，坚信自己什么都能干。

在幼儿园里，当老师提出一个问题的时候，有些孩子总爱悄悄地和旁边的小朋友交流，明显地表现出缺乏自信。而当老师问他："××，你知道吗？"他会点点头，但眼睛仍在左顾右盼，顾及周围人对他的看法。

有些孩子过于敏感，凡事都会想很多。在行动之前总是会有长时间的权衡，以他自己的角度来考虑行为的后果，结果造成了孩子的欲做还休，犹豫不决，缺乏果断的判断力，从而产生不自信的表现。比如，有个孩子在妈妈接他放学回家的路上对妈妈说："妈妈，今天小朋友都去围着老师呢。""那么你呢？""我也想，可是已经没有位置了。""好哦，下次你第一个上去好不好？""好的。可是别的小朋友也会没有位置的。"

对于这一点，做父母的应该尽快寻找突破口，帮助孩子改变这种心理状态，千万不要把它归咎于孩子的个性置之不理。父母平时应给孩子较多地鼓励和认可，当孩子犹豫不决或打退堂鼓的时候，告诉孩子："你会干好的。没问题。爸爸妈妈都相信你！支持你！宝贝，去吧！"这样给孩子打气，孩子有了信心，自然也就不会犹豫不决了。

7. 不要对孩子犯冷热病

日常生活中，年轻的父母常会因各种事情的影响而产生心理波动。心境好时，对孩子亲近爱怜，关怀备至；心情不好时，会对孩子训斥打骂，往孩子身上撒气。父母随着自己心情好恶的变化而对孩子忽冷忽热，会对孩子的身心健康产生很大的影响。

父母对孩子的态度不同，孩子不能完全明白。当孩子没有做错什么事，却受到父母的冷遇或训斥，父母的反复无常会使孩子感到莫名其妙，有时又感到万般委屈，在父母面前无所适从。久而久之会就造成孩子在言行上优柔寡断，遇事六神无主。

　　作为父母，不管自己的心情好坏、空闲还是忙碌，对孩子都要一如既往，该指导的时候悉心指导，该关心的时候体贴关心，使孩子觉得父母永远爱自己，关心自己，从而给孩子一种稳定感、安全感和信任感。孩子有了坚强的后盾，往往就会有果决的底气。

　　另外，父母培养孩子果断的品质，要因孩子的年龄、性别等的不同而区别对待，千万不要认为那些成功的教育方法对自己的孩子就都是适用的。父母只有有针对性地选择那些适合自己孩子的教育方法，才能培养出做事果断、有主见的孩子。

第三篇

培养孩子的兴趣

第一章
做孩子兴趣的导师

积极引发、培养孩子各方面的兴趣

父母箴言

孩子只要智力正常，就非常容易对周围的事物产生兴趣。因此，父母要充分利用这一特点，从小开始积极引发、培养孩子各方面的兴趣。

最开始引起孩子兴趣的往往是与他的生存有关的，能够在生理、心理上得到满足和快感的事物，如可口的食物、适度的光亮、宜人的温度、对皮肤轻柔和抚摩等，这些能够直接使人愉悦的外界刺激，都能引起孩子的兴趣。

随着生活经验不断丰富，孩子会对一些与愉悦刺激有关的事物或经验，以及能引起他联想的事物产生兴趣。如：孩子喜欢玩玩具，当他知道有些玩具是可以用手工制作的，他便会对手工制作产生兴趣。

孩子对具体事物或经验的兴趣，可能会随着孩子知识的丰富，能力的增强而发展成对某类事物或经验的兴趣。比如：孩子刚开始的时候可能只会对听故事有兴趣，后来逐步发展到对故事书产生兴趣，进而将兴趣扩展到其他文学作品的阅读乃至文学创作方面的。

那么，作为父母，该怎样积极引发、培养孩子各方面的兴趣呢？

1. 善于发现和了解孩子的兴趣

人与人之间的兴趣是有差异的，父母要善于发现和了解孩子的兴趣，在兴趣的稳定性上做些工作，要从繁忙的工作和家务中抽出一定的时间与孩子在一起交流、玩耍、学习，成为他的伙伴和朋友，"蹲下来"与之交谈。

2. 及时加以引导

当发现了这种潜在的兴趣亮点时，父母就要不失时机地把它挖掘出来，创设各种情境或条件加以引导，有意识地去培养。对于爱拆拼的孩子，父母应多买些拆拼玩具，如积塑、插片、变形金刚等，有艺术细胞的孩子，最好去学琴学画，对数字感兴趣的孩子，可以和他玩数学游戏，如利用扑克牌比大小、排序、加减的游戏。

3. 在实践中诱发兴趣

生活中的很多日常活动和游戏都能让孩子学到不少知识，实践出真知。如：与孩子一起玩扑克牌，进行数字游戏，使孩子对数学产生兴趣；和孩子一起看电视新闻，培养其关心国家大事的兴趣；一同收看气象节目，培养他对气象学的兴趣；带孩子观看道路施工、架设桥梁，了解工程问题等；和孩子一同种花，了解植物、阳光、空气的关系，培养对自然科学的兴趣……这样孩子的兴趣广泛了，知识面扩大了，学习能力也提高了，为今后的学习不仅打下了良好的基础，而且提高了他的学习热情，形成了学习动力，使学习真正成为一种乐趣，一种需要。

4. 创造自由广阔的空间

给孩子创造一个广阔的学习空间，更能提高孩子的学习兴趣和创造力。不要给孩子太多的限制，要减轻孩子过重的学习负担，留一些时间让他做自己喜欢的事，不要把孩子的课外时间排得满满的，从而扼杀了孩子的兴趣。

5. 培养自身兴趣，成为孩子的榜样

俗话说：身教重于言教，父母是孩子的第一任教师，并伴随孩子一生。因此，要培养和发展孩子的兴趣，父母自身也要有一定的兴趣，以身示范来潜移默化地影响孩子。

6. 营造爱的家庭氛围

没有爱就是没有教育，没有爱，就培养不出孩子的兴趣。在一个充满温馨、充满爱的家庭里，孩子的心情是愉快的，心灵是纯净的，性格是开朗的。在这样的氛围里，父母无限的关心与尊重、理解，会给予孩子创设出无限的兴趣发展空间，在他们的快乐世界里，展开自由的翅膀去探索世界，发现奥秘，在无限的乐趣中快乐成长。

7. 强化巩固孩子的兴趣

培养一项兴趣不易，巩固一项兴趣，使之长久，更不易。孩子的注意力短暂，兴趣容易转移，"朝三暮四"是常有的现象，这时父母就要开动脑筋，不断变换方式，创造多种环境，以巩固延续这种兴趣。比如，数学是很枯燥的，可以玩比赛豆子游戏来数数，利用

散步时间即兴出几道简单加减应用题让他做，用积木学几何形状等等。生活中的教育方式随处可见，关键是父母要做一个有心人。

兴趣是孩子最好的老师

如果孩子对什么感兴趣，他就会学得很快；如果不感兴趣，你就是怎么教也收效甚微。兴趣是孩子最好的老师。培养孩子的兴趣，是父母教育孩子的第一课。

兴趣是指一个人经常趋向于认识、掌握某种事物，力求参与某项活动，并且有积极情绪色彩的心理倾向。例如对绘画感兴趣的人，就把注意力倾向于绘画，在言谈话语中也会表现出心驰神往的情绪。

"兴趣是最好的老师"，一个人如果做他感兴趣的事，他的主动性将会得到充分发挥。即使是十分疲倦和辛劳，也总是兴致勃勃、心情愉快；即使困难重重也绝不灰心丧气，而去想办法，百折不挠地去克服它。如果让孩子去学他感兴趣的知识，学习的时间也许很长，但他丝毫不觉得苦，反倒像是在游戏。爱迪生就是一个好例子。爱迪生几乎每天都在他的实验室辛苦工作长达 18 个小时，在里面吃饭、睡觉，但他丝毫不以此为苦。"我一生中从未做过一天工作，"他宣称，"我每天其乐无穷。"

达尔文在其自传中曾说："就我记得的我在学校时期的性格来说，其中对我后来产生影响的，就是：我有强烈而多样的趣味，沉溺于我感兴趣的事物，喜欢了解任何复杂的问题和事物。"

世界上许多做出杰出贡献的伟人，都有自己的兴趣爱好。爱因斯坦四五岁时，就对指南针产生了兴趣，他长时间摆弄它，心想那小针为什么总是指着同一方向。他还能一次又一次不厌其烦地搭积木，直到把又高又尖的"钟楼"搭好为止。正是这种浓烈的兴趣和伴之而来的思索、追求，使他成为伟大的物理学家。

莱特兄弟孩提时期就对宇宙空间产生了浓厚的兴趣。他们常爬到树上，踮起脚尖去摸月亮，结果呢？好几次都被重重地摔了下来。他们的父亲知道后，非但没有因为两兄弟幼稚可笑的举动责怪他们，相反却启发、鼓励他们。神话般的奇想和浓厚的兴趣引导着兄弟俩走上了研究航空的道路，1903 年，莱特兄弟真的驾驶着自己制造的飞机翱翔于万里碧空。从莱特兄弟的故事可以看出，兴趣是学习的动力，是成功道路上的"助跑器"，是攀登科学高峰的阶梯。它会帮助我们展开丰富的联想，持之以恒地去探求。它使我们积极热情地去投入，使我们最大限度地发掘创新的潜能。

兴趣是智力活动的巨大动力，是人们进行求知活动和学习的心理因素。兴趣比智力更能促进孩子学习，强烈而稳定的兴趣是从事活动、发展才能的重要保证。兴趣是能力发展的最根本的动力，孩子各种基本能力的发展具有极大的潜力，无论是学习、运动，还是绘画、音乐。

孩子总是对世界充满了好奇心，这是他们最珍贵的感觉之一。失去了好奇心的孩子不但失去了小孩子的特性，更不能健康成长。而孩子的好奇心得到满足时，就会感觉到生命充溢着欢乐和激情。每个孩子的脑海中都有着无数个不断变化的问题，同样一个问题，在孩子感兴趣时，几分钟就可以教会，而孩子毫无兴趣时，往往几个小时甚至几天也教不会。

孩子有了兴趣的事就很容易学会了。作为父母要懂得做到恰到好处，才能激发孩子的兴趣。称职的父母还要给孩子不断的蓄电充电，孩子看见他们时仿佛看见一座大山，浑身充满力量。这时，父母培养孩子各方面能力的时机就到了。

兴趣是培养天才的起点

 父母箴言

很多父母都想让自己的孩子成为一个天才，于是，他们就开始对自己的孩子实施天才教育。实际上，许多天才的产生都是从他们感兴趣的事物开始的。所以，培养一个天才的起点，就是要激发出他的兴趣。

日本著名的教育学家木村久一曾经说过："如果孩子的兴趣和热情得以顺利发展，就会成为天才。"遗憾的是，许多父母在对孩子进行早期教育的过程中，往往忽视了对孩子兴趣的培养，在孩子的许多兴趣刚刚萌芽时便将它无情地扼杀了。

事实研究表明，孩子童年时期的兴趣，在一定程度上决定了孩子未来事业发展的方向。孩子对某些事物的浓厚兴趣，往往会成为他在该方面取得成功的向导。

父母可以从以下一些方面从小培养孩子的兴趣。

1. 为发展孩子的兴趣和爱好创造条件

孩子的兴趣往往是在广泛的探索活动中产生和发展的，所以，父母要多带孩子进行户外活动，如带孩子外出游泳、参观，带孩子观看各种竞技表演和比赛，鼓励孩子参加各种有益的社会活动和集体活动，让孩子广泛接触社会，全面了解生活，为孩子接触各种事物提供机会，以此培养孩子广泛的兴趣与爱好。

2. 发展孩子已有的兴趣

父母在生活中，要留心观察，注意发现孩子已有的兴趣，并采取有效措施去引导和发展孩子的兴趣。父母可以引导孩子进行观察学习，提出问题让孩子思考，给孩子提供有关的知识信息，耐心地回答孩子的提问等。例如，父母发现孩子对风、云、雨、雪等自然现象发生时表现出兴趣，就可以给孩子讲有关的神话传说，用通俗易懂的语言告诉孩子这些现象形成的原因，并用生动形象的比喻来帮助孩子理解，让孩子闻其未闻、见其未见，激发兴趣，并在此基础上引导孩子去注意其他自然现象，教他新的自然科学知识，使其兴趣扩展到整个自然科学领域。

3. 培养孩子的基本兴趣

对于父母来说，特别要注意培养孩子的阅读兴趣和激发孩子对科学的兴趣。

从小培养孩子的阅读兴趣。书籍促进人从野蛮到文明，从庸俗到崇高。古人曾云："开卷有益。"事实正是这样，读书愈多，愈富于睿智，愈具有眼光。

首先，父母应当为孩子提供一个充满读书气氛的家庭环境。例如：父母以身作则，在劳动之余、闲暇之时看书阅读，让孩子从小受到熏陶，在这样的环境中受到潜移默化进而对书籍产生兴趣。

其次，为孩子提供各种阅读材料，如：图画书、童话故事书、儿歌等书籍杂志，内容可以丰富一些，范围可以广一些。另外，路标、店名、广告标语、简单的玩具说明书都可以作为孩子的阅读材料。

最后，从孩子稍能听懂母亲说话时，父母就要开始给孩子读故事书、念儿歌，接着就让孩子试着跟读。经过多次练习，孩子就能背出故事，并能将背出的故事与图书上的文字对应起来。慢慢地，孩子发现自己能读书了，他就会对读书产生兴趣。随着识字量的增加，孩子就能自己阅读那些有趣的图画书了。

孩子在读书的过程中，往往会碰到很多不认识的字、不明白的内容而拿着书向父母请教。这个时候，父母一定要耐心解答孩子的提问，对孩子不懂就问的行为加以表扬，千万不可以用不耐烦的态度去应付孩子或是拒绝孩子的要求，以防打消孩子的阅读积极性。

培养孩子对科学的兴趣。小孩子对周围的世界充满了好奇心。看到一些事物，他常会天真地问"小鸡娃有妈妈和爸爸吗"、"月亮有家吗"、"为什么大树冬天要落叶子"等等。这些都说明孩子对这些事物产生了兴趣，父母如果认真给予回答，孩子的兴趣就能得到保护。遇到这样的情况，父母要及时、耐心地解答孩子的提问，并根据孩子的年龄特征及能力，提出适当的问题启发孩子思考，慢慢地诱导孩子对科学产生兴趣。

另外，为了培养孩子对科学的兴趣，父母可以为孩子准备一些玩具材料，如木块、条形磁铁、小瓶、小石头、各种纸等，让孩子经常摆弄，逐渐认识它们。

如果有时间，父母还可以同孩子一起做些小实验，诱导孩子去思考、去探索、去发现。比如，孩子将乒乓球表面弄凹下去了，你可以教孩子把凹下去的一面放在开水里面烫，让它重新鼓起……以此吸引孩子的兴趣点，从而鼓励他们去探索"未知世界"。

4. 留意并培养孩子的特殊兴趣与爱好

除了培养孩子的基本兴趣外，父母还要注意孩子的特殊兴趣，如音乐、绘画、体育、棋类等。孩子的特殊才能往往存在于孩子的特殊兴趣之中，特殊兴趣很有可能是孩子某种天赋的表现。父母要注意留心观察孩子还处于萌芽状态的特殊兴趣爱好，并加以爱护和培养，使之不断发展成熟。

事实上，尽管很多孩子的特殊兴趣会随孩子的生活经验和年龄增长而逐渐消退或减弱，只有极少数人在后天努力下能够出类拔萃，甚至成为一代名家。但是发展孩子的特殊兴趣能培养孩子和谐自由的个性，最大限度地发展孩子的潜在能力，可以为孩子的童年生活增添乐趣，为孩子日后的生活提供更丰富的内容和更多的娱乐方式。因此，父母还是应该用心培养孩子的特殊爱好和兴趣。

5. 要重视孩子的提问

提问表明孩子对这一事物充满好奇，有强烈的求知欲，这正是兴趣的先导。但是有些父母漠视孩子问的"为什么"，有的甚至加以阻止，"怎么这么多事，真烦"。其实，父母不仅可以从孩子的提问中帮助他们解决问题，还可发现其兴趣所在。

6. 及时鼓励

发现孩子对某一学科产生了哪怕一点点兴趣，父母都要及时鼓励，让其充满信心地学习。成就感的大小和兴趣的浓厚成正比，在不断的肯定中，孩子会有充足的马力去主动学习。

鼓励孩子对事物产生好奇心

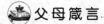 **父母箴言**

当孩子对某件事情感到好奇的时候，或是当孩子带着问题去问父母的时候，父母一定不要打击孩子的好奇心，也不要简单地将结论告诉孩子。告诉孩子问题的答案远不如让孩子自己去思考"为什么"来得重要。

在孩子的眼里，这个世界是神奇的，他们在面对好奇的事情时总会打破砂锅问到底："为什么？"其实，好奇心是孩子最宝贵的品质之一。如果一个孩子失去了好奇心，就会觉得所有事情的发生都是正常的，一切的事物都是平淡而麻木的，不管对什么样的事情都提不起兴趣。让孩子提高兴趣最好的方法就是激发他们的好奇心，如果孩子的好奇心得到了满足，他就会对生命充满激情。

好奇心是一个人先天就有的一种对世界的客观反应。这样的反应实际上就是人类积极探究新奇事物的一种特有的心理倾向，也可以说是人类特有的一种求知的本能。

随着哇哇的哭啼声和呀呀的学语声，孩子在贪婪地汲取乳汁的同时，还渐渐具有了另外一种能力，那就是对周围事情的关注和好奇。最开始他们喜欢问的是："这是什么？""那是什么？"慢慢地，随着心智的发育，"是什么"已不能满足他们了，于是，"为什么"便常常从他们的嘴里脱口而出，不绝于耳。

其实，成年人对自己从未见闻过或并不知晓的事物，也会产生好奇的心态，只不过有许多东西我们已"见多而不奇"罢了。而对于刚刚睁眼看世界的孩子来说，一切都是第一次接触，又怎么能不产生好奇心呢。对于孩子的这种兴之所至的学习，我们不应该漠视，不应该心烦，倒是应该满怀欣喜。

要知道，正是这些带着问号的简单词语，牵引出孩子的学习兴趣。我们应该把握住孩子的心理，及时给予解答和引导，不让这种宝贵的好奇心减弱或消失掉。

其实很多父母都希望孩子能够多学一点知识，希望他们能博学多才，但是他们在做这些事情的同时都犯了一个错误，这个错误往往会不自觉地破坏孩子的求知欲和好奇心。

大家可能会经常看到这样一种场景。

下班后的父亲疲倦地躺在床上；母亲正在厨房里烧菜做饭，忙个不停。这时孩子跑过来，缠着父亲不停地追问："爸爸，这个到底是怎么回事？"

父亲不耐烦地说："我很累，让我好好休息一会儿，你去问妈妈吧。"

于是孩子又跑到妈妈身边认真地问："妈妈，你看这个是什么原因呢？"

母亲也忙得不亦乐乎，哪有工夫管他："你没看我在忙嘛，赶快走开！"

就这样，父母因为自身的原因破坏了孩子的好奇心和求知欲，当他们有空过问孩子的时候，孩子的兴趣早就没了。

很多家长在拼命地教育孩子多学一点知识，希望他们博学多才的同时都会犯这样的错误，往往会在不自觉间去破坏孩子的求知欲和好奇心。这不能不说是家庭教育的悲哀。然而，很多父母在不自觉地做过这些蠢事之后，还不断地叹息："我的孩子为什么不爱学习？"

如果孩子们拥有了解世界的强烈愿望，父母不需要花很多的时间和精力，就可以很容易地培养出他们对知识的兴趣。那么，父母要怎么做才能让保护孩子的好奇心呢？

父母可以在适当的时候用正确的方法引导他们的好奇心，回答他们的问题时不能敷衍，不能斥责，应该耐心而及时。虽然这是一种看似简单的做法，但却是非常有必要的。

马丽的女儿在小时候具有极强的好奇心。当她第一次看了船之后回到家里仍然非常兴奋，竟然把马丽准备招待客人的菜当成船在玩，结果桌子上是一塌糊涂。眼看客人马上就到了，马丽心里无比焦急。但是马丽并没有责骂她，而是一边和女儿一起划起"船"，一边教她认识数字："一只，两只，三只……"

女儿渐渐长大了，她热衷于整日缠着马丽讲故事，或者提出一些稀奇古怪、意想不到的问题，简直让马丽难以应对。女儿总是抬起可爱的小脸不断地追问马丽，眼睛还紧盯着她，期待马丽的回答能让自己满意。女儿的问题如此之多，以至于马丽有时都难以回答上来，但她从来不会忘记一点，就是从不伤害或打击女儿的好奇心。

孩子们拥有了解世界的强烈愿望，所以父母不需要花很多的时间和精力就可以很容易地培养出他们对知识的兴趣。

有这样两位母亲，她们起初都对自己孩子的牙牙学语感到欣喜有趣，但不久之后，面对孩子那没完没了的问题却表现出截然不同的态度。

一位母亲每当听到孩子提问就心烦："别吵了，哪有那么多的'为什么'！"或干脆置之不理。

久而久之，她的孩子确实变"乖"了，不再问大人任何问题，但同时也发现他失去了孩童应有的活泼天真，对周围事物表情冷淡，反应迟钝。后来，母亲想教他认字学算术，他也毫无兴趣，进步缓慢。

另一位母亲则对孩子的每一个问题都给以热情耐心地解答，回答不了的，就当着孩子的面向别人请教，或者和孩子一起到书籍中寻找答案。久而久之，她的孩子求知欲强烈，对事物的反应敏捷，接受能力也明显要比前一个孩子强，会自己去发现、去学习。大家都说这孩子悟性高，今后读书成绩一定差不了。

我们父母应看重孩子所问的每一个"为什么"，尽力满足他们的想要"吞下去"的"食欲"，让孩子的智慧之树因营养充分而茁壮成长，开出艳丽的花朵，结出丰硕的果实。总而言之，孩子不断成长的过程就是在一次次地追问中完成的。推动孩子不断成长的方式就是启发孩子不断地追问。

从孩子的行为中寻找孩子的兴趣

父母箴言

父母应该顺应孩子的思维方法进行教育，激发孩子的兴趣，切不可抹杀孩子的兴趣。孩子的兴趣是从他的行为中反映出来的，孩子的某些在父母看来是"不听话"的行为，可能恰恰就是孩子某些兴趣或品质的反映，父母应当从孩子的某些行为中去寻找孩子的兴趣。

如果我们仔细地观察一些父母的行为，或者认真地思考一下自己对孩子的教育过程，就不难发现，一些被视为教育子女的行为，实际上就是一种抹杀孩子兴趣的行为。

一个 5 岁的孩子把妈妈花了一上午时间收拾得整洁的房间，不到 5 分钟就搞得乱七八糟；新买来的玩具不到几天就被拆得七零八落；只要带着他出门，他便挣脱了母亲的手，放着平坦的路不走，却要去走那七高八低的羊肠小道，或者去走那几寸宽的路沿。

孩子的这些行为引起了母亲的不满，便对孩子进行了教育。那么，这时候母亲是怎样教育孩子呢？

当孩子把房间搞得乱七八糟的时候，母亲会教育孩子要爱护母亲的劳动成果；当孩子拆玩具的时候，母亲会呵斥孩子的破坏；当孩子在崎岖的羊肠小道或是在马路边的路沿上东倒西歪的撒欢时，母亲会把孩子揽在怀里，教育孩子要在平坦的大路上走。

这些行为真的是为孩子好吗？真的是在教育孩子吗？

实际上，那些面对玩具而不想搞清楚玩具里秘密的孩子，才应该引起父母的注意。换句话说，拆卸玩具的孩子是在对陌生事物进行探索；把母亲收拾整洁的房间当作开火车、摆积木的场所，甚至把沙发垫子拆下来盖房子的孩子，是在发挥他们幼小心灵的才智；孩子认为在平坦的大路上行走单调乏味，那富于变化的小道、能够满足自己冒险尝试的很窄的路沿石，才使他产生兴趣，从而发展自己的思维空间，试探自己那被大人不屑一顾的能力，满足自己的好奇心，并有一种快慰感。

有这样一个故事。

一只雄鸡为自己和它的母鸡们找食物。有一次，它找到了一块宝玉，它对那块宝玉说："如果不是我，而是主人找到你，他会把你捡起来，非常珍贵地收藏起来；但是我找到了你，却是一点益处也没有，对我来说，与其得到世间的宝玉，还不如一颗荞麦粒来得好！"是的，荞麦粒才是雄鸡感兴趣的东西。

面对同样一件事情，不同的孩子会有不同的行为，从这些不同的行为中就可以发现孩子不同的兴趣。父母也可以从孩子那些不同的行为中找出孩子感兴趣的事情，然后再加以培养，这样才会有效果。如果父母只会对孩子的行为提出批评的话，那么父母就是在扼杀孩子的兴趣，让孩子对那些原本有兴趣的事情变得不再感兴趣。

教育孩子成为人才是每个父母都很重视的问题，只要父母的教育方法得当，把培养孩子兴趣的行为也视为一种教育，这样父母便会收到很好的效果。

孩子的兴趣是需要诱导的

 父母箴言

兴趣是孩子学习和求知最大的动力，而善于诱导孩子的兴趣则是教育和培养孩子的最好方法。当孩子在某些方面表现出兴趣时，他将来往往就会在这些方面有所作为。所以，父母要善于诱导孩子的兴趣，让孩子从中去获得新的知识和有益的习惯。

兴趣是孩子对事物的主动选择，诱导则是促使和加强孩子的这种主动性，使兴趣变得

持久、有目的。也许孩子们的兴趣不会持续很长时间，但这种天然的兴趣是不会改变的，除非在这方面遇到来自父母、老师等外部环境极大的压制或厌恶。

几乎所有的孩子都对小动物有浓厚的兴趣。他们会在没有任何督促和要求的情况下，花上一个下午去观察一群蚂蚁的活动，这就是兴趣的力量。

然而，即使让孩子花上一两年时间去这样与蚂蚁玩，也并不能从中获得多少知识，这里面的关键就在于父母的诱导。

一位父亲第一次发现儿子对屋后花园里的蚂蚁感兴趣时，他也表现出极大的兴趣，同儿子一起去观察小蚂蚁。

第一天，仅仅是看，是玩，看它们怎样把一粒面包屑搬回家，怎样跑回去报信，带来更多的蚂蚁……

第二天，他同儿子共同商讨了一份关于蚂蚁的"研究"计划：

在"自然笔记"里开设蚂蚁的专栏。

读有关蚂蚁知识的书，并做读书笔记。

了解蚂蚁的生理特点：吃什么？用什么走路？用什么工作？

了解蚂蚁群的生存特点：蚂蚁群有没有王？怎样分工？怎样培育小蚂蚁？

有了目标，儿子的兴趣更浓了。如果说开始他只是觉得好玩，那么现在他还觉得有意义了。这项研究持续了几乎一个夏天。在这项研究中，儿子不但学到了如何系统获取知识的方法，而且锻炼了他达到目的的毅力。

父母在这种事上"所表现出来"的兴趣会使孩子获得肯定，需要注意的是，不能让孩子觉察出这是一件必须完成的任务，要不然，有的孩子会兴趣大减的。

然而，现在有些父母们会按照社会或学校既定的模式去设计孩子的未来，并企图把孩子的兴趣与这些模式联系起来，所以他们就会按照他们的想法把"有用"的兴趣留下，把"无用"的兴趣删掉。实际上，对于孩子的心智发展来说，很难用"有用"或"没用"去区别他们的兴趣。

回过头来看，成人世界有目的和有意义的研究，最开始也是起源于兴趣，之后才是需要。在一种有意义的诱导下，孩子自然而然地把这种事当成了最大的乐趣。

每一个孩子都会对不同的事物产生不同的兴趣，这种兴趣就是孩子隐藏的某种潜能和特长的前兆，所以要父母运用合理的方法来进行诱导和培养。

父母该如何去诱导孩子的兴趣，从而来开启和培养孩子的智力呢？以下建议可供参考。

当孩子对某件事物表现出兴趣时，不要因自己的主观认定孩子的某种兴趣是"无用"的而加以指责和否定。

诱导孩子通过自己查阅和请教别人的方式来获得与自己的兴趣相关的知识。

引导孩子养成记录知识的习惯。

如果孩子还不具备文字记录的能力，父母也要给他准备一个笔记本，把题目写下来，让他口述。

不要让孩子觉得这是一项"任务"或"作业"。

对于孩子的兴趣要尊重

父母箴言

一般说来，都是父母在决定孩子要学什么，不要学什么，而对于孩子自己的意愿，父母从来不会问孩子太多。孩子对什么感兴趣，喜欢什么，父母都不会关心，他们只关心孩子的学习怎么样。这样一来，孩子会对学习越来越没有兴趣，一旦失去了兴趣，成绩当然就不会理想。

兴趣是开启智慧之门的金钥匙，而父母要做的就是尊重孩子的兴趣，让孩子学自己想学的。经常会看到有的孩子每天都要背一大堆的琴谱，然后苦着一张脸，坐在钢琴旁边练琴。面对这种情况，孩子的父母也许会说："我们现在有能力送他来学，现在的孩子多幸福，想要什么有什么，我们小时候……"确实是这样，社会发展了，家庭经济条件也好了，社会对人才的要求也更高了，我们要顺应社会的发展。但是，无论怎样的教育，首先要尊重孩子的兴趣。

要知道，人的兴趣本来就是单方面的，对于一件事情，也许孩子在开始的时候并不感兴趣。但是，如果父母可以引导、鼓励他们，给他们一个良好的环境和机会去接触和学习这件事情，就可以培养出孩子的兴趣来。不过，在这之前，父母必须对孩子的能力和意愿以及其他方面的条件都要做再三的考虑。

再说了，孩子的兴趣本来就是随着成长而改变的，有个孩子小时候喜欢玩棒球，还曾经把当棒球手当成自己的理想，但是，他长大了之后却成了一个研究天文方面的科学家。其实，孩子在不同的年龄段就会有不同的兴趣，所以，不要太早就给孩子指出一条路让孩子去走。

尊重孩子的兴趣不是光说说就可以的，必须要有实际的行动。有的父母会尊重自己孩子的兴趣，但是当他们失去耐心的时候，孩子往往会成为他们的出气筒。但是，有的父母却不这样做，他们知道，那样对孩子的伤害会有多深。

在结构游戏中，向来非常听话的汤姆一直站在旁边，不管爸爸怎么鼓励、劝说，甚至责备也不肯参与游戏，爸爸并没有因此而失去耐心，更没有生气地对汤姆大声喊，而是问他："你不想搭公园，那你想玩什么？"汤姆说："想搭一架飞机。""我批准了你的想法。"爸爸当即说。汤姆高兴地玩去了。其实，对于父母来说，搭公园和搭飞机差不多，关键在于孩子本身是否感兴趣。对于有兴趣的东西，孩子会产生一种强烈的学习欲望，并在学习中产生一种满足感、愉悦感。但是，有许多父母总是要求孩子像大人那样坐着，聚精会神地看书，对孩子感到十分好奇的东西却不准他摸，甚至不准问。这样一来，孩子没有兴趣，他便无法发挥主动性，根本就学不好，久而久之，孩子是会产生压抑、厌恶、叛逆心理的。

当孩子对某些事情不感兴趣或是对某件事情不屑的时候，父母一定不要硬和孩子对立。而是要诱导孩子。

比如，一个孩子跟母亲在看现代油画，他持批评态度。这时，母亲不是反驳他，而是对他加以引导。

母亲："这种抽象派的画你不喜欢？"

孩子："嗯！我觉得难看。"

母亲："那写实派的画你喜欢吗？"

孩子："写实派的画又是怎样的？"

母亲："写实派的画就是画个人就像个人，画朵花就像朵花，画间亭子像间亭子。"

孩子："噢！那我喜欢那种画，现在我才知道我喜欢写实派的画。"

还有一个例子是这样的。

一个13岁的孩子在画廊看到那些抽象派的画时，对父亲说："这些画没意思。"父亲说："不懂少多嘴，你对这方面又不了解，最好搞清楚了再发表意见。"

孩子很不服气，大声地说："我还是认为这些画没什么好的。"

这种对话有什么效果呢？只会伤害孩子的自尊心，既增长不了他对艺术的认识，也不能增进他对父亲的敬爱，他甚至会找机会回敬父亲一句："你对这种画又知道多少？"这就造成了双方的对立，拉大了父子间的距离。

所以说，对孩子进行诱导的时候一定要有耐心，不要对孩子的无知抱嘲笑的态度。

在尊重孩子的兴趣时，最主要的是要充分了解孩子，调整期望值，因材施教。总有一些家长，对孩子的期望过高，今天拿唱歌跟这个比，明天拿画画跟那个比。能力强的孩子还好，比出了自信；能力弱的呢？就比出了自卑，比出了压抑，比出了越来越沮丧的心情。如果每位家长都能充分了解自己的孩子，制定出相应的目标，让每个孩子都在自己的水平上得到适当的发展。那么，孩子学起来将会很轻松愉快，家长也将成为一名教育的智者。

孩子的兴趣需要父母的关注

父母箴言

当孩子对某件东西或是某些事情感兴趣的时候，父母一定要对其关注一下，因为，孩子的兴趣只有有了父母的关注，才会有可能把它发展成为一种才能。如果父母对孩子的兴趣不注意的话，那么，孩子的兴趣往往很快就会消失。

小孩子会有自己的一片小天地，他们会在自己的世界中自由地玩耍，在玩耍中慢慢长大。他们所做的一些事情，在一些大人的眼里是那么的莫名其妙，但是他们却做得是那么起劲，并且还是把它当成一件大事去做，这就是孩子所谓的天性。

教育学家井深大说："在幼儿阶段，孩子对某种事有兴趣，都是受了母亲的影响。既然如此，母亲对孩子所做的事，就不可以漠不关心。有时，大人之所以对孩子在做的事情觉得无聊乏味，那是因为你是在用大人的感觉去看的关系。这个时候，你应换一个角度，比如把自己拉回到童年时期，你也许就不会这样对待了。"

在我们的现实生活中经常发现，有一些母亲对于孩子所做的事情总是会用不屑一顾的表情去看。也会有一些母亲会提出这样的问题："我并不喜欢听古典音乐，甚至讨厌听到古典音乐。但是为了孩子，是否应该让孩子去接触一下呢？"试想一下，母亲是如此讨厌古典音乐，她的孩子会对它有兴趣吗？

其实，古典音乐对小孩会有一些很好的影响，这是一件众所周知的事实。但是由于母亲对它已经显示出了厌恶的态度，她的那种态度就会传导给孩子，从而对孩子产生一种不良的影响。这样一来，就不要指望孩子会喜欢古典音乐了。

请父母们要明白，一定要用爱心去注视你的孩子，对于他的行为要报以灿烂的笑容，这胜过所有言词的勉励。如果父母用大人的尺度去看待孩子的行为，就会影响到孩子的情绪，挫伤他们的积极性。要知道，兴趣是孩子的最佳意识促进剂，一旦挫伤了它，想要让孩子的兴趣继续维持下去就是一件非常困难的事情了。

父母一般都认为，孩子会从外界的事物中，找到一些可以作为自己兴趣的东西，并且会自动加深兴趣以将之持续下去。然而，在大多数的情形下，父母必须为他们提供一些帮助。具体而言，对孩子最感兴趣的事物，做父母的能否很快发觉，并表现出支持的反应，对于孩子维持长久的兴趣具有很大的意义。

孩子的兴趣是非常容易改变的，它会在一瞬间萌生，之后又迅速萎缩。做父母的，应该适时把握住那萌芽的一刻，给予适当的辅助，使孩子的兴趣能继续茁壮成长。

话虽然是这样说的，但是事实上，要想让孩子的所有兴趣都均衡地发展是不可能的。尽管父母不知道哪一种兴趣最后会变成孩子长久的兴趣，但是做父母的还是应该尽量多给孩子一些机会，让他在广泛的兴趣中，试试哪一种兴趣可以持续下去。

有一位父亲曾经以自己的切身经历谈了这一看法。

他的儿子在一岁两个月的时候，偶然对"之"这个字产生了兴趣。从此，不管是在什么样的场合，只要是有"之"字出现的，父亲便会指着那个字，然后告诉孩子，并且还教他念"之"的发音。过了两个月，他的孩子已经认得A、B、C三个英文字母，父亲便趁机用折尺上的英文字，教他继续再学X、Y、Z、W、T、F、H、N、M等，马上就学会了。到了一岁半时，孩子又对各种汽车、家电制品的标志发生了兴趣，父亲就举出厂家名称，让他猜测商标，有时向他出示商标让他猜厂名。

由此可以看出，这位看似"天真的老爸"，在孩子兴趣的培养上还是下了一番功夫的，他让孩子的兴趣既能够持续，还能更为浓厚。有研究发现，婴儿期的一再重复，有利于加强他们的脑部智力组织的功能。之所以向婴儿反复地灌输他都不觉得厌烦，主要是因为他们还处于一个不懂厌烦的阶段，因此，父母才可以用反复的做法，来增强他们的智力。

即使是出生才3个月的婴儿，只要每天重复播放几次音乐给他听，过了一段时间，任何深奥的音乐，他都会记得。由此可见，婴儿对外界吸引的关注是十分惊人的。

这一时期的一再反复，除了有助于孩子的智能发展外，还有助于培养他们对某一事情的兴趣。

通过不断的反复而记住了各种音乐与童话的婴儿，就会渐渐地着迷于自己所喜欢的音乐或故事。也就是说，反复的作用，一方面使得孩子能熟记故事，另一方面也同时增进了他们对该故事本身的兴趣。

经常反复听故事的孩子，随着不断长大，会对画本渐渐感兴趣，进而再对画本上的图画、文章产生好感，最后就会激发出想亲自去读的意念。

不管是对音乐有兴趣还是对图画有兴趣，这些都少不了父母的关注，只有父母发现了孩子的这些兴趣，才能让它继续发下去。如果父母不关注孩子的兴趣，纵然孩子再有天赋也是枉然，因为没有机会让他的天赋施展出来。所以，父母们一定要多多关注孩子们的兴趣，说不定，你的孩子就是一个天才呢。

不要把某些兴趣强加给孩子

🚢 父母箴言

父母应时时处处留心孩子，敏锐地捕捉孩子身上的闪光点，因势利导，培养孩子在某一特殊领域和学习上的浓厚兴趣。父母要注意的是，想培养孩子的兴趣，首先要尊重孩子的兴趣——不要把某些兴趣强加给孩子。

美国著名的教育家杜威认为，对于教育者来说，最重要的是经常细心地观察孩子的兴趣。他说："成年人只有通过对孩子不断地予以同情的观察，才能够进入孩子的生活里面，才能知道他要做什么，用什么教材才能使他学习得最起劲、最有成效。"

在很多情况下，父母会不自觉地把自己的兴趣、愿望、希望甚至是自己没有实现的理想都强加在孩子的身上。虽然孩子的可塑性很大，但对于有些孩子来讲，在他没有兴趣的情况下强迫他去做一件事情，是一种很痛苦的事。这样做不但收不到应有的效果，反而会损害孩子的天性。

如果孩子自己能保持对某一事物或某些习惯的兴趣，是再好不过了，但在很多情况下，兴趣也是需要后天的培养。尤其是面对有时显得枯燥的各种文化知识的学习时，兴趣就更需要培养了。但是，我们不能不提醒父母，父母自身的兴趣对子女兴趣的有无、兴趣的高级与低级都具有十分重要的影响。

有一对从事音乐工作的夫妇，希望子承父业，让儿子也成为一个著名音乐家。于是，他们使出浑身解数，想把儿子培养成一个出色的小提琴手。孩子不到3岁，他们就为孩子买了一把儿童专用的小提琴，漂亮而昂贵，希望孩子能爱不释手。可是出乎他们意料的是，不管他们怎么去哄，怎么去鼓励，孩子就是对拉琴毫无兴趣。每次拉琴只是机械地把弓放在琴弦上拉动，睁着暗淡无光的大眼睛，似乎是在受难。

有一次，儿子在期末考试中取得了好成绩，父母决定给他买一件他最喜欢的礼品作为奖励。向他征求意见，问他想要什么的时候，孩子想了想，低着头说："我说了你们能满足我吗？"父母说："只要办得到的，就一定满足你。"孩子便用乞求的眼光看着父母，用郑重的口气说："我要的礼物，就是你们别再勉强我拉琴，行吗？"父母听了孩子的话不免有些震惊。他们万万没有想到，自己的一片苦心，对孩子却是沉重的负担。孩子竟然把"不再拉琴"视作最好的奖赏。这是好心的父母绝对没有想到的结果。

现在有不少父母，总想为孩子安排一切，包括孩子的前途，他们都早已经为孩子设计好了。他们自己节衣缩食，却不惜拿出大笔学费，替孩子报各种各样的"特长班"、"兴趣班"，其实孩子既没有他们想象的特长，也根本没有什么兴趣，都是父母在那里瞎忙乎，孩子们在父母一厢情愿的逼迫下也是苦不堪言。孩子上什么样大学，学什么专业，也多半由父母包办。

一些父母眼看别人3岁的孩子就会背唐诗，也买回一本，每天口读面授，逼着孩子背诵。还有的父母，希望子女成为少年画家、书法家、乐坛"神童"，也不顾忌孩子的兴趣爱好以及自身的条件，就把自己省吃俭用的钱抠出搞"智力投资"，但结果往往不能与他们的愿望成正比。

如果不顾孩子的自身资质，不尊重孩子的意愿，用父母的爱好与期望，越俎代庖，替孩子去选择奋斗目标，则注定要徒劳无功。让喜欢画画的孩子当数学家；让喜欢数学的孩子去当歌唱家；让喜欢唱歌的孩子当作家，这样的"期望"不仅注定不会成功，而且往往会把孩子原来的长处也抹杀殆尽。

不要因为兴趣而限制孩子的自由

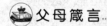 **父母箴言**

很多父母意识到了兴趣的重要时，为了让孩子对学习产生兴趣，往往就剥夺了孩子的另一项权利，那就是自由。因为兴趣没有了自由，这对孩子来说是一种无形的伤害。要知道，只有有了自由，他们才会对事物产生兴趣。在没有自由的情况下，孩子是不会对什么东西有兴趣的。

"兴趣是第一位的！"
"首先要有学习兴趣！"

"有了学习兴趣一切都好办，学习成绩自然会好起来！"

在当今的教育上，很多的父母和老师都意识到了一点，那就是：兴趣是孩子学习成绩好坏的关键因素。于是，他们为了让孩子对学习产生兴趣而忽略了另外一种比兴趣更重要的东西，那就是"自由"。孩子只有有了学习的自由，才会产生学习的兴趣，如果没有自由，就很难会有兴趣，即便是有兴趣也难以持久。所以，从某一个角度来说，孩子是否自由，决定着孩子对学习的兴趣，自由的程度决定着孩子对学习兴趣的大小或是持续时间的长短。

也许有的父母会认为这种说法很不科学，试想一下，如果比尔·盖茨是一个生活在中国的人，他还会有可能取得如此巨大的成功吗？别的不说，只说他从名校退学这一点来说，有哪个中国家长能够做得到吗？如果正在上清华或是北大的孩子突然告诉父母要退学，父母可能不干预吗？

兴趣对于一个人来说确实很重要，但是相对来说，自由比兴趣更重要。自由有助于一个人兴趣的生成，而兴趣则可以激发人的创造性，兴趣是从人所享有的自由中产生的，没有了自由，兴趣就只能是一个空有的词语，也或许会成为一种"短命"的兴趣。

当然，有些孩子也会在一种不自由的环境下取得很好的学习成绩，那可能是因为他生活在父母的棍棒之下。这样的孩子既没有学习的自由，更说不上什么学习的兴趣，他们之中或许也可能会有不错的学习成绩，甚至有的还很优异，但是这样的例子毕竟是少数的。用这种方式培养出来的孩子，不管他们长大之后心理上是不是存在某些隐患，至少会在自主精神和独立人格方面有所欠缺，当然就更不用提什么想象力和创造性了。

有的父母在把发现和培养孩子的兴趣作为一项重要的工作，当他们在做这项工作的时候却常常会忘记给孩子自由。如果孩子没有了自由，父母就会很难发现孩子真正的兴趣所在。因为，不管是什么人的兴趣都是自发的，它会有一个发生、成长的空间。这就需要父母给孩子自我表现的空间，让孩子在充分的自我表现中，显露出自己的个性与兴趣。

给孩子学习的自由也不等于父母完全撒手不管，对孩子的学习完全不问。父母要根据孩子的年龄调整孩子所享有的"自由程度"。那些正处于学前教育以及小学低年级的孩子，通常注意力不容易集中，也比较容易受到外界的干扰，学习也没有"长久性"，对这样的孩子的学习父母还是有必要引导和监控的。但是，也要以不挫伤孩子学习的主动性、积极性为前提，不能让孩子对学习感到有压力和恐惧感。

随着孩子年龄的增长，自主性、自制力和自理能力的增强，父母控制的力度就要开始逐步减弱了。

让孩子拥有自由，不仅可以激发孩子学习的兴趣，而且还可以激发孩子的责任心。只要给了孩子自由，即便他开始对学习没有多大兴趣，自由也会激发出孩子内心的责任感。因为孩子毕竟是生活在社会上，对于社会上激烈的竞争，他也会有所耳闻，也会影响到孩子对社会的看法。孩子也知道他要对自己的将来负责，要为自己的前途打拼。这样，他就会开始努力学习、主动学习，根本用不着父母去督促他学习。

尽管自由对于孩子来说是一个非常重要的因素，但是很多老师和父母还只是看到了兴趣的重要性，而忽略了在兴趣之上的自由。兴趣是很重要，由于家长、老师一味地强调兴趣，也很可能会使孩子的学习变成兴趣导向，但是，单纯的兴趣导向对孩子的学习也会有不利影响。要知道，兴趣往往只会停留在情绪化的、感性的层面，仅仅凭着兴趣是很难应付那些巨大的学业竞争压力的，学习的动力也是难以长期维持的，而且在基础教育阶段，兴趣导向明显地存在着偏颇的地方。

试想一下，如果能让孩子获得学习上的自由，那么，孩子不仅能从中激发学习的兴趣，更能持续地发展这种兴趣。不管孩子对学习有没有兴趣，孩子都容易保持在学习上的主动性、积极性，而且在一种自由的环境下学习，孩子的思维会更活跃，心态会更健康，学习的效率也会更高。不仅如此，从小在一种自由的学习环境下成长起来的孩子，长大后他的创造性和想象力，也将比在不自由的学习环境中成长起来的孩子要高得多。父母与其花大力气去发现和培养孩子的兴趣，还不如把学习的自由还给孩子，把自由成长的空间还给孩子。

"自由"是上天送给孩子的最宝贵的礼物，但是很多父母却因为自己的私心而把这一份礼物给没收了。虽然说自由对于孩子来说不是什么灵丹妙药，有了自由的孩子也不一定能成才，但是，那些没有自由的孩子，就很难真正成才。如果说还有什么对孩子的学业进步最有利的话，那就是"自由"，如果说有什么最能激发孩子的学习兴趣的话，那也是"自由"，如果说有什么最有利于孩子养成健全人格的话，那还是"自由"。

在玩的时候培养孩子的兴趣

父母箴言

如果问孩子对什么最感兴趣，答案当然会是"玩"。要知道，没有一个孩子不喜欢玩的，也没有一个孩子会对玩儿没有兴趣。所以，想让孩子对一些东西感兴趣的话，最好的方法就是在玩的过程中。这样一来，孩子就会在不知不觉中对这些东西感兴趣了。

兴趣是发展孩子智力一种强大的推动力，要想让孩子的智力获得发展，首先要激发出孩子的兴趣。孩子对周围的事物有了浓厚的兴趣，就会主动运用感官去看、去听、去动口说、动脑想、动手操作，积极探索。

父母作为孩子的第一位老师，首先要深入了解孩子的心理发展水平和个性特点，掌握他的兴趣特点。如孩子喜欢玩水，家长就给他一盆水，并相应地提供一些辅助性材料。如：小瓶子、木块、海绵、小铁片等等，让他尽情地玩水，在此过程中，孩子不仅能身心愉悦，而且使孩子了解了水的属性，获得了物体沉浮的相关经验。

在孩子玩的过程中，父母可以有意识地给他更多的环境刺激，让孩子在游戏中借助玩具表现活动内容，反映他的情感和意愿。如：一根小木棍，可启发孩子想出多种多样的玩法，如当马骑、当钓竿、竖起来当旗杆等等。这样一物多用，既激发了孩子玩的兴趣，又开阔了孩子的思路，发展了创造性思维。另外，父母还可以用废旧材料和孩子一起自制玩具。如：用果冻盒和小药球做的小娃娃，用各种纸盒做的汽车、楼房等。孩子通过制作的整个过程发展了注意力、动手能力和克服困难的能力，同时获得了成功的喜悦和美的感受。

兴趣还是孩子学习知识的最大动力，一个孩子如果对某一门功课感兴趣，毫无疑问，他一定会学得主动、学得轻松、学得愉快。如果想要使孩子对某一门课程产生兴趣，父母则应充分调动孩子的求知欲望，使孩子从"要我学"的状态转变为"我要学"。有的时候，在辅导孩子的学习时，合理地设计一个小小游戏，在"玩"中就能激发起孩子强烈的求知欲望。

例如在孩子学习数学中"轴对称图形"这一内容时，因这一内容概念比较抽象，同时由于受孩子自身空间观念水平的限制，孩子学的时候在理解上可能会有一定困难。因此，父母可以设计这样一个游戏，3分钟内用剪纸形式完成一幅作品，作品表现的内容必须是我们身边常见的物品，比如一片树叶、一只蝴蝶等等。然后，父母可以拿出自己的作品：第一幅是一只蜻蜓，不过这只蜻蜓比较奇怪，翅膀一边大、一边小；第二幅是一条裤子，但一条裤腿长、一条裤腿短；第三幅则是一片树叶，但一边特别肥大、一边特别瘦小。把这三幅作品展示在孩子的面前，肯定会让孩子开怀大笑。笑的原因是不言而喻的，这时父母可以乘胜追击，连续提出问题，进一步引发孩子的思考：现实生活中这三样物品应该是什么样的？你的作品中的物品是否也有这个特点？现实生活中还有哪些物品也具有这样的特点？用剪纸来表现这些物品时我们可以采用怎样巧妙的方法，剪得又快又好？这样一来，孩子的求知欲就得到了极大调动。家庭气氛非常活跃，孩子的学习效果自然不错。更为重要的是，孩子学得主动、学得轻松、学得愉快。同时还明白了一个道理，生活中处处有数学，"玩"中也能学数学。

其实学习任何一门功课，孩子是否有求知欲望，这种欲望是否强烈，是学习这门功课的原动力，也是能否学好的基础。切忌在孩子毫无思想准备的情况下，父母武断地下达学习任务，这会使孩子在没有接触这项学习任务之前，就有一种本能的抵制与反抗情绪。这样做的后果，必然是事与愿违，很难取得良好的效果。

日本教育家铃木主张，如果父母希望孩子将来能拉一手漂亮的小提琴，应当在孩子很小的时候，就有意识地让他反复听著名的交响乐、各种唱片，经常带他去看别人拉小提琴。使孩子渐渐地对音乐产生兴趣，有了自己也想试试拉小提琴的愿望。这时再给他提琴，并提供必要的指导与帮助，再加上孩子如饥似渴的练习，必然能取得很快的进步。

先培养孩子某方面的兴趣，再让他接触这方面的学习，的确是很好的经验。所以在每年的暑假期间，父母都应该了解一下，下学期孩子将要开哪些新课，比如要开地理课，有空的时候，父母就可以先带孩子一起看看地图，让他找北京在哪里，上海在哪里，旨在让他事先有所接触，引起好奇，培养兴趣。又比如，下学期要开物理、化学课了，父母可以事先找机会在轻松自然的气氛下，有意识地给孩子提一些有关问题。如天为什么会下雨？天热了温度计上的水银为什么会上升等问题，与他一起讨论，以引起孩子的兴趣。这时，孩子往往又会针对日常遇到现象，提出许多"为什么"。这时就可以告诉他，父母也不见得都知道，你好好学习物理、化学，这些问题都可以得到答案。这样，在尚未开课前，孩子心目中就有了向往与渴求，开学后，就会对物理、化学课产生兴趣，就会兴致盎然地听讲、提问、找答案。这样积极主动地学习，还用发愁成绩不好吗？学习成绩好，又会反过来进一步提高学习的积极性。一旦对学习真正产生了兴趣，孩子不仅会主动地去学，而且会越学越想学，越学越容易学，这就引入了良性循环之中，父母也就不用天天为孩子不会做作业发怒了。

反之，如果家长引导无方，一旦造成孩子对某门功课的畏惧心理，或产生了厌烦情绪，大脑就会产生一种排斥倾向，便很难学好了。

心理学、教育学研究的成果告诉我们，学习的动力首先是来自兴趣，是我们家长必须从孩子身上发掘的。而兴趣正是发掘这种动力最有效、最适合孩子心理特点的方法。因此，发现、保护并鼓励孩子的兴趣，是父母们发展孩子智力的一种十分有效的途径。

第二章
培养孩子的学习兴趣

让兴趣点燃孩子学习的热情

父母箴言

　　一个人一旦对一种东西产生了兴趣就会对这件事情产生热情，而伟大热情可以成就一切。所以，如果孩子对学习产生了热情，那么他就会对学习坚持不懈，而且会努力向着自己的目标前进。

　　兴趣对一个人是相当重要的，它关系到一个人一生的志向和事业的成功。兴趣是一种潜在的强大动力。当一个人对某个方面产生兴趣后，它就可以给这个人带来不可思议的力量和勇气。

　　天才源于兴趣。一个生机勃勃和富有创造精神的人，总是睁大了敏锐的眼睛，带着求知的饥渴，观察周围的一切事物，从中汲取知识的养料。

　　当一个人对某一事物产生强烈兴趣的时候，他的大脑皮层实际上正处于一种兴奋状态，这个时候，他的注意力会高度集中，思维会异常活跃，想象也会十分丰富，这就是学习热情最旺盛的时候，也是学习效率最高的时候。一个人的潜能在这种状况下可以得到最大限度的发挥，从而获得极大的快乐。随着满足、愉悦感的产生，他便会获得一种积极的情绪体验，这种情绪体验成为一种内在动力，进一步激发他的学习热情，学习的良性循环就是这样产生的。了解了这一点，我们也就明白了感兴趣的课程常常会是学得最快、成绩最好的原因。

可以说，古今中外那些有所创造的人，他们的成功列车最初都是由兴趣的力量来启动的。尽管当时看不出有什么意义，但正是有了这种推动，经过执着不懈地探求努力，他们最终创造了奇迹。

然而，兴趣并不是先天具有的。一个人的兴趣是由他的生活环境和教育环境决定的，是后天的，也就是说兴趣是可以培养的。孩子的兴趣爱好是在学习和生活实践中培养起来的，没有先天就对学习感兴趣的。因此，父母要重视早期培养孩子有益的兴趣，这是父母都应该要做到的。

在孩子很小的时候，父母就要注意从孩子的游戏中开发兴趣。游戏是孩子生活的本质，是他们培养自己能力、形成个性人格的自发动力。这种自发动力的基础是"兴趣"，没有兴趣的活动不是游戏。只要父母有心引导，任何事情都可以引起孩子的兴趣。

由于孩子年龄小，对有兴趣的事情，一开始往往只凭一时的好奇和热情。因此，作为父母，仅仅唤起孩子的兴趣是远远不够的，应当对孩子的兴趣进行恰到好处的引导，引导他们从兴趣中探索和思考，从兴趣中获得科学知识，在兴趣中立志，努力钻研，使孩子保持兴趣的长久性。切忌对孩子的兴趣不闻不问，无动于衷，这样容易使孩子的兴趣来得也快，消失得也快。

孩子的学习兴趣是需要培养的

父母箴言

孩子的学习兴趣是需要培养的，这是一件毋庸置疑的事情。在培养孩子学习兴趣的过程中，父母的态度和外界的环境都起着非常大的作用。所以，父母在培养孩子兴趣的时候，一定要综合考虑，用对方法。

兴趣是人的认识活动所需要的情绪表现，它主要表现在人们认识事物过程中的良好情趣上。一个人对某一事物有兴趣，表明他愿意更深入、更多地认识这个事物。学龄初期的孩子兴趣活动的特征是：孩子的兴趣已经在幼儿期就发生与发展，但是这时的兴趣多限于自己愿意做的事情上，而且这个时候的兴趣缺乏动机，并容易转移。当孩子入学后，在学习活动中，并不是所有的课程都会使他感兴趣。因此，想要使孩子对全部的学习内容都感兴趣，并轻松自如进行学习，就需要调动孩子的意志活动参与，使其运用意志活动努力迫使自己去学习不感兴趣的课程。

那么，怎么样才能让孩子对学习产生兴趣呢？

1. 精心呵护孩子的好奇心

好奇心是孩子学习兴趣的源泉。好奇、好问、好动，渴望通过自己的探索来了解世界，这些都是孩子的天性。那么，父母该如何呵护孩子的好奇心呢？

当孩子把奶瓶反转，并且试着从奶瓶的底部来吸奶的时候；当孩子将停下了的玩具火车又推又拉又打，想使它再次跑动起来的时候；当孩子在公园里专心地看着被风吹得摇摇摆摆的花草的时候，这些都是他们在好奇心的驱使下探索这个陌生世界的表现。对于孩子来说，所有的一切都是新鲜的、值得探索的。这个时候，大人不要忽视和否定孩子的学习和探索行为，而是应该精心地呵护孩子的好奇心，努力用孩子的眼光去观察这个世界，跟孩子一起去惊异、去提问、去讨论、去共同做出结论。

当孩子带着问题去问父母的时候，父母不应该简单地将结论告诉孩子。例如，当孩子问"鸟儿晚上睡在哪里"时，父母不必直接回答，父母可以与孩子一起探讨鸟儿在晚上可能的去处；当孩子问"黄色和蓝色颜料混合后会变成什么颜色"时，父母也不要简单地告知"会变成绿色"，父母可以说："是啊，那究竟会变成什么颜色呢？"以此来引导孩子去试验，去思考，让孩子自己去得出结论。同时父母还可以通过一些开放式的问题，激发孩子对事物的好奇心与探索的欲望。

能否给孩子自由思考的空间和时间，这是呵护孩子好奇心的关键。父母如果经常给孩子下达一些强制性的智力作业，那么孩子会感到总是在一种有压力的环境之中，他们便会将思考问题看作是一种额外的负担，久而久之，他们的好奇心和学习的兴趣就会消失殆尽。因此，对于强制性的智力作业，要少些，再少些。

2. 为孩子创造一个愉悦的学习环境

例如，孩子一般都爱听故事，不管是老师或父母讲故事，还是广播电台或电视台播放故事，孩子们总是能够专心致志地听，特别是绘声绘色地讲故事最能吸引他们。当父母讲小人书中的故事时，就会发现孩子常常是一边听一边很想认识书上的字，这种主动要求学习的精神是非常可贵的。父母可以利用这一时机因势利导，适当教孩子认认字，不要求孩子写，更不要求孩子记这些字，只要他们能认识，能把一个小故事读下来就行。孩子听得多了，读得多了，就自然而然地掌握了这些字。父母会发现有一天，孩子已经能很连贯地把书上的故事朗朗上口地读出来了。当孩子在阅读课外书刊时，父母可以利用读物内容，作为与孩子对话的内容。这样，孩子在一个宽松愉悦的学习环境中，可以不时地受到启迪，并逐步养成主动学习、主动探索知识的兴趣与习惯。

3. 带孩子到大自然、社会中去开阔眼界，提高学习兴趣

父母可以经常有意识地引导孩子到大自然中观察日月星辰、山川河流。比如春天到了，父母可以带孩子去观察小树以及其他植物的生长情况；夏天来了，父母可以带孩子去游泳、爬山；秋天的时候，父母可以带孩子去观察树叶的变化；到了冬天，父母又可引导孩子去观察人们衣着的变化，看雪花纷飞的景象。这样一来，孩子通过参加各种活动开阔了眼界，丰富了感性认识，提高了学习兴趣。父母最好能够指导孩子参加一些实践，比如，让孩子自己收集各种种子、搞发芽的试验、栽种盆花，也可饲养一些小动物。随着孩子年龄的增长，可以启发他们把看到的、听到的画出来，并鼓励他们阅读有关图书，学会提出问题，学会到书中找答案。这样，孩子的兴趣广泛了，知识面扩大了，学习能力也在不知不觉中提高了。

4. 发展孩子多方面的兴趣

一些孩子由于受到家庭和周围环境的影响，在 3 岁左右就开始对画画或乐器产生兴趣。特别是当孩子进了幼儿园以后，在老师的诱导下，他们的兴趣爱好出现了第一次飞跃。最先使孩子产生兴趣的一般是画画、唱歌和表演，当然这些都是模仿性的。对钢琴、电子琴、手风琴的兴趣都可以在幼儿期唤起，这时父母不要去要求孩子能够达到什么水平，而是要以唤起他们对各种乐器的兴趣为主。下棋更是如此，很小的孩子就喜欢跟大人下棋，当然更喜欢和小朋友们一起下游戏棋。父母只要做有心人，为孩子们提供一些条件，准备一些简单的器具，多给孩子讲讲自己的见闻，多与孩子一起玩，孩子多种学习兴趣就会逐渐培养起来。

告诉孩子："好好玩吧！"

父母箴言

玩耍是孩子的天性。要让孩子产生"学习就像是在玩耍"这种念头之后再开始学习，在孩子想学到更多的东西时再开始学习。只有这样，孩子才能保持学习的兴趣，从而取得良好的学习效果。

绝大多数父母一向认为，学习是一件辛苦的事情，孩子是不会喜欢的。只有在他们的监督之下孩子才会用功，所以，家长们都有一句习惯用语，那就是"赶紧用功学习"。其

实这句话最容易引起孩子的反感，也是他们最不愿意听到的，甚至这句话会产生事与愿违的效果。

试想一下，如果孩子已经很用功了，那么说这句话无疑是多此一举；但是，如果孩子本来就不用功，这句话就只能让他们觉得更不愉快。而且，即使是用功的孩子在父母反复唠叨下也会觉得厌烦，说不定会产生逆反心理。

从下面的例子就能看出大人的训斥对孩子起不到任何的作用。

张超和邻居王磊都是标准的垒球迷，他们俩经常约在一起看球赛。

有一次，张超约王磊到他家一起观看联赛开赛后的第一场球。王磊到他家时正好看见他往桌子上摆酒菜，他的儿子在一边垂涎欲滴，但是张超说："别在这捣蛋，赶紧回去做作业。"他儿子在一边磨磨蹭蹭地不想走。于是张超提高了声音："你没听见我的话吗？"孩子无可奈何地走回房间。

赛事的确很吸引人，儿子不时地从房间内探头探脑地往外看。于是，张超总是不时地大声呵斥在房间内探头探脑的儿子：

"赶紧回去用功！"

"老实点，小心我揍你！"

"不准跑出来，等球赛一结束，我马上要检查你的作业。"

"你小心点，看一会儿我怎么跟你算账！"

当看到精彩的镜头时，张超和王磊都不禁屏住了呼吸。突然，发出一声巨响"喔啷"，把他们吓了一跳，回头才发现，原来孩子在门口张望时不小心碰倒了花瓶。

张超顿时暴跳如雷，开始责骂孩子："你这个不省心的家伙，叫你用功学习偏不听！作业做完了吗？"

"做、做完了……没、没有，还有一点。"孩子吓得说话都不利索了。

张超一把将他拎起来扔到书桌前："赶紧把你的作业做完，整天就知道玩，再这样小心我收拾你！"

孩子低垂着头嘟嘟囔囔地低声说："就你能玩，我怎么就不能玩？"

这句话引起了张超的思考，他感觉孩子的话并非没有道理。

有些父母平时不注意自己的言行，整天串门、聊天、看电视，只知道玩乐，却不停地要求孩子用功。要知道，父母的行为对孩子有着巨大的影响。

虽然，孩子有时慑于父母的权威，会规规矩矩地坐在桌子前，其实他们多半只是装装样子罢了，心思早已跑到了九霄云外，绝不可能真正地学习。这种表面上看来很成功的做法，起到的只是完全相反的效果。

也许家长们最初只是想用"赶紧用功学习"这句话稍微提醒一下孩子而已。但是，反复的唠叨只会让孩子产生无形的压力和反抗心理。最后的结果是陷入一种恶性循环——提醒注意的话语变成了命令，接着变成严厉的训斥，以至于越来越严厉。于是，"赶紧用功学习"这句话最终造就的是不用功的孩子。

有位老师在某个学校，发现了一个极其出色的孩子，虽然他只有 6 岁左右，但演奏维瓦尔第的小提琴协奏曲《四季》时，音色优美、雄浑有力，看得出来，这个孩子必定练习了很久。

老师问孩子的母亲："这孩子练了多长时间呢？"

"有两年半了。"母亲回答说。

"演奏得真不错，每天练习多长时间呢？"

"4 个小时吧。"

"这么长的练习时间，孩子能够长期坚持吗？"

"没问题，他喜欢得很呢。我平时也喜欢拉小提琴，每天练琴前就叫上儿子'快来和妈妈一块玩'，不管他拉多久我都会陪着，所以他从不觉得有半点勉强。现在都变成他叫我同他一起玩了。"母亲高兴地说。

老师觉得这个办法真不错，后来他在教学中也运用了这种方法。如果音乐教室的孩子对小提琴产生了想玩玩的兴趣，那么他就会按照以下的顺序进行授课。

首先，老师会发问："你是不是想拉小提琴了？"

"是啊！"

"那么，你可以做到认真练习吗？"

"当然能，现在就请老师开始教我吧！"

当孩子学会一点演奏以后，老师就安排高年级的孩子和他一起演奏，这样可以激发低年级的孩子要求更多的进步。

孩子们在开始合奏练习时总会兴奋不已。老师会说："来吧，和大家好好地一起玩。"

这句话会让孩子把所有的心思投入到练习中。

所以，家长们不妨试一下，将"赶紧用功学习"替换成"好好玩吧"，让孩子在玩耍中产生学习的兴趣，一定能取得出乎意料的效果。

怎样使孩子把注意力集中起来

📖 父母箴言

很多孩子的成绩不好是因为他不能专心学习，不能把注意力集中起来，这可能和孩子所处的环境有关系，也可能和父母的教育有关系。所以，父母想要让孩子有一个很好的成绩，就必须想方设法让孩子能够把注意力集中起来。

孩子可能会对很多事情都有兴趣，但是却通常很难专注于某件事情，也就是说，他没有全身心地投入。这可能是因为父母的浮躁心理、喜欢攀比的心理引起的。有的父母见别人的孩子学什么，也要让自己的孩子去学，恨不能让孩子把所有的技能和特长都可以掌握。父母的这种行为，就造成了孩子看起来什么都会，却没有过硬的一技之长，造成了孩子在学习上不专注。

浏览一下那些有作为的名人们，他们差不多都是特别专注的人。

法国大作家巴尔扎克就是这么一个人。有一次，他在写作时有朋友来访，他很长时间都没有发现。中午仆人送来饭菜，客人以为是给自己送的，就把饭菜吃了，后来客人发现巴尔扎克还是那么忙就走了。天黑了，巴尔扎克觉得该吃午饭了，就来端碗端盘。看到饭菜已被吃光，他责备自己："真是个饭桶，吃完还要吃！"

法国昆虫学家法布尔为了解蚂蚁生活习惯，曾连续几小时趴在潮湿、肮脏的地面上，用放大镜观察蚂蚁搬运死苍蝇的活动。他的这种行为引来了周围许多人的围观议论，但他毫不理会。

我国数学家陈景润一边走路，一边想他的数学问题，不知不觉中和什么东西撞上了，他连声说"对不起"，却没听到对方有所反应，抬头一看，原来是一棵大树。

这些都说明了他们有着超高的专注力，可以说，专注力就是他们成功的基础。所以说，培养孩子的专注力，让孩子能够专心学习是非常重要的。父母在孩子小的时候就应该把孩子的这项能力激发出来，因为，只有聚其精，会其神，孩子才有可能取得成功。如果想要让孩子的学习成绩有所提高，第一步就是要培养和训练孩子的注意力，让他们养成专心致志的习惯。要知道，如果孩子的专注力不能够很持久的话，是会影响到孩子的学习的。父母需要一些方法来训练一下孩子的注意力。

1. 给孩子一个宁静、整洁的学习空间

每个孩子都希望有一个属于自己的空间，在那里，他可以做自己想做的事。所以，父母要给孩子准备一个属于他们自己的天地，让他们在里面画图、阅读、听音乐。在孩子的书桌上除了文具和书籍之外，不要摆放其他物品，以免他分散注意力。女孩的书桌上也不要放镜子，更不能允许孩子一边看电视一边做作业。

2. 让孩子独立完成作业

有的父母会因为孩子的注意力不够集中而在旁边"站岗"，这样一来，孩子一遇到不会的问题就会问父母，久而久之就会产生一种依赖的心理。所以，父母应该让孩子独立做作业，不要在旁边打扰孩子。

3. 多给孩子一些休闲的时间

在放假的时候，父母可以安排一些适合全家休闲的方式，让孩子放松一下心情，这样还可以增进和孩子共处的时光。旅游不一定只去那些风景游乐区，可以在社区活动一下，比如散步、打球、拜访邻居、认识一下周围的环境，甚至还可以逛一下商店、超市或是图书馆。

4. 给孩子一个明确的完成作业的期限

父母可以这样对孩子说："你可以不用心，但你必须在八点钟之前完成作业，否则，周末就不能做什么。"等等。这样可以培养孩子的时间紧迫感，慢慢地让孩子形成学习规律。有了明确的任务，孩子学习时就有了动力，才能保持紧张状态。当然，要求孩子学习时，时间不能太长，也不能要求孩子长时间做同一件事。这些都是导致孩子注意力不能集中的因素。

5. 父母陪孩子学习不可提倡

事实上，正如一位权威人士所说："有的孩子学习拖拉是因为没有养成良好的学习习惯，更多的则是由于父母过分关注他们做作业，甚至包办代笔。"大多数教育专家都不赞成父母陪孩子读书，因为父母总会情不自禁地敦促孩子不要这样做，而要那样做。这些时断时续的语言刺激，更易于分散孩子的注意力。同时，也会让孩子对父母产生强烈的依赖性。

6. 合理安排学习内容的顺序

父母可以建议孩子先做一些比较容易的作业，在孩子注意力集中的时间再做比较复杂的作业。除此之外，还可以把口头作业和书写作业相互交替。

7. 给孩子适当的奖励

当孩子按时完成了作业，父母不但要从言语上加以表扬，还可以辅助一些别的奖励。同时，还可以为孩子设定一个假想的竞争对手，提醒他或她"谁每天晚上只需花一个小时就能完成作业，还有时间看动画片什么的"。

8. 为孩子营造一种良好的学习环境

许多孩子注意力不集中，主要与家庭环境有关。有的父母白天上班很累，晚上就喜欢看电视，而且声音很大；还有的父母喜欢把邻居、同事约在家里打麻将，这必然会影响孩子的注意力。当孩子学习时，父母一定要保持安静，不要让孩子注意到父母在做什么。如果父母一直保持着良好的读书、学习的习惯，孩子就能耳濡目染。此外，要注意排除干扰孩子学习的因素。许多孩子习惯边听音乐边写作业，这是一种不好的习惯，是分散注意力的诱因。

9. 孩子学习的速度和难度要适中

在每一个年龄段，孩子接受的新知识都有一定的量。如果要求孩子的学习速度太快时，孩子肯定会囫囵吞枣。如果速度太慢，孩子的思维就容易懈怠，从而造成开小差、走神。与此同时，如果孩子学习的内容太难，孩子无法真正理解透，学起来就没什么兴趣可言，开小差在所难免。相反，如果孩子学习的内容太简单，孩子就会感到索然无味，也会造成注意力不集中。

10. 适时解除孩子内心的忧虑

当孩子心理压力比较重的时候，孩子的注意力就无法集中。许多孩子害怕考试，尤其是害怕一些被家长们告诫为"将决定一生命运"的考试。为此，孩子们经常心猿意马，甚至胡思乱想。背负着沉重的心理负担，孩子们自然就无法专心学习。因此，但凡优秀的家长，都是孩子称职的心理安慰师。

孩子不能专心，常常是因为心静不下来，如果父母能够经常带领孩子静坐、冥想、远望，对于孩子的静心专注会有很大的帮助。

和孩子一起学习，一起游戏

父母箴言

孩子总喜欢黏着父母，看到父母在做什么他就想做什么，此时父母是孩子最好的榜样。在这个时候，父母最好可以和孩子一起学习，一起做游戏。这样一来，不仅可以让孩子在学习上得到进步，还可以加深和孩子之间的感情。

有些父母自己躺在床上看电视，却不准孩子看电视，一味地叫孩子"好好读书"；自己总是看一些报纸杂志，却叫孩子只能看参考书、儿童文学，并要孩子将来上一流大学，这实在是说不过去。要想让孩子用功，父母本身也应该用功才对。当然并不是说非要父母求取"学问"，或阅读一些高难度的书本，只是希望父母也能自我进步、自我要求，而不只是看些周刊、电视连续剧之类的东西。

在孩子小的时候，如果缺少了与孩子一起学习的观念，让孩子一个人面对枯燥、难懂的知识，对培养孩子的学习兴趣是有影响的。如果父母能够与孩子一起学习，让孩子觉得面对困难的不只是他一个人，这样孩子就不会厌恶学习。当孩子遇到学习困难时，父母也应该与孩子一起解决，让孩子体会到学习的乐趣。所以，与孩子一起学习对培养孩子的学习兴趣是非常重要的。

父母与孩子一起学习，还有一个非常重要的因素，就是让孩子明白学习是一件重要的事情。因为孩子还小，他们对学习的重要性没有实质的认识。当孩子稍微懂事以后，他就会逐渐明白，父母都花费时间来陪自己学习了，这说明学习对自己是一件非常重要的事情。

另外，与孩子一起学习，还可以培养孩子的自信心。因为，当父母帮助孩子解决学习上遇到的一个个困难以后，就会让孩子觉得困难也是很容易解决的，从而增强孩子的自信心。同时，这也是培养孩子良好的学习情绪的一个重要方法。

在与孩子一起学习时，尽量把自己也当成一个学生来看，你是与孩子一起学习知识，而不是去监督孩子学习的。这一点非常重要，如果处理不好，往往会使孩子对学习感到厌倦，而且也会影响对父母的感情。

学习的时候和孩子在一起，游戏的时候也要和孩子在一起。因为，游戏能够引起孩子对未知世界进行探索的愿望，并且，在进行探索的过程中，他们的观察能力、注意力、记忆力、想象力、思维能力以及语言表达能力等等综合能力都能够得到发展。因为，丰富的游戏环境，以及种类繁多的游戏材料，都是促使孩子运用多种感官的外在条件。有了这些条件，然后在父母的正确引导下，孩子的感知能力就能够得到合理的发展。在游戏过程中，孩子可以接触到各种事物，接受各种感官的刺激，孩子会产生强烈的求知欲望。这对于培养孩子的学习兴趣、培养孩子的学习能力来说是一个良好的基础。游戏能够训练孩子的思维能力和语言表达能力，当孩子在做游戏时，父母要让他们多动脑筋、积极思考。同时，游戏还能够充分启发孩子参加活动的主动性、积极性和创造性。

可以看出，游戏的种类很多，内容广泛、形式多样，是孩子发展智力的广阔天地。父母与孩子一起游戏是非常重要的一个环节。在教育比较发达的美国，与孩子一起游戏，已经成为父母们教育中的一项必要工作。

但许多父母都会认为，孩子自己会玩游戏，孩子喜欢怎么玩就让他怎么玩。于是，就对孩子的游戏漠不关心。甚至还有一些父母认为，孩子在游戏时会将房间搞得乱七八糟，因此他们非常反对孩子做游戏。父母应该明白，这样的做法对孩子的全面成长是非常不利的。克鲁普斯卡娅说："孩子在游戏中学习组织自己，学习研究生活。父母应该重视孩子的游戏，而且应该做相应的指导和帮助。"事实上，游戏是一种特殊的教育过程，对孩子来说，也是学习的方式之一。忽视或者阻止孩子游戏的做法，对孩子的教育的损失是很大的。

与孩子一起游戏，是素质教育的需求；当孩子的游戏玩伴，是每一个家长教育孩子必须做的一项工作。

一个成功的家长既可以和孩子一起学习，又可以和孩子一起游戏，他会和孩子一起进步，一起增长知识。这样的父母一定会教育出最棒的孩子。

孩子学习的积极性是需要激发的

🚢 父母箴言

如果父母希望自己的孩子学得更好，学到更多的知识，增强各方面的能力，开发出更多的潜能，就应该制造良好的氛围，激发出孩子学习的积极性，让孩子在情绪化中学得更好，学得更加生动活泼。

很多父母都有这样的经历：对孩子说："来，我教你背一首唐诗吧。"孩子把头一扭就往一边走。这可怎么办呢？不少父母也有这样的经历：下雪了，天上飘着雪花，孩子对父母说："快来看，雪花在跟我玩呢。"吃苹果的时候，孩子对父母说："这里面放了糖，你知道吗？"

这些情况的发生给了父母以下启示。

1. 发挥孩子性情的作用

这给父母提供了一个重要的信息：孩子都是"性情中人"，他们认识事物的时候总是充满了情绪，事物在他们眼里都带有感情色彩。孩子为什么都喜欢童话故事，道理就在这里。只有让孩子接触感性的东西，他们才能更深切地感觉它，记忆它，理解它，才会对这些东西产生兴趣。在孩子的心目中，雪花是朋友、是玩伴。父母应该根据孩子的这个特点，充分调动孩子的情绪状态，把学习变成生动活泼的过程。

孩子都是情绪化的学习者，教育者不为他们制造一定的情感氛围，就无法激活他们的聪明才智。有些孩子在某个教师的班里很聪明，而到了另一位老师的班里就变傻了，可能奥妙就在这里。

有些父母教育孩子常常使用成人化的方法，就是因为不明白这一点，弄得孩子对学习缺乏积极性，反过来父母却又埋怨孩子又懒又笨……其实，有很多时候，又懒又笨的恰恰是父母自己。他们对孩子的心理一窍不通，又懒得去研究去学习，还自以为是把成人学习的模式强加给孩子，孩子不愿学习，又去责怪孩子。不客气地说，应该责怪的不是孩子，而是父母。

2. 孩子利用自己的经验来学习

孩子认识事物，一般都是以自己的经验为中介的，这是孩子情绪化的另一个特点。在孩子的心目中，任何事物都跟自己的经验有很直接的联系。孩子吃苹果感觉到了甜，他不认为甜是苹果本身所具有的，而认为是里面加了糖，这显然是孩子吃奶时加糖的生活经验的反映。

这种思维方式非常有趣，反映了孩子是以自我为中心的。根据孩子的这个特点，父母对他们进行知识教育的时候，一定要把有关的知识和他本人的生活体验联系起来，这样才便于孩子理解，否则就会出力不讨好。父母要想知道孩子的体验，就必须走进孩子的内心，用孩子的眼睛去看世界。这是很困难的一件事，而且很多父母，都不愿意去认真研究孩子的心理，但是这种事是不做不行的。

从以上两个方面的启示中，我们可以看出，让孩子能够喜欢学习，首先就要激发出他们的积极性，让他们在情绪化中学习，这样就会收到一种意想不到的效果。

让孩子的兴趣在家庭教育中得到培养

父母箴言

有了兴趣，孩子才会积极关注，主动思考，并自觉采取行动。因此，对于父母来说，在日常生活和学习中想方设法地培养孩子学习的兴趣，培养他向上的积极性，是一项重要的工作，可以说把这个工作做好了，就不用担心孩子今后的发展了。

人的一生需要接受家庭教育、学校教育、社会教育，而家庭教育是教育的起点与奠基，父母是孩子的第一任老师，家庭是孩子的第一课堂，家庭教育对孩子具有十分重大的影响。家庭教育主要是教育孩子，那么家长教育孩子，主要教育什么呢？从总体来说，孩子成长发育的各个方面都是教育的内容，道德品质、智力发展、知识技能、身体健康、心理健康等，这些父母都必须不同程度地担负起教育责任，这是显而易见的。但是，在城市家庭中，高智商、高要求、多技艺和强训练的教养理念一统天下。"技多不压身"的古训在现代家庭中重新找到了强大的生长点。

在紧张繁忙的陪练中，父母以孩子学会某种技艺为标准，来衡量自身教育理念的行为效果，为了让孩子"学好"，生活上包办代替，学习上辛苦陪练，强行监督，而恰恰忽视了孩子个性的成长发育，忽视了孩子首先将成为一个公民的基本事实，偏离了教育培养全人的本意，使孩子的家庭教育失去了支点，该严格处却放松，该放松处却又严格。其实，对于孩子来说，兴趣是最好的教师，有了兴趣，孩子才会积极关注，主动思考，并自觉采取行动。因此，对于父母来说，在日常生活和学习中想方设法地培养孩子学习的兴趣，培养他向上的积极性，是一项重要的工作，可以说把这个工作做好了，就不用担心孩子今后的发展了。

那么，如何在家庭教育中培养孩子的学习兴趣呢？

1. 增强学习快感，培养直接兴趣

著名物理学家杨振宁曾说过，他不赞成有人说他是"刻苦"学习的，因为他在学习中从没感到"苦"，相反，体会到的是无穷的"乐"。学习如果能给孩子带来快乐，那么孩子一定会喜欢学习，年龄越小的孩子，学习兴趣越是以直接兴趣为主。例如：有的孩子喜欢画画，可能是他乐意用五彩的蜡笔在纸上涂抹，看着五彩的线条在纸上延伸、扩展，他的思维、想象也跟着任意遨游、旋转；也可能是老师经常表扬他，虽然他画得并不怎么样。那么，怎样才能使学习变为快乐的事呢？

首先，多表扬，少批评，要善于发现每个孩子的优点。有些父母开口闭口就是"这么简单的问题都不会，光知道玩"，本来是恨铁不成钢，却不知好钢已在批评中钝化了，日久天长，孩子总觉得自己很差，总有错，在学习中有压抑感，于是就厌恶学习。

其次，使孩子一开始就有成功的体验。父母要尽可能使孩子掌握好知识，一开始就让孩子学懂，这样既增强了孩子的自信心，又使他体验了学习的快乐。

最后，父母应该指导孩子读书。父母和孩子一起学习，当孩子解答出难题后，与孩子分享快乐；当孩子不懂时，与孩子共同探讨，这也能让孩子觉得学习是件愉快的事情。另外，父母的情绪、学习的环境等也能影响孩子学习的情绪体验。

2. 明确学习目的，培养间接兴趣

优秀父母的经验证明，学习目的的教育应该联系孩子的思想和实际，坚持耐心细致的正面教育，通过生动形象、富有感染力的事例，采用多种多样的形式，把学习目的与生活目的联系起来，这样才可以收到良好的效果。例如，孩子对背外语单词不感兴趣，但对学好外语后可以用外语交流，参加各项外语活动等结果感兴趣，这种兴趣可以促使孩子去从事背单词的活动。所以家长们既要充分利用孩子的直接兴趣，激发其勤奋学习，更要通过学习目的教育来提高孩子的间接兴趣。兴趣在活动中的动力作用，已为不少心理学家所承认。瑞士儿童心理学家皮亚杰把兴趣说成是"能量的调节者"。孩子对学习有兴趣，就可以激起他对学习的积极性，推动他在学习中取得好成绩。

3. 利用孩子的好奇心，培养学习兴趣

孩子具有好奇、好问、好动的特点，父母应充分利用它来激发孩子的学习兴趣。有的孩子把闹钟拆开，有的孩子不停问为什么。父母如果不了解孩子的特点把这些看成孩子的淘气、捣乱，对孩子采取批评、冷淡、不理睬的态度，这样就会损害孩子智慧幼芽的生长，挫伤他们求知的积极性。对孩子的提问要回答，如果不会则可以告诉他如何查询，或者弄明白后再告诉他。

父母要尊重、保护和正确引导孩子的好奇心。此外，在各种活动中培养孩子的好奇心也是很重要的。如让孩子参加各种兴趣班的活动小组或外出郊游、参加社会实践活动等。在活动中孩子通过发现问题，产生好奇心。有的父母认为自己的孩子学习劲头本来就不高，再参加兴趣小组会分散更多的精力，就不准他参加其他的活动，这种做法恰恰是放弃了引发孩子学习兴趣的好机会。

4. 创建有利于培养学习兴趣的外部环境

只有肥沃的土壤才能长出好庄稼，只有良好的家庭环境才可能培养出智力优秀、聪明活泼的孩子。首先，父母要以身作则，热爱学习。家长是孩子的第一任老师，身教重于言传。如果父母督促孩子要努力学习，而自己却常常通宵达旦地打麻将，那么孩子感兴趣的恐怕不是如何搞好学习，而是如何玩好牌，到时候，孩子学到的恐怕就不是科学知识而是玩牌窍门了。如果父母饭后捧一本书，伴一杯清茶，端坐书桌前伏案写作，孩子耳濡目染，也会经常看书、学习。

其次，多给孩子买一些有益的、适合孩子心理发展特点的书，一般而言，可以为孩子购置一些通俗的简化本的文学名著以及一些激发孩子想象力与创造力的书，比如童话、寓言、科幻小说等书。家中如果有很多书的话，就可以便于孩子翻阅，有利于让孩子对阅读产生兴趣。再者，给孩子一个安静的学习环境。孩子学习时父母不要一会儿送水果，一会儿与他说话，这样会打断孩子的思维。

最后，让孩子多与爱学习的小朋友接触，受其影响，对学习产生兴趣。

不要扼杀孩子的学习兴趣

父母箴言

当父母看到孩子对某一方面感兴趣了，就恨不得他马上成才，然后对孩子进行疯狂式教育，让孩子接受不了。其实，不管学什么，都要从最简单的学起，只有让孩子学会、学懂、学到甜头，才会让孩子有学习的兴趣。

不要以为自己的孩子在1岁多的时候就会背10多首唐诗，他的语文成绩在长大之后就会很好。也不要相信当孩子在2岁多的时候会从1数到100，长大之后孩子就会成为数学家。那些坚持让孩子在3岁的时候就让他读《道德经》的父母，难道真的认为孩子能深谙其中的真理？这些父母要小心了，你已经犯了孩子智力开发的禁忌。不要以为这样做是在开发孩子的智力，其实你是在扼杀孩子将来对学习的兴趣。著名教育家陶行知说："幼儿比如幼苗，必须培养得宜，才能发芽成长。否则幼年受了损伤，即使不夭折，也难能成材。"

很多父母都知道，孩子在3岁之前，其能力的发展是人的一生中发展最快的一段时期。父母给他的刺激越多，孩子的能力被挖掘的就越多。所以，父母应该在这个时期抓紧对孩子智力的开发。但是，在这个过程中，父母一定要从孩子的心理发展规律和年龄特征出发，采用的内容和手段"略为提前"一点就好，千万不要拔苗助长。

那么，哪些事情是禁止父母去做的呢？

1. 过分重视知识的灌输

刚满3岁的小旭恒每天的"工作"清单是：画两幅图画；写1～20个数字；读完妈妈新买的故事书《小熊的一天》，回来要讲给妈妈听的；还要背出英语单词5个。每天，小旭恒只能眼巴巴地看着邻居家的小姐姐在院子里开心地骑脚踏车，而他就只能面对着一大堆"工作"发呆，不完成作业就不能出去玩，因为，妈妈的话就像圣旨一样。

这种单调的知识灌输会过早地将不易掌握的知识强加于孩子，这样做只能引起孩子更多的困惑和恐慌，特别是当他们面对想方设法要求他们完成任务的大人时，他们会为自己完成不了任务而感到害怕，对自己的能力产生怀疑，这种不自信带来的后果将会影响孩子的一生。

父母应该这样做：选择大人和孩子都轻松自由的环境进行教育。比如：在公园里散步，大人可以教孩子多去认识一些植物；在动物园或海洋公园参观，可以让孩子见识大自然多种不同的动物；在商场里买东西，可以教孩子识别不同商品以及了解各种商品的特性；在科技馆或者展览馆里，可以让孩子接触到各种各样的科学知识，拓宽孩子的知识面。

学习的时间不宜过长，一般 3 岁以下的孩子学习时间最多不超过半个小时，不要勉强孩子，当孩子注意力分散时，就可以停止教学了。

2. 用大人的标准去要求孩子

4 岁的佳妮已经可以画出 10 多种图形了，而且还会用水彩和油墨画画，幼儿园的老师都夸她聪明呢！可是一到了妈妈这里，就不过关了。其实也难怪，妈妈对她要求很高，每次都要求她画一些高难度的画，还不能出错。真难为她了，才小小年纪的孩子，哪能次次都不出错呢？

用大人的标准要求孩子，孩子会觉得事事办不好，事事都难办，从而失去前进的信心。

父母应该这样做：和孩子以游戏的方式来关注孩子学习上的点滴进步。父母可以做一张大表格，当孩子有明显进步时，为了表示奖励，让孩子自己在表格上粘一朵小红花；当孩子表现一般时，可以让孩子粘一朵小黄花；当孩子有了退步倾向时，就只有让孩子粘一朵小绿花了。在学习的过程中，家长让孩子学会区分自己不同的学习表现，从而慢慢地学会对自己不断激励和不断要求。

在具体学习上，尽量少用"第一"和"最后"的标准来衡量孩子的学习结果。

3. 对孩子兴趣培养过早定向

自从 2 岁的雨桥对隔壁玲玲家的钢琴表现出些许好感后，爸爸回家就开始忙活开了，先是打电话咨询钢琴学校幼儿班的情况，又是在网上了解二手钢琴的价格，然后还在家里拿把硬尺量来量去，看什么角落正好可以摆一架钢琴。

爸爸这样做这不符合孩子身心发展的特定规律。事实上过早对孩子的兴趣定向，只会限制孩子能力的发展，不利于孩子完全人格的建立。

父母应该这样做：父母可以全面培养孩子的欣赏和鉴赏能力，带孩子去看一些专业的画展、音乐会、歌剧、舞剧、话剧，不要求他刻意地理解，只是让他学会欣赏、有个大致的了解，让孩子感觉到什么是美的，什么是高雅的，什么是动听的。

在孩子有兴趣的基础上发展其特长，可以辅助一些教材或训练，循序渐进地学习某种技能。

刚开始不要对孩子的某一种兴趣表现出太大的热情，用淡然一些的语气和他交流。如果他是真的有兴趣，慢慢地你自然会感受到，如果他只是新造茅坑三日香，那你也省得费心了。

培养孩子学习兴趣时的注意事项

父母箴言

在家庭教育中，需要注意的事情有很多。父母在对孩子进行教育的时候，一定要加倍注意。因为，一不小心，孩子就可能会对学习失去兴趣。

家长要及时发现孩子的兴趣，并因势利导地通过认识需要、激发情感、磨炼意志、引导行动等多种途径来培养、发展孩子的兴趣，以开发其智力，推动其成才。同时，应注意以下几点。

1. 对孩子的兴趣应给予关心和鼓励

在培养孩子某方面的才能时，不能过于性急，过急只会"欲速则不达"。强迫式的训练往往会被孩子拒绝，孩子接受不了就会逃避训练。正确的态度应该让孩子在轻松自由的气氛中自发地产生兴趣、感受乐趣。孩子有兴趣的时候，也正是父母指导最有效果的时候，错过时机，以后的指导只会事倍功半。

孩子常常会缠着父母问问题或是要求讲故事，这正是孩子兴趣的表现。如果父母粗暴地以一声"自己一边玩去"加以拒绝，对孩子的求知欲无疑是一次打击。但是，如果父母能耐心解释或启发孩子一起思考，则有利于孩子语言的发展和思维、想象的发挥。在孩子有兴趣时加以拒绝，以后即使设法弥补，恐怕也难以奏效了。因为孩子的兴趣是变化不定的，很可能你虽有情，他却无意了。

2. 不要逼迫孩子

孩子天生就有好动、好强、好胜、好奇等内在因素，也有探究世界的强烈欲望，本来就有多方面的兴趣。家长要善于及时发现孩子的正当兴趣，并正确地加以引导，千万不要将自己的欲望强加于孩子，逼迫子女去发展自己不喜欢的兴趣。俄国教育家乌申斯基曾指出："没有丝毫兴趣的强制性学习，将会扼杀孩子探求真理的欲望。"强制的结果，不仅与家长的愿望相反，甚至会使孩子产生逆反心理，形成厌学情绪，不利于他们健康成长。

3. 要培养孩子兴趣的稳定性

有的孩子兴趣比较广泛，今天学这样，明天学那样，缺乏持久性，朝三暮四、见异思迁；有的孩子在学习中碰到困难，就想改学别的容易些的。这样做将一事无成。这就需要家长的努力教育了，努力让孩子的兴趣长时间地保持在某一对象或某些对象上。只有持久而稳定的兴趣，才能推动深入钻研问题，才能经受艰苦的环境考验，才能进行富有创造性的劳动，从而获得系统的科学知识，取得良好的成绩。

4.让孩子体会成功的乐趣

任何时候都不应该嘲笑孩子的努力。常听到父母这样训斥，"你看你看，又错了，怎么那么笨啊"，"你看人家小红，都会说英语了，你就会玩"等等。这些脱口而出的批评，显然出自一片好心，想让孩子往好处做，但是这种批评往往是因为父母对孩子能力做出了错误的估计，并且这样的方式，只能伤害孩子的自尊，使孩子畏惧学习。正确的方式是应该尽量避免唠唠叨叨的批评，对孩子的努力给予肯定和承认，哪怕是微小的进步也应给予赞赏，让孩子体会到成功的快乐。这既是对孩子最好的精神奖励，同时有利于激发孩子下一次的尝试。父母不要一下子对孩子的要求太高，不要让孩子经受太多的失败，即使孩子做错了事，也不要斥责、取笑他的失败，应该始终肯定他的努力，欣赏他的长处，让孩子体会到自己的进步，始终满怀信心面对人生的挫折和失败。

美国教育家杜威说："兴趣是生长中的能力的信号。"我们要培养孩子的个性特长，首先要发现孩子的兴趣。日本教育学家木村久一说："如果孩子的兴趣和热情一开始就得到顺利发展的话，大多数孩子将成为英才……"当然，要孩子都成为英才是不可能的，但这话却道出了极早发现孩子兴趣的重要性。作为父母，要做孩子的有心人，在日常生活中，仔细地观察孩子，从一举一动、一言一语中去发现孩子的兴趣。对于孩子的兴趣爱好，我们要竭力去培养，使它结出丰硕的果实。

用正确的态度对待成绩差的孩子

👪父母箴言

孩子学习差，父母恨铁不成钢，着急、气恼，都是可以理解的。但粗暴地对待孩子，既无益于孩子学习的进步，也加深了父母与子女的矛盾，更不要说让孩子对学习产生兴趣了。其实，成绩差的孩子，更需要父母用心地去对待。

"望子成龙"可以说是每个家长的心愿。但是，在我们的现实生活中，由于各种各样的原因，还是有不少学习不好的学生，这就使得一些家长的"神童梦"破碎，思想悲观，从而粗暴地对待孩子，造成孩子心灵的扭曲、身心和学业上的恶性循环，后果堪忧。其实，成绩差的孩子更需要父母用心地去对待。

孩子学习成绩不好主要有以下几方面原因：

1. 孩子智力因素方面存在问题

孩子的成绩不好可能是孩子的智力发展滞后，感觉器官先天缺陷或后天损伤，大脑受到伤害等智力原因。另外孩子的思维大多都有具体、形象的特点，如果他们的抽象思维能力没有能及时地发展起来，赶不上教学内容的要求，在学一些抽象性、逻辑性知识的时候就会跟不上。孩子学习差，多半是这个原因。

2. 孩子非智力因素方面存在问题

孩子的成绩不好有可能是孩子的学习态度不端正，学习目的不明确，学习方法不得当，学习动机不强烈，学习习惯不合理等非智力原因。如果孩子年龄较小的话，性格、情绪方面对孩子的学习也有很大的影响。当孩子自制力较弱、理智感不强的时候和情绪高涨时成绩会直线上升，情绪低落时成绩则大大下降。性格外向的往往过高估计自己的学习能力，性格内向的则容易背上精神包袱。

3. 老师和家长的教育方式、方法方面存在问题

孩子的成绩不好可能和老师与家长的教育有关，比如教师水平有限、上课枯燥无味，让学生厌学；家长对孩子学习上的困难视而不见；或者随便训斥孩子；或者包办代替，不能正确地启发、帮助孩子。

4. 环境方面存在问题

孩子的成绩不好还可能是和环境有关，学校是孩子学习的主要场所，如果学校学风不好，设施、设备不完善，势必对孩子学习成绩造成影响；孩子在课余时间没有好的活动场所，没有丰富的活动内容，与社会上各种不良分子接触，受到社会上一些不良因素的影响，也会使成绩下降；在家庭中，家庭的结构、条件、气氛，家庭成员的素质等，都与孩子的成绩有密切关系。

由于孩子成绩差的原因是复杂的、多方面的，因此家长要抓住主要原因，比如帮助孩子树立好的学习目标和学习动机，教育孩子要有一个正确的学习态度，让孩子掌握正确的学习方法等。其中关键是对孩子既要理解宽容，又要严格要求。家长要积极主动地与学校老师联系，交换情况，共同磋商，找到好的方法。一般来说，孩子学习成绩差，只是其发展过程中暂时的波折，只要家长重视，并加以适当的教育，是能改变这种状况的。

如果孩子的学习成绩不好的话，父母就有必要对自己进行一些心理调整，首先需要父母做的是放弃过高的期望，制订一个切实可行的、适合孩子实际能力的目标。

容易厌倦的孩子可以先让他学习 10 分钟、15 分钟，完成后好好表扬孩子一番，日后将时间逐渐拉长，当能完成 30 分钟后，1 个小时也不再是高不可攀的目标了。最终目标

可以很高，但暂时目标不宜过高，应该是孩子易于接受的，这样能不断地给孩子成就感和自信心。小的目标逐一实现，这种积累终将成为一座大山。

现在父母一般以孩子考试分数作为衡量孩子学业优劣的唯一标准，分数高者，父母十分高兴，给予各种奖励；分数低者，父母非打即骂，给予的则是各种处罚。但是，考试并不能证明学业的全部，父母不要两眼盯在分数上。只有对孩子的学业不佳有了正确的认识，父母才能避免粗暴地对待孩子。父母只有信任孩子，对孩子满怀期望，才能调动孩子的自尊心、自信心，孩子才能具有追求进步的内部动力。父母应该了解，学业不佳的孩子对他人的态度特别敏感，稍有不慎就会伤害他们的自尊心。父母可与学校老师联系，共同分析出孩子学业差的原因，并根据具体情况采取措施，帮助孩子进步。

第三章
培养孩子对各科目的兴趣

怎样纠正孩子的偏科现象

🚢**父母箴言**

孩子偏科这个现象非常普遍，这和孩子的兴趣有着非常紧密的关系。孩子对某门课程感兴趣，他这门课程的成绩就会好，孩子对某门课程不感兴趣，这门课程的成绩就会不好，甚至还会厌恶这门课程。父母要做的就是，让孩子重新对这门课程感兴趣。

很多孩子都有偏科的现象发生，从而导致部分的学科落后，父母要采取一些合理的措施帮孩子克服偏科的现象。

其实，产生偏科的原因分析起来主要还是与兴趣有关。课程内容有趣，教师的教学方法生动形象，孩子学起来觉得有意思，对这类课程就有兴趣、愿意学。相反，如果孩子觉得这门课程没有意思，孩子就可能会采取应付的态度。有的孩子对功课的学习兴趣，很大程度上受任课老师的教学能力和教学效果的影响。老师教得好，孩子就爱学；老师讲得平淡无味，孩子听起来就没劲，不愿意学，没兴趣，因而导致偏科。

有的孩子偏科与学习基础有关。孩子对某门功课有兴趣，是由于原来基础就不错，喜欢学，掌握起来就比较容易。对另一门功课，因为基础没打好，学习起来吃力，成绩越来越差，就越学越没有信心。

孩子偏科与升学考试的科目也有一定关系。有些孩子对高考要考的科目很下功夫，认真学，对高考不考的科目就不愿学。理科班学生忽视历史、政治、地理的学习；文科班学生则忽视物理、化学、生物的学习。他们往往认为不考的科目是副科，不重要，在学这些课时，就不用心听课。实际上各科知识是相通的，所谓的"副科"学好了，对学习"主科"也有促进作用。"读史使人明智，读诗使人灵秀，数学使人周密，科学使人深刻……凡有所学，皆成性格"。再者，学习各科知识的目的，从开发智能的角度来说就是使人变得聪明。试想，只要变得聪明了，学习其他学科也一定会轻松愉快。学习成绩优秀者，各科成绩都比较均衡，没有明显的弱科，道理就在其中。

孩子偏科现象较为普遍，有的偏科程度甚至比较严重，这是因为孩子的兴趣出现了一些新特点。孩子上小学时兴趣不太稳定，容易为外界条件所左右；到中学时兴趣一旦形成，往往非常强烈，不易动摇。但孩子的兴趣指向往往带有盲目性和片面性，这种情况反映在文化课学习上出现了偏科现象。

导致偏科的另一重要原因是心理因素。往往在最初，孩子没有明显的"弱科"，但因偶尔一次没有考好或者成绩不理想，便对这门课程"畏而远之"，害怕以后考试成绩更差，结果越害怕就越失败，越失败越害怕，以至陷入失败的怪圈，时间一长，导致偏科。

面对孩子的偏科，父母要做的就是告诉孩子，失败本身并不是一件可怕的事，可怕的是走进失败的恶性"怪圈"出不来。实际上，失败的事是经常发生的，在同一个孩子身上就同时扮演着失败者和成功者的角色。重要的是让孩子建立自信，不要心灰意冷，不要退缩。只要加倍努力，就会在"山重水复"之时出现"柳暗花明"。

总之，形成孩子偏科的原因是多方面的，父母必须帮助孩子找出偏科的原因，有针对性地对孩子进行正确引导。

那么，父母怎样有效帮助孩子防止和纠正偏科现象呢？以下建议可参考。

1. 帮助孩子认清偏科的危害

中小学教育是基础教育，只有学好各门课程，才能适应升学和就业的需要。要让孩子懂得，中小学阶段特别是小学和初中阶段，属于基础教育，学生只有学好各门功课，才能适应将来升学和就业的需要。进入高中阶段，如果单纯从高考的角度来讲，不管是文、理各考五门还是实行"3＋X"考试，都必须均衡发展。如果能有一门冒尖学科，能提高标准分衡量的总分更有利；但是如果有一门偏科，会导致用标准分衡量的总分大幅度下降。

从就业角度看，偏科不能适应工作和社会发展的需要。从孩子走上社会来看，不管做什么工作，都需要多方面的知识，特别是在科学技术突飞猛进的今天，没有丰富的科学知识，就不能适应工作的需要。

父母要让孩子懂得：各门课程的学习，在培养能力和发展智力过程中，担负着不同的任务，不能互相代替。缺少了任何课程的学习，都不可能形成完整的知识结构，会影响孩子全面、协调的发展。偏科对孩子现在的学习、将来的发展危害都非常大。

2. 有偏科现象时要及时纠正

孩子在学习中出现偏科现象，在思想情绪上会有所流露，父母要随时观察、了解，发现有孩子偏科的情况，要及时提醒，把工作做在孩子偏科的萌芽时期。

有的孩子偏科，是不理解开设各种课程的目的、意义，父母要给孩子讲清道理，使他们懂得学好这些课程的意义，鼓励他们树立信心，端正学习态度。

3. 帮助孩子解决学习中的实际困难

孩子在学习中有困难，父母要给予帮助。家长还可以与任课教师联系，同学校密切配合，想办法给孩子补习功课。总之，父母对孩子偏科的现象不能放任不管。

有的孩子一门或几门功课学得特别好，这不是偏科。父母要支持和鼓励孩子的特殊爱好和特长，同时，也要鼓励孩子将所有的课程学好。

学好各门功课，不仅是为了掌握多学科知识，更重要的是培养孩子的综合应用能力，开发他们的智力。随着社会的进步和科学的发展，实践要求人们必须具备多种能力和智力素质。各门功课都有它自身的系统性和逻辑体系，体现了特定的思维方式。不同的学科在培养能力和开发智力中，会从不同的角度起作用。缺少了任何课程的学习，都不能形成完整的知识结构，都会影响孩子将来在学业和事业上的发展。所以，家长们要花大气力解决孩子偏科的问题。

培养孩子学习数学的兴趣

🚢 **父母箴言**

数学这门课程逻辑性强，知识系统性强，而且和其他科目相比起来，有很多术语和记号需要孩子去记，由于这两点，很多孩子在学习的时候会觉得吃力。在孩子学习数学的时候，父母如果能用巧妙的方法把数学变得生动起来，就能培养起孩子对数学的兴趣了。

数学是一门高度抽象与概括的科学，是一片神秘而浩瀚的天空，它抛弃了世界万物丰富多彩的具体内容，不管是一个人、一个苹果还是一个本子，它只研究其中最抽象的数量关系和空间形式，数学的这一特点决定了学习数学对于孩子来说，不仅是对已有能力的锻炼与考验，同时也有利于孩子潜力的发掘与提高。所以，父母要善于在一些有趣的题中培养孩子学习数学的兴趣，使孩子在这片天空里自由飞翔。

所有的学科中，数学是最难以引起孩子兴趣的科目。那么，怎样培养孩子的数学兴趣呢？

在辅导孩子学习数学的时候，激发出孩子的学习兴趣是最重要的一环，从心理学角度上讲，如果抓住了孩子的某些心理特征，对辅导过程将有一个巨大的推动作用，兴趣的培养就是一个重要的方面。兴趣能激发大脑组织用功，有利于发现事物的新线索，并进行探索创造，兴趣是学习的最佳营养剂和催化剂，孩子对学习有兴趣，对学习材料的反映也就最清晰，思维活动也就最积极、最有效，学习也就能够取得事半功倍的效果。

培养孩子学习数学兴趣的途径是多种多样的，除了和谐、融洽的父子和母子关系外，更重要的是选择适当的辅导方法，作为父母应努力使孩子热爱数学，才能让孩子对学习有兴趣，只有有兴趣，才能学好数学。因为兴趣是学习成功的秘诀，是获取知识的开端，是求知欲望的基础。父母可通过以下方法来激发孩子兴趣。

1. 培养孩子的观察能力

观察能力是认识事物、增长知识的重要能力，是构成智力的重要因素。在孩子学习小学数学的时候，父母就必须引导孩子掌握基本的观察方法，让孩子学会在观察的时候透过事物的表象，抓住本质，发现规律，达到不断获取新知、培养能力和发展智力的目的。

在辅导孩子数学的时候，父母要尽量列举一些孩子熟悉的实例，运用幻灯、模型、实物等教具，形象而又直观地引导孩子去观察、分析、综合，从而激发孩子学习知识的兴趣，使孩子在轻松愉快的环境中能够化繁为简，化难为易地掌握所学的知识，让孩子不至于在深奥的数学迷宫中迷失方向。

2. 加强直观辅导

在辅导孩子学习数学的时候，父母单从提高语言表达能力和语言直观上下功夫还是远远不够的，要解决数学的抽象性与形象性的矛盾，还应充分利用直观辅导的各种手段，"直观"具有看得见，摸得着的优点，"直观"有时能直接说明问题，有时能帮助理解，会给孩子留下深刻的印象，使孩子从学习中得到无穷的乐趣。

3. 即时鼓励

"好表扬"是孩子的重要的心理特点。可以点头表示肯定，说"好"或者"对"表示赞许，也可以说一句鼓励的话："真好"、"真会动脑筋"，还可以奖给小红花等形式，对孩子学习上的进步表示祝贺，这样做可以给孩子极大鼓舞。要善于发现孩子的闪光点，加以肯定，最大限度地调动孩子的积极性，增加孩子克服困难的勇气，增添孩子对学习数学的兴趣。

对于怎么提高孩子学习数学的兴趣，著名教育家斯托夫人的方法很值得我们借鉴。

斯托夫人用她的方法，很快就教会她女儿维尼夫雷特数数和数字，而且她还用做买卖的游戏轻易地就使女儿学会了数钱。然而，当斯托夫人教女儿乘法口诀表的时候，女儿第一次表现出厌烦的情绪。虽然斯托夫人把口诀编成歌唱，可还是不行。

5岁的女儿可以用8种语言说话，在历史和文学方面，已经具有初中毕业的水平，还在报刊上发表了不少文章和诗歌，却学不会乘法口诀。这让斯托夫人感到非常担忧，女儿的智力是否出现了偏向，她的目标是使女儿获得全面发展，智力的片面发展造就不出真正幸福的人生。虽然斯托夫人很担忧，但她并没有强制女儿硬背乘法口诀，因为她很清楚强制是达不到目的的，而且可能会挫伤女儿的性格。

正好在那个时候，斯托夫人为了宣传世界语，带着女儿到纽约的肖特卡去讲演，在那里，她遇到了数学教育专家洪布鲁克女士。斯托夫人向她讲了自己的问题，洪布鲁克女士回答道："虽然你的女儿在数学上没有天分，但还不是过于片面，问题是你的教法不对，你没有能够有趣地教，她自然没有兴趣去学。你喜好语言学、音乐、文学和历史，所以能够很有兴趣地教女儿，她也喜欢学。至于数学呢，你自己没有兴趣，因而教起来也就勉强，你女儿自然就感到厌恶。"然后，她把教数学的方法教给斯托夫人，斯托夫人运用这样的方法教女儿数学，取得了很好的效果。

首先，斯托夫人接受洪布鲁克女士的建议，想办法使女儿对数学发生兴趣。她经常和女儿玩一些关于数学的游戏，例如：在纸盒里装入一把豆子或者纽扣，她们每人抓一把，数数看谁手里的多；或者吃葡萄的时候数数它们有多少种子；在帮助佣人剥豆子的时候，她们一边剥一边数豆荚中有几颗豆子。她们还经常掷骰子玩，开始是掷两个骰子，把出现的点数加起来记在纸上，这就是所得到的分数。如果正好是6分，就可以再掷一次。玩过几次之后计算一下，看谁胜谁负。

女儿对这个游戏很有兴致。根据洪布鲁克女士的建议，每次做游戏的时间不超过一刻钟。因为洪布鲁克女士说，数学游戏很费脑力，最好不要超过一刻钟。两三个星期以后，她们玩的骰子增加到了3个，后来是4个，最后达到6个。

接下来，她们玩一种分组游戏，把豆子和纽扣两个一组分成两组，或者三组，要么是三个一组，分成三组到四组，再排列开来，计算总数是多少，写在纸上。为了方便计算，斯托夫人就把这些做成乘法口诀表，并且写出来挂在墙上。不久，维尼夫雷特就理解了二二得四，三三得九的道理，而且十分开心。

斯托夫人还经常同女儿做模仿商店买卖的游戏，这是为了使女儿能够将数学知识运用于实际生活中。这个"商店"里的东西有的是计量长短，有的是计数量，有的是用分量计算。价格就按实际的价格，货币用真钱。她到女儿的"商店"去买各种生活用品，女儿计算多少价钱，并给斯托夫人找零钱。

女儿有自己的储蓄，在她学习用功，或者工作积极，或者帮助他们做事的时候，斯托夫人都会给她钱作为奖励，还有杂志社和报社给她邮寄来的稿费，这些钱都用女儿的名字存在银行，并由女儿自己计算利息。

按照洪布鲁克女士指点的方法，斯托夫人很快使女儿对数学产生了兴趣。有了兴趣以后，学起来就容易多了，从算术到代数、几何都十分顺利。

由此可以看出，数学辅导需要在父母的指导下，让孩子主动、积极地学习，这样才能有效的培养孩子独立获取知识、应用知识的能力。知识、智力、兴趣关系非常密切，而孩子的行为在很大程度上是受他们的情感来支配的，父母应根据孩子的这一心理特点，有意识地创造良好的辅导气氛，让孩子热爱学习，并对所学的学科产生兴趣。

培养孩子学习英语的兴趣

父母箴言

在当今这个人才辈出的时代，如果没有掌握一两门外语的话，是不太容易在社会上立住脚跟的，而英语这门全世界最通用的语言就成为大家争相学习的科目了。为了顺应社会发展的趋势，父母有必要让孩子对作为第二语言的英语产生兴趣，并辅助孩子学好英语。

当孩子们在接触英语的时候，已经过了学习语言的最好时期，这个时候孩子对语言的学习就没有了太大的兴趣。所以，想让孩子学好英语，就要让孩子对它产生兴趣，把学英语当成一件开心而愉快的事情去做，而不是让孩子硬着头皮去应付。

众所周知，在学习过程中，兴趣是最好的老师。许多孩子不愿学英语，关键是他们对英语没有兴趣。因此，作为父母，首先应该先去激发孩子的学习兴趣。

1. 迁移孩子的兴趣，激发求知欲

让孩子学英语是一件让很多父母都头痛的事。学好英语需要持之以恒的毅力，而有的孩子缺乏的往往就是这种锲而不舍的精神，如果只是从正面向他们大谈学好英语的种种好

处，恐怕收效甚微。如果能把孩子在其他方面的兴趣，迁移到学英语中来，则可事半功倍。

2. 用口诀帮助记忆，提高学英语热情

英语语法规则，词的用法区别，发音规则等，常常让孩子因为达到一个新的水平感到迷惑。有鉴于此，父母可以编一些口诀来帮助孩子记忆，降低学习难度，使孩子学英语的热情升温。

3. 制作学习工具，激发学习英语兴趣

对于初学英语的孩子来说，直观教学尤其显得重要。一般初学英语的人适合用这个方法。因为初学者所接触的词汇量比较少，所学的单词也比较简短，词与词之间的联系也不多，容易记忆。所以，可以做一些小卡片，把生词写在上面，然后随身携带。这样，就可以激发出孩子学习英语的兴趣了。

4. 自编短剧，调动学习积极性

学习要"学以致用"，而英语的学习更是如此。父母要让孩子在学了英语后，要会开口说英语。所以，父母可以和孩子一起表演书本里面的情节，或是自己编一些情节来演。这样可以让孩子处于一种积极主动的学习状态，也能培养孩子的创造性思维能力。

5. 开展竞赛，调动学习兴趣

孩子一般都有进取心和荣誉感，孩子的竞争意识更加激烈。将孩子的这种竞争意识引入到学习英语中来，则是一种非常有效的形式。比如，平常在家的时候，父母可以和孩子搞一些竞赛。孩子的好胜心一旦被激起，学起来也就会容易多了。

总之，兴趣是推动孩子学习的内存动力。父母要为孩子多创设一些能激发孩子学习兴趣的方法，以提高孩子的英语水平。

学英语是一个漫长的过程，走走停停很难有成就。比如烧开水，在烧到90度时停下来，等水冷了又烧，没烧开又停，如此周而复始，又费精力又费能源，最后还很难喝到开水。学英语也是一样，要一鼓作气，天天坚持，在完全忘记之前要及时复习、加深印象，如此反复，直至形成永久性记忆。

学习英语的人都知道，记忆单词是英语学习中面临的难题和任务。英语是拼音文字，26个字母经过排列组合构成几十万个英语词汇，如果只靠死记硬背，那真是太难了。但是，如果科学巧妙地抓住规律去记忆，采用灵活的记忆方法，就会收到事半功倍的效果。下面推荐几种记忆单词的方法。

1. "五用"法

所谓的"五用"法就是：用眼睛看着、用嘴巴念着、用耳朵听着、用手写着、用脑子记着，达到眼、口、耳、手、脑同时并用。要知道，学习和记英语单词时需要精力集中，需要调动这五种感观来参加训练学习，以获得最佳效果。这种方法可以提高学习效率，以达到最好的学习效果。

2. 理解法

这种方法就是要利用单词之间的各种联系，按照不同的类别，一类一类地学。比如把重读音节的读音相同，拼写的结构相同，词性相同，词义相反或相近的词进行科学的分类集中地去学。这样学习，就会让七零八散的单词有了可以遵循的规律，记忆起来也就会容易多了。

3. 奇想法

那些奇异独特的事物总能给人们留下深刻的印象，孩子们对那些奇特的事情更是有着强烈的好奇心，也都喜欢去想一些奇怪的事情。如果把英语单词造出一个个奇异的特征，让它们都有鲜明的形象特征，让孩子采取奇特的趣味记忆，他们就会记得更牢固，效果也就会更好。

4. 分类法

这种方法就是把英语单词按照它本身的性质、用途等进行归纳分类，使它们系统化，这样就容易记忆了。它们之中有可以分为人体部位的，有可以分为学习用具的，还有可以分为交通、动植物等多种多样。这样一来就可以活学活用，更可以方便记忆了。

记忆英语单词的方法很多，不要只局限于以上几种上，像是比较记忆法、机械法等等。但是，不管采用哪种方法记忆，都需要把学习过的单词经常复习，做到"温故而知新"，才能熟能生巧。

要想孩子真正学好英语，就要训练孩子的口语，要想训练孩子的口语，就必须让孩子找出要说的话题，可有的孩子学习口语时经常会遇到的一个问题就是觉得"没什么可说的"。说来说去还是那几句，不是"What is your name"就是"How old are you"，慢慢地，兴趣也没了，热情也淡了。为此湛立老师创立了"五说法"，在教学实践中很受欢迎。孩子们再也不为缺少可说的话题而苦恼了。据湛立老师本人介绍，这"五说"依次是：

1. 概说（General Description）

"概说"就是在预习课文的基础上，经过思维，用三、五句话加以概括总结课文中心思想或主要内容。这样做，既培养了孩子们的思维能力，又综合检验了学生们的基础知识掌握情况和运用能力。

2. 变说（Paraphrase）

"变说"就是充分发挥孩子模仿性强的特点，用所学知识来改变局部课文的原来写法，重新组织文字，进行表达的一种训练方式。由模仿到创造，举一反三，融会贯通，有利于求异思维的培养。

3. 补说（Making Up）

"补说"是就特定语言环境扩散联想，进而由孩子对原文进行补充的训练形式。先给孩子一定的语言环境，然后启发孩子的扩散思维想象能力，对理解记忆中的表象进行加工改造以后，得到一种新的形象思维，或更精炼的逻辑思维。

4. 评说（Discussing and Commenting）

"评说"是一种更高层次的思维训练。要求孩子必须加深对文章中心思想的理解，捕捉文章中主人公的心理活动，鉴赏挖掘课文的真正思想，在此基础上利用英语来表达自己对文章主题或主人公性格特点的评价与认识。这样既提高了英语口语能力，更训练了思维能力。

5. 推说（Inference）

用英语进行推断讲述，是一种升华，这种训练也是很必要的，是让孩子利用所学语言进行创造性思维的过程。

实践证明，"五说法"是提高英语水平和表达能力的好方法。通过近几年的训练，不少孩子已达到或超过了"英语教学大纲"的要求，能够独立阅读和理解与课文难易程度相当或高于该程度的课外阅读材料。

培养孩子学习物理的兴趣

父母箴言

爱因斯坦说过"兴趣是最好的老师"。杨振宁教授指出：成功的真正秘诀是兴趣。因此父母在辅导孩子学习物理的时候，尤其要注意培养孩子学习物理的兴趣，从而为孩子在后续的学习中打好扎实的基础。

有些孩子一提到物理就头疼，问及原因也是各种各样，十分复杂。父母千万不要因为孩子不能学好物理而认为孩子"脑子笨"或是"不用功"。其实，学习的好坏不只是取决于智力因素，更多的时候是取决于父母的态度。只要父母耐心地对孩子进行辅导，让孩子从学习中得到乐趣，久而久之，孩子就会对物理产生兴趣了。

其实，物理这门学科最大的特点就是"趣"，因为，在这门课程中有很多有趣的小实验。所以，父母要充分发挥实验的魅力，用它来激发孩子的学习兴趣。这样就会让孩子对物理产生兴趣，让孩子变得爱学物理，有信心学好物理。

物理学是一门以实验为基础的自然科学，物理学的研究离不开观察和实验。

观察是在事物或现象的自然状态下，让人通过感官去认识事物或现象。可以说，没有观察就没有物理学。大家知道，牛顿发现万有引力定律，是和开普勒发现行星运动三定律密切相关的。开普勒是一位视力极差的天文学家，他的研究素材完全依靠他的老师、天文学家第谷长期进行天文观察的结果。第谷在赫芬岛上建立了天文台，在那里辛勤观测了20年之久。每当夜深人静的时候，他都在月下静坐，凝视天空。他的工作细致、准确到令人惊讶的地步——他测量的各个行星的角位置的误差小于 0.067 度（这个角度大约相当于把针尖放到一臂远处，用眼睛看到针尖所张的角度）。不要忘记，第谷的测量是在望远镜发明前用肉眼进行的！第谷逝世后，把观察所得的浩若烟海的资料传给了开普勒。第谷长于观察，但缺乏理论思维能力；开普勒勤于思考，他对第谷的资料进行了长期的研究。可以说，没有第谷的精确观测，就没有开普勒三定律，就没有万有引力定律，就没有整个牛顿力学。可见，观察对物理学是何等的重要！所以，父母要在平常的生活中让孩子学会观察，这样孩子对物理的兴趣就会有所提高了。

有了兴趣，养成观察的习惯，再掌握一些特有的思维方法，孩子的物理成绩自然就会提上去了。在初学的时候，物理规律并不多，但物理现象和过程却千变万化。所以，孩子只掌握基本概念和规律是不够的，还必须掌握科学的思维方式。只有掌握了科学的思维方法，才能提高推理能力、分析综合能力以及把复杂的问题分解为简单问题的能力，灵活地运用所学知识去解决物理问题。

1. 分析与综合的方法

分析是把研究对象分解成各个组成部分，然后再加以研究的一种方法，简而言之，分析就是从整体到部分的思维方法。在力学中常用的"隔离法"，就是一种分析方法。

2. 归纳和演绎的方法

从个别事实出发，推出普遍性结论的方法称为归纳法，归纳是从个别到一般的方法。从一般性知识的前提出发，推出特例性知识结论的方法称为演绎法，演绎是从一般到个别的方法。牛顿说过："在实验中各个定理都是从现象中推论出来的，然后再通过归纳而成为普遍的原理。"爱因斯坦也说过："适合于科学幼年时代的归纳为主的方法，正在让位于探索性的演绎法。"总之，牛顿和爱因斯坦，这两位物理学的专家都从不同角度出发，对归纳和演绎的方法给予了高度的评价。

所以，孩子在学习物理的过程中也要让他善于归纳。例如：对于大量的物理习题，要善于归纳，找出某一类问题中隐含的共同的本质规律，也就是"多题归一"。这样可以帮助孩子从茫茫题海中解脱出来。

3. 理想化方法

物理学研究的理想化方法包括理想实验和理想模型。所谓理想实验，就是指运用逻辑推理手段，想象出对理想化客体的"实验"，实际上是一种逻辑推理过程，是在思想上

"做实验"。伽利略的理想斜面实验就是首创了把经验事实与抽象思维结合起来的研究方法，爱因斯坦给予其高度评价："伽利略的发现以及他所应用的科学推理方法，是人类思想史上最伟大的成就之一。"

4. 对称方法

对称也是一种重要的思维方法。开始的时候，人们接触到的是几何图形的对称性。以后，随着人们对自然界认识的深化，对称的概念已不局限于空间图形了。例如，季节的轮回、钟表等时间上的周期性可以理解为时间的对称，自然界运动规律在空间和时间中的不变性则是运动规律的对称等。对具体的物理问题而言，运用对称的方法往往可以化繁为简。

5. 几何方法

用图形来研究物理问题也是一种常用的方法。美国数学家斯蒂恩说："如果一个特定的问题可以转化为一个图形，那么，思想就整体地把握了问题，并且能创造性地思索问题的解法。"用图形来研究物理问题，具有直观、形象、便捷的特点。从思维方式的角度看，用图形研究物理问题是形象思维与抽象思维相结合的好方式。物理学中的几何方法主要是指图示法和图像法。图示包括矢量图、力线图、流线图、谱线图等，基中矢量图是孩子们最熟悉的。

总而言之，物理是需要兴趣、观察和方法结合在一起才可以学好的。所以父母要注意培养孩子在这几个方面的能力。让孩子先对它产生兴趣，再进行观察，最后结合方法，最终达到学好物理的目的。

培养孩子学习化学的兴趣

父母箴言

化学这门课程一般是在初中三年级的时候，孩子们才接触到，由于以前没有接触过，孩子们对于这门课程就充满了好奇。所以，父母要在孩子好奇心没有减退的时候，让他们对化学产生兴趣。

化学是自然科学的重要组成部分，它侧重于研究的组成、结构和性能的关系，以及物质转化的规律和调控手段。化学课程以提高孩子的科学素养为主旨。激发孩子学习化学的兴趣，可以帮助孩子了解科学探究的基本过程和方法，可以培养孩子的科学探究能力。

通过学习化学，让孩子能够认识身边一些常见物质的组成、性质及其在社会生产和生活中的应用，能用简单的化学语言予以描述；让孩子形成一些最基本的化学概念，初步认识物质的微观构成，了解化学变化的基本特征，初步认识物质的性质与用途之间的关系；让孩子了解化学与社会和技术的相互联系，并能以此分析有关的简单问题；让孩子初步形成基本的化学实验技能，能设计和完成一些简单的化学实验。让孩子能够认识科学探究的意义和基本过程，能提出问题，进行初步的探究活动；让孩子初步学会运用观察、实验等方法获取信息，能用文字、图表和化学语言表述有关的信息，初步学会运用比较、分类、归纳、概括等方法对获取的信息进行加工；让孩子能用变化与联系的观点分析化学现象，解决一些简单的化学问题；让孩子能主动与他人进行交流和讨论，清楚地表达自己的观点，逐步形成良好的学习习惯和学习方法。

化学需要记忆的知识较多，化学用语的掌握是化学课程的重点。化学用语具有"约定俗成"的特点，必须通过强化记忆来掌握。可以利用顺口溜、生活术语等方法来帮助快记、熟记，这样既把住了"说、记、用"三关，又培养了孩子严谨的学习作风。

对化学的学习是一个系统工程，从一开始就要进入角色，让孩子把学过的有关概念、元素化合物的知识，通过实验观察认真地去理解去分析，同时要及时地进行复习，要抓住问题不放手，这样学习过程中的问题会逐渐减少，才能让孩子树立学好化学的信心。化学学习的内容与生活的实际直接相关，比如：空气、氧气、氢气、水和溶液都和日常生活有联系，因此，想让孩子学好化学不难，但是有些知识特别是化学用语这一部分，像元素符号、化合价、化学式、化学方程式等，应该记忆的知识孩子还是需要下一番苦功才行。

1. 掌握"化学用语"这个工具

"化学用语"是在学习化学的时候必须要掌握的重要工具，课堂学习、化学实验、化学记录、化学习题计算都离不开它。既然它这么重要，那么，应该怎样加强这方面的学习呢？想要加强这方面的学习就要抓住三大关，也就是元素符号、分子式、化学方程式。当他们出现的时候，一定要紧紧记住。

2. 分析、理解，找出规律

化学中的一百多种元素，要怎么记才能记得住，记得牢呢？其实，可以让孩子反复分析和理解。在里有两种方法，第一种方法：从周期表中可以看出，左下方的元素是金属元素，右上方的元素都是非金属元素，金属与非金属之间有一明显的从硼到砹的分界线。有的同学为了帮助记忆还编了一首歌谣："从硼到砹画条线，金属都在左下边。右上全是非金属，非金属不满二十三（22）。还有元素靠近线，它们都把两性显。"这样一分析，复杂的周期表就好记多了。

3. 相关知识，进行连锁记忆

例如，同周期元素（除惰性气体外）自左至右原子结构和化学性质的递变关系为：核电荷数递增→核对外层电子的引力增大→原子半径减小→得电子能力增强→氧化性增强→非金属活动性增强。

这样用核电荷数递增这条主线将相关知识贯穿起来记忆，就容易融会贯通了。

培养孩子对其他学科的兴趣

父母箴言

在素质教育发展的今天，社会需要高素质综合性人才，激发孩子的学习兴趣，培养自己的多方位的知识。不管是历史、地理还是生物，都要让孩子领略到这些学科的无穷魅力。

历史、地理、生物这三门学科普遍不被重视，但是，为了让孩子能够成为全能的人才，父母必须让孩子把这三门学科也作为重点来学。这样才不会有偏科的现象发生。

1. 培养孩子对历史的兴趣

历史是世界上各民族共同创造的，是全人类智慧的结晶。几千年来人类在各个领域的实践里取得了丰富的经验，也提供了许多深刻的教训。

历史兴趣的培养可从如下几个方面入手。

第一，认识学习历史的重要性。人们常说"历史是真理的母亲"，"历史是生活的镜子"，这些话都充分说明了历史这门学科特有的功能。如今，历史学的功能较以往更广泛、更深刻。随着社会迅速发展和竞争的日趋激烈，知识单一型人才将越来越不适应社会的需要。通过学习和研究历史，则能培养人们的历史意识、历史思维和历史方法，从而提高整个民族的文化素养和历史认同感。

第二，调动孩子学习的能动性。心理学家告诉我们，人的情绪具有感染性和扩散性，"感时花溅泪，恨别鸟惊心"，正反映了人们的这种心境。体现情感学习风格，首先要有强烈的爱憎分明的情感。这种内在的情感和外在的表情总能在学习中真实地流露出来，这样就会激发起孩子相应的情感体验，并能让孩子随着父母讲述历史时感情的起伏或激奋或悲哀，因此，只有让孩子体会到教者的"情真意切"，才能"感受至深"。同时，还要让孩子经常参加丰富多彩的课外活动，寓学于乐，拓宽孩子学习历史的视野。

2. 培养孩子对地理的兴趣

学习地理首先要在头脑中形成正确的地理表象。地理表象就是地理位置、地形（如山脉、河流）以至地图等等地理事物在人脑中所形成的表象。这些正确表象的形成是理解地理知识的基础。想要让孩子对地理产生兴趣，需要从下面两个方面做起。

第一、为孩子创设问题的情境。所谓"问题"，是指孩子迫切希望获得解答的关于地理内容的疑问。"学则须疑"，所谓"问题的情境"是指能使孩子提出问题或接受父母提出的问题，从而产生好奇心与学习愿望的情境。问题的情境由问题的背景、问题的系列、体系共同构成。问题不断明确着孩子认识活动的远近目标，激化着已知与未知的矛盾，推动着孩子认识活动的发展。

第二、为孩子创设成功的情境。所谓"成功的情境"，也就是使孩子成功地学习，使他们的好奇心与学习愿望获得满足，从而体验到认识活动快乐的情境，也就是使问题情境中的问题获得解决的情境。

没有问题的情境，难以激发孩子的认知需要，没有需要就不会去追求满足，则无所谓成功的情境。没有成功的情境，问题情境激发出的认知需要之火会自然熄灭。问题的情境与成功的情境互为条件。孩子的地理学习兴趣在两种情境的反复呈现中形成和发展。

3. 培养孩子对生物的兴趣

生物是一门实验性很强的学科，要想掌握它，就必须让孩子亲自观察、实验。

生物中的观察首先要明确观察目的。不管是观察标本、实物还是观察实验，都要先经过预习，了解观察的目的性，才能使自己的注意力集中在所需观察的对象上，才能进行细致的观察，才能对观察的对象有清晰的感知。

其次，要按合理的程序观察。观察的步骤和方法一般要由对象的整体到部分，再由部分到整体。观察应先指向对象的整体，对整体有一个初步的、一般的、粗略的认识后，再分出对象的各个部分，先看上面、前面，后看下面、后面，由外到内，由表及里，养成按顺序观察的习惯。观察时要细致，以了解其特点、作用、各种细节以及各部分之间的联系，从而对整体获得确切的全面的深刻的认识。

再次，观察时要用多种感官和分析器。不仅要用眼看，也要根据对象的实际情况运用听觉、触觉等器官细致感知。观察时要积极思考，将生动的直观与抽象思维相结合，形成正确的概念、判断和推理，认识事物的本质。

此外，还要让孩子及时做好观察记录。记录观察结果既可以巩固成果，又能促进孩子细致观察和思考。

培养孩子对文学的兴趣

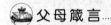**父母箴言**

可以说，孩子对文学的兴趣是天生的、本能的。这里所说的"培养"，是增加孩子对文学书的兴趣，也就是说要支持、鼓励和引导孩子这方面的兴趣。

瑞士心理学家皮亚杰说："兴趣是能量的调节者，它的加入便发动了储存在内的力量，足以使工作变得有乐趣。"兴趣是最好的老师，孩子对文学的浓厚兴趣是使孩子积极地接受文学熏陶的关键。然而，在现实生活中，有些父母却在扼杀、压制孩子的文学兴趣。

首先，父母为孩子选择不合适的书。比如太过艰深的书，离孩子生活太遥远的书，过于"成人化"的书，还有恐惧、悲伤、阴郁等消极情绪的书，枯燥乏味、教条化的书……，孩子在阅读这类书籍时，心理上是不但难以获得审美愉悦感的，反而会产生厌倦、反感、烦躁等情绪。

其次，是父母对孩子的阅读进行过多的干扰。当孩子独立意识逐渐增强时，他们会希望自主、自由地读书，如果父母总是用"你怎么还没读完那本书"之类的话干预他们，就会激发同孩子的逆反心理，进而让孩子对书本感到厌恶。

再次，父母用分析语文的办法指导孩子读书。读文学书籍，贵在产生情感共鸣，获得美学享受。然而，有些父母却按着应试教育的思路，把文学作品一篇篇"肢解"成字、词、句、段、中心思想，这种做法违背了文学欣赏的基本规律，无异于焚琴煮鹤，大大倒了孩子的胃口。

那么，父母应该怎么做才能让孩子对文学感兴趣呢？要知道，在孩子的心目中，父母是当然的权威。父母的价值评论方式，也会潜移默化地渗透给孩子。所以，要培养孩子对文学书籍的热爱，父母就应该反复地表示出自己对读书的赞赏，对文学的赞赏，对热爱书籍的人的赞赏。让孩子从小树立"读书是有用的"和"读书是有趣的"这种观念。

假如孩子的阅读基本功很强，只是讨厌书本，那么问题可能出在家庭内部。可能是家里给了他这样那样的压力，逼得他暂且造反。在这种时候，父母千万不能对孩子施以高压，而是应该为他创造一个宽松自由的环境，逐渐培养他的读书热情。

孩子不爱读书，那么他喜欢什么呢？找出孩子喜欢的东西，然后从这些东西上找出能够让孩子感兴趣的书籍。比如，一些孩子喜欢科学知识，那么就从科普读物、游记和科幻小说开始好了。他喜欢足球？好，父亲陪着儿子看看足球比赛，然后不动声色地给他一本世界杯足球画册作礼物，孩子津津有味地读完了这本书，他开始感受到了读书的快乐。那么，再给他一些这方面的读物：球星的传记、描述体育比赛的报告文学和小说。除了这样做之外，父母还可以收集一些名人读书的故事讲给孩子听，在孩子书桌前挂一条有关读书的格言，送孩子几本介绍名人少年时代读书立志的传记。这些途径能以榜样的力量激发孩子阅读的积极性。

父母也可以在孩子身边寻找一些典型事例。父母少年时学习的经历是很适合讲给孩子听的。如果邻居或亲戚家有乐于读书的小孩，也可以激励自己的孩子与他们竞赛。

在孩子阅读的过程中，父母一定要以不断的表扬、肯定、赞美来点燃孩子的自信心。这种赞美性的话语应该是有针对性的，例如："我发现你今天又学会了一个新词语，真聪明"，或"你对这本书的见解很有新意，连爸爸也受了你的启发"，这样的评语可比泛泛而谈的"不错，读得好"要强得多。孩子在阅读中时常会产生畏难情绪，这时，父母也依然要用肯定性的话语激励他们，例如："这本书对你这个年纪的孩子是难了一点，不过你很聪明，妈妈相信你一定能读懂它"，就是很好的鼓励性话语。

在孩子的阅读取得明显进步时，父母应该给予一定的奖赏：一本书、一套精美的书签、一个笔记本或一次全家的郊游。不断的鼓励会帮助孩子树立自信心，以更浓厚的兴趣和更恒久的耐心对待文学阅读。

鼓励孩子在家人以及亲戚朋友面前朗读诗歌、讲故事等。父母和其他观众在听孩子朗诵时都要尽量地专注和热情，并给予孩子赞美和肯定。

当孩子读完一本书后，父母可以为他举办一个"读书成果报告会"，让孩子复述书中的故事，或谈读书的体会等。

激发孩子的创作欲望。为他准备一个本子，把孩子自己讲的故事、精彩的句子以及各种各样的奇思妙想记录下来，然后让孩子为它们配上插图，做成一本孩子自己的书。

鼓励孩子写信，让他交几个通信朋友。

鼓励孩子记日记，让孩子每天用十几二十分钟倾吐一天的喜乐悲伤，记录一天的观察感受，展开想象的自由翅膀。久而久之，使孩子将写日记视为一种生命的需要。

还有一种办法能让孩子对文学具有浓厚的兴趣，那就是全家人一起读书，多开展一些家庭性的读书活动，这是培养孩子阅读兴趣的最好途径。读书活动，可以通过很多种方法来进行。

讲故事。故事最能诱发孩子的文学兴趣。大部分作家和文学爱好者都是从听故事开始培养阅读的兴趣的。著名作家冰心，早在四岁就迷恋上了故事，七岁时，她每天晚上缠着舅舅讲《三国演义》。后来舅舅没空了，她没有法子，只好自己捧着《三国演义》"啃"起来。从此，她就迷上了读书，迷得如痴如醉。

朗读。许多教育学家大力提倡家庭朗读，并且把它视为引导孩子接触优秀作品、激发孩子文学兴趣的良方妙策。通过朗读，孩子更容易感受到作品的美和趣味，而且，全家人欢聚一堂朗读文学作品的欢乐气氛也会感染到孩子，使孩子从一开始就了解到，文学阅读是一件多么美妙的事情。

讨论。全家性的读书讨论活动可以很正式。比如，父母可以抽出一个星期天的下午办"家庭读书讨论会"，每个家庭成员都要谈谈自己近来阅读的书，其他人则提出问题和加以评论。这种活动也可以邀请更多的人参加，如邻居、亲友、孩子的小伙伴们。更多的时候，有关读书的讨论可以更自由地进行，如饭桌上、电视机前、晚上临睡时。父母应该尽可能地启发孩子的思考，鼓励他们主动地阅读、创造地阅读。

专题性的阅读。围绕一个主题进行家庭性的阅读可以让孩子和父母有更多的共同话题，也可以使家庭读书讨论进行得更加深入。电视里正在放《三国演义》，家里便可以围绕三国展开一段时间的专题阅读。父亲负责史书的阅读和史料的收集，母亲阅读有关《三国演义》的评论，孩子则看少儿版的《三国演义》和三国故事。这样，晚上看电视的时间也就是家人共同讨论阅读成果的时间。娱乐与学习相互融合、相互促进。

这样的方式还可以找出许多许多种，如果父母能怀着爱心珍惜孩子前进的每一步，孩子就能够在自己的成长中体会到无穷的乐趣。

培养孩子对作文的兴趣

 **父母箴言**

作文一直是很多孩子难以攻克的堡垒，有的孩子写的作文就如同八股文一样，一点色彩都没有，这是因为孩子对写作文没有兴趣。所以，想要让孩子把作文写得活灵活现，首先就要想办法让孩子对作文产生兴趣。

在中小学这一学生作文起步的阶段，父母们首先要做的，应该是像德国教育家第惠多斯所说的"教学的艺术不在传授本领，而在于激励、唤醒、鼓舞"，以实现孩子"易于动笔"，"乐于书面表达"，对作文"有兴趣"的目的。要达到这个效果，父母在教孩子写作文的时候应遵循以下四个原则。

1. 生活性原则——让孩子的作文贴近生活，因生活而美丽

英文学习的外延与生活相等，作文也不例外。作文言之无物，内容空洞，没有时代感，其根本原因是在于，家长在家里引导时，让作文的主体——孩子，远离了文章的源泉——生活。因此，一方面父母不能把孩子限制在单一的读书学习上，应创造条件让孩子向生活靠拢，融入生活，多参加各种活动，体验生活中的各种情感；另一方面要让孩子明白作文就是应生活之需，切生活之用，为真情而写，为兴趣而写，为交际而写，为自己的酸甜苦辣、喜怒哀乐而写。同时，让孩子的作文题目不受拘束，允许他们自由选择，写自己关心的、相信的和想说的话。当孩子的生活丰富多彩了，孩子的作文也就会"美丽"起来。

2. 激励性原则——让父母的赏识成为孩子作文的动力和快乐

同样一篇孩子的作文，用挑剔的目光放大它的不足之处与用赏识的目光去挖掘它的闪光点，留给孩子的感受和产生的效果是截然不同的。前者往往让孩子越写越没意思，看到的总是自己的缺点，而后者却让孩子写作的兴趣越来越浓，哪怕孩子的作文并没有什么进步。"诚于嘉许，乐于称道"，应该是兴趣培养的加油站。

3. 读写互动性原则——让阅读融入孩子的心灵，因阅读而美丽

假如让繁重的课业负担剥夺了孩子阅读课外书的时间和条件，加上学校某些老师在阅读教学中的机械讲解与灌输，孩子就会疏远排斥阅读，必然会造成"读写分离"。当孩子不能从阅读中获得快乐，也就不能去体验作文的快乐的。只有让阅读融入孩子的心灵与精神世界，他们才会产生表达的需要与激情。要做到这一点，首先父母要督促孩子坚持阅读，通过和孩子分享读书体会，对孩子进行潜移默化的影响。另外，家长不妨也写一下作文，让孩子从父子、母子交流中体会作文的快乐，产生写作文的欲望。

4. 实用性原则——让孩子把作文"用"起来，在"用"中兴趣盎然

传统的作文练习，除了个别孩子的作文能被当众阅读或刊登外，绝大多数孩子的作文都是写了之后让老师或几个学生互相改过之后就完事了，成了一个封闭的没被"用"起来的东西。如何刺激孩子对写作感兴趣，使他们都能有机会把作文"用"起来呢？这就必须在"相互交流"与"自我展示"上努力。比如，随着网络时代的到来，父母应该鼓励孩子把自己积累的作文、日记、读书笔记等登出来，让大家互相评赏；并且定期将自己的作文或最满意的部分念给自己圈内的好朋友听，听其修改及评语；同学之间多互相写信，给亲朋好友寄作文；逢年过节，还可以把自己作文里的"精言妙句"抄录在贺卡上赠给别人等等。生活在于体验，这些做法在很大程度上达到了写以致用的目的，使孩子有机会和兴趣去感受作文带来的成功与自豪。

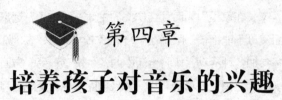

第四章
培养孩子对音乐的兴趣

对孩子进行音乐启蒙教育

父母箴言

对孩子进行音乐启蒙教育，是培养孩子音乐特长的首要任务。父母要多和孩子一起听音乐，一起随音乐的韵律做动作，一起感受音乐的美感，这是对孩子最好的音乐启蒙教育。

越来越多的父母开始了对孩子的音乐教育，有很多父母都给孩子报了音乐学习班，当然，也有的父母自己给孩子进行一些音乐教育。希望下面几个方面的建议，能够给父母在对孩子进行音乐教育的时候有所帮助。

1. 怎样给孩子进行音乐启蒙

对于孩子的音乐启蒙应当开始于胎教。因为孩子早在母亲腹中的时候就已经有了听觉，所以在母亲怀孕的时候，就应该多让胎儿听一些音乐。

父母要让孩子一出生就能够生活在充满音乐的天地里，可以播放一些轻音乐来刺激一下孩子的听觉神经，对孩子进行音乐的启蒙训练。

随着孩子的成长，父母可以选择各种情绪的乐曲或是歌曲和孩子一起欣赏，并且用自己的情绪去感染孩子，使孩子逐步学会感受乐曲、歌曲的性质。比如，当你听到活泼、欢快、抒情、柔和的音乐时就要做出相应的情感反应。到时候，当孩子在听到高兴的歌曲时，他就能够用一些表情和简单的动作表达出来了。

父母可以为孩子购买一些小乐器，比如铃鼓、钢片琴、电子琴、口琴，也可以自己制作一些沙球、响板等，让孩子可以自由地去摸摸、敲敲、吹吹、打打，发出各种声音，以激发出孩子的兴趣。

利用铃鼓、沙球等打击乐器，让孩子感觉到节奏感。当父母敲出什么样的节奏时，让孩子也敲出相同的节奏。

父母还可以为孩子选购一些旋律优美、歌词简单、情趣性高、游戏性强的儿童歌曲磁带，放给孩子听。当孩子能够熟悉其中的歌曲之后，再教给孩子唱。还可以教给孩子做一些简单的动作，让孩子做一些音乐游戏。

2. 怎样教孩子玩音乐游戏

对于孩子来说，如果父母能够和他们一起玩音乐游戏，那可是一件令人开心的事情，但是，对于一些年轻的父母来说，要怎么样和孩子玩音乐游戏恐怕还没有足够的经验。那么，要怎么样和孩子玩音乐游戏呢？

父母可以在家里为孩子创设一个轻松而愉快的音乐环境。比如，经常播放一些音乐，并且根据孩子"直觉行动思维"的特点，以动作来表达和理解内容，引导孩子在听了音乐之后唱唱、跳跳、玩玩，把音乐和玩耍融入孩子的生活之中。父母要兴趣盎然地和孩子在一起玩一些有趣的音乐游戏，逐渐形成一种生活习惯。

3. 怎样用形体表现节奏

用形体动作来表现节奏，就是用音乐来刺激听觉，让人产生印象，然后再通过身体的动作来表示音乐的情绪、节奏、速度、力度等。对于孩子来说，就是当孩子在听音乐的时候，让孩子用他自己的身体动作来体现节奏。由于孩子一般都比较活泼、好动，这样的活动又适合他们的年龄特点以及他们的认识能力，有利于培养孩子的节奏感。那么，要如何教育孩子用形体动作来表现音乐的节奏呢？

父母可以培养孩子用形体动作表现节奏的兴趣。父母可以让孩子观察人体本身的许多动作中所包含的强烈节奏。比如，爸爸在走路时的动作，妈妈在织毛衣时的动作，哥哥在打篮球时的动作以及姐姐在踢毽子时的动作等，让孩子感受形体动作能表示节奏。

和孩子一起编一些简单的体态律动。可以选择一些切合孩子日常生活的内容，比如穿衣、洗脸等动作，用醒目简单优美的音乐表现节奏。还可以让孩子模仿一些自己喜爱的小动物的动作，听音乐表现节奏。比如：小兔跳、小鸭走、大象甩鼻子等。为了提高孩子练习的兴趣，父母也可以参与和孩子一起做，并且要注意培养孩子合拍的能力。

选择有趣生动、强弱节奏比较明显的乐曲，让孩子随着音乐的反复，然后用形体动作来体验节奏的快慢和强弱的变化。比如：让孩子跟着音乐节奏走步，要求孩子走步的速度要与音乐的快慢一致。音乐快的时候就要走得快，音乐慢的时候就要走得慢，让孩子用走步的动作来表现节奏。还可以让孩子用嘴巴发出象声词来伴随动作，体验节奏的强弱，比如：让孩子一边听音乐一边打鼓，嘴里还要随声发出"咚咚咚"的打鼓声。音乐强，打鼓的动作就要重，嘴里发出的声音要高。音乐弱，打鼓的动作轻，嘴里发出的声音也轻。

当孩子基本上掌握了用手、脚、嘴等表现节奏之后，父母就要开始引导他用身体的各个部位（头、肩、腰等）来表现节奏了。在用身体动作表现节奏时，一定要注意让孩子自由发挥，即兴表演，不要让孩子一味地模仿父母的动作。还有，孩子出现动作不协调等现象是在所难免的，当出现这种情况的时候，应该让孩子在父母的引导下进行自我调整，以求达到形体与节奏的协调统一。

用音乐教育发展孩子的能力

🚢 父母箴言

现在的父母都在为孩子做一些额外的教育，音乐教育更是大多数父母们的选择。为什么父母都选择了音乐呢？因为，音乐教育可以让孩子各方面的能力得到发展。

喜欢音乐可以说是孩子们的天性，父母也经常会运用音乐来抚慰或是教育孩子。那么，音乐教育对于孩子来说有什么作用呢？

1. 音乐教育有助于孩子的情感发展

情感是人的社会化的一个重要方面。音乐教育是一种特殊的美感教育，它把旋律、节奏、和声、声调等音乐要素有机地组合了起来，将美好的情感付诸声音的表达中。这种声音能叩动孩子心灵中的琴弦，使孩子产生一种强烈的情感体验。因此，不管是从教育方式、教育手段，还是从孩子的接受心理来说，音乐教育在培养孩子良好的情感方面都具有独特的效果。

2. 音乐教育有助于培养孩子协作的意识与技能

孩子的社会化是指由自然人向社会人转化的过程。在一开始的时候，孩子的社会化表现为以自我为中心倾向，就像是教育家皮亚杰所说的："儿童早期的社会行为处于自我中心和真正的社会化之间的中间地位，只有当他们从自我中心状态中解脱出来，具备了与同伴进行有效协作的能力，社会行为便进入一个新阶段。"在这一社会化的过程中，对于孩子的音乐教育就可以起到重要的推动作用。

3. 音乐教育有助于培养孩子的规则意识

年龄小的孩子在家庭里往往只处于服从的地位，或是处于撒娇邀宠的"小皇帝"地位，要发展平等自治的伙伴关系是很困难的。但是在音乐活动中，父母可以使孩子逐渐体会到活动规则对活动本身的保障作用。

4. 音乐教育有助于孩子语言的发展

皮亚杰认为"语言导致行为的社会化"。有了语言，人们的内心活动才能进行彼此的交流。因此，语言的发展是孩子的社会化的一个重要方面，而音乐教育则具备了促进孩子语言发展的诸多因素。

作为音乐教育的主要形式的歌曲，它包含了两个部分：歌词与旋律。歌词再配上动听的旋律，对于孩子来说，比较容易能够接受和吸收。让孩子多听一些优美的歌曲，能够使孩子积累一些精练、优美、富有感情的词汇。

音乐教育不仅对孩子的一般意义的语言发展有促进作用，还有助于孩子特定意义上的语言交际语言的发展。这种语言必须在交往中才能学会运用。尤其在音乐游戏和舞蹈中，父母应当引导孩子学习使用交际语言进行交往。比如"我想和你跳舞"，"请你和我一起玩"等。这些语言是交际语言的重要组成部分，学习这些交际语言能够促进孩子社会交往技能的发展。

5. 音乐教育能够促进孩子的智力发展

目前市面上流行的胎教音乐很受欢迎，那些悠扬、轻柔、婉转的曲调不仅使母亲听了心旷神怡，而且使母体内的胎儿也能受到感染，使他们生活的"宫内世界"也像母体外一样的充满阳光，从而使他们变得健康、漂亮、聪明。音乐为什么能够促进孩子的智力发展呢？

美国佛罗里达州、加利福尼亚州的政府有这样的法规，每一名新生婴儿都必须获赠莫扎特、贝多芬的音乐激光唱片。这是因为研究显示，聆听这两名大师的音乐能够提高儿童的智商。除此之外，他们还有这样的规定，州内的每一间托儿所都必须播放莫扎特与贝多芬的音乐给孩子们听，以便进一步为孩子营造一个能提升智商的环境。

对于孩子来说，自出生之前开始就对音乐有好感，出生后不断发展着对音乐的喜好，3～4岁时就已初步具备欣赏音乐的能力了。音乐能使孩子享受一种深深的爱，使孩子的心情充满欢乐。这种情绪会促使孩子神经系统的发育完善，能够调节血流量和神经系统的活动功能，有利于孩子的记忆、理解、想象思维等各种能力的发展。

6. 音乐能够促进孩子神经细胞的传递

孩子在出生后大脑不断发育，环境和经验都不断在神经元（大脑内传递信息的微小的带电神经细胞）之间形成神经回路和图形。大脑里有无数个这样的神经元。不过科学家发现，如果大脑不利用某些神经元，也不在它们之间建立通道，那么就会把它们削减掉。孩子所处的环境越丰富多彩，其大脑网络就越发达。

大脑发育最旺盛也是最关键的时期，是从出生后即开始到 10 岁左右结束。语言能力和音乐能力都是在这段时间里发展的。近期研究表明，解决问题的能力和一般推理能力所依赖的神经学基础主要是在一岁之前建立的。孩子听到的话语使神经元之间产生一系列复杂的相互联系，这些联系对整个大脑的发育有重要影响。同样，研究显示，父母越是给孩子唱歌或播放旋律优美、结构严谨的音乐，孩子大脑就越容易产生神经回路和图形。除了上面所说的这些作用之外，音乐还有很多有助于孩子的其他作用，父母不妨让孩子接受一下音乐教育，让孩子在音乐教育下更快乐地成长。

用音乐给孩子减压

👮 父母箴言

当孩子在学习上产生了压力的时候，父母可以用音乐给孩子减减压。平时在孩子学习之余，父母不妨为孩子多置办一些有关音乐方面的东西，这样不仅可以让孩子更轻松地学习，还可以陶冶孩子的情操。

和大人一样，孩子也会有心理方面的压力以及学习方面的压力，只不过孩子的压力不像大人那样复杂，但是对于孩子细小的心灵来说，有压力不能不引起父母的重视。如果孩子感到心理压力很大的时候，父母不妨为孩子选择让孩子多听一些音乐，在充满音乐的环境中，孩子可以从一种受压的精神转为深度松弛，由恐惧的精神状态转为充满灵感和创造力的精神状态。这种方法被人称为是音乐疗法。

所谓的音乐治疗是通过音乐、乐器或是某些音乐活动来维持、重整人的精神，以致促进身心健康的一种方法。根据有关研究认为，音乐对于人的健康有着很大的帮助，甚至是严重病患的最佳治疗方法。在近几年来，父母们用音乐去帮助孩子减轻压力的方法十分流行。至于选择什么样的音乐作为一种减轻压力的方法，就完全是随心所欲，就看孩子喜欢了。不管是古典、浪漫，还是现代派摇滚乐、爵士音乐等等，只要旋律优美，能够使人安静轻松就可以了。

在音乐治疗中，人们经常会提到"莫扎特效应"。莫扎特的乐曲优美动人，其高音频的乐声，伴着和谐生动的旋律，让人觉得放松了许多，更重要的是它还是为脑筋及身躯而作的治疗艺术品。

根据专家研究，莫扎特的乐曲能引起以下反应。

舒缓孩子的身心，减低精神及情绪压力，是孩子繁忙一天之后最好的享受，让孩子可以优哉游哉的进入甜蜜梦乡。

自然地释放情绪的旧包袱和感情创伤，让孩子更容易听到内心深处的声音，改善感受，增添生命力，调节生活速度。

提高孩子的注意力，促进孩子的创造力，增加孩子的语言能力，刺激直觉和第六感官，提高孩子的智商（IQ）及强化孩子的右脑功能。

改善心跳速率，保持血压及体温的正常。

改善孩子的身体活动及协调能力。

可能莫扎特音乐还不止这些作用，但是这些对孩子来说已经足够了。很多研究证明，孩子听音乐最好是节奏比较平稳的，合乎人体活动的节律，比如中国古典音乐如高山流水等。

用音乐减轻压力的方法很多，除了欣赏莫扎特的乐曲外，还可以让孩子自己或与他的朋友们一起试试以下方式。

引吭高歌，可以随意，不要拘泥。

进行音乐游戏。

鼓励孩子自己作词。

与孩子一起分析和讨论歌词。

让孩子自编谱曲。

让孩子弹奏或乱弹乐器。

让孩子随着音乐创作动作，翩翩起舞。

让孩子模仿乐器的声音或作一般声音模仿。

父母和孩子都可以尽量运用自己丰富的想象力和创造力，想出更多更好的方法，用音乐去尽情地放松，让音乐发挥出更大的威力。

当人们欣赏音乐时，不论是大人还是孩子，常常会有一种陶醉感。音乐可以使人忘却身边纷扰的世界，进入一个神仙般的世界。难怪心理学家常常呼吁，要善于使用美妙的音乐来调节自己的情绪，陶冶自己的情操。

人的情绪是一项复杂的活动，与大脑皮层下丘脑、边缘叶有密切关系。因此，美妙的音乐能使孩子的心境愉快。这种愉快的情绪，能够有效地改善和调整大脑皮层及边缘叶的生理功能，从而使孩子的神经系统发育得更加完善，这种作用是其他教育所不能比拟的，这也是那些音乐大师的作品广泛流传，经久不衰的原因。

由此可见，父母不应该忽视音乐的力量。这种力量或许在短时间内并不显著，但是，那潜藏的能力终将会在某些时候表现出来的。

通过各种方法培养孩子的音乐能力

父母箴言

家庭对孩子的成长影响极大，在对孩子音乐的培养方面也是如此。培养孩子的音乐才能非常重要。要知道，爱好音乐、有音乐才能的孩子，他的思维、观察、记忆、想象等能力都要超过一般的孩子。

可以说，很多孩子是在音乐陪伴下蹦蹦跳跳地长大的，所以，有的孩子就体现出了在音乐方面的才能，这些才能主要体现在唱歌、舞蹈、弹奏、表演等方面。但是，在日常的生活中，有的父母对待孩子学习音乐的态度却是不可取的。

（1）当孩子在家中快乐地唱唱、跳跳的时候，父母会觉得孩子太吵而把孩子训斥一顿，这样就扼杀了孩子对音乐的兴趣。如果父母对孩子的要求太高，每天都逼着孩子去学习这样或是那样的乐器，同样会让孩子提不起对音乐的兴趣。

（2）当孩子要参加音乐表演的时候，父母不是对孩子积极地鼓励，而是说学习音乐没有用、没出息，让孩子把功夫下在学习上，不支持孩子进行音乐活动。

（3）平时父母只重视对孩子学习知识能力的培养，但是却忽视了对孩子在音乐能力上的培养。

上面所说的都是父母在对待孩子音乐上的一些盲点，那么在家庭中，父母要怎样培养孩子的音乐能力呢？

1. 父母要克服重知识轻音乐的思想

要知道，音乐对于孩子的学习来说是有很大的帮助和促进的，这两者之间是有非常密切的联系的。比如，孩子的咿呀学语是从听觉开始的，而音乐则正是训练孩子听觉最有效的方法和手段。通过实践证明，音乐不仅能够促进孩子的注意力、记忆力、想象力、创造力、思维能力的发展，而且还能够促进孩子语言能力的发展，以及培养孩子良好的性格。所以，父母不能够忽视音乐对孩子产生的作用。

2. 培养孩子对音乐的兴趣和主动性

父母要根据孩子的年龄特点，给孩子创造一些多听、多看、多唱、多练的机会和条件。比如，父母可以经常给孩子听一些歌曲和音乐，让孩子跟着音乐唱和练，给孩子看电视中的文艺节目，带孩子观看一些文艺演出，听一些音乐会等，从而丰富孩子的音乐知识，发展孩子的音乐能力。

3. 运用音乐活动吸引孩子

通过活泼有趣的音乐活动，把学习音乐融入孩子的生活和游戏之中，让孩子感觉和沉浸在参与活动的快乐之中。比如，让孩子学乐器、舞蹈、唱歌等，可以利用各种游戏、娱乐的方法，让孩子在唱唱、跳跳、玩玩、动动的活动中，轻松愉快地学习音乐。

4. 让孩子直接参与表演活动

让孩子直接参与表演活动，在直接参与和体验中感受各种音乐的表现手段所表达的内容，让孩子从中感知音乐的力度、速度、节奏、音色，并从中获得音乐知识和技能。比如，让孩子听音乐编一些小动作；用小乐器敲打出各种节奏的音型；还可以让孩子做"小老师"、"小指挥"等，培养和发展孩子的音乐能力。

5. 培养孩子的音准、节奏感和音乐感受力

在发展孩子的音乐能力时，要着重培养孩子的音准、节奏感及对音乐的感受力，使孩子从小就能表现出对音乐、歌曲、舞蹈的兴趣和创作才能。父母要特别注意对孩子的音乐才能加以保护和培养，并且要向有关老师请教，使孩子蕴藏的非凡天赋得到培养、发展。

6. 和孩子一起"玩"音乐，逐步把孩子引入美妙的音乐王国

和孩子一起听音乐、玩音乐，父母可以从训练孩子对声音的敏感度开始。美妙的大自然中，处处可以听到鸟儿、虫儿以及别的小动物的叫声，马路上各种车辆的鸣笛声，还有刮风的声音，雨水的滴答声，等等，都可以有意识地让孩子来听。父母还可以和孩子一起玩"敲敲打打听听"的游戏，比如：在厨房里用筷子敲敲锅，打打盆，让孩子比较一下哪个声音高，哪个声音低，哪种声音好听。在游戏中，父母可以让孩子闭上眼睛，问他听见了什么声音，还可以让他模仿一下。一旦孩子对物体的各种声音产生了兴趣，父母就可以进一步要求孩子记住这些声音。这样通过反复的训练，孩子从小就会有一双灵敏的耳朵。

和孩子一起跳舞。父母要有意识地对孩子进行初步的节奏训练。拍手是孩子们经常重复的动作，这是孩子表达内心喜悦的一种方式。父母对孩子节奏感的培养可以从拍手开始，和孩子一起玩拍手的游戏，逐步培养孩子在拍手、拍腿、跺脚等活动中的节奏感。

和孩子一起唱歌。孩子常常会不由自主地哼唱自己熟悉的歌曲，他们会用歌声来表达

自己的喜悦心情。模仿是孩子最大的特点，父母应当抓住这一点，平常多给孩子准备一些歌曲和孩子一起唱。

和孩子一起欣赏世界名曲，然后把自己从音乐中听到的东西讲出来，再让孩子讲，看看孩子是怎么理解的，引导孩子在听音乐的时候脑子里有图画。

怎样训练孩子的听力和节奏感

让孩子学习音乐，听力和节奏感是孩子必须具备的能力。父母在平常的时候可以试着训练一下孩子的听力和节奏感，这样才会为孩子学习音乐打下一个好的基础。

听力和节奏感是孩子在学习音乐的时候必须要具备的能力，当然，有的孩子可能会有这方面的天赋，但是也有的孩子在这些方面是需要训练的，毕竟有这样天赋的孩子是少数。如果父母希望孩子能够在音乐方面有所造诣的话，最起码要对孩子在这两个方面训练一下。

1. 训练孩子敏锐的听觉

（1）听辨不同音色

音色是指声音的色彩特征，音色又是不同人声、不同乐器以及它们的不同组合在音响上的特色。

在欣赏音乐的时候，音色的辨识能力对于一个人来说有着非常重要的意义和作用。在欣赏音乐的时候，听的人首先是对音响的感知，其中就包括了对音色的辨识能力，因此，音色也是音乐中直接触动孩子感官的一种手段。既然音色对于一个学习音乐的人这么重要，那么，要怎样引导孩子在生活中寻找不同的音色呢？

在平常的时候，父母可以让孩子去敲击一下孩子周围的一些物体，比如板、橱、碗、铁片等，引导孩子去倾听、辨别这些声音。这样，孩子就能通过自己动手敲击，初步探索到声音除了高低之外，还有色彩的感觉。

接着父母可以进一步引导孩子去寻找音色的亮和闷的比较，比如，在乐器中，大鼓的声音比较低而闷，碰铃的声音又清脆又明亮，这两种音截然不同。这样，孩子在探索听辨各种乐器的音色过程中，听辨能力就会不断提高。

父母还可以引导孩子去运用不同音色的乐器为歌曲、诗歌、舞蹈等伴奏，在这个过程中，孩子更能认识到不同乐器的不同音色与效果。

（2）识别高音与低音

首先，父母要让孩子知道声音是有高低之分的。父母可以通过让孩子听敲击各种物体所发出的声音，让孩子们在听的过程中自己找到这个概念。父母可以给孩子做一个实验：敲打灌了不同量水的水瓶，让孩子听辨声音的高低，然后让他们到周围去寻找高低不同的声音。

其次，让孩子听琴上的音。每次听的时候，都要引导孩子听辨出哪个音高，哪个音低。当然，这种训练要经常反复地进行，使孩子在弹弹唱唱中提高听辨高低音的能力。

最后，引导孩子听辨乐曲中的高音，比如听长笛的高音旋律和大提琴的低沉旋律，可以启发孩子辨别哪个声音高，哪个声音低，高音像什么，低音像什么。这样做，不但使孩子积极思维，探究音的高低，而且还能进一步识别和想象高低音代表着小鸟飞和大象走。经常的诱导性启发会促使孩子提高听辨力，丰富想象力。

（3）感受音乐的节奏

节奏是音乐的脉搏，任何音乐都有节奏。要培养孩子的音乐感受力，首先要特别注意节奏感的训练，这对孩子今后的成长有着不可低估的作用。孩子学唱歌、舞蹈、乐器，都离不开节奏感，那么如何去指导孩子感受音乐的节奏呢？

首先，要教会孩子听的方法和探索节奏的能力，孩子有了这种能力，就能主动积极地学习了。我们生活在声音的世界里，到处充满着不同的音乐与节奏。

其次，可让孩子听音乐，打节奏。一般来说，年龄较小的孩子都先会摇动物体发出响声，以后才逐渐学会敲打物体。在摇动物体的过程中，孩子最初的节奏感已经产生。父母可以引导他用转手、拍手的形式随着音乐节奏摇动。孩子练习了手的动作，进而发展了节奏感和听觉的敏锐性。

年龄稍大些的孩子，可让他们跟着音乐拍打节奏。也可训练他们跺跺脚、拍拍手。进而发展到跺脚拍手打节奏。让孩子在听听、动动的活动中发展听觉，培养思维能力与手脚动作协调的能力。

最后，可以考虑用多种形式让孩子感受节奏。孩子在运用乐器打节奏中会获得心理上的满足和愉快，也能运用打击乐器来表达某种情绪，从而发展其创造能力。父母可以提供孩子一些小乐器，或自制小乐器，并与孩子一起配合打节奏，这对孩子学习节奏，是一种很好的鼓励和促进。

2. 训练孩子的节奏感

（1）让孩子养成良好的听节奏的习惯

父母可以有意识地引导孩子倾听周围环境的各种声响。在我们生活的周围，不管是自然界还是社会生活中都充满着各种各样的声音，有汽车的喇叭声、虫鸟的鸣叫声、雨水的嘀答声、雷电的轰鸣声以及动物的吼叫声，这些都是自然的节奏。父母可以利用这些节奏自然地、有意识地引导孩子倾听并模仿，让孩子在模仿的过程中把握住音高、音准及节奏感。

父母可以开展一些听音游戏活动，让孩子感受变化丰富的节奏。当孩子已经有了初步的感受音乐快慢的能力时，父母要给孩子多听一些节奏明快的进行曲和一些表现动物形象的小乐曲，让孩子根据音乐的节奏变化和自己的想象自由地做一些动作，或是做一些节奏游戏。让孩子在这些轻松、愉快的游戏中，不断提高音乐感受力，也让孩子对活动的兴趣日益浓厚。

（2）对孩子进行节奏的训练

父母可以通过念儿歌来训练孩子的节奏。父母可以选用一些节奏感强、有韵律的儿歌去训练孩子的节奏。开始的时候可以先用简单的节奏型，然后再慢慢过渡到有些复杂的节奏型。

父母可以让孩子运用身体动作来表现节奏。选一首带有节奏练习的歌曲，让孩子跟着练习。在练习的过程中，既要让孩子唱准，又要打准节奏。虽然这样加深了节奏训练的难度，但是也培养了孩子的注意力。等孩子熟练以后，可以让孩子把拍手换成拍腿、拍肩、跺脚等动作。这样，由于变换了动作，就会让孩子在复习起来仍然兴趣不减。

父母要让孩子自由地体验各种节奏。平常父母可以让孩子任意敲打一些乐器，让孩子可以从中感受到节奏。孩子在无拘无束、自然敲打模仿练习的过程中，自然就会掌握许多节奏类型。

（3）让孩子通过欣赏活动，培养孩子对音乐的感受力

音乐的感受力是指孩子在听音乐的时候不仅会感受到音乐的高低长短，还可以体验到音乐所反映的情绪和思想，并且能够产生共鸣的一种能力。孩子对音乐的感受力，是提高孩子音乐修养的基础和前提。

音乐作品是通过乐句、乐段、乐章来表现音乐形象的，所以，父母可以让孩子逐句、逐段、逐层次地欣赏和感受。这样，就会让孩子对音乐活动的兴趣越来越深厚，孩子的性情和品格得到了陶冶，孩子的音乐素质也得到了较大程度的提高，孩子的各种能力也得到了发展。

为孩子挑选一种适合的乐器

父母箴言

　　为孩子选择一种适合的乐器，是培养孩子音乐特长重要的一环。在为孩子选择乐器时，首先，孩子要感兴趣；其次，要考虑家庭的经济条件；再次，要充分考虑孩子自身的条件。很多专家认为，根据孩子的生理特征和认知特点而言，孩子应该优先选择键盘乐器，比如钢琴、电子琴等。

　　很多父母都已经认识到了音乐对于孩子的重要作用，都希望孩子能够学一些有关音乐的知识和技能，尤其是在乐器方面。但是，面对各种各样的乐器，究竟该为孩子选择哪种乐器，什么样的乐器适合孩子的发展，这些成了困扰父母的大难题。

　　目前，有很多孩子开始学习乐器，他们之中有的只有七八岁，甚至是三四岁，所以他们肯定不知道哪一种乐器适合自己，这就需要父母做好引导和指导工作了。但是，有的父母在这方面也没有太多经验，往往也感觉无从下手。下面就请父母们注意下列问题了，希望能够对你的孩子选择乐器有所帮助。

1. 乐器的种类

　　乐器主要有弦乐、打击乐、键盘类、弹拨类四大类，从另外一个角度来说又可以分为民乐和西洋乐两类。西洋乐范畴内的弦乐有小提琴、中提琴、大提琴，西洋乐还包括管乐器，有长笛、短笛等木管器，还有小号、圆号、长号等铜管乐器，弹拨类有竖琴、吉他，打击乐有架子鼓，键盘类有钢琴、手风琴等。民乐也同样分为四大类，弦乐、管乐、弹拨乐和打击乐四类，其中弦乐有二胡、中胡、板胡，弹拨类有琵琶、古筝、扬琴等，打击乐有鼓、叉、铙、钹等，管乐中有笛子等。

2. 乐器选择的原则

　　首先，要孩子感兴趣。如果父母不是内行，不知道孩子对什么样的乐器感兴趣，最简单的做法就是领着孩子到艺术中心看一下，让孩子自己亲自看一下各种乐器，亲自听一听、摸一摸，这是了解孩子兴趣所在的最简单方法。另外，还可以通过看电视、报纸杂志来增加孩子对各种乐器的了解，以便孩子对乐器的选择。

　　其次，要考虑到家庭的经济条件。比如，一个孩子对钢琴很感兴趣，但是家里的情况根本承受不了。要知道，一架钢琴本身往往就得过万，再加上一节课的学费也要几百块。如果开始咬牙让孩子学了，一旦承受不了，就会导致孩子半途而废，这样一来就更划不来了。

最后，孩子自身的条件也是非常重要的。不管孩子要学什么样的乐器，一定要考察孩子的音准和节奏感怎么样，因为，音准是灵魂，节奏感是生命，音准和节奏感是孩子学习任何乐器的必备条件。此外，不同的乐器对孩子也会有不同的要求，比如，学习钢琴要考虑到孩子的手形，管乐要考虑到孩子的嘴形等。

3. 学习乐器的最佳年龄

所有的乐器学习对于孩子来说都有开发智力的作用，那么，什么时候开始学习是最佳的年龄呢？从理论上来说，乐器的学习是越早越好。比如，有些孩子从来没有接触过钢琴，但是当他们一坐在钢琴的旁边时，姿势就是绝对正确的。这样的例子说明，有些知识是自然的，对于小孩子而言，他们不懂得约束，做起事来自然一些。这也就是说，为什么很多知识，小孩子学得好，学得快，而成年人却赶不上小孩。但是，也不是说学得越早就越好。早学的孩子会面临两个问题，一个是由于孩子年龄小，沟通的能力也相对的差，可能会不理解教者的意思；另外一个问题是因为孩子的年龄不到，父母可能对孩子的真正兴趣所在不能正确掌握。

综上所述，孩子学习乐器最好在上了小学之后，但是父母也要根据具体的情况，对于不同的孩子要不同对待。

4. 乐器学习的注意事项

首先，父母要尊重孩子的兴趣，这个规律父母一定不能违背，不要把自己的意志强加给孩子。当孩子不愿意学习某项乐器的时候，父母不能强迫孩子进行学习，如果一味强迫的话，只会适得其反，不仅对孩子的学习没有好处，甚至还会让孩子对学习乐器感到厌倦。父母要知道，孩子的学习动机主要来源于兴趣，如果没有了兴趣，什么都学不成。

其次，对于孩子学习乐器，虽然不能强迫孩子学习，但是父母要对孩子的学习进行督促。很多父母可能都碰到过学习乐器"虎头蛇尾"的孩子。在刚刚买了乐器之后，孩子可能会有一些新鲜感，但是当孩子练习几次之后就对乐器失去了兴趣。面对这种情况，父母应该怎么办呢？解决这种问题的有效方法是锁定孩子的练习时间，规定练习任务，让孩子养成定时学习的习惯。

再次，对于孩子练琴的时间，父母一定要合理安排。对于那些初学的孩子来说，每次可以练习20分钟左右，每天要多练几次。当孩子练琴的时候，父母最好坐在一旁看，并且要耐心指导。

5. 优先选择键盘乐器的原因

很多专家认为，根据孩子的生理特征和认知特点而言，孩子应该优先选择键盘乐器，比如钢琴、电子琴等。原因在于以下几点。

键盘乐器音准固定，有助于孩子形成正确的音准辨别力，而弦乐器音准则很难掌握，它要求弦调得准、手指按的位置也要正确，这两点对孩子来说非常困难。

学习钢琴或电子琴是双目、双手的操作，这样有利于培养孩子的协调能力，可以开发两侧大脑的功能，特别是右脑。

不论选择什么乐器，最初都要注重视唱练耳，因为学习音乐不只是为了学会演奏、演唱，而是要学会欣赏演奏和演唱。视唱练耳的最好工具就是钢琴等键盘乐器。

以上这些是对那些想让孩子学习乐器的父母提供的参考，当然，如果你并没有打算培养出一个音乐专才的话，那么更要适时地让孩子知道，你让孩子弹琴并不是想让孩子成为一个音乐家，而是想让孩子懂得用音乐的眼睛来看世界。这样，孩子就能在轻松的条件下愉快地学习乐器了。

培养孩子的音乐欣赏能力

父母箴言

在培养孩子音乐欣赏能力的时候，可以让孩子对同一作品多听多想，反复欣赏，加深印象。还可向孩子提出新的要求，启发他在欣赏过程中深化感受，丰富想象。

欣赏音乐就是用喜爱的心情来领会音乐所表达的意思，进行音乐想象。培养孩子欣赏音乐的首要任务，就是要使孩子对音乐感兴趣。能引起孩子对音乐发生兴趣的方法很多。如可先把音乐内容编成一个能引起孩子兴趣的小故事。把这个故事讲给孩子听了，并收到了预期的好效果时，可立即放音乐让孩子听，并告诉他，音乐里就是讲的那个故事。这样，孩子就会怀着喜爱的心情去听，一边听一边回想故事的内容。又如：父母可以告诉这个音乐作品的名称，而名称要清楚、明确，富有吸引力，能引起孩子的兴趣，激发孩子想象，这样孩子就会怀着迫切的、好奇的心情去听这音乐，希望尽快了解音乐的内容。这样，父母要引起孩子对音乐的兴趣的目的就达到了。

1. 选好欣赏的曲目

首先，你得考虑一下该选哪些音乐给孩子听。从孩子的年龄特点来看，可以选择一些短小的、音乐形象较鲜明的音乐，如各类儿童舞曲（新疆舞曲、朝鲜族舞曲、西藏舞曲、瑶族舞曲、秧歌舞曲等）、摇篮曲以及小步舞曲、波尔卡舞曲等。还可以选择一些儿童歌曲。歌曲因为有歌词，容易被孩子理解，所以小年龄的孩子欣赏的音乐作品中，歌曲的比重可大些。

2. 和孩子一起欣赏音乐

在指导孩子倾听周围声音的同时，可以经常和孩子一起欣赏音乐。对于孩子来说，和爸爸妈妈在一起欣赏音乐，是一件十分愉快的事情。当你和孩子一起欣赏音乐时，态度要认真，不要随便大声讲话，培养孩子安静听音乐的习惯，不过，必须让孩子在自愿、自然的气氛中接受音乐。在听音乐的过程中，可以让孩子谈谈自己对音乐的感受、联想。有一个将近4岁的孩子在听了一首进行曲后，当父亲问她听了这个音乐想做什么时，她很快回答说："我想甩膀子。"意思是想随音乐做有精神的走步动作。一个5岁多的孩子在听了快速的波尔卡舞曲后说："像好多好多人围着跳舞。"

3. 用动作帮忙

心理学家告诉我们，动作是孩子认识活动中起最重要作用的因素。在孩子欣赏音乐这门看不见、摸不着的"神秘"的听觉艺术时，请动作帮忙，能较快地使他们认识音乐、感知音乐，提高音乐的欣赏能力。一段声音很低沉笨重、速度又较缓慢的音乐，不一定能吸引孩子，但让他们同时随着音乐模仿大狗熊走路的动作时，他们就来劲了，并且很快就记住这段音乐。再有，你让他们呆板地坐着听一段描写小鸟的音乐，他不一定能理解，但假如同时让他们学做小鸟飞翔样式，或许就一下子明白了。有人做过实验，让一个由于经常接受用动作配合音乐欣赏训练的三岁孩子听摇篮曲，结果孩子居然能很自然地边断断续续跟着哼音乐，边做出好几种哄孩子睡觉的动作，证明能听懂曲子，具有一定的欣赏力。

4. 运用比较法

将两首音乐形象有些差别的乐曲放在一起，让他们比较相同处与不同处，久而久之，可培养他们"辨察细微"的能力，从而使孩子不仅能粗线条地欣赏音乐，还能欣赏到音乐中细腻的、不易感知的部分。运用比较法是有些难度的，父母应给予孩子必要的解释才行，可以先比较差别大的乐曲。这样，孩子的音乐欣赏能力很快会得到提高。

5. 引导孩子有目的地倾听音乐

在孩子欣赏音乐之前，家长可进行引导性谈话，向孩子介绍作品的名称、内容，把孩子的注意力吸引到作品的意境中去，让孩子知道听什么。同时，向孩子提出欣赏的要求。如欣赏《摇啊摇》这首歌曲时，利用玩具摇篮和摇篮里睡着的布娃娃，伴随音乐摇动，向孩子提出"仔细听，是谁在不停地摇啊摇"的问题，吸引孩子注意欣赏。孩子欣赏音乐的时候，家长也要满腔热情地和孩子一起倾听，一起感受。最好自己先进入音乐规定的情景中，以积极的态度引导孩子去感受和欣赏。

6. 启发孩子边听边想

通过对某一作品引导性的谈话，和反复多遍的欣赏，孩子势必带着异常兴奋的情绪和十分好奇的心理，在音乐中感受到某种东西。这时父母要及时和孩子交谈，鼓励他大胆说出自己的感受。但由于孩子的语言词汇的贫乏，不可能运用语言来完整概括出自己的感受，要启发孩子用动作、手势、表情等各种手段去表达。表达的过程就是对作品思考、回忆、感受的过程。

培养孩子的音乐欣赏能力时，还要注意以下几点：

选择的音乐作品要适合孩子的年龄特点和音乐欣赏水平。要考虑自己的孩子所具备的音乐素质和家庭具备的音乐条件等因素。

为孩子创造一个倾听音乐的良好环境。为让孩子欣赏音乐时集中注意力，全神贯注地去听，周围最好不要有人走动，或发出其他声响。

欣赏过程中要允许孩子想象并发挥，不必要求孩子直坐在椅子上，过分认真地"竖着耳朵"听，给孩子一些动作上和语言上的自由，但这些也不能过多。

第五章
培养孩子对体育运动的兴趣

让孩子对体育运动产生兴趣

近几年来，不管是孩子的速度素质、耐力素质、柔韧性素质，还是孩子的爆发力、力量等方面的素质，都呈现出了全面下降的趋势。这些都说明了孩子体育运动的缺乏，而主要原因还是在于父母对体育的态度。

看看现在的孩子，肥胖的孩子普遍增多，孩子的肺活量下降，近视发生率也随着孩子的年龄的增大而加大，孩子的身体素质也在下降，这些都充分说明了孩子缺乏体育运动。

有的父母说，孩子天生就喜欢安静，不喜欢运动。其实，很少有孩子天生排斥运动的，孩子们的天性中总是充满了活泼好动的因子。那些不爱动的孩子也不是天生就是安静的，是因为父母把他们好动的因子全部扼杀在了胚胎之中。看一下以下几个例子，就能够明白，为什么孩子不喜欢运动。

玲玲的爸爸在设计院工作，是设计院的主要工作人员。可能是由于自己的身体不太好，经常生病，所以，当玲玲出生之后，爸爸就对玲玲百般呵护，生怕女儿像自己一样文文弱弱的。穿衣戴帽是春捂秋也捂，平时的饮食也是添脂又加钙。

然而，在父母如此精心"喂养"下的玲玲却一点都没有让父母省心。该病的还是病，康复起来比别的孩子还要慢得多。

虽然说不能排除玲玲的多病有体质方面的遗传因素，但是，玲玲父母的观念也存在着明显的误区。要知道，如果能够吃饱穿暖就能健康无忧、远离疾病的话，那么，人的健康来得也太容易了。事实上，父母的这种过度保护，反而剥夺了玲玲锻炼的机会，削弱了她与生俱来的抗病能力。如果玲玲的父母能够让玲玲坚持做一些体育锻炼的话，可能会比这样的情况要好得多。

别看小强才刚上小学，小眼镜可早已经戴上了。这眼镜可不是白戴的，小强在幼儿园的时候就已经是远近闻名的"小博士"了。有一些连老师都不一定知道的知识，小强说起来却滔滔不绝。当他上了小学之后，每一次知识竞赛他都参加，而且每次都能够获得大奖，连老师们都戏称他是"竞赛专业户"。但是，每次竞赛都不缺席的"竞赛专业户"却主动放弃了一次竞赛。那一次的体育竞赛，小强本来是很想参加的，可是妈妈却不同意，因为小强没有时间参加赛前训练。老师在做小强妈妈的工作时，妈妈解释说："每天都要抽出两个小时的时间，为的就是去参加一个什么体育比赛，有这个必要吗？再说了，就是拿了名次又能怎么样？我家小强的时间很紧，就算是有多余的时间，我还想让他多学一点东西。"见小强的妈妈那么坚持，老师也没有办法，只好叹气作罢。

显然，小强的妈妈是把让小强"多学些东西"局限在了"书本知识"的范围内了，她认为体育没有什么重要的，孩子需要的只是学习。小强妈妈的这种观点是很多父母都有的一种，但是，有没有想过，如果孩子没有一个好的身体，再多的知识又有什么用？

亮亮是一个普通得不能再普通的孩子，放在孩子堆里，丝毫不显眼，也不会让人多看两眼。但是亮亮却非常想让同学们注意到自己，然而同学们似乎都不太愿意理他。亮亮认为，可能是因为自己没有地位，所以同学们才会不想理他。于是，他觉得自己必须得争取一点地位。然而，怎么去争呢？他的学习成绩虽然不能说太差，但是也只是在中等徘徊，至于艺术方面，他又没什么天赋。为此，亮亮十分苦恼。看着亮亮苦恼的样子，爸爸说："亮亮，虽然你没有什么天赋，但是你可以练体育，你看你手长脚长的，不就是一个练体育的料吗？从明天开始，爸爸陪你一起晨跑！"亮亮听了，觉得爸爸说的是一个好主意。于是，亮亮开始了体育锻炼。在学校举行的一次体育比赛中，亮亮获得了长跑第一名。这个名次还挺管用，刚从场上下来，同学们就把他围了起来。亮亮的感觉可好了，从此，他做什么都有劲，学习成绩也提上去了。

其实，亮亮要的只是一种赢的感觉，这是小孩子的一种很正常的心理需求，很多体育运动都可以给孩子这样的感觉。这里，亮亮的爸爸给亮亮打下了很好的基础。试想，如果爸爸对亮亮的苦恼视而不见的话，如果爸爸不陪亮亮晨跑的话，可能亮亮就不会取得好成绩了。所以，父母应当重视孩子的体育锻炼。

有很多父母都不太清楚体育的意义，他们只看到了"体"字，而没发现"育"字。他们认识，体育就是强身健体。其实，事情不是那么简单。从智力上讲，体育活动是孩子成长的一个重要生理刺激，对孩子神经系统的生长发育有重要的作用。智力之外，体育的意义更为深远和神奇，体育比赛可以强化孩子的规则意识；体育对抗可以培养孩子的勇敢精神；团体项目可以帮助孩子学会协作；耐力项目可以锻炼孩子坚忍不拔……

在体育活动中，孩子可以扮演很多角色。在这样多种人际关系的处理过程中，孩子的社会化进行也能得到有力的推进。智力、心理、品质、社会化等等，这些都是现代家长最为关心的孩子的素质，而在体育里面，都能找到它们的因子。

体育锻炼是孩子终身的事情，正像智力开发有一个关键期一样，体质潜能开发也有一个最佳期。根据儿童身体发育专家的研究，4 岁是开始体质潜能开发训练的最佳年龄，4 至 12 岁是实施该训练的最佳时间段。所以，父母们要做的是让孩子对体育运动产生兴趣，而不是扼杀孩子的兴趣。

运动是孩子最好的活动

父母箴言

对于孩子来说，运动是最好的活动。不管是孩子的健康、发育还是感觉综合系统，或是孩子品质的形成，这些都和孩子的运动有着紧密的关系。父母应该重视孩子这些方面的发展，而不是一味地开发孩子的智力。

孩子的身心是和谐发展的，孩子的运动能力也是和谐发展的，缺漏哪一方面都会使运动能力乃至孩子的身心健康受到危害。运动对于孩子的作用是不可忽视的，父母应该帮助孩子开发运动潜能。对于孩子来说，运动是最好的活动。

1. 运动有助于孩子的发育与健康

运动器官由骨骼、关节、肌肉（骨骼肌）所组成，肌肉收缩时带动关节及骨骼完成一定的动作。每一种身体动作都是多块肌肉协同活动的结果，有一些肌肉收缩，有一些肌肉舒张，相互配合形成运动过程。所有运动都受神经系统支配，都处于脑的调节之下，脊椎、脑干、小脑、大脑均参与运动的调节和控制。大脑的运动指令，还需要大脑感觉中枢的配合，以感觉到的信息作为参照而决定运动的位置、力度、速度和力量。大脑中运动功能区和感觉功能区，遍及顶叶、颞叶、枕叶以及前联合后联合的有关部位。运动能力发展正常，表明大脑的发育是健康的，这样运动状况就成了神经系统发育是否正常的外部标志。

运动有助于孩子的生理健康。运动时，呼吸系统、循环系统、消化系统等都在大脑和神经系统调节下，参与运动过程。运动需要能量、氧气，运动也加速了新陈代谢，运动的过程中，使骨骼肌肉和多系统多器官都得到了锻炼。科学的运动，可以提高身体素质，提高人体对环境的适应能力，增强体质，减少疾病。

运动有助于心理健康。运动能够使孩子获得活动身体的满足，使孩子精力充沛，情绪愉快，而良好的情绪又有助于身体健康。

经常运动，大脑运动中枢对身体运动信息的加工迅速，反应敏捷、协调，具有躲闪的能力与速度，这类孩子往往比不勤于锻炼身体的孩子更能预测、避免、躲闪危险情境，更有助于保护自身的健康和安全。

2. 运动有助于孩子感觉统合功能的发展

"感觉统合"是由美国学者艾瑞丝于1972年提出来的，意指人脑有把多种感觉信息统合起来，对刺激做出协调反应的能力。只有经过感觉统合，各个感觉系统才能自如、默契的互相配合，身心才能平衡发展。

脑科学研究表明，激活脑细胞活动的最初刺激是感觉信息，因为初生婴儿的感觉已经开始工作，只是脑对各种感觉信息的统合和协调的能力尚需经过无数次丰富的"感觉学习"和知觉经验的积累，才能得到发展。在大脑发育的关键期内，婴儿的感觉信息贫乏或不全面（没有使所有感官都得到刺激），就会影响大脑的发育，严重时还会带来一系列的行为改变，导致了"感觉统合"的失调。

在所有的感觉系统中，触觉刺激的频率最高，从肌肉关节到全身的皮肤，每天都有大量的触觉信息源源不断地传到大脑。触觉协调能力正常的孩子，其脑干会对这些刺激进行分类和过滤，次要信息被压抑，主要信息才会传到大脑。触觉协调能力不足的孩子易产生触觉敏感（防御性过强）或触觉迟钝（防御太弱）。触觉敏感者，事无巨细的触觉信息传至大脑，均需要做出反应，引起大脑的动荡和行为的多动，分散注意力，影响大脑对主要信息的加工，就会影响学习。多动症一般都产生于触觉敏感的孩子。触觉迟钝者，反应慢，动作不灵活，缺乏自我意识，无法保护自己，学习能力也很难发展。在开放的自然状态的养育方式中，并不缺少触觉协调能力的学习，如玩沙、玩水、在泥地上爬行、在草地上打滚，都有不同的触觉感受。但是，在当今的都市里，由于生活空间变小，孩子接触自然的机会以及自我锻炼的环境都严重不足，一些十多年前孩子能够享受的活动，现在渐渐消失了，住在高楼居室内的孩子，连晒太阳、吹风的机会也很少了。提倡多让孩子接触自然，提倡让孩子在安全的环境中接触不同客体，用不同的方法进行自我探索，不仅仅是为了发展孩子的认识能力，还因为这些活动，提供给孩子许多触觉协调性以及其他感觉运动学习的机会。

如果因为开发智力潜能而忽视感觉运动学习，父母和孩子都将为此付出代价。3岁前的孩子不能进行"秀才"式的培养，要把科学的运动放在首位，至于其他事，留待于未来培养也不迟。

3. 运动有助于孩子良好个性品质的形成

运动可以锻炼身体的协调性，速度、肌肉的耐力，处理事情的独立意识和技能；运动使孩子的行为变得主动、勤快、灵活、细心、果断、敢于探索；运动使孩子的体能得到释放而使情绪舒畅；孩子的许多运动是与小伙伴或亲人、师生共同进行的；有玩伴的运动可以使孩子变得随和与合群。上述身体素质与行为，都与个性品质培养的目标高度一致。

个性中的气质特点的可塑性是最小的，但在孩子两岁以前通过运动改变或部分改变原本的气质特点是完全可能的。例如一个生性胆怯的孩子，经常有机会让他在安全适量的运动中获得愉快的体验，可以使他变得活泼开朗一些，但是，如果剥夺孩子的运动，比如过多地把孩子放在车里或抱在手上，那么胆怯的孩子可能会变得更加的退缩、忧郁。

培养孩子的运动能力

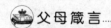 **父母箴言**

父母应该从小培养孩子的运动能力。父母应配合孩子的生理、心理特点进行积极引导。比如，带孩子到户外去活动，提高孩子的身体协调能力和运动技能，这样孩子的运动兴趣就会被培养起来。

积极参加体育活动对身体发育有很多好处。培养孩子的运动能力，有利于提高孩子适应环境、抵御疾病的能力，形成热情活泼、积极向上的精神风貌。生命在于运动。

1. 提高孩子对体育运动的兴趣

好动是孩子的天性，父母应爱护孩子的这种积极的天性，并把它发展为体育兴趣。如给孩子讲名人锻炼的逸闻，与孩子一起观看体育比赛，与孩子一起跑步、打球、做操等都是促进孩子产生体育兴趣的有效途径。在指导年幼的孩子锻炼身体时，还可以把体育锻炼同游戏娱乐结合起来，如教孩子一边唱儿歌，一边跳橡皮筋；郊游时，和孩子比赛看谁最先到达目的地。这种锻炼方式会使孩子满心喜悦，充满激情，整个身心都得到发展。当孩子的体育兴趣发展起来以后，父母要为孩子的体育活动创造物质条件，如给孩子买球拍、跳绳、小足球等运动器材，使孩子更经常地锻炼身体，把体育兴趣转化为稳定的体育爱好。

2. 帮助孩子了解体育运动知识

体育锻炼强调通过具体活动增强体能，但仅把体育作为一种体力活动是不行的，应学习有关的知识和技能，才能增强孩子锻炼的积极性并提高成效。父母可以给孩子讲讲各种体育活动的特点和意义。如田径类运动靠力量和速度；球类运动对灵敏性和弹跳力要求较高。还可以教孩子一些常见运动项目的技术，指导孩子正确练习，如跑步运动中的起跑、加速跑、途中跑、变速跑、冲刺，打篮球的传接球、带球突破、投篮、防守等等，并告诉孩子基本的比赛规则，如打球时不能有意撞人，打篮球时不能带球跑。这是保证比赛顺利进行的基本要求。父母也要引导孩子正确选择适合自己的运动项目，如 15 岁以前的孩子不宜进行举重、长跑、吊环等运动，而应选择负荷较轻，欢畅自然的运动项目，如游戏、简易体操、小球类。孩子若是喜欢武术，可以学一些简单的武术套路，学习器械格斗时一定要有专业教练的指导，以防出现意外。

3. 督促孩子坚持锻炼

孩子的自觉性和毅力不强，若没有父母督促鼓励，就可能出现"三天打鱼，两天晒网"的情况，不利于保持体育锻炼的效果。对此，父母可帮孩子制定锻炼计划，明确锻炼的目标、内容、时间和次数，如规定每天早上 6 点钟起床做操，每天下午放学后踢球半小时；双休日安排爬山、远足或参与半天的体能集训。制定计划要从孩子和家庭的实际出发，循序渐进，使孩子乐于接受，自觉执行。父母若能和孩子一起锻炼，则是对孩子的最好鼓励。即使不能天天与孩子一起锻炼，也要定期检查孩子的锻炼情况，并告诉孩子哪些地方做得好，哪些地方做得不好。对个别不喜欢活动的孩子，父母需采取强制措施，如定时叫孩子起床，督促他们外出活动，并必须完成一定的运动量后才能回家，锻炼认真时要给他一些鼓励，不认真时令其重做，直至养成锻炼的好习惯。

4. 指导孩子科学地锻炼

运动会引起身体机能的深刻变化，过少的运动量对身体机能无刺激作用，超负荷运动又会对身体造成损害。父母既要警惕超负荷运动，伤害孩子身体或使孩子失去锻炼的信心，又要提供合适的运动负荷，帮助孩子对自己承受负荷的能力建立信心。因此，要教育孩子明确锻炼的目的和意义，讲究锻炼的科学性和趣味性，以便在锻炼中调节好自己的情绪。告诉孩子要注重身体的全面锻炼，不但注意身体各部位的协调发展，也要同时提高力量、速度、耐力、柔韧、灵敏、平衡等各项身体素质；既获得跑、跳、投掷、攀登和游泳等实用技能，也培养果断、机敏、勤奋、吃苦耐劳、大胆沉着的意志品质。父母还应帮孩子懂得音乐、棋类也能提高锻炼效果。优美乐曲的伴奏，能消除运动带来的疲劳。

5. 不要给孩子压力

让孩子自由地运动，主要是使孩子养成良好的运动习惯，养成健康的生活方式、良好的卫生习惯，让孩子拥有健康的体魄，所以只要孩子敢于参与就是值得鼓励与肯定的。父母不要太在意孩子在运动中或者比赛中的名次，过分要求孩子获得荣誉争面子，这样将会加重孩子的心理压力，还可能使孩子厌恶体育、逃避运动。

孩子的健康在于运动

🚢 父母箴言

所有的父母都极其关注孩子的健康，也会从各个方面让孩子保持健康。但是，有的父母却忽略了让孩子保持健康的最基本的一项措施，那就是运动。孩子的健康在于运动，只有运动起来，才能有健康可言。

现在的父母对孩子的健康非常重视，也会从各个方面为孩子的健康打基础，而父母的侧重点一般都是放在了饮食和保健品上。有的父母为了防止孩子生病，总会给孩子买一些保健品来增加孩子的免疫力，而运动，这项增加孩子抗病能力的最佳方法却被父母们一直忽视。这种现象可能跟一些教育观念有关，父母们总希望自己的孩子可以文文静静的，不要太调皮。其实，父母不知道的是，不管是文静的孩子还是调皮的孩子，他们都需要运动。要知道，让孩子多做运动不仅是为了孩子的健康着想，还对孩子增强智力发展和心理健康有帮助。所以说，父母不发展甚至是限制孩子去运动的做法是非常不明智的。

1. 运动能够强化孩子肌体的功能

（1）强化心脏

有氧运动是指运动身体的大肌肉群，使心脏持续加速跳动几分钟。通过一次次的有氧运动，氧气被输送到肌肉。结果是，孩子的心脏变得更加强壮，做事时更有效率，不会很容易就感到疲劳。

（2）增强肌肉

锻炼能使肌肉更加强健，这样能给关节更好的支持，使人不易受伤。下列锻炼方式能增强胳膊和腿部的肌肉：跳绳、游泳、跑步、骑车和单排轮滑。

（3）增加柔韧性

众所周知，孩子比成人敏捷。孩子能将四肢弯曲到成人所不能达到的程度。这就是为什么小时候就开始锻炼的人，长大后仍然能够保持其柔韧性的原因。

柔韧性越好的人越不容易在剧烈的活动中发生拉伤肌肉或扭伤关节的问题，在生活中有许多休闲运动都对提高柔韧性有帮助，比如武术、跳舞等。

2. 锻炼能保持体重

事实证明，许多肥胖的孩子在生活中明显缺乏锻炼。

相对而言，肥胖的孩子更容易受到诸如心脏病、糖尿病和高血压等疾病的威胁，因此，平衡能量摄入和能量输出，并保持适当的体重对于孩子来说很重要。经常进行有氧运动还能在锻炼和休息时提高身体消耗热量的速度，为了帮助孩子达到平衡，应该经常让孩子进行体育锻炼，最好是能全家一起进行的运动。

3. 锻炼使孩子更愉快、更兴奋

这是由于在锻炼的时候，孩子的体内能分泌内啡肽的关系。这种化学物质能使人产生"极为兴奋"的感觉。锻炼时全身的含氧量增加，也会使人精神饱满、感觉灵敏。所以，锻炼不仅使人身体健康，而且使人心情愉快。

4. 让孩子参加适合孩子的活动

适合于孩子的活动主要取决于孩子的年龄、成熟程度与准备情况。从孩子开始走路起，就要鼓励孩子尝试各种能促进基本运动技能开发的活动，如跑、平衡、跳、踢、扔、抓。由于孩子只能在短时间内集中注意力，所以要经常改变活动形式，使活动具有吸引力。

值得注意的是，孩子6岁前，身体发育还不成熟，所以父母不要让他们参加任何整体性运动，而六岁后的孩子，长得更加成熟，运动技能也更加全面，所以能够学习越来越难的技能和参加更激烈的体育活动。同时，不要将孩子的活动项目限制在有组织的团队运动或游戏中。非组织性的游戏同样是很好的选择，简单的有走路和钓鱼等，复杂的有跳舞和武术等。

5. 锻炼孩子的体能

鼓励孩子每周至少锻炼三次，每次20分钟。判断锻炼强度的一个简便方法是说话或唱歌，如果孩子一边锻炼，还能一边说话或唱歌，那么即使听上去话语是气喘吁吁的，也表示运动强度是合适的。

6. 孩子的安全锻炼措施

运动虽然能锻炼孩子的身体，但运动时的稍不注意也会对孩子的身体造成损害。因此，为了确保孩子锻炼时的安全，父母必须了解和做好一些防护工作。

为孩子制定锻炼计划，不能违背孩子的生长发育的规律，最好咨询一下医生。

热身运动很重要，这也是避免孩子在运动时受伤最好办法。因此，在运动前，鼓励孩子先做一会儿热身运动，可以前后做拉伸动作，以增加柔韧性，预防孩子的肌肉拉伤。

购置防护用品，如骑车时使用的头盔，单排轮滑时佩戴着护膝和护肘。

如果父母发现孩子出现疼痛、眩晕、头晕或极度疲劳等症状，应及时终止运动的进行。

7. 孩子运动锻炼的禁忌

孩子并不是一个"缩小的大人"，父母千万不要被热心冲昏了头，即使是孩子的表现超出预期，也应该对孩子能力的极限有起码的常识了解，不要预期孩子会有什么"奇迹式的突破"。

应该让孩子去参加他所喜欢的运动，而不是去参加被规定或被迫参加的运动。如果孩子喜欢某一种运动，父母不要因为那种运动有危险而阻止孩子参加。

热身对孩子来说也是非常必要的。热身的内容与分量，也应该依照所从事的运动不同而异。热身可以减少运动对孩子的伤害，也可以避免因为运动伤害长期无法回到运动场而造成的心理及生理低潮。

给孩子适合的运动装备。要知道，不合年龄，不合体格分级的装备很有可能增加让孩子受伤的机会。比如，让孩子踢大人的足球，低年级学生打高年级学生的篮球，甚至是不合适的鞋袜都会成为孩子受伤的原因。

在孩子运动之前，为孩子检查运动场地。比如，球场边界外面的篱笆、障碍物、饮料罐等，这些都可能是孩子在运动时伤害孩子的杀手。

当孩子受伤后，不要让孩子过早回到运动场上。有时候，伤快要痊愈而没有完全愈合的时候，身体已无大碍，但是，这个时候，孩子的耐力、肌力、韧度都还没有回复正常，如果太早回到运动场的话，往往会使旧伤复发。

选择适合孩子的体育锻炼方式

父母箴言

父母应根据自家孩子的不同情况，并针对其性格中的不同缺陷，有选择地给孩子安排所适合的体育训练项目，不同的项目侧重培养的品质有所差别，比如游泳属于耐力性项目，更需要坚持性，而球类运动因场上瞬息万变，则更需要果断和独立性。

孩子应多参加促进身体全面发展的运动项目，或进行多种体育活动的锻炼。父母应该替孩子选择可以促进身体全面发展的运动项目。广播操、武术、田径、体操、游泳、球类等运动，不仅对身体各部分的肌肉、骨骼和器官的生长发育都有好处，而且对主要的身体素质如速度、力量、耐力、柔韧性、灵敏度等都具有良好的促进作用。

不同的运动项目和动作类型对身体各部位的影响不同，对身体各种素质的锻炼也各有侧重。单一的运动项目、片面地发展专项素质容易导致身体畸形发展。

1. 根据孩子的特点选择适宜的运动

根据孩子的性别、年龄、健康状况、身体素质的特点选择适宜的运动。不同的运动项目对身体部位及身体素质的训练有所不同。如加强足部弹跳的项目可以锻炼足弓承重能力，预防扁平足；进行基本技能训练如跑、跳、投掷、游泳等活动项目，可以发展平衡、协调、反应灵敏、柔韧等身体素质。

2. 有针对性地选择运动项目

根据个人身体素质的具体特点，有针对性地选择运动项目。例如：力量不足的可以练习单、双杠；速度不够的可选择短跑；耐力不好的可选择竞走、游泳；灵敏度差的可以选择武术和乒乓球运动；臂力不足的可以练投掷等。体弱多病的孩子也应坚持适度的体育锻炼，可进行体操、快慢交替走步、太极拳等活动。

3. 体育锻炼应照顾到女孩子的生理特点

女孩更适宜参加如高低杠、平衡木、体操、跑步、花样滑冰、游泳等力量性要求不高，而柔韧性较好、平衡性较强的活动。不宜多做支撑、悬垂、负重等静力性练习。训练的时间也应较男孩稍短。女孩在月经期间宜选择那些不太剧烈、震动较小、不用憋气的运动项目，如徒手操、活动性游戏，羽毛球、慢跑等，不宜进行短跑、拔河、跳高、游泳等活动，以免引起经期紊乱或造成感染。

除此之外，在指导孩子在进行体育锻炼时，父母应注意以下事项：

锻炼时注意运动量要逐步增加或减少。练习应有节奏地以中等、平稳的速度进行。要注意运动后的身体反应，如脉搏、食欲和睡眠等，以便随时进行调整。

不宜让孩子过早地进行超负荷锻炼。进行体育锻炼会使人体承受一定的生理负荷。孩子的骨骼富有弹性，虽不易骨折但易发生变形，关节活动范围虽大但牢固性差，因此超负荷锻炼会造成一定危险。

孩子在体育锻炼时，既要注意正确姿势的训练，又要避免过早地进行超负荷的训练，以免造成脊柱弯曲异常、身体其他部位的畸形或关节的脱位与扭伤。

有些运动不宜让孩子太早做

父母箴言

有些运动如果让孩子过早的接触，不仅对孩子的身体没有好处，反而会容易对孩子的身体造成伤害。父母可以让孩子进行跳绳、弹跳、跳皮筋、拍小皮球、踢小足球、游泳等体育运动，这些项目既有助于增加孩子的身高，又不会伤害孩子的身体。

随着父母认识的提高，有些父母已经认识到了体育锻炼对于孩子的益处，为了能够让孩子德智体全面发展，也为了让孩子能够有一个好身体，父母们开始让孩子从小就接受体育运动锻炼。但是，有关专家指出。如果太早让孩子从事某些运动，不仅不利于孩子的身体，反而会对孩子造成伤害。

有关专家指出，人在运动过量的时候，为了防止能量进一步消耗，人就会感到极度疲劳、浑身无力、大脑反应减慢。如果长时间运动过量的话，就会使大脑机能受损，尤其是孩子，过量的运动会容易让孩子出现注意力不集中、失眠、健忘，甚至会出现缺氧现象。还有一些运动是孩子不宜过早接触的，希望父母能够注意。

1. 拔河

拔河这种运动可能会让孩子"伤心"、"伤筋"。从生理学角度来说，孩子的心脏正在发育中，自主神经对心脏调节功能还不是很完善，当肢体负荷量增加的时候，主要是依靠提高心率来增加供血量。拔河这种运动需要屏气用力，有时候，一次憋气甚至会长达十几秒钟，当由憋气突然变成开口呼气时，静脉血流也会突然涌向心房。这样，就会损伤孩子的心房壁。有关医学工作者曾经对 250 名 5 到 6 岁的在孩子在拔河比赛中进行生理检查，从中发现，在比赛时孩子的心率都比较高，赛后 1 小时有 30% 的孩子心率没有恢复正常。

除了会对心脏造成影响之外，拔河还有可能会伤到孩子的"筋骨"。儿童时期的肌肉主要是纵向生长，固定关节的力量很弱，骨骼弹性虽然大，但是硬度却比较小。孩子在拔河的时候非常容易引起关节脱臼和软组织损伤，抑制骨骼的生长，严重的还会引起变形，影响孩子体形健美。另外，拔河是一项对抗性比较强的运动，孩子们争强好胜，集体荣誉感比较强，在比赛中往往难以控制保护自己，非常容易发生损伤。

2. 力量锻炼

孩子在生长发育的时候都是先长身高，后长体重，而且他们的肌肉力量比较弱，非常容易疲劳。也就是说，孩子的身体发育以骨骼生长为主，还没有进入肌肉生长的高峰期。如果在这个时候让孩子过早进行肌肉负重的力量锻炼，一方面会让孩子局部的肌肉过分发育，影响身体各部分的匀称发育；一方面会使肌肉过早受到刺激而变发达，给心脏等器官造成比较重的负担；另外还有可能会使局部的肌肉僵硬，失去正常弹性。所以，父母不要让孩子从事大人常练的引体向上、俯卧撑、仰卧起坐等力量锻炼。如果想要让孩子练习肌肉力量，从初中一、二年级开始比较适合。

3. 长跑

长跑属于典型的撞击运动，对人体各个关节的冲击力度都很高。如果孩子经常进行长跑锻炼，对关节处的骨骼发育会很不利，尤其是在坚硬的马路上进行冬季长跑的时候，对关节的冲击力更大，骨骼容易出现炎症，从而影响孩子长个子。长跑也是一项心脏负荷运动，如果孩子过早进行长跑，就会使心肌壁的厚度增加，限制心腔扩张，影响心肺功能发育。另外，儿童时期体内水分占的比重相对较大，蛋白质及无机物的含量少，肌肉力量薄弱。如果孩子从事能量消耗大的长跑运动，会使孩子营养入不敷出，妨碍孩子的正常生长发育。

4. 掰手腕

孩子四肢各关节的关节囊比较松弛，坚固性比较差，掰手腕容易发生扭伤。另外，和拔河一样，屏气是在掰手腕的时候的一种必然现象，这样会使胸腔内的压力急剧上升，静脉血向心脏回流受阻，而后，静脉内滞留的大量血液会猛烈地冲入心房，对心壁产生过强的刺激。如果长时间用一条手臂练习掰手腕，可能会造成两侧肢体的发育不均衡。

5. 极限运动

有关专家认为，少年儿童的体育锻炼，一是要遵循孩子自身身体生长发育的规律；二是要考虑孩子身体的解剖生理特点。孩子正处在生长发育期间，器官的各个方面都还没有成熟，自然就很难承受极具"挑战性"的极限运动，而且很容易造成损伤。如果孩子做一些超过孩子身体自身承受能力几倍的运动，就有可能会导致孩子的肌肉因长期处于极度疲劳的状态，造成肌肉疲劳损伤，容易留下运动损伤后遗症。另外，正处在生长发育期的孩子，关节中的软骨还没有完全长成，长时间过度磨损膝盖软骨，日后容易形成关节炎。根据研究表明，儿童时期的膝盖如果有所损伤，当孩子成年之后患关节炎的可能性会增加三四倍。

6. 兔子跳

当在做兔子跳这项运动的时候，人体重心所承受的重量相当于自身体重的 3 倍，每跳一次膝盖骨所承受的冲击力相当于自身体重的三分之一，这样对骨化过程尚未完成的孩子来说，很容易就会造成韧带和膝关节半月板损伤。

7. 倒立

尽管孩子的眼压调节功能较强，但如果经常进行倒立或每次倒立时间过长，会损害眼睛对眼压的调节。

8. 滑板车

8 岁以下儿童不宜玩滑板车。孩子的身体正处于发育的关键时期，如果长期玩滑板车，就会出现腿部肌肉过分发达，影响身体的全面发展，甚至会影响身高发育。此外，玩滑板车时腰部、膝盖、脚踝需要用力支撑身体，这些部位非常容易受伤，所以一定要做好防护。在孩子玩耍的时候，最好有父母陪护，并且找平坦宽敞的非交通区域玩耍。

9. 小区健身器材

公共健身器材对孩子不太适合。例如较为普及的"太空漫步器"，按照其两脚间规格，明显是只适合成人使用的，而有关警示上只对运动的形式、健康禁忌做了规定，对于使用者的年龄并没有特别限制。于是，很多孩子也就把这些器材当成了玩具。目前由于孩子使用健身器材不当而引起伤害不断增多，甚至出现了重伤、残疾的现象。据了解，小区里的健身器材原则上就是给中老年人配备的，目前还没有安装适合儿童的健身器材。所以，父母应避免让孩子碰那些健身器材。

以上这些运动都不宜让孩子过早接触，但是，让孩子做一些什么样的运动呢？有关专家认为，针对孩子身体的发育特点，父母可以让孩子进行跳绳、跳皮筋、拍小皮球、踢小足球、游泳等体育运动，这些项目既有助于增加孩子的身高，又不会伤害孩子的身体。

让孩子喜欢上球类运动

乒乓球、篮球、排球、足球、羽毛球等大众球类运动，不仅能增强孩子的运动技能，而且也在运动中培养了他的规则意识和团结合作精神。让孩子在球类运动当中懂得，任何运动都需要艰苦的训练，也需要团队合作，这样才能取胜。

球类运动是体育运动的一大项目，篮球、足球、排球、羽毛球、乒乓球、网球等球类运动项目在我国有着广泛的群众基础，广大青少年儿童大多都有一至两项乃至多项自己所喜欢的球类项目。

孩子热爱体育运动有助于孩子的健康成长，可促智、促德、促美，这一点已被教育科学所证实，要让孩子热爱球类运动，儿童在家庭、学校中能否愉快地投入体育活动，关键还在于父母对体育的看法和态度。许多体育明星的成长经历告诉人们，家庭环境特别是父母的表现起着非常重要的作用，当孩子的体育活动受到父母的肯定和支持时，则他们的情绪高涨，热情更高，有利于孩子的球技突飞猛进。

怎样让孩子爱好并投入球类运动呢？

1. 父母要为孩子创设条件

这里的条件不外乎就是时间、球场（台）、球、球拍、运动衣、运动鞋以及轻松愉快的气氛等。父母要舍得对孩子进行体育投资；每天保证孩子有一定时间在玩，节假日可适当延长；场地虽不用很宽畅，但要安全、坚实、耐用，对年龄稍大的孩子，可鼓励他们和同龄人一块去一些公共体育场所进行球类运动、比赛。

2. 和孩子一起运动

在时间和条件允许下，父母也应尽可能地和孩子一块运动，这不仅有利于父母身体素质的提高，更重要的是它可密切父母与孩子之间的关系，增进感情交流和家庭的乐趣，有利于家庭和谐、美满。在运动过程中，父母要注意保护孩子，做孩子的伙伴或"对手"，而不高高在上。父母在球类运动中表现出的良好的球艺、球德、球风可为孩子树立良好的榜样，增进孩子对父母的了解。

3. 和孩子一起欣赏球类比赛

现在，电视直播的各种球赛很多，父母可和孩子一起欣赏，切磋。和孩子一起观看体育比赛，如 NBA、世界杯足球赛等，并教给孩子相关的竞技规则。当然观看时间与学习时间要协调好。有条件的父母还可带孩子去比赛现场，感受大赛的气氛和明星的风采，以便孩子热爱球类运动并真正地投入到球类运动中去。

对于孩子来讲，玩球就是在玩游戏。球类游戏是比较古老的儿童游戏，在球类游戏中，不但可以训练孩子的手腕力量，还可以训练孩子手控制方向的能力，提高手眼协调性，增强孩子的快速反应能力。而球的反弹特性，使孩子对事物运动方向的改变产生思考和认识，提高了孩子预测运动方向的能力。

孩子在完成独立行走以后，随之就是高级的运动技巧的发育和形成，比如跳跃、模仿肢体动作、接球、跳绳等。孩子运动能力的提高和培养，需要我们指导者结合孩子的生理特征来制定一套符合孩子发育特点的、科学的训练计划。

下面是一些大人和小孩可以一起玩的精彩的球类游戏。

1. 接抛来的球

和孩子相距一定的距离，轻轻地把球抛给孩子，鼓励孩子接住。这个动作较难，刚开始的时候，你可以拉住孩子两只手帮助孩子接住球，让孩子有成就感，激发游戏兴趣。多次练习以后再鼓励孩子独立完成。和孩子间的抛球距离要根据孩子的完成情况适当地调整。接抛来的球，可以训练孩子手眼协调性和快速反应能力。

2. 接反弹过来的球

在第一步游戏训练的基础上，可以先把球在地上反弹一下，再要求孩子接住。和上个游戏一样，你首先要帮助孩子完成，然后再引导他自己完成。接反弹过来的球，可以提高孩子手眼协调性，让孩子对事物运动方向改变有一定的预测性。

3. 学原地拍球抱起

有了接反弹球的技巧，你可以教孩子把球往下拍，然后抱住球。这对 2 岁多点的孩子来说是比较难掌握的，你可以把动作分解开，让孩子配合你的帮助完成。比如你拍球，让孩子抱球，或是让孩子拍球，你抱球。反复多次，再教孩子连起来做。接近 3 岁的孩子基本可以掌握了。完成情况较好的孩子就可以教他连续拍球了。学原地拍球抱起，可以训练孩子高级的连续动作运动技巧。

4. 用脚推球

让孩子面对墙 50 厘米的距离坐下，并用胳膊在身体后面支撑地，放一个球在孩子脚下，让孩子先练习原地用脚底板滚球，等熟练了以后，教孩子用脚把球踢出去，并尽可能用脚接住反弹回来的球。用脚推球，可以增强孩子的下肢运动肌力和控制能力。

5. 对滚球

和孩子相距 2 米以上，面对面坐在地上，双腿分开。然后和孩子互相对滚球。在游戏过程中，你应该配合球的滚动增加一些"音响效果"配音，增强游戏的兴趣。对滚球练习，可以提高孩子的手腕力量和手眼协调性，促进亲子关系。

6. 手指转球

准备一个与孩子手大小相合适的花皮球，你先示范如何用四指配合拇指转动球，然后帮助孩子完成；你也可以让孩子模仿你尝试用两只手配合转动球。在游戏的过程中，你应该配合动作和球的转动"做配音"。除了球，你还可以用其他需要用手指转动的玩具让孩子玩，比如陀螺、碾子等。手指转球，可以增强孩子的手指灵活性和力量，提高双手合作能力。

7. 投球

先给孩子可以单手握住的小球，教孩子握球、过肩投掷。在适合的时候可以增加球的重量；然后再给孩子必须要双手才能抱起的球，教孩子抛球或是投篮。在游戏过程中，可以要求孩子朝一定的目标扔出去。投球练习，可以增强孩子的手臂力量，提高孩子身体协调性和手眼协调性发展。

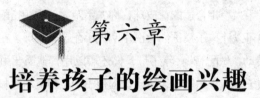

第六章
培养孩子的绘画兴趣

通过画画提高孩子的多种能力

父母箴言

　　不管让孩子学什么，父母最关心的就是学这个东西可以为孩子带来什么，对孩子有什么作用。画画对于孩子来说就有很多作用，不仅可以提高孩子的美感，还有利于发展孩子的创造能力以及其他方面的能力。

　　当父母想要培养孩子某方面的特长时，最先想要了解的就是有关这项活动的作用，以及孩子学习这项活动所带来的益处。画画对于孩子来说不仅可以提高孩子的美感，还有利于发展孩子的创造力、智力，以及孩子的协调能力。

1. 提高孩子的美感

　　孩子在掌握运用表情达意的方法之前，绘画创作便是他们表达思想的重要方式。他们不受拘束地运用那些绘画工具来表现他们对周围生活的感受和认识，因此，孩子美感的培养不仅要通过对美好事物的感受和体验，更重要的是通过孩子自身的创造和对美好事物的再现。绘画创作是孩子创造性地再现他们感知到美好事物的媒介。他们在绘画的过程中，把自己的印象和感受表现了出来，这不仅加强了他们对事物的感受能力，而且提高了他们对形象的造型能力，从而使孩子的全面发展起到积极的作用。

从孩子的画的特点，可以看出孩子审美感受能力的发展。

孩子的画中体现了孩子真实的感受。孩子在绘画中通常能够自由地、没有约束地表达自己的思想和感情，所以，从孩子的作品中能窥见孩子的内心世界，能了解到孩子对世间事物美丑的真切体验，有利于帮助孩子分清美丑和善恶，提高孩子的审美判断力。

孩子的画中充满了孩子瑰丽的想象。孩子的想象是非常丰富和奇特的，他们把自然界的星空浮云、花草树木、飞禽走兽等，都想象成和人一样富有喜怒哀乐的情感。孩子笔下的世界都蕴含着大胆的想象，也正是这种想象，使孩子在绘画中获取了灵感，发挥了创造性。孩子在绘画中发展起来的想象能力非常宝贵，因为想象是人类审美活动的灵魂。

孩子的画具有夸张的形象、鲜艳的色彩。孩子在绘画中常把自己认为最重要的艺术水平画得格外突出、醒目。孩子绘画用色大胆、强烈，不受物体真实的、固有的限制，善于选择自己喜欢的鲜艳色彩去表现。孩子在绘画中不仅提高了造型和配色的能力，更重要的是丰富和发展了他们的观察力、想象力、感受力和表现力，使孩子变得更聪颖、敏锐，并逐渐具有了鉴赏艺术美的能力。

2. 有益于孩子全身心的协调能力

所谓全身心的协调能力，实际上就是指一个人身体的各个部分以及同大脑各个部分的协调能力。孩子学习画画对这种协调能力的发展是非常有益的。

首先，孩子画画使用最多的是各种各样的笔，通过画画，他们可以在尚不会、也不可能开始学习写字的时候就学会使用笔。反过来，使用笔又可以促进孩子从手到臂的肌肉发育。并且，由于画画时所需要的用笔的力度是不一样的，孩子画得多了，就会自然而然地让手服从大脑的指挥，在不同的地方用不同的力气运笔。另外，画画有时需要涂色，有时需要画长的线条，有时画短的线条，有时画点儿，这些用笔的技法，一旦运用自如了，对孩子所有涉及用笔的学习就会大有益处。

其次，要在纸上画得完满整洁，就必须让孩子对整个画画有个预先的判断力，在什么地方开始，画大画小，画多画少等等，还要在这个基础上尽可能地减少修改，减少使用橡皮的次数，因为这两点都是保持画面整洁的前提。孩子如果能很顺利地、比较圆满地画好一张画的话，那么他今后在学校书写书面作业或考试的试卷时，也会养成使卷面整洁、文字和数字的大小安排得当的习惯。

3. 其他能力

孩子绘画有利于发展孩子的智力和创作才能。有关资料表明：人的信息80%来源于视觉。观察是孩子认识世界的重要途径，孩子的观察能力决定着他们的认知水平。儿童在绘画过程中，手指的动作对脑细胞可以产生良好的刺激作用。手的活动越多，动作越复杂，就越能刺激大脑皮层的生理活动，从而使认知活动的水平越来越高。因此，经常让孩子坚持画画，将有助于他们思维的发展，有助于培养他们的创造能力。

孩子绘画创作能促成孩子个性心理品质的形成。孩子在绘画创作过程中，往往对涉及的问题更加敏感，对生活更加热情。使他们觉得生活更亲切、更有趣，并能从中体会到自己的作用和力量。同时，美术创造的成功，需要他们的专心和耐心，这对培养孩子的品质和个性有很大帮助。因此，绘画创作是促成孩子个性、心理品质的最佳手段。

孩子学习绘画的益处不仅只有这些，还有更多的作用。父母如果想要发展孩子各个方面的能力，画画无疑是一种不错的选择。

当然，在培养孩子这方面的特长之前，请父母们一定要尊重孩子的选择，也要看一下孩子是不是有绘画才能。父母可以从下列几个方面来发现孩子是否具有绘画才能。

孩子是否对绘画活动有强烈的兴趣爱好。例如在很小的时候就对涂涂抹抹有兴趣。

孩子对色彩是否很敏感。

孩子是否善于把握事物的局部和整体，即对某一个事物既能从整体上把握，又能从部分上把握。

孩子是否具有较好的图形、形象的想象能力。

对事物的空间位置关系、色调、形态等是否有着较强的记忆力。

在绘画活动中对描绘对象的结构、比例、位置、亮度、色调等是否有正确的估计及判别能力。

孩子的绘画作品——如绘制线条、使用色彩等是否合情合理。

如果你的孩子在这几个方面都显示出了他的绘画才能，那么你还等什么，赶紧训练孩子这方面的特长吧！

让孩子选择自己喜欢的美术活动

父母箴言

孩子的思想很单纯，他虽然不知道画和画之间还有什么分别，但是他也有喜欢画的东西和不喜欢画的东西。父母们不要替孩子选择，而是要让孩子自己选择，选择他们喜欢的，这样才会让他们有兴趣、有动力。

孩子不喜欢那种特定的东西，而是喜欢随心所欲，看到什么就画什么，想到什么就描几笔。孩子在学绘画的时候，一般会喜欢下面的这些美术活动。

1. 画人物画

让孩子最感兴趣的就是画小人儿了，当他们看到一个个小人儿在自己的画板上跳跃的时候，总会感到特别高兴。父母可以透过孩子的这个兴趣，让孩子描绘他熟悉的人物。在孩子日常的生活中，最常接触的就是父母、老师和小伙伴了，孩子对他们都十分熟悉和亲近，也喜欢为他们作画。父母不妨依照下面的步骤指导孩子画人物画。

孩子在学会画最基本的线条、圆圈之后，父母可以告诉他：人的头是圆形的，身子像一个小方块，四肢像细长的长方条，手脚像小半圆形。这样，孩子就会对人体几个部分的形状有了一个大致的了解。如果孩子能够画出几何结构的人形，父母就可以逐渐让孩子观察一下人体的基本结构，特别是他熟悉的人的样子、主要特征。让孩子通过比较认识胳膊、腿、身体的长短不同，粗细有别。当孩子能够画出人的轮廓图形时，就应该让他注意一下人的眼睛的不同，哭和笑时的眼形、嘴形也不一样；如果孩子画的人没有脖子时，父母可以引导一下，告诉他没有脖子的人怎么呼吸呢。通过这些，让孩子注意人体结构的细小部分，培养孩子细致观察的能力。

当孩子画到一定的程度时，让孩子照着他所喜欢的玩具或是娃娃画，让他一边看着布娃娃一边画，这是一种对孩子画静物画的初步训练。

除了上面的训练之外，还要让孩子学会用颜色为人物上色。主要是让孩子使用最基本的颜色，让孩子参照布娃娃，为他所画的布娃娃染色，让他知道黑色染头发，红色染脸蛋，绿色染裤子，黄色染上衣。还要让孩子学会挑选自己喜爱的颜色给人物上色，这样一方面可以锻炼他的色彩感，一方面又让他学会了识别颜色的种类。

当孩子用自己喜欢的颜色为画上色的时候，父母不要干涉，更不能指定他们用某种固定的颜色，要允许孩子大胆地根据自己的意愿为画上色。

2. 给儿歌或是故事配画

一个美丽的故事，一首优美的儿歌都能激发出孩子创造的欲望，也可以培养孩子的想象力，创造力。父母可以从以下几个方面入手培养孩子为儿歌或是故事配画。

首先，让孩子听一首短小的儿歌，等孩子能够理解其内容并且学会念这首儿歌之后，再引导孩子设想画面，将儿歌中的内容安排在画面中，最后再画出来。比如，为孩子放一首这样的儿歌"小白兔，白白的毛，长长的耳朵短尾巴，走起路来蹦蹦跳，爱吃青菜和萝卜"。当孩子听完之后，就会饶有兴趣地根据儿歌的内容，画出一只吃青菜萝卜的小白兔了。

其次，让孩子听一小些短小的诗句，开动一下孩子的脑筋，进行想象，然后再让孩子根据自己的生活经验和已有的知识来为诗句配画。比如，父母可以让孩子听这么两句话"快看快看，街上出现了好多好多会走路的小蘑菇"。这个时候，重点是让孩子听、学，然后再让他理解和思考，思考为什么街上会走出小蘑菇？街上的蘑菇是什么？这些蘑菇又为什么会走路呢？这一连串的问题就会引起孩子的兴趣以及强烈的求知欲，当他们发现原来所谓的蘑菇就是雨伞的时候，再让他们配画。

最后，父母可以引导孩子给故事配画。当孩子听完父母所讲的故事，并且企图将听过的故事讲出来的时候，故事就像"激素"一样促进孩子的语言发展，而孩子的语言发展又会促进孩子思维的发展、想象力的发展。所以，父母可以通过配画对孩子各方面的能力进一步培养。比如，当孩子听了《三只蝴蝶》的故事之后，父母可以让他们把红蝴蝶、白蝴蝶、黄蝴蝶画下来，再画上红花、白花、黄花三朵小花，让孩子为故事配上主题画。

3. 幻想画

幻想画可以分为两种，一种是无中生有，这种画是在现实生活中不可能有的，甚至是奇异荒谬的幻想，比如，在天上飞的鱼、在水里生活的人、未来世界的生物等；另外一种是对现实世界提出的一种新的愿望，是有可能会实现的，比如，机器人、新式玩具等。幻想画是一种最能培养孩子创造力的画，它不仅能够满足孩子想象的欲望，还能疏导孩子对一些事物的恐惧以及不解心理，激发孩子对他们不满意的事物谋求改善的愿望和理想等等。

4. 拼贴画

这种画是让孩子把一些零碎的东西，比如细绳、纱线、小塑料片、彩纸片、碎布头、树叶、树皮、包装纸、烟盒、贝壳等东西粘到纸上。

在做拼贴画的时候，要让孩子按照自己的想象去创造，这些东西怎么摆放、粘贴都可以，最后都能构成一幅孩子心目中的图画。

5. 折纸

折纸也是一种很富创造性的造型活动。折纸需要的材料非常简单：纸张和剪刀。要教会孩子对边折、对角折、四角向中心折、连续几次向中心折、双正方形折、双三角形折等方法，在此基础上折成各种玩意儿。

6. 泥工

让孩子用橡皮泥、黏土、面团等，通过搓、揉、压、捏等动作，做出各种各样的东西。如动物、食品、家具、交通工具、建筑物等。

不管孩子选择了哪一项活动，父母都要积极支持，这样才会让孩子有兴趣学下去，才会真正能获得一技之长。

绘画可以开发孩子的智力

父母箴言

当孩子到了一定的年龄，父母就开始通过种种渠道来开发孩子的智力。细心观察一下会发现，那些练习绘画的孩子一般都显得特别灵活。有关研究也表明，绘画可以开发孩子的智力。

在美术中，绘画是最主要的一种艺术形式。这种艺术形象，既是现实生活的反映，也包含了画者对现实生活的感受，从而反映了画者的思想感情和世界观，同时还具有一定的美感，让人可以得到美的享受并且从中受到教育。

通过实践证明，通过绘画来开发孩子的智力是一种行之有效的方法。其实，绘画这种艺术是人的右脑功能最有代表性的表现。学习一些基本的绘画知识、简单的绘画技能可以开发右脑，充分发展孩子的形象思维能力，提高孩子的审美水平。

在以前的绘画学习中，很多人都十分重视握笔的姿势，点、线、面的处理，色彩的搭配到结构的安排等技能的训练。当然，这些无疑是正确的。但是，这种方法是从临摹开始的，虽然能够掌握绘画的技能，却对孩子的思维活动没有什么发展，因为，通过眼对形象的观察，信息进入了左脑，左脑立即就指挥右手"比着葫芦画出瓢"。在这个过程中，根本就没有经过右脑，也就没有形成右脑的储记。

造成这种现象的主要原因是人们存在着观念上的误区，把绘画看成了是技能、技巧的训练，但是却忽略了思维的重要作用；只重视了练手，却忽视了练脑。因此，在孩子进行绘画创作时，应该先让孩子在大脑中构出一幅图，然后再把它跃然纸上，使作画变成描画。或者是在孩子临摹时，先把画样仔细观察一下，然后用心记住它，再凭着记忆在纸上把储记在大脑中的画描绘出来。

在教孩子绘画时，想要做到开发孩子的智力与培养孩子的形象思维相结合，父母可以从以下几个方面做起：

1. 多方位观察，积累丰富的形象

形象思维是以表象为基础，以直觉、类比、联想、想象、幻想为主要形式的一种思

维活动。想要让孩子获得表象，就必须要他进行观察。并且，观察的次数越多，质量就越好；观察的角度越多样，获得的形象（表象）就越准确和丰富。

任何人的绘画能力，都是建立在他的观察能力的基础上的。也可以说，如果没有观察就不会有绘画，这是许多先人前辈们早已证明过的一条真理。因此，在让孩子学习绘画的过程，就要让孩子从观察开始。先观察实物，让孩子从各个角度利用自己的多种感官去观察物体的形状、颜色、材料、静态、动态等特点，让孩子在头脑中建立和丰富。即使是在平时，也要让孩子养成仔细观察自然景物的习惯，比如：山、水、日出、日落等。这样，孩子就会从观察中惊奇地发现：在日出的时候，有股红、大红、橙、紫、黄、蓝等色彩，这样的景色显得辉煌而壮丽；到了晚上，除了黑、白、灰之外，几乎看不到其他的颜色。这样，孩子通过观察自然景物的训练，不仅可以掌握观察的方法，而且也可以提高孩子分析的能力。

2. 观察、思维与技能训练相结合

通过观察，孩子可以获取和积累大量的表象，在这个基础上，通过分解、组合、概括等形象思维活动，抓住物体的本质特征，孩子就可以画出各种各样的图画了。比如，当孩子观察完了小白兔之后，概括出小白兔基本的几何形体和站立、弹跳、竖耳朵、睡觉这几种典型的姿势，孩子就可以抓住小白兔的基本特点了，在画小白兔的时候就不会觉得有什么困难了。

绘画是一种手和脑的综合训练，是技能与思维的训练，所以在对孩子进行技能训练的同时，也不能忽视思维训练；当然，在进行思维训练的同时，也不能取消技能训练。因此，在绘画中应当注重手和眼，技能和思维训练的同步进行。比如，在孩子观察的时候，除了注意积累形象之外，还要重视线条、色彩以及构图方面的基础知识，结合具体形象分析这是由什么线、形和色彩组成的，线条和色彩是如何变化的，物体组合和构图的关系，结构的特点和审美的方法等。

3. 绘画与左手、右手结合

由于右手的活动是受左脑的支配，左手的活动是受右脑的支配，所以，应当注意锻炼孩子左手的活动，要有意识地训练孩子用左手参与绘画，这样可以弥补平时注意开发左脑的做法。比如，可以让孩子右手画轮廓，左手涂色等。这样的训练，既可以促进右脑的开发，又可以使左右脑协调发展。

4. 给孩子的想象插上翅膀

联想是形象的量的变化，想象是形象的质的变化。因此，在绘画创作中，既要强调忠于现实的一面，也要培养孩子敢于想象、敢于幻想的一面。要利用一切的机会，有意识地为孩子创造条件，让孩子在想象的天空里自己飞翔，海阔天空，任意遨游，以促进孩子大脑的发展。

如何培养孩子的绘画兴趣

父母箴言

在培养孩子绘画兴趣时，要适合孩子心理发展的特点，不断找出不足，总结经验，改进那些不利于开发孩子绘画兴趣的辅导方法，尽力按照科学的方法激发和引导，让他们的绘画出彩。

很多孩子们都十分喜欢绘画。他们画天、画地、画小鸟、画小鸡等等许多他们所喜欢的东西。他们用一种急切的目光去观察着周围的世界，把它们画在纸上。父母是孩子绘画的最先欣赏者，是孩子绘画兴趣的呵护者。但是孩子对绘画的兴趣不是天生就有的，那么，怎样培养孩子的绘画兴趣呢？下面介绍一些培养孩子绘画兴趣的方法，供父母参考。

1. 故事法

故事中的动人形象都是孩子入画的内容。如教孩子画小兔，父母可给孩子讲小兔的故事："兔妈妈有三个孩子：一个叫长耳朵，一个叫红眼睛，一个叫短尾巴……"兔的基本特征通过三只小兔的名字就概括出来了。这样，孩子既听了故事，又学会了画兔子，还可从中受到教育。

2. 猜谜法

父母不说出所要画的内容，先在纸上画出所画东西的基本形状，不画细节，让孩子动脑子猜猜画的是什么。如画兔子的头，先画一个圆，让孩子猜。孩子猜是画苹果，你却画上两只眼睛；孩子猜是画人，你又画上动物的鼻子和嘴，再加上几根胡子；孩子又猜是画只猫，你却又画上两只长耳朵。最后才知道原来画的是兔子。利用孩子的好奇使其产生画画的兴趣。

3. 改错法

父母先将所画的物象故意错画或漏画孩子们不注意的部位，让孩子观察后把错的地方改过来，漏画的地方添画上。如在纸上画几个动物，将兔子的尾巴画长了，小鸡的嘴画成小鸭的嘴，小猫没胡子等，随后给孩子几分钟观察时间，让孩子改过来或添画上，鼓励孩子找得快、准。这可以培养孩子认真细致的观察习惯，并激发对学画的兴趣。

4. 吹画法

把调好的颜色水，泼洒在图画纸上，然后取一细塑料管，让孩子尽情地去吹散这些颜色水。吹开后，颜色水成自由放射状，一幅清晰、自然的图案画就呈现在眼前了。

5. 滚画法

让孩子用废纸卷成团，蘸上颜色在纸上来回滚动，滚出来的花纹像大理石花纹一样。也可让用木珠、瓶盖、螺丝帽等物蘸上颜色在纸上，即成了一幅美丽的图案图。

6. 补缺法

父母先把物象的主要形体画出来，让孩子补充添画细节和次要部分，如画熊猫，先把熊猫的外形画出来，让孩子补充眼睛或耳朵。又如画人，父母先画上眼睛，让孩子补画耳朵、鼻子、嘴，人像就画成了。要注意关键的地方父母画，画时要强调一下，以便引起孩子的注意。

7. 手影法

父母利用日光、灯光，做出各种手影，让孩子观察投影的形象，有的像兔子，有的像马，有的像狗，有的像鹰等。然后让孩子学做手影，并把手影表示的各种动物画出来，使孩子在玩中画，画中玩，既锻炼了孩子手的活动能力，又训练了孩子的观察力。

8. 丰富生活经验法

有些孩子爱画相同的形象，始终没有变化，时间长了容易形成一定的概念或模式，这样会影响绘画水平的提高，对于这样的孩子，首先应该去丰富他们的生活经验，这是帮助孩子在艺术天地里成长的重要方式。举例来说，带孩子爬山、游泳、唱歌、跳舞……甚至生活中的吃饭、洗澡、刷牙、睡觉等点点滴滴，都可以说是丰富孩子作画感的源泉，孩子要透过亲身的经验，才能描写出生动、针织、充满情感的作品，这样孩子也能在绘画过程中得到满足。

9. 关联法

在与绘画有相互关联的音乐、舞蹈、戏剧、体育比赛等艺术中，孩子们也可以吸取大量的绘画内容。如那京剧梦幻般的脸谱艺术、芭蕾舞那美妙的身体造型、音乐会上那丰富的节奏、动听的旋律等等，会给孩子带来无限的艺术遐想。父母们可以及时引导孩子把这一切的感受画下来，使孩子们的绘画内容更加丰富多彩。

10. 尊重法

父母不要将成人世界的认知强加于孩子。在孩子画画时，不必提醒他太阳应该是红色的，太多束缚往往会扼杀他们的创造力。要让孩子自由发挥，而不是听凭大人的摆布。要对孩子多加鼓励即使他把人全画成了椭圆形，即使他的衣服也变得五颜六色的，也应该多发现他的进步，多表扬他画得漂亮，并且把他的杰作挂在墙上，多鼓励，他们会学得更积极。

总之，要培养孩子们的绘画兴趣，父母必须做个有心人。通过孩子的绘画作品，父母可以去了解他们的内心世界，随时随地对他们进行正确的引导和教育，以便让孩子发现生活中的美，创造生活中的美。

培养孩子的绘画欣赏能力

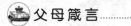父母箴言

在欣赏绘画时，父母应和孩子一起讨论画中的主要人物，人物的姿势和位置，形象之间的关系，画面上的细节如人的表情、背景、色彩，画面的布置等等。

孩子是以形象思维为主的，看书时喜欢看其中的画，对文字则全然不顾，这说明孩子很早就对画产生了兴趣。孩子绘画水准的高低与欣赏绘画的能力有关。

4岁孩子欣赏绘画时，能看出画面上的主要形象或简单情节，甚至能看出形象之间的相互关系和画面上的背景，并且可以用短句表达出来。有时还喜欢抚摸画面，仿佛想借助触觉来帮助理解似的。

父母可以从画册上剪下美丽的画面，和孩子一起欣赏，如果有机会还可以带孩子经常去看儿童画展。给孩子欣赏的画应该是内容健康的，例如以活泼可爱的动物为主角的或取材于童话故事或描写儿童实际生活的画面。孩子喜欢看描绘得细致和逼真的画。

此外，给孩子看的画还应该是色彩鲜明、柔和、鲜艳的，颜色应以红、绿、黄、蓝、紫为主。绘画的表现形式应该是多样的，如水彩画、国画、油画、木刻画等各种不同形式和风格的绘画。

当孩子开始对鲜艳的色彩感兴趣，能较长时期地注视某一物体，喜欢穿漂亮的衣物时，就显示他已出现了一定的欣赏意向。

作为父母，怎样自己画画让孩子欣赏呢?

1. 画给孩子看的画要用彩色笔绘

图画的色彩要鲜艳，画面画大一些。但也不能有太多的色彩，一般一幅画不能多于3种颜色，否则孩子的视觉会被太多的色彩分散。

2. 画画的构图结构要简单，不能有复杂的背景

可以画一些孩子喜欢的动物及生活中经常接触的东西。例如淘气的小花猫、神气的大

公鸡、红红的苹果、漂亮的花皮球等。一般每幅画只需画一件物体，让孩子认识欣赏。

3. 可以让孩子一边看着作画一边欣赏

父母可以只画出物体的一部分，然后让孩子参与下面的构图。例如父母先在纸上画出小鸟的头和身体，和孩子一起讨论：还要画什么？然后画出眼睛、嘴、翅膀等。这种在动态中的欣赏不仅使孩子感兴趣，而且还培养了孩子的思维能力。

4. 让孩子理解自己的画

由于孩子年龄小，知识不丰富，父母在给孩子欣赏画时，应加以适当的语言指导，并伴随必要的动作和手势，便于孩子理解图画的内容。并且也可让孩子参与活动。例如画了一只小花狗，可和孩子一起讨论一下：小花狗是怎样叫的？让孩子一边欣赏作品一边学小狗的叫声，他的情绪也会被这些语气和动作所感染，从而增加欣赏的兴趣。

适当地为孩子提供一些辅导

父母箴言

不管孩子学什么东西，都离不开父母的辅导。在孩子学习绘画的时候，父母要为孩子提供适当的辅导，这样才会让孩子能够坚持学下去，才会让孩子最终学有所成。

孩子学画画，靠的不仅是在课堂上老师的指导，在课外父母也要提供适当的辅导。要想辅导好孩子学画画，父母应该明确下面两个问题。

1. 对于教孩子绘画的指导思想要明确

父母教孩子画画主要目的是为了启蒙孩子的动手能力、想象能力和创造能力，培养孩子专注安静的性格和喜欢画画的兴趣，而不是想过早地把孩子培养成一个小画家。这样，父母教孩子画画的时候就会感到是一种有趣的绘画活动，觉得是一件十分轻松、快乐的事情。

2. 要明确孩子画画的标准是什么

有很多父母在教孩子画画的时候，总是会以"像"与"不像"为标准，一旦看到孩子画得不像就赶紧自己画个样子或者是让孩子照着图画书上的样子画，有的干脆动手为孩子修改，想方设法让孩子画得更像一些。这种教法实际上就是为画而画，是把父母的意志强加到孩子的身上，忽视了孩子的想象力和创造力的发展。父母一定要明白，孩子画画的标准不是看他画得像与不像来衡量，而是看他的画中有没有他自己的意愿、想法、爱好和生活经验。所以，这个问题父母一定要明确。

明确了这两个问题之后，父母就可以放心地辅导孩子的绘画了。

那么，父母应该提供什么样的辅导呢？可以从以下几个方面做起。

1. 培养孩子对绘画的兴趣，引导他们关心周围的事物

孩子对画画的兴趣在于创造，所以，父母就要保护他们的创造精神，满足他们的创造欲，使他们像是做游戏一样自由发挥，这样才会使孩子保持浓厚的兴趣。当孩子手、眼、脑的协调动作得到无数次的重复后，孩子的认识能力和表现能力便会有很快的提高。父母一定要注意培养孩子的自信心，这点十分重要。孩子画画的时候思维会很活跃，他们从来不考虑自己的技能、技巧如何，画画也不计较后果，虽然画得幼稚，但是自我感觉良好，这个时候，父母千万不要打击孩子的自信，一定要保护好孩子的这种感觉。

2. 为孩子提供丰富而适当的材料

绘画是一种需要手、眼、脑并用的实际操作活动，那些各种各样的工具和材料都可以直接刺激孩子的操作欲望，促使他们从事创造性的活动。孩子绘画时的工具材料有油画棒、蜡笔、彩色水笔、毛笔、水粉笔、棉签、粉笔、印章、水粉颜料、水墨、油墨、白报纸、宣纸等等。不管是什么样的工具材料，都必须能让孩子运用感官进行探索和操作，并具有一种潜在的美感。

对于年龄小的孩子，应当提供那种粗大而无毒的蜡笔，以及大张纸；大一点的孩子则可以提供比较多样的材料及工具，最重要的是，让孩子在画图的时候有足够的材料可以满足他的需求。

3. 增加孩子的生活经验，丰富孩子头脑中"内在图式"的积累

所谓的"内在图式"，就是指以信息形式储存在头脑中的种种表象以及概念，它是从事美术活动的原材料，比如，当孩子要表现植树节活动的时候，他的头脑中必须有人们进行栽树活动的有关表象存在，否则就很难表现出来。因此，父母应当通过多种途径去丰富孩子的日常生活经验，扩大孩子的知识面。父母可以经常带着孩子去接触一下田野、山水、公园、动物园、商店、街道、展览馆等孩子可以理解的自然环境和社会环境，平时父母还应当多和孩子谈论一下他们的生活状况、家庭以及他们的小伙伴，让他们回忆生活中那些有趣的事情，以便丰富孩子创作的题材。

4. 培养孩子敏锐的观察能力

如果孩子能够具备很好的观察能力的话，他就能够从真实的世界中看到更多的色彩以及更多不同的造型，这些丰富的色彩和多样的造型就是孩子艺术创作的基础。所以，父母要教会孩子观察，只有学会了观察，孩子才能够适应变化万千的世界，也只有让孩子亲

自去观察事物，掌握那些事物的主要特征，才能对它们有一个比较完整，生动，形象的了解。比如，在画人物的时候，可以让家里的三个成员分别从正面、侧面、背面对着孩子，让孩子分析一下，他们看上去有什么不同？这样，在父母的引导下，孩子就学会了观察、比较、归纳出这三个人不同的特点，然后再画。还可以让孩子从不同的角度观察同一个物品，比如画汽车，以前孩子总是会画汽车的侧面，这样就让孩子对汽车的形式概念化，父母可以引导孩子从正面看、侧面看、顶上看、车尾声看，使孩子对汽车有一个比较完整的了解，画出来的作品也比较生动，形象。父母还可以让孩子们观察一些相似的东西，以培养孩子认真细致的观察能力。

在孩子观察物体的时候，父母要启迪孩子用他的大脑、眼睛、耳朵、手、鼻以及全身心去感受，去发现周围事物的"形"与"色"，"规律"与"变化"，同时也刺激孩子进行绘画的欲望，潜移默化地对孩子进行全面素质的提高。

5. 正面评价孩子的作品，培养孩子的美术兴趣和评价能力

父母不要任意批评孩子的作品，但是适度的赞美却是必要的，赞美的内容也应该是以图画的内容或技巧为主。比如："你用了好多的颜色，有红色、有黄色，还有绿色和蓝色"，而不是"很棒，很美"等没有什么意义的话。在评价孩子的作品时，父母就当尽可能给予正面的评价，哪怕是一个细小的进步也都要加以表扬，对于不足的地方可以用建议的方式或是商量的口吻提出修改意见。

让孩子走出学画误区

🚢 **父母箴言** ···

让孩子画画既可以开发孩子的智力与潜能，又能培养孩子的想象力及创造力，所以越来越多的父母都选择让孩子学习画画。但是，由于有的父母缺乏正确的教育观念，在指导孩子学画的时候往往会走进某些误区，希望父母们要小心对待。

目前，学习绘画的孩子是越来越多了，因为学习绘画可以让孩子的智力与潜能都得到开发，并且还可以培养孩子的想象力与创造能力，所以父母们都希望能通过绘画让孩子加强这些方面的培养。可能是由于缺乏正确的教育观念，父母在指导孩子画画或是评论孩子的作品时，往往会进入某些误区。

1. 过分强调孩子对技能、技巧的掌握

有的父母会因为孩子画的东西不正规而觉得孩子没有掌握绘画的技巧，这些父母过于强调技巧的运用而忽视了孩子自身的需要和兴趣的培养。这样一来，孩子很可能会因为得不到父母的认可而产生畏惧和厌学心理，最终造成孩子的片面发展。想要避免这种现象的发生，就应该转变这种不科学的认识，要知道，孩子学习绘画，技巧固然重要，但是最重要的是让孩子自由发挥。

2. 片面地认为美术就是绘画

很多父母都有一种片面的认知，他们认为美术就是绘画。其实，这种认识是不正确的，并且也是不全面的。美术不仅仅是指绘画，还包括泥工、纸工等多种多样的手工活动，它们也和绘画一样，对孩子的脑发育非常有益。比如，对于孩子来说，泥工就有一种天然的亲和力，喜欢玩泥土是孩子的天性。当然，父母怕孩子把家里弄脏，也怕把孩子弄脏，但是橡皮泥可以代替泥土，它卫生无毒，颜色鲜艳，并且还可以重复使用，父母不妨给孩子一些，让他们尽情揉捏。父母应该知道，当孩子对外界有了一定的认识时，撕纸就成为他们最感兴趣的一件事情，所以，当孩子对撕纸、折纸、剪纸等手工活动有兴趣时，父母不要持否定态度或是冷淡态度，而是要给孩子最大的支持，因为这也是培养孩子多种能力的一种方式。

3. 以成人的眼光看待孩子的作品

父母在评论孩子的作品时，最爱用"像不像"作为唯一的标准，当孩子画了一只和书上一样的小白兔时，父母就会对孩子说："你今天画的小白兔真像。"当孩子凭着自己的想象完成了老师布置的作业之后，父母拿着孩子的作品和老师留给的样品一对，"你怎么跟老师画得不一样呢"，如果父母用"像不像"这个标准来衡量孩子的作品，那么在指导孩子的时候往往就会犯一种错误，那就是重视结果，忽略过程的错误。想想看，如果父母在指导孩子的时候，一味地让孩子把作品画得"像"一些，这样一来，画是像了，但是孩子却也失去了体验成功的机会。所以，当父母在辅导孩子绘画的时候，应该努力让自己做一个指导的人而不是一个挑剔的人。

有时候，孩子的一些作品让父母看起来确实很可笑，但是却也真实地反映出了孩子对事物特征的认识。所以，当父母在评论孩子的作品时，不要用太过严格的理论去要求，要给孩子留下想象的空间。

总之，父母应当走出对孩子绘画的误区。对孩子进行科学的美术教育，有效地激发孩子的学习兴趣，开发孩子的智力，陶冶孩子的情操，培养孩子初步感受美、表现美的能力，才能有效促进孩子身心的和谐发展。那么，父母应该怎么做才能走出这些误区呢？

1. 父母要用平常心对待

在孩子学画的问题上，父母要有一颗平常的心，把提高孩子的艺术修养和审美素质放在主要地位，不要急于求成。

有些父母让孩子学画，总是会追求作品的真实性，要求孩子掌握一些条条框框。父母可能不知道，就是这些条框，它们会像枷锁一样，锁住孩子那一颗美好的心，把孩子那种天真无邪、天生自发的灵气都抹杀了。所以，父母要保护孩子那颗未泯的童心，不要让它扭曲、变形，也不要让孩子从此谈画色变。

2. 不要重临摹、轻创作，阻碍孩子个性的发展

孩子学习绘画，不仅是在用手画，更重要的是让他们学会去用心画。所以，父母不能一味地要求孩子完全照着样本抄下来，亦步亦趋，这样只会压制孩子们的创造能力和想象力。只有因势利导，指导孩子们在有趣的作画中观察、认识周围的世界，启发孩子不仅要画眼中的世界，同时还要去发现美、创造美，这样不仅能够塑造孩子们美丽的心灵，还能启发孩子的创造性思维和形象性思维。

3. 用欣赏的眼光看待孩子的作品

走进孩子们的世界，跳出成人偏见以及种种规范的束缚，用超越现实的眼光去欣赏孩子们的画。

"孩子的画是大师的画"，因此，父母不能用像与不像来评价孩子的画。如果要求孩子的画像成人的画那样有一种成熟的美的话，会容易导致孩子画画的气魄越来越小，也会让孩子越来越谨小慎微。所以，父母要换一种眼光来看孩子的画，跳出成人的偏见。对于孩子的作品，父母可以让孩子告诉你他自己的想法和绘画的意图。这样你就会发现，在孩子们的作品中有一种物体形状"不似"却成了"神似"。这是一种超越时空的、自由自在的意念。这种离形求神的画法，更显得纯真可爱，这也正是那些艺术家们所追求的返璞归真的境界。

4. 多表扬少批评，培养孩子绘画的兴趣

孩子学画，父母要多以鼓励为主，不能有一点不好就批评一顿。只有多多表扬，才会有利于培养孩子学习绘画的兴趣。

有关专家认为，12岁之前的孩子是可塑性最强的，也是孩子学画的黄金时期。画画是每个孩子的天性，每个孩子都或多或少的拥有这种本能。孩子画画介于游戏与心理表象之间，通过绘画训练，锻炼了手、眼、脑高度和谐统一的能力，还激发了孩子热爱自然，勇于探索的精神，不管将来孩子是不是可以成为一名画家，对于孩子都是非常有意义的。所以，父母不要觉得让孩子学画就一定要画出成绩，对于孩子来说，这也是一种锻炼。

第四篇

优秀是教出来的

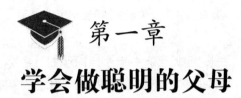

第一章
学会做聪明的父母

努力营造民主和谐的家庭氛围

父母箴言

　　我们要使孩子变得合作、友善、自控，最大限度地促进孩子的独立性和社会责任感的形成，使孩子更活跃、开朗而外向，父母首先需要做得，就是努力营造一个民主和谐的家庭环境。

　　"挑剔中成长的孩子学会苛责／敌意中成长的孩子学会争斗／讥讽中成长的孩子学会羞怯／羞辱中成长的孩子学会愧疚／宽容中成长的孩子学会忍让／鼓励中成长的孩子学会自信／赞扬中成长的孩子学会自赏／公平中成长的孩子学会正直／支持中成长的孩子学会信任／赞同中成长的孩子学会自爱／友爱中成长的孩子学会关爱。"可以说，孩子的成长就如这首小诗所说的那样，是在环境的影响下成长的。孩子早期大约有 2/3 的时间要在家庭中度过，而且完全依赖于成人，所以家庭环境对孩子的成长有着相当重要的影响。

　　有人把家庭比做人生之海中的一只小船，孩子凭借父母之船遮风挡雨，劈波斩浪。父母两人如能齐心协力，即使在滔天的波浪中也能维系小船的平衡，让孩子感受到安全。要是父母离心离德，心不往一处想，劲不往一处使，那么在风平浪静中也可能船翻人亡，孩子同样会遭受灭顶之灾，小船既可以成为孩子健康成长的摇篮，也可能成为孩子的毁灭之舟。

可以说，父母是孩子人生的第一个启蒙老师，他们对孩子的影响，有时决定了孩子一生的命运。经权威机构的多年研究，父母对待孩子存在着以下几种教养类型。

1. 期待型

父母不顾子女的天赋，把自己的凤愿寄托在子女身上，希望子女完全按照父母臆想的要求和标准去做，这样的父母对子女往往期望值过高。倘若父母持有这种态度，而子女的能力不能达到父母的要求，就容易使子女的意志消沉、自卑、冷淡，没有活力，缺乏自制。

2. 溺爱型

父母对子女的要求、主张、意见无条件接受，对子女过分喜爱，想尽一切办法迎合子女的要求，即使子女做了坏事也为其申辩。这种以孩子为中心的家庭容易使子女的性格和情绪发展造成扭曲，这种孩子即使微小的要求未能得到满足，或稍遇挫折，也会哭泣、叫喊、胡闹。缺乏自我控制能力。往往以自我为中心，与周围环境不协调，适应社会的能力极其脆弱，缺乏独立性和创造性，缺乏忍耐力，追求某些强烈刺激，对人对己、对事对物缺乏责任心，经常期待他人的帮助。《名贤集》中的"藤萝绕树生，树倒藤萝死"说的就是这个道理。

3. 严厉型

父母对子女虽有疼爱，但常以严厉、顽固、强迫的态度去禁止、去命令、去训导子女。严格控制孩子的一举一动，要求他们绝对服从父母的意志和愿望，稍不如意，就对孩子进行变本加厉的呵斥。倘若父母持有这种态度就容易使子女对学业成绩、各种训练激起反抗，产生厌学、无责任心、不合群等行为和现象，进而导致他们的非社会行为或反社会行为的产生，或只是表面上唯命是从，做得很好，其实逃避现实，结果成了一个阳奉阴违的人。

4. 干涉型

干涉型大致与期待型相同，为了能使孩子变得更好，事无巨细地去照顾孩子，不吝唇舌地终日唠唠叨叨。在这种类型父母管教下的子女身心发育迟缓，情绪不稳定，遇到挫折容易失去控制，忍耐力差，总想推卸责任。因受大人过多照顾与保护，影响了和同龄孩子的接触，因而成熟也较迟缓，依赖性强，易于冷淡、孤僻，对社会不适应，做事权宜敷衍，不善独立思考，似乎没有独立的灵魂，缺乏远大目标和理想。

5. 矛盾型

父母当中的某一方，对于子女的同一行为，有时斥责、禁止，但有时却宽恕、勉励。在不同时间和不同场合对孩子的教育态度前后矛盾，或者父母的态度不一致。如母亲斥责孩子而父亲却充当港湾，使孩子陷入激烈的矛盾和混乱。

在这种养育态度下，子女行为没有规律，情绪不稳定，经常处于紧张不安状态。虽有时受到优待，但不知什么时候又要被训斥，受到训斥，也不知为什么。

在这种分歧态度养育下的子女，被两种权威、两种命令和意图夹持中间，往往使子女处于无所适从的地步，造成精神上的极度不安。特别是父亲严厉而母亲过于保护时，孩子大多有激烈的反抗性，有时甚至会出现反社会的倾向。此外，有的孩子想把攻击性隐蔽起来，表面上很老实，畏首畏尾，一旦假面具被揭穿，就立刻变得残忍冷酷。

在很多家庭里，父亲是支配者，母亲是服从者，但少数家庭，母亲是家庭权威，父亲处于服从地位。在这种情况下，子女会轻视父亲，怨恨母亲，或者男孩有女性倾向，而女孩会男性化。

6. 民主型

父母之间感情和谐，家庭气氛融洽，对子女温柔、关心，给孩子必要的帮助和鼓励；能够设法了解孩子，能和孩子经常沟通，感情和谐；尊重孩子的人格和权益，给孩子适当的独立和自由，鼓励子女发表自己的见解，要他学会怎样解决自己的问题，让孩子感受到家庭的责任。总之就是"指导而不支配，自由而不放纵，尊重而不溺爱，鼓励而不怂恿"。

在民主型的家庭中，孩子会变得合作、友善、自控，有较好的适应能力，能最大限度地促进孩子的独立性、积极性、首创精神和社会责任感的形成，孩子会更活跃、开朗而外向。

年轻的父母都期望把自己的孩子培养成为自信、自强、有道德、有能力的人。那么，年轻的父母们就应该从自身做起，为孩子营造一个良好的家庭环境。美国学者在调查基础上总结了10条各国儿童对自己的父母和家庭的最重要的要求：

（1）孩子在场，父母不要吵架。

（2）对每个孩子要一视同仁。

（3）不能对孩子失信或撒谎，说话要算数。

（4）父母之间要谦让，不要互相责难。

（5）父母对孩子要关心，关系要亲密。

（6）孩子的小朋友做客时要真心欢迎。

（7）对孩子不要忽冷忽热，不要发脾气。

（8）家里要尊老爱幼，重大事项决定前要征求大伙儿意见，要有家庭民主。

（9）家里搞文体活动，星期天至少玩半天。

（10）父母有缺点，孩子也可以批评。

实际上把上述10条作一个归纳，就是要为孩子创造一个轻松、和谐、民主和充满爱的家庭环境。

在这里首先需要正确理解的是父母的威信所包含的真正含义。孔子曰："其身正，不令而行；其身不正，虽令不从。"父母的威信是父母和孩子之间的一种积极的、肯定的相互关系，这种关系的基础，是父母对孩子的尊重与孩子对父母的爱戴，不是训斥与听命、支配与服从的封建君主专制式的"威信"。在生活中，父母对孩子的关心与帮助，对孩子人格的尊重与信赖，可引发孩子内心深处的真诚感激，并努力按照父母的要求去做。这样，日久天长，父母和孩子之间就会形成亲密的关系，父母在孩子的心目中，也就自然而然地具备了一种建立在威信基础上的巨大教育力量，即威信的力量。由此，创建家庭民主氛围，不仅不会有损父母的威信，相反，更有利于培养孩子的独立性，有利于孩子天性的自由发展和健康人格的塑造。

其次，是尊重孩子的人格，给孩子个人自主权，维护孩子自尊心。我们在教育孩子尊重父母，尊重他人的同时，父母也要尊重孩子，不要把孩子看成是自己的附属物，而是应该把孩子当作一个独立的个体，尊重孩子的人格。在与孩子交谈、讨论问题时，持平等认真的态度，要尊重孩子的爱好、兴趣，语言要平和、亲切，不要粗暴地训斥孩子，即使在孩子做错了事的时候，也要晓之以理，循循善诱，维护孩子的自尊心，尊重孩子的意愿，给孩子个人自主权，要让他们积极参与家庭的各种活动，并鼓励孩子提出自己的意见，说出自己的想法。父母在倾听孩子的意见后，对孩子的正确想法和行为应给予充分的肯定，还要经常和孩子讨论问题，谁讲得有理，就听谁的，以理服人。

再次，父母之间要互敬互爱、互谅互让。父母是孩子的第一任老师，一言一行对孩子有着潜移默化的影响。因此，父母之间要有民主作风，即使发生矛盾或者摩擦时，双方也要心平气和地讲道理，妥善处理，以身作则，要求孩子做到的自己首先做到，而不能当着孩子，大吵大闹，拳脚相加，用粗暴的方式解决问题。只有夫妻和睦，才能创造温馨的家。

最后，要明确告诉孩子他所拥有的权利。孩子作为一个独立的个体，作为家庭一员，他应该拥有自己的权利，同时，也必须承担一定的义务。因此，在孩子小时候，父母就应该明确地告诉他，他拥有哪些权利和必须承担的义务。

你是否真正了解自己的孩子

父母箴言

很多自以为懂得孩子的家长只是徒有虚名，他们并不真正了解自己的孩子，也不愿花时间在这方面多下些功夫。其实真正了解自己的孩子，就是完成了做好父母的 1/3 的工作。

作为父母，你是否真正了解孩子呢？你是怎样了解他的，并通过什么方式了解他的呢？

有时父母因不十分了解孩子，所以在理解孩子方面也不十分准确，造成了孩子不能默契领会父母所给予的暗示和判断。再加上父母理解错误，造成了许多不必要的矛盾。例如孩子有可能不顾父母忙闲，不断地提各种问题进行打扰。母亲会产生错误的理解，认为孩子要她帮忙，需要她做什么，其实这时候孩子也许只是想要得到家长的注意，或者需要对他表示尊重。如果母亲平时很了解自己的孩子，这时又能准确领会孩子的意图，那么她抱抱孩子，拍一拍，或给他一个吻，表示一下对他的爱也就足够了。孩子也会理解母亲通过这一动作表明自己虽然忙，但还是很爱他的，就会停止对你的干扰。

又如，孩子犯了错误，用哪种方式教育更为合适也是不容易掌握的。正确地运用各种教育方法，及时纠正孩子的缺陷非常重要。关键问题是让孩子彻底明白他错在哪里，并使孩子对父母的处理心服口服。若不能让孩子明白自己的错误，即使他改正了错误行为，但并没有意识到他真的错了，而是认为你惩罚了他，他斗不过你，才不得不改正。这种情况下若父母不及时与孩子交流沟通，那么孩子就有可能产生消极情绪。

很多自以为是的家长只是徒有虚名，他们并不真正了解自己的孩子，也不愿花时间在这方面多下些功夫，他们往往只是毫无客观根据地轻易而武断地确定，他们的孩子是怎样一块待铸的而且是最好的钢坯。有时父母宁肯花时间去与知己诉苦，诉说孩子不听话、不遂己愿的种种言行或表现，却不愿和孩子进行一次长谈，倾听他们的看法与愿望，并进入其内心世界。我们应该懂得，每个孩子的性格都不相同，需要我们给予不同的关怀和教育。除对孩子给予各方面的照顾和关怀外，还要注意认真从细小的方面进行观察。须知真正了解了自己的孩子，就是完成了做个好父母的1/3的工作。

每个孩子的性格都不相同。有的生性腼腆、内向，有的生龙活虎很外露；还有的孩子胆子很小，有的则从小就似乎天不怕地不怕；有的孩子喜爱运动，整天不知疲倦地跳啊跳，有的则像只病猫，整天蜷在那里不爱动。作为年轻父母，除对孩子给予各方面的照顾和关怀外，还要注意认真从细小的方面观察自己的孩子，这样才能更准确地了解孩子的性格，然后采取不同的方法，去指导、帮助和鼓励自己的孩子。

在不同的家庭里，孩子们受到不同的教育，虽然每位家长都力求教育自己的孩子从小懂事、聪明好学，但使用的方式却不尽相同。比如有的孩子很少被父母肯定，那么他的自信心就有被逐渐摧毁的可能；有的家长过分保护孩子，生怕碰着、生病或吃亏，结果却使孩子总是生活在大人的羽翼下，才能得不到锻炼和发挥，变得保守、懦弱，孩子的主观能动性被抑制，创造性思维被打乱。要知道在孩子身上给予过分的帮助，实际上是多余的。永远抱着孩子走，倒不如狠下心来早些让他们跌跌撞撞地自己走。

你的语言传递着你的价值观念

为人父母者，常常会在不知不觉中传递着自相矛盾的价值观念。这往往会形成恶性循环，因为你在孩子身上很快就会发现自己的影子，然而很多时候孩子又会因此而受到责备。

父母通过与孩子点点滴滴的言语交流，不知不觉中传递着各自的价值观念，包括什么是好的，什么是不好的；什么是可以的，什么是不可以的；什么是应该的，什么是不应该的；什么是提倡的，什么是不提倡的，等等。也就是说，父母在明确是非的前提下，在平时言谈中，要有意识地让子女能逐步认识和分辨什么是大是大非乃至什么是无关痛痒的小事。因为这是做人立事的根本。

有些父母往往有时以"只许州官放火，不许百姓点灯"的"州官"身份向孩子提出一些"以其昏昏，使人昭昭"的严正要求，或者是与其自身言行完全相悖的要求。如一方面要求孩子说话有礼貌、讲道理、尊重他人，另一方面自己对孩子说话时总是采取命令的、不尊重孩子的甚至是没有礼貌的方式。事实上，想让孩子讲道理，父母自己首先就应该讲道理，而不是只训导孩子讲道理，想让孩子尊重别人，父母和孩子说话时首先就应该尊重他，想让孩子有礼貌，父母首先就应该对孩子说话有礼貌，而不是恶声恶气或歇斯底里。孩子很小时，孩子的任何行为父母总是给予关注、强化、鼓励甚至是无条件地接受。因此刚学会说话的孩子都很友好、很温柔、笑眯眯的。但是，随着孩子年龄的增长，父母的这种天性好像也逐渐丧失了，他们开始较多地指责和批评孩子，有时态度和语气也很恶劣。这往往会形成恶性循环，因为你在你孩子身上很快就可以发现你自己的影子，然而很多时候孩子又会因此而受到责备。

有的父母内心希望自己的孩子逞强能干，不被别人欺负，因此，每当自己的孩子欺负了别的孩子时，虽然表示不应该如此，但往往会笑嘻嘻地走到孩子身边，抱着孩子并温和地对孩子说："怎么能打人呢？"其实孩子在父母这种温和的言语中早就发现："这是可以的，至少不是很严重的。"因此，以后还会经常发生类似的情况。所以，孩子的所作所为往往是成人价值取向的具体表现，当然不仅仅是父母的价值体现。

在这个问题上，有一点显得特别重要，容不得孩子吃亏的父母往往自食其果。因为这些父母错过了一些重要的引导孩子人际交往的机会，其后果是孩子不能遵循交往规则，不懂得与人友好相处，自然在人群中不受欢迎，甚至被排斥，从而影响孩子的进一步发展。须知孩子很多时候是通过和其他孩子一起玩学会为人处事的，从这个意义上说，"吃亏就是占便宜"一点也没错。常见父母因为孩子之间的冲突而相互责怪、谩骂，可以想象他们此时此刻能传递给孩子的又是怎样的价值观？

改变你的语调敞开你的心扉

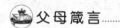**父母箴言**

我们经常用一种语调向孩子讲话，却决不会用同样的语调同朋友交谈。如果我们从小没有和孩子形成经常交流的习惯，那么今后孩子的内心世界就可能会永远向我们关闭。

大多数父母似乎都同意应当尊重孩子，但事实上，没有多少父母做得好。比如我们经常用一种语调同孩子讲话，而决不会用同样的语调来同朋友交谈。如果我们把对孩子讲过的话录下音来，认真地听一听自己的腔调和声音，就会发现在很大程度上我们并不尊重孩子。因为我们总是以教训的口气，哄人的口气，引诱的口气来获得他们的合作。孩子即使和我们合作也往往不是发自内心的。如果我们认识到我们的语调和讲话方式是错误的，便应该开始改变自己。如果我们以平等的、像与朋友谈话的口气来与孩子交谈，而不是对他们训话，多数情况下，我们就能顺利地与自己的孩子交流思想了。如果你总在批评教训他、告诫他、挑他的毛病，他只会由此加深苦恼，认为是父母不爱他、讨厌他，无形中和父母之间产生距离、隔阂，这样下去，交流的大门慢慢地就会关上了。

孩子有时会问："您是不是生气了？"你绷着脸说："没有。"然而你脸上的表情和语调却表示出你仍在生气、在愤怒。要知道孩子是非常敏感的，他们能很快地分辨出你在讲话中所要传达的真正意思和态度。而我们成年人却往往并不敏感，没有意识到自己在同孩子讲话时运用了不适度的腔调，更没有考虑这种语调对孩子的心理将产生怎样的效果。

父母平素总是利用一切机会向孩子灌输一些听话和逆来顺受的信条，企盼孩子事事按自己的意愿行事，只是要求"让他做什么，或是怎么做"，而并不是让他从内心明白"为什么这样做"。如果在孩子还小的时候，我们就有意识地培养与孩子的和谐交流关系，这种交流的大门是会敞开的。这种交流取决于我们是不是尊重自己的孩子，即使在我们与他们的意见不统一的时候，孩子也总是在无意识地观察，并将获得的印象输入到自己的思维体系中，然后按照他的结论去做出相应的反应。孩子是有自己的内心世界的，如果从小由于某些原因没有和父母一起相处，或者没有经常交流的习惯，那么今后这扇大门就有可能会永远关闭。不要常常以为孩子年幼无知就劝孩子抛弃自己的想法，而试图用自己的想法来改变和填充他们的头脑。我们想塑造孩子的性格、头脑和品质，好像他们只是一块很软的橡皮泥，任我们去"捏"。其实，在孩子看来这就是被强迫和受制于人。但这并不意味着我们不能影响和引导他们，而只意味着我们不能强迫塑造他们。孩子的不听话甚至反抗，有时就来自于对这种被强迫和受制于人的对抗，往往并不是说你说得没有道理，或者他没有听懂你的意思。

每个孩子都有自己的创造性，每个孩子都会对他所遇到的事情做出反应，每个孩子都在努力塑造完善着自己。

作为父母，我们的责任是怎样引导孩子。这就要求我们应对他们有细致的观察，了解他们的行为目的、情感愿望，如果你真的感觉到了孩子在想什么，那么你就对孩子有了更深的理解。这个并不难，因为孩子从幼儿时期就在无拘无束地表达和表现自己。

如果我们自由地接受孩子的思想，与他们一块讨论，研究可能的结果，经常问"那样的话将会有什么情况发生"，"你会有什么感觉"，孩子就会想到，在解决人生疑难上，他有了同伴。另外，父母常向孩子问一些相关的问题也是传播信息的好办法。不是吗，许多人在他们成人之后仍然认为最好的朋友就是他的父母，和父母的交心使他们受益匪浅。

不向孩子透露自己的内心世界，只习惯于对孩子进行训导，却要求孩子向自己暴露一切，这种不平等的企求，当然不能取得好的效果。孩子们到了一定年龄便不愿向父母吐露心事，而只好去和同龄人交流想法。同龄人的经历有限，经验往往肤浅，思想也不成熟，孩子们虽在一起有过所谓更深的交流，但大家都被同样的问题困扰，相对来说并得不到多大的提高，而父母却因不平等的待遇失去了与孩子进行交流、引导的机会，这对孩子的心理发展是一种妨碍和伤害。

父母向孩子敞露内心，表现了对孩子的尊重与依赖，加强了与子女的情感联系。这种交流在孩子逐步成熟时尤为重要。十几岁的年龄是孩子们的黄金年华，但也是多事之秋，父母与子女间在感情上有这样密切联系的，就容易沟通，从而有效地避免少年期容易遇到的问题，而要使孩子顺利成长，父母与子女间的这种关系是需要长期、有意识地培养才能获得的。

当孩子开始询问"爸爸你为什么不高兴？是不是工作上有了麻烦"之类话的时候，做家长的就应该认真考虑一下是否该与孩子认真谈一谈？那么谈多少，怎么谈？如果我们轻易一语搪塞地对孩子说"没有什么，很好"，或"不关你的事，快去玩你的去吧"。那我们可就一下子将孩子对父母那善良而美好的关心推开了！等于将一颗关怀他人的心冷酷无情地挡在门外了！孩子所得到的信息便是父母的事与我无关，凡只要不关我的事，都不要管。这就是父母不让孩子有爱心和责任心，就等于公开向孩子传授并灌输了"各人自扫门前雪，不管他人瓦上霜"的那种极端自我的腐朽意识和观点。可见这样做的话，日后我们也就没有理由去抱怨自己的孩子不关心父母了。

和孩子们总结自己的成功与失败，表述自己的计划与展望，这本身就是对孩子最生动最实际的人生教育，反过来也是对父母自身的反省与激励。生活中人有坎坷，有些人终生不得志，同孩子一起回顾分析自己的经历，承认自己以往的失败，回顾自己的终身憾事，对做父母的来说不是一件容易的事情，可能会担心孩子看不起自己，事实上这样做有许多益处。将自己的实践积累、经验教训传授给孩子，这对孩子来说恰恰是最需要的，而且是最珍贵的恩赐。

与孩子讨论比训话更重要

父母箴言

对孩子训话，意味着你要求他绝对服从，让他像你一样思考问题。和孩子交谈，意味着大家一起寻找方法解决问题，重新衡量自己的观点，搞清楚究竟谁的更符合实际。

做父母的太容易假定自己懂得孩子内心的想法，知道他们的感觉。但我们必须承认，父母也会犯主客观意识上的错误，况且对问题的看法与观点并非千篇一律，各人的观点与想法也不尽相同。更何况孩子对事物的认识及反应也不可能总是成熟、正确的。因为孩子就是孩子，无论他多么成熟，他总还不能达到成年人的境界，我们也不能完全用成年人的观点来推断和要求孩子。与其说训导孩子有一个好习惯或者是改掉某些毛病，不如与孩子一起讨论，在讨论中让孩子懂得应该怎样，而不是单纯的必须怎样。

与孩子就一件事情做一番讨论，可以帮助我们了解孩子对这件事情的真实感受与想法，继而提出我们认为正确的建议，同时又可以避免对孩子进行简单要求所引起的反感。

海迪总是忘记上课应用的用具，如果我们只是简单地训斥、教导，提要求说："你应当知道第二天上课应当带的用具，不应该忘记，为什么总是不改呢？"我们听听海迪有什么反应呢？"见鬼，又是这一套，都快烦死了。"孩子原本有的惭愧被父母的一番训斥换成了一腔怨气。如果父母不是一上来就发脾气或指责，而是寻问原因，毫无成见地："小迪，老师说你经常忘记带学习用具，今天又忘了，是这样吗？"当女儿承认后，妈妈继续问："是不是有什么困难，记不住第二天要带什么用具，还是时间太紧来不及收拾？"这样的方式就不是一味提要求、训斥的方式，而是平和且尊重孩子，不主观臆断，愿意听听孩子的解释和看法。无论情况怎样，孩子是否有主要责任，这种平易的态度，都是赢得孩子合作的态度。

当我们发现孩子与我们有不同的观点时，我们应当找时间与孩子认真地谈一谈，看看他们这种新的思想是否有什么不好的倾向。如果明知孩子有了新的想法，却不去及时交流、了解，那么假如孩子的想法一开始就有缺陷，这种缺陷在他的头脑中保留并发展下去，孩子便会在这种思想的指使下做出你意想不到的事来，而且这种思想一旦经过认知强化便很难纠正。

在与孩子讨论他们的想法时，应当给予足够机会让他们尽情表达，并给予足够的理解。应避免讲出任何伤害他们自尊与感情的话，否则会阻塞进一步交流的渠道，使孩子存有戒心，不再愿意向你敞开心扉。

在讨论过程中，我们应当随时准备接受与我们自己观点不一致的想法，这需要做父母的有一定的修养与鉴别能力，能够认识孩子思想中的闪光点，对不能认同的想法，父母完全可以表述自己的立场，不过不能一棍子打死，完全否定他们的思想，应当尊重他们的自我反思能力，给他们思考吸收的时间。在阐明自己的看法后，我们可以说："这是我的想法，但你有权利按自己的思路去想问题。不用急于做决定，再想想看，或者再征求一下别人的意见。"这类话是很开放的，却能与孩子建立良好的关系。

在相互平等的前提下，每个人都必须愿意重新衡量自己的观点，搞清楚究竟谁的观点更符合实际，或更有道理，而不是简单的谁对谁错，头脑必须开放。能做到这一点，尤其对父母来说很不容易，但我们必须做到。要想引导孩子正确思考问题，就需要有这种耐心与风格，而不是强迫他们改正。

孩子们都在逐渐形成自己的一套逻辑思维系统，并以此指导自己的行为。要想完全否定他们的想法，或不顾一种想法与其他思想的关联，毫不客气地加以否定，便会引发孩子的全面反抗。另外对孩子已经认识到的错误，不应反复向他订正，这种重复也会引起逆反心理，使他更加顽固地维护自己的看法，不愿轻易屈服或因为父母的说教而改变初衷。

生活中的许多问题都可以通过讨论来解决。当然，有时用协商和征求意见的方式直接指出问题也是有益的。从讨论谈话中得到的信息可帮助父母决定下一步该怎么办。假如你试图用简单的方法去纠正一个很明显的错误思想，如果不能得到任何效果，是因为你没有给孩子思考、自动选择的机会，只是简单地要求他接受你的意见，而孩子是不会与你开诚布公的，甚至根本不与你争论。如果同孩子的讨论走入了歧途，孩子就不愿再继续讨论下去，因为他已经意识到你对他的观点持有异议，而正在特意做工作让他承认错误。这时，你可以先停止讨论，把问题放到一边，过一段时间再找机会谈。千万要记住，无论如何要避免做硬性规定。

合作只能赢得，不能强求。对孩子训话意味着告诉他你想怎样解决这个问题。表示你要求他绝对服从，让他像你一样思考问题。和孩子交谈，意味着大家一起寻找方法去解决问题。这样的话，孩子们就可以参加建设家庭的合作，使孩子认识到他也可以为家庭做出贡献。

与孩子一起讨论问题，给他机会阐述自己的观点，是否意味着孩子可以不听取父母的意见，父母失去了领导、影响孩子的地位和机会呢？并非如此，一起讨论问题是为了共同找到解决问题的方法，在讨论过程中，父母可以用自己的观点和经验来引导和影响孩子的推理过程。相反，如果我们不能坐下来平心静气地与孩子讨论面临的问题，不能让他表达自己的意见，听取他的意见，那么孩子就会我行我素，根本不去理会你，父母也就丧失了影响孩子的机会和权力。

不要过多干涉孩子的事情

🚢 父母箴言

我们可以为孩子提供一个按照父母设想的成长环境，但无法隔断他们在现实生活中的生存。我们应当允许孩子有机会接触生活的各种侧面，并学会如何对付它们。

李萌虽然才12岁，但由于她公正、热情、待人细致周到，却已多次被聘到夏令营做辅导员的助手，帮助照顾年幼的夏令营成员。妈妈一向为李萌出色的自理能力和社交能力而自豪，对她在夏令营的生活很放心。这天妈妈突然接到李萌的电话，妈妈很高兴地问候她，李萌却有些情绪不佳。"你这是怎么了？我总感觉你有些不对。""妈妈，我们原来的辅导员走了，新来的辅导员张老师脾气很坏，对我们这些工作人员很厉害。今天早晨我没有在规定的时间内将我的营员召集到早餐处，她竟当众训斥我，让我在我的营员面前很没面子，抬不起头来。"听着女儿从没有过的沙哑的怯怯的声音，妈妈很为女儿难过："你是义务去帮助他们的，她没有理由这样对待你，我马上给你们的营长打电话，叫她去同你们的辅导员谈谈，好吗？如果不行的话，不如辞了工作回来，反正假期里也应该休息一下。"

根据母亲对女儿的了解，她是位很让人信得过的辅导员助手，没有按时召集齐队员，一定是有什么原因在里面，辅导员不问青红皂白当众训斥李萌，使她在自己的队员面前失去威信，的确有失考虑。妈妈疼爱女儿，总是站在女儿的立场上讲话，这也不无道理，但妈妈在女儿面前这样评论辅导员的行为，会使李萌更加认为辅导员的做法不对，自己是委屈的，而不肯检查自己有无责任。妈妈毕竟只听到女儿的一面之词，并不了解全部过程，急于发表意见是不妥的。更加错误的是妈妈提出亲自找夏令营的负责人谈这件事，这就走得太远。女儿与自己上级的关系如何要由女儿自己来处理，妈妈在这里不应介入其中，剥夺女儿处理问题的权利。当女儿向妈妈述说自己的遭遇时，妈妈当然不能毫无表示。女儿感到委屈，心情不佳，妈妈应提供安慰与同情："亲爱的，我可以理解，你一定觉得很不好过，但愿同妈妈谈谈可以使你的心情感觉好一些。"再往下妈妈可以做的是帮助女儿分析一下整个事件的始终，让女儿检查一下自己可能有的责任，同时也要对局势的可能变化进行一些讨论："新辅导员可能是粗鲁主观一些，不注意对待工作人员的态度，但学会与各种各样的人交往、相处，也是你参加这项服务的目的之一，如果你能够想出办法与新来的张老师的关系处理融洽一些，对你今后的工作会有好处，也锻炼了你与人相处的本领，你觉得如何呢？"这样妈妈既给李萌一些十分切实的指导与帮助，又避免了直接站在她的位置上替她处理问题，给李萌留下了思考和发挥的空间。因为毕竟是李萌的事，应由李萌自己解决。

妈妈在与李萌的谈话中另外一个不应有的错误，就是提议李萌可以回家来。这样既鼓励李萌在困难面前逃跑，又削弱了李萌的责任心。能够被聘为夏令营的辅导员助手是光荣的，说明女儿有着很强的工作能力，品德也被人欣赏，而担当起这项职务便意味着担当起一幅责任的重担——要带好自己队里的营员。如果仅因为与辅导员的关系出现问题，就放弃工作，转回家中，置荣誉和责任于不顾，孩子的责任心与面对困难的勇气与毅力又从何而来呢？

不要将孩子推向抵制的边缘

父母箴言

对孩子成长的热切期望，常常使家长对孩子的态度过于激烈，这种表现给孩子们一种冰冷的感受，而无丝毫爱的温暖。孩子觉得父母对他们充满了敌意，这种感觉将他们推向了抵制的边缘。

郭女士很担心她12岁的女儿丽丽交些不三不四的朋友，因为她在丽丽的衣橱里发现了一个6瓶包装的啤酒。郭女士拿着啤酒走到女儿面前问："这是什么？"她的口气表明她并不需要回答，只是准备开始一番更深的盘问及训斥。马上，女儿站在防御线上："这是我收起来的半打啤酒。""别和我耍小聪明。给我讲讲这是怎么回事？"丽丽做出很天真的样子说："我不知道你是什么意思？""我在你衣橱里发现了这个，你最好给我解释解释。"丽丽很快地想了想："噢，我忘了，我是帮一个朋友藏着的。""真的？你以为我会相信？"丽丽很生气地说："我不在乎你是否相信。"说完走进她的房间，嘭的一声关上了门。郭女士为此十分生气，认为自己完全是为了女儿好，但女儿却不领情。

这里问题的关键是郭女士的提问方式及语气并没有足够地表示出她对女儿的关心，显露出更多的是对女儿的怀疑与愤怒。郭女士该怎么办呢？她认真地反省了自己的态度，意识到由于先入为主的观点与审查的态度，可能导致丽丽对妈妈的出发点的怀疑。于是，她决定与女儿好好谈谈。第二天，女儿一回到家，郭女士看着女儿说："我们能聊聊吗？""聊什么？"女儿的态度很冷淡。郭女士很有准备地保持着镇定。"我猜想昨晚我因怀疑那些啤酒向你喊叫起来时，你认为我所关心的根本就不是你，而是想挑你的毛病，对吗？"她说中了丽丽的心，丽丽一下哭了起来，哽咽地说："是的，我觉得我对你只是一个累赘，只有我的朋友才真正关心我。""你是有道理的，当时，我充满了恐慌和愤怒，我仿佛看到你同一些不适当的朋友搅在一起，你当然感觉不出任何的爱。"丽丽终于缓和下来，郭女士接着说："我真的很抱歉，昨天不该向你发那么大的火。"距离和敌视被亲近和相信所代替。"没什么，妈妈，我真的是为我的朋友藏着那些啤酒。""那好，丽丽，我担心你会做什么伤害你自己的事，这种担心有时会让我反应过敏，你能给我一个机会吗？让我们重新开始交谈，一起解决这些问题好吗？""当然，妈妈，我赞成。"郭女士觉得非常高兴，因为建立在爱和合作基础上的气氛完全改变了她们之间的关系。这次谈话的最大收获是使丽丽懂得妈妈的询问是出于对她的爱与关心，并非对她的个人权利的侵犯。丽丽的防范心理就此取消，为下一步工作开辟了道路。

对孩子成长的热切希望，常常使家长对孩子的态度过于激烈、偏颇。这种表现给孩子们一种冰冷的感觉，在父母发火的这一瞬间觉得父母充满了敌意，而无丝毫爱的温暖。孩子的这种感觉将他们推向抵制的边缘，所考虑的是如何抵御，激化了矛盾，对教育孩子十分不利。

不要把孩子逼上"梁山"

父母箴言

父母对孩子的批评应注重"度"，要把握好"分寸"，如果刺激过多、过强或持续时间过久，孩子被逼急了，就会出现"我偏这样"的超限效应。

美国著名作家马克·吐温，有一次在教堂听牧师演讲。最初，他觉得牧师讲得很好，使人感动，准备捐款。过了10分钟，牧师还没讲完，他有些不耐烦了，决定只捐一些零钱。又过了10分钟，牧师还没有讲完，于是他决定，一分钱也不捐。到牧师终于结束了冗长的演讲，开始募捐时，马克·吐温由于气愤，不仅未捐钱，还从盘子里偷了两元钱。

这种刺激过多、过强和作用时间过久，而引起心理极不耐烦或反抗的心理现象，称之为"超限效应"。

超限效应在家庭教育中时常发生。如：当孩子不用心而没考好时，父母会一次、两次、三次，甚至四次、五次地重复对一件事做同样的批评，使孩子从内疚不安——不耐烦——反感讨厌，被"逼急"了，会出现"我偏这样"的反抗心理和行为。

因为孩子一旦受到批评，总是需要一段时间才能恢复心理平衡，受到重复批评时，反抗心理就高亢起来。他心里会嘀咕："怎么这样对我？"孩子挨批评的心情就无法复归平静。

可见，我们当家长的对孩子的批评不能超过限度。

为避免这种超限效应在批评中的出现，家长应对孩子"犯一次错，只批评一次"，不能重复批评，更不能老账新账一起算。如果非要再次批评，那也不应简单地重复，要换个角度，换种说法，这样，孩子才不会觉得同样的错误被"揪住不放"，厌烦心理、逆反心理也会随之减低。

总之，家长在批评孩子时应注重"度"，要把握好"分寸"，避免"物极必反"、"欲速则不达"的超限效应。

不要强迫孩子做事

父母箴言

单纯地命令孩子或强迫他去做事，是在利用我们的权力，孩子当然无法在这些方面去与大人竞争，但却会导致孩子用其他的方法来抗争。

莎莎已经 15 岁了，妈妈成功地说服莎莎洗自己换下来的衣服。两周过去，事情很顺利。每周末莎莎就把自己的衣服洗净叠好、放好。然而有一个周末，妈妈发现莎莎的脏衣服堆了一堆却不去洗，就批评她，莎莎答应下次不会忘了，接下来的一周，莎莎还是没洗，她已经两星期没洗衣服，几乎没剩几件干净的衣服了。这次妈妈记起来要运用自然结果法，看看效果如何：她不再理会莎莎，莎莎的衣服留在那里没有洗，只好不换衣服，看她怎么办，但脏衣服的堆积似乎并没有使莎莎为难，她从脏衣服里捡出一些稍微干净一点的继续穿，她心想：我就是不去洗那些衣服。妈妈天天看着那些脏衣服越看越恼火，终于有一天，她发了火，狠狠地说了莎莎一顿，当着她的面扔掉了一些太脏的衣服。莎莎流下了眼泪，但暗自高兴，你把太脏的衣服扔掉了，我还不想要那些衣服呢，正好合我心意。妈妈艰难地把她拉到洗衣机旁，强迫她把衣服洗了："你记清楚了吗，下次记住及时洗衣服，否则没有衣服穿！"

莎莎没有按时洗自己的衣服，妈妈忍耐不住发了火，最终用强迫的手段让莎莎洗了衣服。其实，如果妈妈能耐心一些，可以再坚持几天，看一看最后莎莎怎么办，她不可能永远穿脏衣服。其实莎莎是想让妈妈看一看，她并不愿意让别人强迫自己干什么事情。她宁愿穿脏衣服，也不愿受妈妈支配。

对这件事正确的处理方法是妈妈应该对莎莎不洗衣服不再提出意见。当妈妈将料理脏衣服的事交给莎莎管理时，就承认莎莎已足够大，可以自己照料这件事，不再需要妈妈操心，洗不洗衣服是莎莎的事。如果莎莎不洗，她就穿脏衣服。一个女孩子其实很小就开始爱打扮，爱干净，她懂得什么是美观漂亮，什么是邋遢肮脏。她不可能长期穿脏衣服，但她决不希望妈妈干涉。一大堆脏衣服留到洗衣机旁，是对妈妈干涉的抗议。妈妈强迫莎莎洗衣服是运用权力，许多父母在无法实施有效的教育手段时，就会运用权力强制孩子入轨，这是很武断的，也是很难成功的。妈妈感到她的权力地位受到威胁，因为莎莎不听她的劝告。当然妈妈也非只有一个选择：除了运用自然结果法使莎莎自觉地洗衣服，妈妈可以同莎莎谈谈话，发现她不洗衣服的原因。比如，先搞明白莎莎为什么洗着洗着就不洗了，不保持这种习惯了，会不会是莎莎有几件衣服旧了，小了，她不想穿了。如果是这种情况，妈妈耐心地和莎莎谈话，莎莎会告诉妈妈，她不喜欢那几件衣服，就会避免一场长时间的权力斗争。

父母的决定要言出必行，始终如一

🚢 **父母箴言**

孩子犯了错误可怜兮兮，父母一时心软，处罚的事就会半途而废。下次再犯错误时，精明的孩子会用另一种方式央求你破戒，这不但会妨碍原本不难的管教，而且会令孩子更加放纵。

孩子犯了错误，表现出可怜兮兮的样子，可以听见父母对孩子经常这样说，"只这一次，下不为例"，"今天原谅你"。父母一时心软，处罚的事就会半途而废，或允许孩子逃避处罚，或在孩子犯错误时，故意佯装没有看到……然而待到下次孩子再犯错误时，精明的孩子会用另一种方式央求你破戒，这样向孩子让步，想让孩子日后能确实遵照规定行事，就甚为困难了。这不但妨碍了原本不难的管教，而且会令孩子更加放纵。

对于说得太多却无行动的父母，孩子便得出一个结论：爸妈的话可听可不听，因为不听不会有什么后果。我们应该让孩子知道，不论父母在平时有多么和蔼，都会坚持管教原则，有奖有罚，言出必行，始终如一，这才是对他们的真爱。

"浩然，快点做你的作业。做完后，你可以到外边去玩一会儿，你可以自己决定玩什么。"不一会，孩子完成了作业。"妈妈，我做完作业了，我想去滑旱冰板。"说着就要去换鞋。"算了吧，你会摔坏的，你还是去打篮球吧！"妈妈想了想说。"不，妈妈，我要去滑旱冰板。""行了，听妈妈的话，做个好孩子，去打篮球吧。"孩子还想坚持却没有办法，他不能自由决定自己的喜好，只好听妈妈的话，去玩其他的游戏了。

妈妈没有遵守自己的诺言让浩然自己做选择。如果我们要教孩子做出聪明的选择，就该给他们机会，如果需要的话，还要给他们机会去犯错误，让他们从经验中学习，而不是从我们的说教中领会。浩然的妈妈不让孩子选择他的爱好，不让他以身实践，学会保护而不受任何伤害，不让他懂得如何忍受痛苦，如何锻炼自己的毅力。这样的妈妈就是以老板的身份出现的，而不是以教育者的身份出现的。她有言在先，允许浩然自选游戏项目，后又自食其言，也削弱了孩子对妈妈的信任。

"茜茜，睡觉去，睡觉时间到了。"妈妈催促茜茜。7岁的茜茜好像没听到一样，继续玩积木。不玩积木了，却又跑到书房里打开计算机，开始玩游戏。茜茜不管妈妈说什么，仍旧玩自己的，妈妈也没再理她。

妈妈让孩子按时睡觉是对孩子好，否则孩子睡眠不足会影响身体和上课质量，可是妈妈的行动又显示出她并不在乎茜茜是否照办。孩子是顾不了明天的，只顾这会儿玩得痛快，出于对孩子身体及学习的关心，并考虑到孩子仍小，需要约束，帮助她养成良好的作息习惯，妈妈应当坚持贯彻自己的要求。如果让孩子认为妈妈说的话可照做也可以不照做，模棱两可，长此以往，孩子就会渐渐失去对妈妈的尊重。如果妈妈感到应该去睡觉以保证身体健康，当茜茜不理会的时候，应该走上去，将正在玩的东西关掉，收拾好，明确地告诉茜茜："你该睡觉去了，明天再玩。"然后一直看着茜茜回到房间，躺下，再继续自己的工作。如果茜茜反抗，妈妈应该关上电灯，使她不能继续去玩。当然，若想使孩子心情舒畅地去执行，就要告诉孩子为什么这样做。如果孩子有疑问，就与他讨论，直到双方达成共识，这样再贯彻起来就不是在施展权威，而是使孩子也参与制定计划，这样会减少孩子的反抗心理。

"妈妈，给我讲这个故事。"7岁的森森拿着一本新买的书朝妈妈走过来。"森森，作业做了吗？""还没做呢。""先去做作业，做完了作业，妈妈再给你讲故事。""讲完这个故事，我就去做。""妈妈说了，先做作业。""你不讲这个故事，我就不去做作业。"母子俩一来一往互不相让，最后森森大叫大嚷，"不讲不行，不讲不行！""好，好，快拿来，我给你讲，讲完你去做作业。""妈，听完故事我就去做作业。"

父母以威胁的口吻告诫孩子："如果你不听话，我就……"但始终不曾真的执行自己所说过的话，这一如"狼来了"的故事，假消息听得多了，便不会理会。孩子认为父母只会吓唬人，并不相信真会付诸行动。如此一来，不仅不能教好孩子，还破坏了父母在孩子心中的形象。

有时父母有令不行的原因是不想和孩子争下去，想把事情快些完结，好继续做自己的事。然而越是不想找麻烦，以后麻烦就越多，因为这次你没有坚持自己的决定，下次还会争吵，你还会改变主意。父母的行为实际上也是在训练孩子不尊重他们的决定。

父母必须让孩子知道，父母是言出必行的。如果你不忍心看到孩子受到严厉惩罚，在当初警告时就必须考虑此项惩罚是否适当，因为话一说出来，就须落在行动上。6岁以下的孩子不宜使用"罪有应得"式的处罚，这易使他产生深重的罪恶感，从而形成自卑心理。孩子6岁以后，已逐渐养成道德观念，合理惩罚可以使他觉得心服。一个较大的孩子，不小心打破东西，你可罚他用自己的零用钱买一个新的作为补偿。有时罚孩子坐在一张专用作处罚的椅子上，为时数分钟，其效果也不错。

还有一种情况，那就是对孩子进行处罚，家庭成员要密切配合，不能干扰拆台。

7岁的吉吉总在央求妈妈给他买拼板玩具。妈妈告诉他，玩完了以后，一定要收起来，下次还可以玩，如果他像以前那样玩一下就弄得到处都是，就不再给他买新的拼板，一直到拼板都找齐并答应改正为止。吉吉一口答应，妈妈就给他买了。开始的时候，每次玩后吉吉总是把拼板收起来，放好。后来他就扔在那里，不去收拾，有时这丢一块，那丢一块。以后再玩，就找不到了。

过了一段时间，吉吉又要买新拼板，妈妈说："你没有履行诺言，把上次买的拼板弄得到处都是，我不能给你买新的。"吉吉没有办法，似乎放弃了，有一天妈妈忽然发现吉吉又在玩新的拼板游戏，"是爷爷给我买的。"孩子在妈妈面前还有一些颇为得意。

有时孩子没有履行诺言，父母对其进行惩戒，其他家庭成员却对其提供便利，这就需要家庭全体成员的帮助，甚至好朋友处也应有所告诫。另一方法便是在制定"政策"时考虑周详，加入诸如此类的条款："即使有人送给你拼板做礼物，如果你没遵守我们的协议，妈妈也会先替你保管新拼板，直至你有所改正才能拿出来玩。"这样可以防止孩子钻空子，也便于实施我们的教育策略，保持始终如一，起到培养他们好习惯的作用。

不要"慷慨"许诺

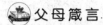父母箴言

　　父母与孩子之间的矛盾，有时是父母许诺过于随便造成的。父母在提建议时，有时会显得过于慷慨，却又实现不了。

　　爸爸一向很忙，总没有机会带儿子出去玩，这个周末他有大半天的时间可以同孩子一起消磨。于是星期五晚上，他兴致勃勃地对儿子说："这个周末爸爸有时间，你告诉我想到什么地方去玩，我都可以带你去。""真的？"儿子兴奋地睁大眼睛，"那我们去溜冰！""爸爸的脚扭了，不能滑冰。""那我们去森林公园。""太远了，爸爸没有那么多时间。""随你的便。"儿子变得无精打采。"你怎么这样不起劲？""我说了，怎么样都行。你还要我怎么样？"

　　我们恐怕都会有过类似的经历，孩子会经常对我们说起我们没有兑现的承诺。如果你问他哪一次，他会清清楚楚地记得什么时间我们没有践约。因此当我们对孩子提出建议时，应当做一下限制，例如在上一个例子中，可以给出几个具体的可去游玩的地方，供他挑选，或规定一下可去的范围，而不是使孩子的希望值过高，然后又使它跌落下来。

　　父母与孩子之间的矛盾有时是父母许诺过于随便造成的。父母在提建议时，有时会显得过于慷慨，却又实现不了，使孩子十分不满。因此在提出建议时应当限制在自己认为可以满足的范围内。

　　你可能会抱怨怎么要这样麻烦。但有些麻烦是不能省掉的，因为不这样做只能带来更多的麻烦。做父母的确不易，许多小事情都不能掉以轻心。如果你不想看到孩子天真的脸上显示出失望的面容，以及随之而来的不愉快的反应，就要花些心思，在言语上做点修饰，不使自己作茧自缚。

　　这里的关键是要认识到，我们所面对的不是一件任人摆布的小玩具，而是一个活生生的有着复杂情感的人，如果我们希望他们有正常合理的反应，父母首先要做得正常而合理，说话也须准确而负责。

不要再向孩子说那些忌语

父母箴言

父母对孩子的能力和前途，说通盘否定的气话，必然会疏远与孩子的关系。孩子人格不被尊重，自尊心遭受伤害，性格就会被扭曲。

家长如果自以为是、妄自尊大，对孩子的能力、未来和前途说通盘否定的气话就好像瓢泼大雨发泄在孩子身上，那只能伤害孩子的自尊心、疏远与孩子的关系，使局面变得愈发不可收拾。下面归纳了聪明父母的 7 种忌语，这些忌语往往是父母对孩子脱口而出的口头禅：

1. 严厉苛刻类——"你不该这样做"，"难道我没告诉你"

专家们警告说，父母不要总是板着面孔教训孩子"应该怎么样"，即便是建设性的批评，如果提出的时机不对，也会伤害孩子的自尊心。最好避免当场说出改进意见，可以在事情过后心平气和地和孩子一同探讨解决办法。

2. 冷嘲热讽类——"你一点也不乖"，"你笨得像头猪"，"你的头发怎么乱得像鸡窝"

在孩子眼中，父母就是自己的一面镜子，反映着自己在这个世界中的形象和存在的价值。孩子有时不理解大人所开玩笑的真正含义，往往产生误解，萌生一种不安定的感觉，而且长久无法摆脱。

3. 一概否定类——"你不是开玩笑吧"，"没出息的东西"，"一辈子你也看不到后脑勺"

当孩子表达出来的感觉一而再再而三地被大人否定时，他们就会接收到这样的反馈信息：自己的感觉不对头。于是他开始掩盖自己的喜怒哀乐。

4. 夸大其词类——"这是我所见过的最漂亮的画"，"咱们的孩子就是好，谁也不行"

听惯了父母赞扬的孩子，步入纷繁复杂的大千世界易遭受大的挫折。另一方面父母的溢美之言用得太多太泛，孩子成熟后就不会再相信别人对自己的称赞。

5. 人身攻击类——"嘿，你神经病啊"，"你简直就是个畜生"

绝大多数儿童很看重父母对自己的评价。如果被称作"失败者"，那么他们也就信以为真了。

6. 威胁恫吓类——"当心，不要自找苦吃"，"老子揍扁了你"

父母应尽量用允诺来代替威胁。虚张声势的恫吓与虚情假意的赞扬如出一辙，只会减少孩子对父母的信任。

7. 漠不关心类——"等一会儿"，"你忙啥"

家长常常会遇到这种情况，放学后来接孩子，一整天没看见妈妈的孩子往往急于表现自己才学的手工活："瞧，妈咪，这是我今天做的。"而此时的母亲压根儿不想听孩子细说，一门心思让孩子抓紧时间回家以避开交通高峰期，往往会心不在焉地应付一句"等一会儿，回家再看"。她也许不知道自己的这句话对孩子意味着"你和你的事不值得我花时间"。

归纳整理上面这些对儿童成长不利的话，我们可发现孩子对鼓励性教育的言语（非夸大其词）反应最敏感、最积极，而那些惩罚贬低的话只会挫伤儿童的积极性，对孩子伤害最大，请记住：鼓励使人进步，打击使人退步。长期下去，就会造成孩子有苦没处诉，敢怒不敢言，人格不被尊重，性格会被扭曲。"压而不服"的个别孩子，还会离家出走，也有失去理智报复家长的。

学会创造性地"对付"孩子

🚢 **父母箴言**

生活中的每一件小事都是千变万化的，有不同的背景与契机，事中人的性格与脾气也不大相同，其结果就是父母往往发现别人甚至专家的告诫与经验不适用，需要发挥我们的创造性。

教育孩子是一件严肃、认真的事情，而且是难以摆脱的事情。许多事情如果解决不了，就会影响全家人生活的质量，阻碍正常生活的进行，使全家人感到疲惫不堪，难以忍受。如果你认为教育孩子不需要聪明才智，那就错了。我们既不希望用"贿赂"、"恐吓"等一些短期行为来诱使孩子就范，对他的长期成长造成损害，又不能使自己的全部时间消耗在与孩子无休止的拉锯战中。这是一个高智商的工作。

带着孩子长途旅行是一件辛苦的事情。一直是大家头疼的问题。每次行前都要做准备，给孩子带一些食物和玩具，分散他的注意力，这种办法有一些作用，但是起作用的时间很短，两三个小时后，孩子便不安起来，开始制造麻烦。

王珍是一个很有经验的社会工作者，两个孩子的母亲。假期一到，王珍同丈夫经常带孩子们开车出门旅行。旅途短的话还没问题，时间一长两个小孩子就会在后面吵闹甚至打起来，将带着的食物扔得满车都是，无论父母怎样斥责，都不能停止他们的举动。

后来王珍也准备了一些玩具供旅途之用。所不同的是她将玩具都用小袋子封好，然后告诉孩子们如果他们表现好的话，每隔半小时，可以拿到一个小袋子，里面装的是有意思的小玩具。自从这一办法实行以后，王珍家的旅行变得有趣多了。没有了孩子们在后座里嘶喊、打闹，父母可以更安心地享受车外的景色和旅途中的交谈了。

有人虽然也买了许多玩具，但孩子在一开始便都加以探究——拾起来玩弄几下，又丢了去玩其他的玩具。很快地他们的好奇心得到了满足，太多的选择又使他难以集中注意力在任何一件玩具上。相比起来王珍的方法就比较明智。封起来的小袋子使孩子格外好奇，想知道里面究竟有什么玩具。半个小时的间隔可以使孩子对一件玩具保持适当的兴趣，同时对新玩具的企盼也促使他有意识地检点自己的行为。在旅行中，如果能采纳王珍的方法，效果自然要好得多。

做父母的常常有很多疑问需要得到解答，孩子不肯睡觉怎么办？不吃饭怎么办？打人怎么办？向亲友询问，向书本讨教，往往会得到很大启发，有豁然开朗之感。然而生活中的每一件小事都是千变万化的，有不同的背景与契机，事中人的性格与脾气也不大相同，其结果就是父母往往发现别人的告诫与经验不适用，的确我们不能依赖他人甚至专家来帮助我们解决问题，这里需要发挥我们的创造性。

在生活中有许多可以动脑筋、玩些小技巧的地方，也就是要富于创造性。例如我们一般认为要制止孩子的胡闹时，要板着面孔、晓之以理或动之以情，激烈一些的就是大声训斥。这种做法虽可以约束孩子的行为，但往往破坏了气氛和情绪，尤其在一个欢乐的聚会场合。

这里有一位妈妈的故事，大家都为她的机敏与幽默而叫好。

张娜一家4口与朋友及孩子们一同出门旅行。两家的孩子都是10来岁的男孩，十分活泼爱动，凑在一起自然碰撞出更多的活力来。这天他们在一家国家公园内露宿。营地内篝火熊熊，大家都在忙着野炊。孩子们原本是自愿帮助生火、腌肉、准备餐具，但一会儿就各自拿着手中的食物和餐具舞动起来，继而围着篝火乱跑，不但没有帮上忙，还妨碍了大人做饭。于是大人试图停止孩子们的破坏行为，又不想伤害他们的玩兴，这时张娜直起身来宣布，如果孩子们不乖乖地坐到小木桌旁等候开饭，她就要抱住他们给每人一个热吻。男孩们"哄"地笑出了声，但却不敢抗争，顺顺当当地到桌边坐下，因为对十几岁的男孩来说，让妈妈或其他中年妇女当众热吻一番，的确太令人发窘了。尽管他们坐在桌旁还是嘻嘻哈哈地拿这个主意开玩笑，却没有人胆敢尝试违令的后果。

试想如果哪位家长大喝一声："都给我坐下，否则不给烤肉吃。"那不知该有多扫兴。

学会给孩子留点面子

父母箴言

家长们对自己的自尊心往往比较敏感，当孩子对自己有叛逆行为时，就怒不可遏，孩子觉得受委屈有伤面子时，家长却认为："小孩子家的，什么面子不面子，甚至还有意给他一点伤害，以示惩戒。"其实这是万万不可取的。

9岁的小维同妈妈购物回来，帮着妈妈将买的东西从车中搬到厨房。妈妈见他抱了一堆玻璃瓶不禁担心："分两次拿，这样会打碎瓶子的。""不会。"小维倔强地说。"你若不听妈妈的话，肯定会打碎瓶子的。"小维像是没有听见，只是往门里走，刚走到过厅，瓶子就接二连三掉下来，满地狼藉。妈妈不禁火上心头："我告诉你了，你看看你搞的这一塌糊涂！"

如果家长能够照顾到孩子的自尊心，就可以避免许多不必要的麻烦。家长们对自己的自尊心往往比较敏感，当孩子对自己有叛逆行为时，就会怒不可遏，一发为快。然而当孩子们觉得委屈了或遇到有可能伤孩子面子的事，家长却认为："小孩子家的，什么面子不面子，甚至还有意给他一点伤害，以示惩戒。"

当瓶子摔在地上时，小维已经认识到自己的失误，这种事实的结果教育，比母亲的事前警告与事后教训的效果都要好。不听妈妈的劝导，打了瓶子使得小维很感窘迫。妈妈这时应体会到小维的心情，不要再火上加油。可以平静地对小维说："碎玻璃容易扎到人，先拿扫帚来扫一下。"将事情引到善后上，不使小维过于难堪。小维从心里会感激母亲没有"痛打落水狗"。有些母亲对类似的事情处理得很好，既教育了孩子，又增进了感情。

娜娜5岁了，有件事情令母亲十分头疼。娜娜所在的幼儿园要求孩子从小就穿校服。但娜娜喜欢穿自己的漂亮衣服，于是每天早晨妈妈同女儿都要为此争论。尽管最终娜娜会服从，妈妈却被这件事搞得很疲惫。

一天，娜娜对妈妈宣布今天不必穿校服。"你肯定吗？"妈妈问。"是的，所有同学都不必穿。"等妈妈带着女儿来到学校，看见所有孩子都整整齐齐地穿着校服，女儿鲜艳的衣裙显得格外耀目。娜娜有些踌躇了。她对妈妈说："我有些肚子疼，我们回家吧。""噢。"妈妈似乎没有听见娜娜的要求，只是自言自语地说："同学们穿得好整齐。"然后低头对娜娜说："我想过你可能会改变主意，所以把你的校服带来了，要不要去洗手间把它换上？"娜娜的脸上阳光顿现，亲热地吻了妈妈一下，带起校服跑进了洗手间。此后，妈妈不必再与娜娜为穿不穿校服发生争执了。

妈妈的这一举动非常聪明，她将女儿不露痕迹地从尴尬中拯救出来，女儿当然会感激妈妈的"侠义"，也为自己"摆脱困境"而庆幸。这样以后再遇上穿校服之类的事情时，也就不好意思再与妈妈争执了。

试想，如果妈妈不给娜娜带校服，留她在学校忍受一天的不自在，回来后还用这一天的感受来教训提醒她，女儿是否会生出反感，产生对抗情绪，而且认为这一天的困窘已经忍受过来了，为了反抗妈妈的"刁难"，再多忍受一天也无不可。如果激发出这样的心态，争执还会继续下去，而且更为激烈。

不要把谈话引向对立

同孩子讲话也一样要负责任、讲艺术，不能妄下通牒，避免走入死角。否则话是说出来了，却无法实现，让孩子认为父母的话可听可不听。

刘娅的生日在即，妈妈准备为她在家中开一个派对，于是母女俩开始忙着发送邀请卡。

"维娜家的地址是？""我不想邀请她参加。""怎么会？她是你的好朋友啊!""不,她不是。""这样讲不好,如果让维娜听见会怎么想。你也不希望她这样讲你对吗?""我不管,我不想请她。""如果是这样或许你根本不该开这次派对。""可以,不开好了。"

话虽讲到这里,派对还是要开,生日一年一次,孩子们都很喜爱用这种方式庆祝生日,妈妈当然不愿让女儿的情感受挫伤,但如何转弯呢?妈妈不禁为自己说出去的话烦恼起来。

这里,妈妈很有些自食其果的味道。同孩子讲话也一样要负责任,不能妄下通牒。否则话是说出来了,却无法实现,让孩子意识到父母的话是没有多少分量的,可听可不听。同孩子的谈话要讲究艺术,避免走入死角。做到这一点所需要的是认同,理解与尊重孩子的意志与认识。

比较起来孩子说话可以更随意一些,他们可以很快地转变态度,"收回"自己刚刚意气昂扬地讲出的话,对父母提出完全相反的要求。这样一比,父母占了劣势,因为他们不能出尔反尔,去向孩子"耍赖",因此要格外慎重,不能顺着孩子的逻辑向下走。

重温一下刚才的话,我们可以看到家长犯了这样几个错误:

首先当女儿提出不让好友参加派对时,妈妈没有意识到这里有问题,去听一下究竟发生了什么过节,而是简单地说"她是你的好朋友啊",以此来否定刘娅的愿望或对维娜的不好感受。这样就给对话加上了阻力。当女儿很负气地说维娜不是她的好朋友时,妈妈还有机会让女儿说一说究竟发生了什么事情。但妈妈又一次使用了成人的判断:小孩子真是很片面很极端,或许她们有一些争吵,还没有平静下来,就这样"绝情"。他这样想也就这样说了出来,但这种想法是否正确呢?

客观地讲是很对的,孩子之间今天吵了,明天好,还会有什么大事吗?用不着过问,几天就过去了。的确如此,但妈妈忽略了一点,就是对孩子来讲同好朋友闹矛盾是非常严重的事。她们很可能希望向妈妈抱怨一番,如果父母不能给孩子机会让她将心里的话讲出来,反而对她讲"你这样做不对",在这种情况下,孩子不会认真听取、考虑你的意思,而是反应得十分极端。而孩子的"不讲理"又进一步引发父母的气恼,也变得像孩子一样地极端起来。

如果我们领会到孩子内心的真实感受,就会采取不同的态度来对待。

当女儿说出意外的话,不邀请好朋友参加派对,妈妈应当意识到这是一个"严重"的问题,因为女儿一定是生了很大气才会这样做,而不是依照成人的眼光将问题"缩小"。

"怎么,你们闹矛盾了?"

(这样表明妈妈注意到了女儿的情感,给予了应有的关心,给她机会表述一番。)

"是的,她总是随便拿我的书翻看,你知道我最不喜欢别人动我的书。"

"她那样做让你很不舒服。"

（这样讲并未肯定或否定女儿的感觉，也未评论维娜的行为是否正确，但卡其亚却很高兴妈妈能够理解自己。）

"是的，我同她讲过许多次，她总是这样，我很不喜欢。"

"要不要想想别的办法可以避免她动书？"

（妈妈的这句话顺理成章地将女儿引向问题的"出口"，自主地寻找解决问题的方法。妈妈可以提一些建议，女儿可能会接受，但这样做会剥夺了女儿自我思考和解决问题的机会。）

"我可以将书柜锁起来，有些书放在外面，别人动也没有关系。"

"好主意，如果是这样，可不可以请维娜来呢？"

"我想没问题。"

表面看，妈妈在这里给女儿设了一个"小圈套"，诱使女儿做出了妈妈认为正确的决定，是不是有失"正直"。公平地讲，这是一种教育孩子的技巧。我们当然希望能够对孩子直言不讳，用正确的道理引导他们成长，然而同时我们应当考虑到效果。如果我们浇灌下去的甘露对孩子来说变成了令人厌恶的苦雨，拒绝领受，又怎能保证孩子顺利汲取到所需要的精神养料呢？

给孩子以成长需要的爱

父母箴言

父母对孩子真正的爱，是孩子健康成长所需要的爱，这种爱应该是稳定的，及时的，行动的，要求父母细心、敏感，当孩子需要时，马上给予。

心理学家费洛姆在经过长期研究以后，将爱的表现形态归结为四个方面：关心、尊重、理解、责任。

关心，就是对孩子的照料。这对孩子们来说太需要了，年幼的孩子，遇到困难特别多，饮食起居、学习、身体都需要父母的照料。不但要关心孩子的物质需要，也要关心孩子的精神需要。但关心不是包办代替，不是越俎代庖，不是放任，不是溺爱，不是过度保护、过度干涉，不然，爱的关心就会走向反面。

尊重，就是要平等地对待孩子，尊重孩子的人格、兴趣、意愿，而不压制他的个性。

有一位小学生，叫小明，爱集邮，却遭到父母反对："集邮有什么好，只会浪费你的学习时间，花费家里的钱。"父亲还说："不许你集邮了。"小明被恼怒了，顶了父亲一句："集邮有什么不好。"父亲火了："你还敢顶嘴？我把你的邮票烧了。"说着，真的将邮册投进了炉火里。儿子的心像刀割一般，这可是他几年的积累了！后来在一次作文竞赛中，他把从邮票上学到的知识用到了作文上，获得了第一名！可他不想把这喜讯告诉父母，因为父母的言行在他心中投下了阴影。

应该说小明的父母本意是好的，但他们没有尊重孩子的独立个性，剥夺了儿子的集邮爱好。把自己对前途、对成材的看法强加给儿子，认定集邮是浪费学习时间，并以居高临下的权威地位，以不平等的强迫命令态度去处理儿子的个性爱好。

这种缺乏尊重的爱不能算是真正的爱。因为父母没有把孩子当成一个在人格上平等的、独立的人那样去爱。

理解，就是对孩子深入地了解。家长要能站在孩子的立场上想问题，分析问题。只有真正理解了孩子的困难、愿望和要求，爱才能落到实处。

上四年级的小丽，放学回家就向妈妈抱怨："老师太狠心了，这么多作业，真不想做了。"

妈妈走过去温和地问："都有哪些作业？"

"你看，数学计算题15道，应用题5道，还有语文课文背诵、问答题、小作文。"

"是太多了，考试前这些天够辛苦的。是否一定都要做？"

"那倒不是，有几个题，老师说来不及可不做。"

"那就先休息10分钟再做吧，反正不一定全做。"

"那怎么可以呢，不做的那几道题刚好考到呢？"

小丽边说边摊开书本、作业本，在温馨的氛围中认真地做起作业来。

其实，小丽并不是不想做作业，而是求得母亲的理解。"真不想做"，是她负向情绪的一种语言宣泄，并非她本意真的"不想做"。这位善解人意的母亲很快化解了女儿的烦恼。

责任，就是要对孩子有一种安全、主动负责的精神，这是更高层次的爱。这种爱，渗透到生活的各个方面，无论孩子是俊是丑、智商是高是低、表现是好是差、身体是健康还是残疾，我们都要爱他，都要对他负责。

杭州有一位女孩叫杨洋，她是我国第一位通过平等竞争进入普通高校深造的聋人大学生。她之所以能冲破障碍、超越自我获得成功，就是因为有非常爱她的父母。

杨洋是4岁时由于耳毒性药物致聋的，可她父母不认命：不能让女儿聋了又变哑。为了让女儿到普通学校读书，父母决定用汉语拼音教女儿说话。于是当工人的父亲每天下班回家，就教女儿"a—o—e"，可对声音毫无感觉的女儿，几百次发音却是几百种奇怪的声音，父亲总是耐心地边教边听、偶尔逮住一个较准的发音，就让女儿再发，可又是几百次千奇百怪的声音，父亲仍然耐心地教、耐心地讲……年幼的女儿不耐烦，恼了，父亲就拉着她的小手与她做游戏，表演有趣的故事。就这样，父亲教会了女儿一年级的语文、数学。好不容易进了普通学校，为了这来之不易的学习机会，父母竭尽了全力腾出了最大的一间房，买来了小孩爱看的课外书、爱玩的扑克、象棋，准备了小零食、开水……以吸引女儿的同学放学后来学习和活动。这样可通过他们了解教学内容和进度以及老师的要求，从而有效地帮助女儿的学习和生活。

在父爱母爱的阳光雨露下，奇迹出现了，杨洋不但上了省重点中学，而且以优秀的成绩考上大学本科，成绩还保持在前三名！她通过竞选当上了系里的团委组织部副部长，在大学入了党。现在杨洋已参加了工作，能用语言与人交流，真正融入了社会。

由此看来，父母对孩子真正的爱，应是孩子健康成长需要的爱。而且爱是一种被动的感觉，它不以父母自己感觉"爱孩子"为标准，而是要看孩子是否感觉到。这种爱应是稳定的，像太阳一样永恒；要及时的，要求父母细心、敏感，当孩子需要时，马上给予；是行动的，不仅仅是口头上的，更是实际行动去体现。这样，孩子才会感受到父母真正的爱、可靠的爱。

第二章
让自信陪伴孩子成长

为什么要培养孩子的自信心

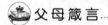父母箴言……………………………………………………………………………

自信心就像人的能力催化剂，将人的一切潜能都调动起来。

自信心对一个人一生的发展所起的作用，无论在智力上还是体力上或是处世上，都有着基石性的支持作用。自信心在人的各种能力的发展上产生一种主动积极性，进而刺激人的各项感官与功能及其综合发挥起着决定性的作用。自信心就像人的能力催化剂，将人的一切潜能都调动起来，将人的各个部分的功能推到最佳状态。而高水平的发挥在不断反复的量的积累基础上，巩固成为人的本能的一部分，将人的功能提高到一个新层次新境界。一个人的成长路线如果是沿着这样的积极上升式进行，可以想象其积累效果是十分可观的。在许多伟人和我们周围的优秀人身上，我们都可以看到这种超凡的自信心，正是在这种自信心的驱动下，他们才既能大胆实践，又能异想天开，纵横捭阖，积极进取，百折不回，获取最终成功。

我们的家长常持这样一种态度："你还小，你懂什么？让我来教你，你要照我说的去做。"我们常常低估了孩子的自我观察和学习能力，因而经常为孩子的出人意料的聪明举动感到惊讶。但在赞叹自己孩子聪明的同时，仍不能打破成见，以客观的眼光去发现孩子的智慧，而沉迷于自己的导师地位。哪里知道我们的孩子没有被既定的理论与观点"点拨"过，他们思路开阔，常对事物有惊人的理解与洞察力，我们的孩子聪明得很，有时显示出比我们成年人高明得多的见解。只可惜我们的家长并无心去思考孩子的意见，不准备接受孩子的认识有时比我们高超这一事实，在迫使孩子们接受我们的观点的同时，大大地打击了他们主动探索世界奥秘的积极性和自信心。"你怎么有这么多的问题，真麻烦，大人哪有那么多的时间陪你去探讨问题。"干脆买一本相关的书应付了事。我们希望自己的后代是有头脑，会独立思考的人才，但没有自信心的支持，就很难培养出真正独立、有开拓精神的人才。

不要打击幼儿的自信心

🚢 父母箴言

　　我们相信孩子长大后，是能干成事的。但现在还小，所以不允许孩子用天生的主动性和好奇心去发现自己的能力，而且怀疑他们的能力、给他们泼冷水，其实这很大程度限制了他们的发展。

　　我们一心想让孩子成为最出色的青年，却不允许孩子们用不同的方法去发现自己的能力，而是怀疑他们的能力，限制他们的发展。当4岁的孩子要帮妈妈包饺子时，父母们经常夺过孩子手中的面饼："小宝贝，你会把面粉弄得满身都是的。"为了不使面粉弄脏孩子的衣服，结果使孩子的自信心破碎。孩子们努力去发现自己的长处和能力，他们总想试着干这干那，好奇心驱使他们一次次地接受挑战，他们会跟在大人身后，

　　你做什么，他就去做什么。我们却泼冷水。当4岁的孩子自己穿衣服的时候，我们说"穿错了，穿反了"。当他们自己吃饭时，我们说"看你把衣服弄得多脏"。我们把勺子拿过来，喂他吃。当孩子要洗碗时，我们说"别把汤勺打碎了"。当他们要帮我们拖地时，我们说"算了，你还小，你会把自己弄得水淋淋的"。我们把拖把夺过来，让他们茫然地瞅着，我们自己拖。就这样，我们让他们看清楚了自己是多么的"不行"，我们是多么的"能干"。

　　我们开始认为孩子们弱小，然后又怀疑他们的能力。我们并不知道我们做的这些事正在打击着孩子们的兴趣和积极性。

我们相信孩子长大后是能够干成事的，但现在还小，所以不需着急。我们忘记了从他们出生后，我们就急切地盼望着他们能跟我们笑一笑、挥一挥手，不厌其烦地教他们喊妈妈爸爸。我们就是在鼓励他们学习、行动。那时候我们还有耐心、有意识，因为这里面有娱乐成分，而且说笑都不会给大人带来麻烦和干扰。一旦他们的行动给我们带来干扰与麻烦，我们就宁可等一等，等到明天再行其事。孩子们有天生的主动性，他们从很小就认为自己能干一些事情。如果孩子总是跟在妈妈身后叫着，"我要浇花，我要打鸡蛋，我要洗盘子，我要打扫屋子"，而妈妈却永远回答"宝贝，你太小了，去玩玩具去吧。去看电视去吧"。当孩子10岁的时候，妈妈说，"孩子，来，帮妈妈把洗衣机里的衣服取出来，放在甩干桶里"。孩子可能会说，"妈妈，我忙着玩游戏机呢"，或者说，"先等一等"。结果一天过去了，他还是没做这件事，或者他会很奇怪，这种事情，干嘛非扯上我……而父母还没明白，就是他们把孩子教育成这个样子的。

不要挖掘温柔的"陷阱"

父母箴言

在孩子成长的道路上，存在着一个非常温柔的陷阱，就是那些过分庇护孩子的父母亲手挖掘的、掉进陷阱里的孩子，由于被剥夺了犯错误和改正错误的机会，从而也失去了长大成人的机会。

有份报纸曾经刊载了这样一则消息：一位母亲为他的孩子伤透了心，她不得不去找专家咨询。

专家问，孩子系鞋带的时候打了一个死结，您是不是不再给他买带鞋带的鞋了？母亲点了点头。专家又问，孩子第一次洗碗弄湿了衣服，您是不是不再让他走近洗碗池？母亲点头称是。专家接着说：孩子第一次整理自己的床用了一个小时，您嫌他笨手笨脚对吗？

这位母亲惊愕了，从椅子上站起来，凑近专家问："您怎么知道的？"专家说，从那根鞋带知道的。母亲问，以后我该怎么办？专家说，当他生病的时候，您最好带他去医院；他要结婚的时候，您最好给他准备好房子；他没钱时，您最好给他送去。这是您今后最好的选择，别的，我也无能为力。

孩子成长的道路上，存在着一个非常温柔的陷阱，就是那些过分庇护孩子的父母亲手挖掘的、掉进陷阱里的孩子，由于被剥夺了犯错误和改正错误的机会，从而也失去了长大成人的机会。专家刚才所说的话，是告诉这位母亲不要事必躬亲，孩子大了，应有孩子自己的活动空间。

很多小孩不好好吃饭，他们紧紧闭着嘴，把刚刚喂进去的食物一张嘴全喷出来，而且玩似地大笑起来。当父母的在这时既不要生气，也不要无奈，这其实是我们什么事也不让孩子做把孩子闲出来的毛病。

美国家庭注重对孩子独立生活能力的培养，反对过分保护孩子。一方面过分保护会使孩子失去锻炼、成长机会，另一方面过分保护也使孩子感到能力缺乏，因而对自己失去信心。孩子们需要一定的空间去成长，去试验自己的能力，学会如何对付危险的局势。不要为孩子做任何他自己可以做的事。如果我们过多地做，就剥夺了孩子锻炼发展自己的机会，也剥夺了他的自立能力的形成和自信心的建立。

明智的父母，应当鼓励孩子的自信心，让孩子根据自己的条件，尽量地培养自理能力，发挥自己的潜能，使自信心在能力的支柱上成长。

接受鼓励是孩子成长的重要内容

🚢 父母箴言 ···

当一个幼儿来到这个世界，他们常会感到束手无策，会发现成人的世界好精彩，而自己的能力却好无奈。在这种时刻他们最需要的是鼓励，也是我们能够给予孩子的最宝贵的支持。

鼓励是养育孩子最重要的一面，每一个孩子都需要不断地鼓励。当一个幼儿来到这个世界，他们常会感到束手无策，会发现成人的世界好精彩，而自己的能力却好无奈，连走路这样简单的事，都要慢慢学来，这是多么严酷的现实啊！尽管如此，仍然有勇气进行各种尝试，以使自己适应、融入这个世界。孩子们就是在这种一无所有的情况下，瞄准"万能"的成人世界，开始万里跋涉的。他们从最基本的技能学起，希望有一天能自立，能够成为家庭、社会中称职的成员。在这种时刻，他们最需要的是鼓励，是战胜困难的信心和勇气，这也是我们家长能够给予孩子的最宝贵的支持。

但在生活中，我们往往忽视鼓励的重要性，常忘记鼓励、轻视鼓励。许多家长错误地认为孩子需要的是教育，而教育更多的是训导与惩罚。鼓励是什么，他们不了解，也不在乎。他们没有认识到没有鼓励，孩子就不能健康地成长，没有鼓励，可能使孩子产生不良行为，并由此有许多打击孩子自信心的事情发生，甚至成年人在无意当中给他们设置了许多障碍，而不是帮助他们。我们这样做的根本原因是不相信他们的能力，并在我们的意识中已形成偏见。在一个孩子的成长过程中，接受鼓励而产生自信心是非常重要的成长内容，是我们父母应时刻关注的教养步骤。

小孩子要帮助大人干活是好事，干不好也是正常的，父母应该多加鼓励。让孩子学习做家务，本来就是父母教育孩子的一种手段，何况孩子乐意主动帮忙。所以，当孩子想做事的时候，作为父母要保护他们的积极性，鼓励他们并承认他们的能力。当然，孩子越帮越忙的事是难免的，也确实让父母感到麻烦，但父母只要花点心思，这个问题是能够解决的。

小孩子特别喜欢跟在大人后面"帮忙"，而事实上许多家务如拖地板、洗衣服等对他们来说太大，不切实际地让他们插手，显然只能越帮越忙。这时应该转移他们的注意力，引导其做一些力所能及的、以自我服务为主的事，如整理图书、系鞋带、叠衣服等。

我们还可以让孩子每天干好一件事。我们可以告诉孩子："宝宝是个好孩子，知道帮妈妈做事。不过你现在还小，一下子做这么多这么复杂的事做不好，你每天只负责做一件事，把它干好，行吗？"孩子高兴地答应了，就要立即开始行动。比如让孩子干的第一件事是整理自己的小书桌，做了示范后孩子像模像样地先擦擦灰，再将零乱的物品放整齐，我们提醒他每天不忘记做，以培养他的责任感，很有效。一件事情做了一段时间，孩子做得熟练了，再替他换个新工作，让他有一个新鲜感，像每天餐前为家人放好碗筷、收拾全家人的鞋子等等都是可以让孩子干的事情。孩子受到鼓励，乐此不疲，信守契约，隔一段时间给他换一件新工作，孩子就会在不断的劳动中学到很多新的技能。

我们许多人在小时候，都特别喜欢帮父母做事，可父母一方面嫌我们添乱，总是把我们赶开；另一方面他们又对我们极为关爱，处处照料周到，连自我服务的事也很少做。渐渐地，我们对做家务的事不再关心，也不想帮忙了。从小到大，从饮食起居到择业婚姻，无一不是父母包办代替。这使我们失去了许多磨炼，常常被一种怯懦的情绪困扰，在生活中经常处于一种劣势，不知错过了多少宝贵的机会。

作为家长我们常常有一种先入为主的观念，认为孩子到了某种年龄，才能做某种事情，否则的话，他就是太小，太缺乏能力，不能做这类事情。但是我们往往想错了，往往孩子在那个年龄那个时刻是可以做得很好的，而且他做得还会很有兴趣很有意义，但是我们却人为地推迟了他学会本领的时间，而且最关键的是我们的这种做法，会使孩子失去自信，怀疑自己的能力，减弱他们的进取心，以至我们认为他们应该做某件事时，他们却早已失去了做那件事情的兴趣。这种消极影响将会对孩子的一生都有作用。

王平的女儿4岁了，他吸取自己的教训，2岁起就鼓励她自我服务，虽然她洗脸洗成"落汤鸡"，牙膏一挤一大堆，吐口水吐到了自己的鞋子上，他还是快乐地告诉她："宝贝真能干，让爸爸来教你，你会做得更好。"女儿的小嘴挺甜，学着她妈妈的样子说："我下次就会做好的，爸爸请你放心。"由于从小受到鼓励，女儿最快乐的事就是帮大人干活，有时大人到田地里干活，她也拿个小火铲一起挖土。大人做完一件事感到很累很高兴，她也会说，"今天好辛苦，不过你们的功劳也有我一份！"但有的时候，忙没帮上，还搞得家里一片狼藉。这时他和妻子宁可偷偷帮她修正，也很少责怪她或不让她插手。添乱是暂时的，只要孩子有兴趣，就一定会越做越好。

你可能会说，孩子最常发生的事就是看见大人在做事就想帮忙，你在洗衣服，他突然把手放进去搅拌一番，半截袖子也跟着浸在肥皂水里；淘米时，一不小心，他的泥巴手又来了。你也许会说，"快走开，别捣乱。"孩子可能会为此而消沉，以后对家事变得不再关心，而等到父母想要孩子帮忙时，他早已没有兴趣了。事实上，小时候"牵手不动"的孩子，长大也不太会做事。所以父母想要使孩子成为一个能干的人，就要容忍孩子从"帮忙添乱"开始。

孩子刚开始尝试做事，不可能不犯错误。这时家长的态度对孩子今后的发展很重要，你绝不能让孩子脑中留下自己是个"笨蛋"的印象。因为这样会使孩子产生一种自卑心理，严重的会使孩子做什么都会感到自己无能而不想尝试，正确的做法是一件事情失败了只是说明孩子缺乏技巧，这种技巧只是因为父母没有很好地传授或孩子还没有学会。我们应该培养孩子有勇气去犯错误、去纠正和改正错误，敢于从失败中获取成功，从中获取自信力和自尊心。这就要求我们不要讽刺他们，使他们受到不同程度的打击；当然，也不要过分赞扬他们，以免产生骄傲情绪，要使孩子始终充满自信地活着，同时我们还要不断地鼓励孩子的自信心。

你为何不把握具体情况，给孩子以实际指导，鼓励孩子使她由"帮忙添乱"成为真正的小帮手呢？她想洗袜子，你就从抹肥皂到过水手把手地教她；她想烧菜，你就请她到厨房教她先择菜；她想洗碗，你就先教她怎样使用洗涤剂或先洗一只，然后再逐渐增加……

此外，许多孩子之所以越帮越忙，很重要的原因是由于工具不合适造成的，成人用惯了的拖把、扫帚、抹布等工具，对孩子来说太大了，妨碍他们做事，结果才弄得越帮越忙的。欲善其事，先利其器，给孩子准备合适的工具，既是对孩子帮忙做事最大的尊重和鼓励。我们不妨到超市给孩子买来小扫帚、小簸箕、小拖把等做事工具，让孩子用起来得心应手，我们干家务活时，她也兴致勃勃地擦自己的小桌子小凳子，收拾自己的小床、抽屉等等。凡事没有生来就会的，总是要经过不断地学习和摸索。我们应该多一分耐心，多一点宽容，恰当地引导，不但使孩子能掌握一定的劳动技能，同时还能培养起劳动观念、劳动习惯和责任感以及对父母辛劳的理解。

怎样锻炼孩子的勇气

父母箴言

孩子的胆量生来是不一样的。但在很大程度上，孩子胆量的大小是后天形成的。孩子的胆小，多是家长们故意渲染恐怖的苦果，而孩子变得胆大，在很大程度上是练出来的。

邻居家艾玲两三岁时是个很活泼的孩子，一见到大人总是在大人身边跑来绕去。现在她已经上小学了，可她妈妈讲从幼儿园开始，艾玲就变得胆小怕事了，很难看到她脸上露出笑容。在学校，她见到老师同学都怯生生的，上课不敢发言，回答问题也总是低着头，声音小得只有她自己才听得到。因为胆小，不爱说话，她没有朋友，课间总是一个人躲在角落里。有时有调皮的同学故意招惹她，她也不敢反抗，只是悄悄地躲开。在家里艾玲也是郁郁寡欢，有时妈妈大声叫她都会把她吓一跳。妈妈非常失望地说："这孩子怎么越来越没出息呢？"

因为家长的过度保护，珠珠自理能力很差，十分胆小。别的小朋友在那里玩滑梯，她躲得远远的。老师走过去，问："你看好玩吗？"她说："好玩。"老师说："那咱们走近一点。"老师就拉她靠近滑梯。她看别人玩得那么高兴，越看越眼馋。老师进一步诱导说："你也滑一个好吗？"珠珠吓得赶紧往后面缩。老师说："这么办，我抱你，咱俩一起滑，好吗？"珠珠勉强同意了。在老师的怀里，珠珠有安全感，她和老师一起滑了下来。老师问："好玩吗？"她说："好玩。"老师又问："害怕吗？"她说："不害怕。"老师说："你真勇敢！这回你自己玩，好吗？我在旁边保护你。"珠珠终于敢自己玩滑梯了。

孩子的胆量生来是不一样的。有些孩子天生不爱说话，害怕生人，不敢表现自己，我们宁可把这看成是他的性格特点，而不要简单地看成是缺点。有些孩子胆小，家长也有责任。家长安全意识过强，老是吓唬孩子，孩子干什么家长都说"危险"，久而久之，孩子就会总结出一条经验，最可靠的办法是什么也别摸，什么也别干，在我们成年人看来，自然就是胆小怕事。

有的孩子由于家庭环境的影响，从小就羞涩、胆小、内向。可当你注意到孩子从原本活泼可爱，喜欢交朋友，一下子变得胆小怕事，龟缩到自己生活的小天地时，应该引起重视。孩子是不是不能适应新环境？是不是被别的孩子欺负或遭受到挫折，从而失去对自己的信心？

现在的独生子女在幼儿园之前，很少有与同龄人交往的经验，在家里受到所有人的保护，这种生活使他们根本不具备应付挫折和压力的能力。进入幼儿园后，有的孩子本身先天适应能力较差，面对新的环境感到特别拘谨，面对这么多处处不再护着自己的小朋友和老师，他们会从内心感到害怕和孤独。这时，如果家长忽略了孩子适应新环境的教育，忽视了安慰和鼓励孩子，孩子就很容易变得胆小怕事、退缩，当他们面对种种压力时，由于不知道怎样奋起反抗，只有退缩到自己的内在世界里以躲避外在世界的伤害。

有的家长整天把孩子关在家里，不准孩子与其他孩子玩耍，或者对孩子过分迁就、溺爱，也是使孩子不适应新环境的原因。孩子因缺乏与同龄人交往的技巧，只好采取逃避的行为。有的孩子由于自身存在某种缺陷，如口吃、长相不好等，在新环境中受到了极大的伤害，从此失去自信心，慢慢地就变得再也不敢当众发言，大声说话，生怕被别人注意到，恨不得躲到没人的地方。

由此可见，孩子的胆量是后天形成的。有个男孩从小一点儿也不怕狗。大人抱着，看见狗就跟狗玩。后来他会走路了，有一回他在小公园里，远远见一条狗，他这里一招呼，那边狗就冲着他跑来。高大的狼犬，轻轻撞了小男孩一下，小男孩被撞了一个仰天跟头，立即哇哇大哭。从此他见了狗就直往大人背后躲。

大人有时会有意无意地借助"鬼"、"黄猫"、"狼外婆"之类惊悚的东西来吓唬孩子，让他们就范听指挥。可见，孩子的胆小，多是家长们故意制造渲染恐怖的苦果。而孩子变得胆大，在很大程度上是练出来的。

有的家长老是指责孩子："你看人家，小嘴叭叭的，你再看看你，像木头疙瘩似的！"这种"定位"式的批评特别容易伤孩子的自尊心和自信心，正好强化了他的怯懦。珠珠的老师做得非常好，她对珠珠没有任何的指责，也不是放弃不管，而是为孩子设立具体的小目标，允许孩子尝试，成功了立即表扬，终于使她自己敢玩滑梯了。试想，如果这位老师冷冰冰地嘲笑珠珠："人家都玩滑梯，你怎么不去！胆小鬼！"结果会如何？这种老师不是没有，这种家长也就更多。家长如果遇到个胆小的孩子，以珠珠老师为榜样就行了。

不要批评，要有耐心，要鼓励孩子经常和小朋友一起游戏、交往，教给他一些与同龄人交往的技巧，培养他对新事物的兴趣，养成热情、活泼的性格。对孩子存在的能力缺陷及时加以训练和培养，如孩子本来说话表达不清，母亲可以和孩子一起每天坚持表达训练。体质不好的孩子，家长可以和孩子一起每天坚持表达训练。体质不好的孩子，家长可以通过饮食调节和加强锻炼来改善。父母应注意发现孩子的闪光点，对他的优点经常加以鼓励，使孩子从中获得尊严。当孩子要面对新环境时，父母应给他详细描绘新环境的情况，教给孩子适应新环境的方法，并教给孩子勇敢地去面对。

应该告诉孩子自己喜欢他，欣赏他的所作所为，哪怕是一点点小事，如孩子懂得体贴大人，知道关心别人等，这样，孩子就会更好地接受自己，经常鼓励孩子，让孩子觉得父母永远都支持自己，当遇到困难和挫折时，可以向父母寻求帮助。如每天晚上花 10 分钟时间倾听孩子的谈话，对孩子的自信心就是极大的鼓励，对孩子的每一点进步加以赞扬和欣赏是使胆小怕事的孩子发展的一个有效方法。让孩子帮助你做一些力所能及的事，如买东西、摆桌子、寄信等，通过这些活动，胆小的孩子会逐渐认识到自己是有能力的，胆子也会越来越大。

下面是一位日本专家对胆小怕事的孩子在他的《父母造就懒散孩子》一书中提出的很好的建议：

1. 让孩子积累较多与其他孩子一起生活的经验。让孩子玩活泼的游戏，即使稍有一点危险的游戏，也无须大人喋喋不休地嘱咐个没完没了。

2. 不能毫无道理地把自己的想法强加给孩子。要把孩子从家长的桎梏中解放出来，大胆地让他与各种各样的朋友接触。

3. 孩子的怯弱不安，是受母亲本身的态度影响的。如果你对孩子的事总是过分担心的话，其情绪和态度就会传染给您的孩子，使他本人也变得不安起来，因为白天能够在户外生气勃勃地玩耍，所以你就更要离开你的孩子，有时听任孩子去做是可以的。并且，当孩子因失败而表现出软弱胆小时，如果他能把某件事情叙述得全面甚至令人吃惊的话，就要表扬他。

4. 放开手脚让他自己寻找能玩在一起的小朋友。有时候孩子虽然成绩好，但是缺乏表达的能力。这种表达能力的缺乏是与本身的思维紧张和强烈的不安引起的。因为一外出，他本人在情绪上就总是不安，所以就不能很好地把自己的事情用语言表达出来。这样的孩子需要朋友，即使有一个朋友也可以，所以要放开他的手脚，不要采取过度保护的办法，如果能由他自己找到合适的朋友，那是最理想的了。

5. 在学校尽可能让不善言谈的孩子与有相同倾向的孩子长时间在一起玩耍和行动。

6. 让孩子和老师熟悉。委托老师多创造一对一的谈话机会。

7. 与双亲一起做活动身体的游戏。尽量让孩子发出"嗨"、"喂"等叫喊声，以使他的能量得以释放。

8. 努力寻找孩子的优点，让老师在学生面前对他加以表扬。

9.让孩子在家人面前唱歌并表扬他。

10.加长孩子的准备时间。使孩子尽早开始训练，等他的心情不紧张了，就会由开始的不合格慢慢变得运用自如。让他对功课稍稍提前进行预习或练习，等到正式开始时就不会惊慌失措了。

11.母亲经常地带孩子出去，让他能与同龄的孩子一起玩。

12.支持孩子干力所能及的事情。

13.耐心地对孩子说："你只是有点内向，但不失为一个温柔的好孩子。"

锻炼孩子的勇气对于父母自身的勇气也是个考验

如果我们，自身一旦面对困难、面对带有一些危险的活动就害怕起来，很难想象这样的父母，会带出有勇气有胆量的孩子。

父母领孩子到农村的姥姥家去，姥姥家住在一个村庄的山坡上，父母就领孩子到山坡上的草地里去玩，草地像一床毛绒绒的大毯子，孩子刚开始还很好奇，甩开父母的呵护，勇敢地在草地上用小脚来回地踢踏，见到有蝴蝶飞过，还扑过去捉蝴蝶。父母看到孩子走进大自然那种开心的样子，一下意识到这是一个家庭多么温馨美好的时刻！可这种美好却被一只大黑蚂蚁给打破了。原来，孩子胆量很小，一只大黑蚂蚁爬到了孩子的脚背上，她很恐惧，发出了尖厉的叫声，竟恐慌地哭泣起来。

去做你害怕的事，害怕将不再缠着你。本来一只蚂蚁并没有什么可怕，只要告诉孩子"勇敢些，把它从你的脚背上弄下来"，孩子经过一番努力是会实现的，孩子也得到了一次战胜恐惧的机会。可是做母亲的却偏不，上前把那只蚂蚁抓下来踩死了。孩子的哭声止住了，可孩子的胆量却没有成长，甚至更胆怯了。试想，如果这位母亲不是去帮助孩子把蚂蚁从脚背上抓下来，从而止住孩子的哭声，而是在孩子的哭声中告诉孩子要勇敢些，不要怕它，鼓励孩子把蚂蚁捉住，把它踩到脚下或抛向草地，孩子当时可能犹豫，可能身体会发抖，可孩子一旦把蚂蚁从脚背上抓起来，他就会增加战胜胆怯的自信心，就会激发孩子自己战胜困难的自豪感，或许以后再遇到此类事件他就不仅不会再害怕而且很可能主动从容地去自行处理了。

同样地，孩子在爬一个小坡时显得胆子很小，她一步一回头，不停地看着爸爸，很想让爸爸把她抱上去，爸爸似乎有意要锻炼她一下，并不看她，只是任她不停地向上爬着。因为爸爸知道，虽然是第一次爬坡，可孩子是能够爬上去的，这正是锻炼孩子胆量与技巧的好机会。可妈妈却非常担心，她怕孩子摔下来，又怕她磨破细嫩的小手。母亲一会儿看看孩子，一会儿担心地嘱咐一声，一会儿又喊前面的爸爸慢些，孩子最终胆怯了，不肯再往上爬，后来还是由爸爸抱了上去，结果是以没有达到试试爬高的愿望而告终。

本来孩子是可以爬上去的，如果不是妈妈提心吊胆地在那里显出可怕的样子，对于这样一道小小的难题是可以胜任的，这是一次孩子认识自己的机会，可是这个机会却被妈妈善意地剥夺了。

同样是那道小坡，回家了，该是下坡，父亲把母亲提前打发回家烧饭，由自己照料孩子。孩子此时在坡上，比上坡时显得还胆小，生怕自己掌握不好平衡会翻到坡下去，她再次向父亲求救，父亲不理她，只是向前走，孩子蹲在坡上，大声地呼叫："爸爸，我不敢，把我抱下来。"可父亲却让她自己走，否则就不能回家吃饭。经过执拗的僵持，孩子无望了，又不敢下坡，只好自己坐在坡上一点点地往下挪。当她挪到一半的时候，蹲了起来，接着就跑下来了。父亲高兴了，转过身来让孩子再来一遍，孩子虽然还吓得心咚咚直跳，却还是按父亲的想法做了，这次孩子没有坐在地上挪，而是直接蹲着身跑下来了。父亲问她以后还敢下坡吗？孩子说以后再也不怕了。父亲高兴地把孩子抱了起来，说："鸭子天生会游泳，我的孩子怎么长这么大了还不会下坡！"父女俩开心地笑了。

孩子因着凉而感冒，父母急忙抱到医院看医生。医生说孩子需要打针，说这话时医生很平静，因为医生天天要给无数个病人打针，可孩子的父母却不由皱紧了眉头。要打针了，孩子有多可怜，孩子虽第一次听说打针这个词，还闹不清是怎么回事，但看到爸爸妈妈满脸的紧张，再望一眼身穿白大褂的医生忙碌地摆弄着针头、药品，心猛地抽紧了，哇哇地哭个不停。医生将注射器摆弄好，只好一针扎去，孩子顿时哭得更厉害了。因为父母的表情告诉孩子这事很严重，孩子就在父母的关怀呵护声中哭得几乎气绝。

其实如果做父母的对打针这一现象很平静，孩子也有可能不以为然，表现出勇敢精神，父母告诉他这并不可怕，在很短时间内便可结束，而且他的身体从此就会康复，孩子是能够更从容地接受这一事实的。这种做法往往还会给孩子留下一个极不好的经验，那就是一看见医生就跟父母闹别扭，一说打针就痛苦不堪以至大哭大闹。有时候孩子的心理与父母的想法是不一致的，甚至是对立的，而我们这些做父母的却熟视无睹或粗心忽略了。孩子期望父母不要总是过分细腻地表现出来那种关心，他们有时很反感父母总是像风筝那样用绳子牵着他们，这样在别的小朋友面前他们会觉得很没有面子。甚至看到别的孩子放心大胆地玩，而自己总是被妈妈陪着会很厌烦，认为是妈妈多事，对他不公平，妈妈对他越不放心，孩子越气恼，内心越感到不平衡，有时甚至产生逆反心理。

孩子越是不愿在妈妈身边，妈妈越不放心，越是要照顾他、指导他，孩子一生气，说"一点也不好玩，我不玩了"。妈妈却愣在那里不知是怎么回事。这些在独生子女的身上，表现尤为明显。

可以说，要锻炼孩子的勇气，常常对父母自身的勇气也是一个考验。如果我们自身或是困难、遇到带有一些危险的活动就害怕，很难想象这样的父母会带出有勇气有胆量的孩子，有时我们仅仅是为孩子的安危担忧，为防止万一而牺牲孩子锻炼的机会。这样做虽然保证了孩子当时的万无一失，但对孩子的成长却是不利的，事实上也是很自私的。

父母这样思考更多是为了保护自己的感情不受万一可能发生的危险的伤害，害怕自己不能接受这万一带来的打击，所以为求保险而加倍保护，造成孩子缺乏勇气的弱点。我们要克服这种自私，为孩子的将来着想，大胆鼓励他们敢去做力所能及的事情，做一个勇敢的孩子，只有这样，才能锻炼孩子的勇气，将来成为一个有胆量能做大事的人。

鼓励孩子积极参加有挑战性的运动

父母箴言

一些具有挑战性的运动，不完全是一种锻炼身体的手段，它还可以教会孩子如何迎接挑战。对身体的过度保护而带来的性格上的胆怯，其实比一些不严重的外伤更具有损伤性。

在美国，很多孩子喜欢玩滑板，在街道两旁，广场的水泥路面上，常常有美国孩子冲来撞去，在几尺高的台阶上跃上跃下，令人对他们的安全捏了一把汗。

滑板不但需要技巧，更需要胆量，因为它具有一定的危险性。这种游戏对孩子的胆量是一种挑战与训练，但在中国，家长却认为这种游戏太危险，很容易摔断四肢，冒这种危险让孩子去获取胆量不值得，保险系数低，因而不鼓励孩子玩，使本来就有的对这种运动的畏缩情绪更受到抑制，因而有理由后退。

这种对身体的过度保护而带来的性格上的胆怯的缺陷，其实比一些不严重的外伤更具有损伤性。外伤会痊愈，性格软弱却不是一朝一夕能改变的，甚至影响其终生。

我们不希望孩子随意冒险，但鼓励孩子有一定的冒险精神，有克服胆怯的勇气，有与别人一比高低的信心，却是十分重要的。许多体育运动都有培养孩子勇气、信心及冒险精神的特性，鼓励孩子积极参加有挑战性的运动，无疑会对孩子将来的人生发展带来很大的益处。事实上孩子在体育项目或其他体力游戏上所锻炼出来的勇气、自信及胆大心细的作风，不只在体育上有所表现，也影响到他们事业中的所作所为。美国华尔街证券交易所中最好的经纪人往往是运动员出身，这不单是他们所拥有一般人所没有的强壮的体魄，得以应付高强度的精神紧张，而且在心理素质上反应迅敏，敢于决断，有魄力，理所当然地满足了这项工作的职业要求。

要增强孩子对失败的承受力

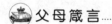

父母箴言

我们应该随时随地向孩子灌输一些可能的概念，让他们明白任何事情都可能有不理想的结局。这种对失败的承受力，比各类知识和学历都重要得多。

我们生活在一个竞争性很强的世界，无论是在托儿所还是在小公园的沙堆上，孩子们都可以轻易感觉到竞争的存在。在一个竞争性很强的世界里生存的人，不断地体验到的两件事是：成功和失败。家长应考虑的是，他们对孩子的期望到底有多高，他们在孩子身上施加的压力到底有多大。许多孩子竞争力发挥不好的原因常常能够追寻到父母身上，因为他们给孩子设计的要求和标准太高，而且他们经常地批评或者责备孩子，已经使孩子的身心受到损伤。所以孩子就开始向下滑行，难以停止，一个失败接着一个失败，直至他们的自信心完全崩溃。任何事物都可以看成是一个过程，失败也毫不例外，失败是一个从学习到最终成功的过程。我们要教育孩子有勇气面对不公平不完善的结局，做到敢于犯错误，面对现实的错误存在，并且从错误中学习经验和教训，而绝不能因犯了错误而使自信心受到损伤或摧毁。

斯佳的母亲是一位非常成功的实业界女性，因此她对自己的孩子期望值也很高。尽管小斯佳才上小学一年级，但是母亲却对她的要求非常严格，渐渐地，斯佳非常丧气，所以每次妈妈对她讲什么事情做得不对或应该做得更好时，她总是拉长了脸，说自己是个笨蛋，蠢得从来没有任何事情能够做对。她茫然地站在母亲面前，低着头，眼睛盯着自己的双脚，沮丧极了。母亲的话像一阵雷声滚过，剩下的只是一片空白，自以为是世界上最失败的孩子。然而当问到怎样处理这种情况时，母亲说："我总是对她讲：亲爱的，你知道，你并不笨，也不傻，爸爸和妈妈都很喜欢你，你是个好孩子。"

这些本是出于父母对孩子的爱，然而现在对这个孩子，这些话却起不了一点好作用。因为当孩子对父母说："我是笨蛋，我是傻瓜"时，父母只是常常说这些话来安慰孩子。须知道孩子说这些话的时候，往往都是想得到父母较客观的反应，因此父母应该这样讲："你这样看待自己，我觉得很难过。其实我根本就没觉得你是一个笨孩子。"毫无疑问，这个孩子存在失去信心的问题。父母能够帮助他的唯一办法是鼓励他，而不是安慰他，或者帮助保持他的自信心。父母应该有意识地培养孩子的自信心，对失败的承受力。例如：设置一些可以实现的目标给孩子去做，当他成功了，不要一股脑地给他许多赞扬，或者告诉他，他有多么伟大。相反应该对他说："你现在这样做，就对了。我想，你现在一定觉得自己很高兴，看起来，多做一些努力，还是有效果的。"这种话，对这个孩子，甚至更大的孩子都会有很大的鼓舞作用。

作为父母，常常在看到孩子犯了错误时，尤其是认为他们在有意调皮捣蛋时，感到怒火万丈，大发脾气，使得孩子更加害怕犯错误。当孩子失败的时候，重要的是要把事情本身和孩子分开，不要总是责备孩子把事情弄糟。我们教育孩子时要始终记住：失败仅仅是一个过程，是一个从学习到最终成功的过程。

洋洋的玩具坏了，便打开爸爸的工具箱进行修理，可这时妈妈叫他接电话，洋洋跑过去，拿起电话，和朋友聊了半天。谁知道放下电话后，他忘了正在修理的玩具车，所以就走到屋子里面，继续玩起了游戏机。爸爸回来后，看见自己的工具扔得到处都是，旁边还放着儿子的玩具车，但儿子并不在。爸爸怒气冲冲走到房子里，见洋洋正在玩他的电子游戏，于是爸爸一把将他抓出来，把他领到工具旁说："这些是什么？我已经告诉你多少次了，要把工具放回原处。那么现在，你可怎么向爸爸解释呢？"看着爸爸怒气冲冲的样子，他感到非常沮丧，的确，这种事情已经发生了很多次了。这下，我又让爸爸生气了，我想我是做不好任何事情的。我为什么总是这样没记性呢？他心里责怪着自己，变得很没情绪。

如果洋洋的爸爸看见扔了一地的工具后，走回房间，发现洋洋正在玩游戏机，爸爸抑制着心中的不快对洋洋说："洋洋，你和我一起到仓房来一下，好吗？"等他到了仓房，爸爸和洋洋一起查看了乱糟糟的工具，对洋洋说："看来，你是想修你的玩具车，对不对？""是的，我是想修我的玩具车，"洋洋非常窘迫地说，"我折腾了半天，也没把这个玩具车修好，听妈妈叫我去接电话，就跑进了房间，后来，就把这件事给忘记了。""噢，那我们一起来看一看你的玩具车出了什么毛病。"于是爸爸和洋洋两个人一起对玩具车进行了修理。修完了以后，爸爸对洋洋说："那么下次你应该记住把工具放好，好吗？"

这样做爸爸既指出了洋洋的错误，对他提出了更正建议，又没有损伤洋洋的自尊心，不对犯错误产生恐惧感，使孩子有勇气犯错误也有勇气承认错误，更有勇气改正错误，并且孩子很清楚犯错误不影响父母对他的爱。

让孩子学会接受失败和错误，并使其成为做人的一部分。而绝不能让孩子慢慢失去信心，失去了自己努力去探索、去追求、去锻炼自己的自觉性，忘记只有通过各种锻炼和闯荡才能使自己成为一个有用的人的权力。这不单单是对孩子的鼓励，也是我们作为家长的神圣职责。我们要学会让孩子习惯对自己说："这次我失败了，但我还有另外的机会。我知道我也是可以成功的，下次我一定努力。每一个人都会犯错误的，我的父母、朋友懂得这些，他们仍会喜欢我的。"从而使孩子在自信心的支持下，百折不挠，自强不息。

小伟的母亲在星期天的早晨对他和妹妹说："今天我带你们去公园，公园的池塘承包给了一个鱼农，他养了一池塘的红胸鲤鱼。""太棒了！"两个孩子欢呼起来。爸爸出差了，去了千里以外的省城，只有妈妈带着小伟和妹妹在家。吃过早饭，妹妹突然发起烧来。妈妈忙着领妹妹看医生，去买药，照料妹妹休息，小伟开始还耐心等着，但终于忍不住了，问妈妈什么时候出门。

"去哪里？"妈妈光顾忙着给妹妹看病把去公园的事给忽略了。

"你讲的，我们要去公园看鲤鱼。"小伟跳着脚就想往外走。

妈妈从对妹妹病情的焦虑中回过神来，直视着小伟不满地说："你妹妹病成这个样子，还怎么去公园看鲤鱼，等你爸爸回来吧。"

"不行！我一定要今天去，你答应我的。"

妈妈被小伟的缺乏同情心激怒了。"你怎么这么不懂事，我们要去公园看鲤鱼时，你妹妹还没病，现在妹妹病了，我们怎么能去公园而把她独自留在家里不照顾她？"

"我不管，你答应的，我要去，就要去。"

"不许喊，妹妹要睡觉。"

"偏要喊，偏要喊！"小伟加大了嗓门，欲睡的妹妹睁开了朦胧迷茫的眼睛："啪！"妈妈的手掌打在了小伟的屁股上。

"哇！"的一声，他竟一下冲出了门去，剩下妈妈在房间里发呆。

饭后的情形已与早晨准备去公园看鲤鱼的情形发生了变化，妹妹病了，小伟也应当有些同情心帮助妈妈看护妹妹，至少不去打扰妈妈。这是妈妈心里所想的，也是她生气的原因。而小伟之所以如此，是因为父母没有花足够的心思培养孩子忍耐挫折的承受力。俗语有"水不来先挡坝"，"丑话说前头"。那么，就此事而言，如果在早晨妈妈讲到公园去看鲤鱼时，说一句"如果没有特殊情况发生的话……"事先为小伟打个预防针，也许就不会产生这起风波了。每个人时时刻刻都应该有对不如意的局势发生的预备心态。这种心态是应该由每个局中人独自承担的，父母没有为子女承担避免不良心态的责任。有话在先，当有不测发生后，便有了不可争辩的结局，这时候对孩子说"不"，便不会被儿子抓住说："你答应我的。"孩子是抱了很大希望的，自然不能轻易放弃，因此，为免得被动，同孩子约定时还是事先加些条件限制好。否则孩子会认为父母讲话不守信用，产生失望自己也如法炮制。因此我们要记住："千万不要轻易向孩子许诺任何事情，因为我们可能忘掉，而孩子是非常认真的。"

能够承受挫折，是一个人成功的必备素质。因为，没有一个人的经历能够一帆风顺不遭任何失败和挫折而达到胜利的巅峰。培养孩子对失败的坚忍的态度，在失败的泥潭中跃身而起的事情，是父母的重要职责之一，不论从现在还是从将来考虑，我们都应该随时随地向孩子灌输一些可能的概念，让他们明白任何事情都可能有不理想的结局。天可晴可阴，人可聚可散，事可成可败，当这种观念渐渐的潜入意识中时，他们在接受挫折时的反应就会平淡一些，理智一些。使孩子的自信心得到了一些保护也减少了一些可能遇到的打击。这种对失败的承受力的获得比各类知识和学历的取得都重要得多。

鼓励孩子遇到困难自己想办法解决

🚢 **父母箴言**

世上没有唾手可得的成功，父母要给孩子树立不屈不挠、勇敢顽强的榜样。不要让孩子做他无能为力的事情，要经常让孩子获得成功的体验，遇到困难鼓励孩子自己想办法解决。

联联已经是四年级的学生了，他生性活泼热情，对什么事情都想试试。可他从小就有个毛病，一遇到困难就灰心丧气，失去继续探索的信心。他四岁时，做了一架飞机模型，可老是飞不上天，他气得把飞机模型扔在地上，用脚踩坏，从此再也不做飞机模型了。一年级时爸爸教他学游泳，可他到现在还没学会，原来，有一次他呛了几口水，难过了好几天，从此他再也不学游泳了。在学习上联联也是这样，一遇到难题就退缩了，不会做的题目从来不动脑筋思考，而是等着第二天去抄别人的。

一次，老师布置一道挺麻烦挺难做的数学题，第二天要在早自习课上收起来带回办公室批改。联联不会，便想了个办法，拿钱到商店去买东西，他把这道题出给售货员阿姨计算，结果售货员阿姨用算盘很快打出来了，他照数付了款回家把得数在作业本上填上了。虽然耍了一个小聪明，但没有算式只有结果还是被老师给发现了。

在生活中，困难和挫折是不可避免的，一些孩子灰心丧气、沮丧气馁是由于他们做不成喜欢做的事，在挫折面前产生了畏惧心理，丧失了克服困难的信心。心理学家认为：丧失信心的理由有千万条，但根本的原因只有一条，那就是学不会、做不好或觉得自己做不好。一旦做不好，信心就会丧失，倦怠、懒惰的情绪也随之产生，造成学不会——没信心——没兴趣——更学不会的恶性循环。

孩子之所以会一遇挫折就灰心丧气，自暴自弃，其根本原因还是在于教育方式。许多家长认为孩子还小，而且就这么一个，不能让他累着，更不让孩子做些力所能及的事情，事事都包办代替，孩子从小养成了衣来伸手，饭来张口的习惯。每当遇到一点点困难，孩子就会叫父母、叫爷爷奶奶帮忙，从小就养成了依赖、懒惰的思想。

畏难是人的心理的一种消极的心理体验。不光孩子有，许多成人也有。如果家长是一遇到困难就退缩的人，孩子在父母的耳濡目染下，也会学到一遇挫折就自暴自弃消极等待的态度。因此要想孩子具有不怕困难、顽强的毅力，家长首先要以身做则，遇到问题不推诿，不退缩。

畏难心理也是孩子缺乏自信心的表现。有的家长在对孩子进行教育时，不是恰当地根据孩子的能力来提要求，对孩子的期望值过高，这样孩子往往达不到要求。这时，如果家长不问青红皂白横加指责的话，孩子就会感到自己很无能，丧失信心，以后一遇到困难挫折也不动脑筋，心想自己反正不行，想也没用。

父母首要要从自己做起，给孩子树立不屈不挠、勇敢顽强的榜样。不要让孩子做他无能为力的事情，经常让孩子获得成功的体验，这样有助于孩子树立自信心。不要过分保护和溺爱孩子，不要当孩子一遇到点小困难就给他帮助，而应该鼓励他自己想办法解决。和孩子一起分析困难到底难在哪里，以便找出化解困难的办法。要通过真实事例让孩子知道，在困难挫折面前唉声叹气并不会降低困难、减少失败，灰心丧气只会增加自己的痛苦。给孩子讲一些名人不怕困难、不怕失败，最终做出重大贡献的例子。在孩子遇到挫折时，要鼓励孩子树立信心，不灰心丧气，勇敢面对困难。当孩子通过自己的努力，尝到成功的喜悦后，孩子克服困难的信心就会增加。家长应注意帮助孩子吸取经验教训，让孩子在每次遇到困难后，总结一下困难的类型，克服困难的方法，以后遇到同样的问题就会顺利解决了。优良的意志品质是实现目的、事业成功的根本保证，因此，培养孩子良好的意志品质就显得非常重要，这需要从生活的一点一滴做起，如：孩子摔倒了不要立即心痛地去扶他，而要让他自己爬起来。家长要让孩子了解，人生道路上人人都会遇到困难，困难本身并不可怕，可怕的是丧失了克服困难的勇气和信心，应该以坚强的意志去面对生活中遇到的各种挫折。

世上没有唾手可得的成功，只有在挫折中不断进取才能摘取成功的桂冠。孩子成长过程中始终一帆风顺的情况是没有的，总会遇到些障碍，受到各种挫折，孩子耐挫力的大小直接关系到他社会适应的成败。我们做父母的要重视培养孩子的耐挫力，铸就他们百折不挠的意志力。告诉孩子怎样面对挫折是我们培养孩子耐挫力的重要环节。

在孩子不同的年龄阶段，我们可以建立适应孩子的不同的耐挫目标。一个 5 岁男孩的父亲说，在孩子还是不满周岁的小婴儿时，他们就刻意在每日精心照料之外，留出一定时间让孩子自己玩。这种既珍惜每天和父母玩的时间，又能专心自己玩，就是小婴儿的勇敢。这种养育中长大的婴儿，必定能够面对困难和挫折，而不会处处要父母领着、牵着、陪着。孩子 5 岁了，免不了磕磕碰碰，生灾害病，遇到这样的情况便视为培养孩子勇敢的机会，以坦然的态度告诉孩子，身体不舒服心里难过是暂时的，药虽苦打针虽痛但能帮你健康。孩子接受了这个道理，总是表现得非常出色。

一个 6 岁男孩的母亲说，单位电脑考试，她因病没有复习考砸了，她把这件事告诉儿子，并保证努力赶上，一个月后这位母亲以优异的成绩通过了考核。身教重于言教，这会潜移默化地影响儿子的。她还让孩子以自己为榜样，如，让孩子参加游泳训练，指导他将不怕冷不怕累的经历记录下来，在打退堂鼓时，提醒他看看记录，向自己学习。

每个孩子都有长处和不足，父母应有客观的评价与合理的期望，鼓励孩子向恰当的发展目标努力。若只看到孩子的优点无视缺点，孩子会因对自身的不足缺乏认识而骄傲自满，不能接受挫折。若父母期望值过高，就会增加孩子的心理压力，使他们不敢面对挫折。知己知彼百战不殆这句古语用在这里也很妥帖，知己就是要帮助孩子正确认识自己，了解自己的兴趣、能力、特长、性格以及希望自己成为怎样的人，未来的人生道路可能会在哪方面受挫等。知彼是帮助孩子认识环境了解社会，如社会需要什么素质的人，现实中存在哪些不尽人意的事等，让孩子懂得做事要向高目标努力，但须做好承受最坏结果的思想准备。

能力不足的孩子，遇到困难无力应付，常常被挫折感压得垂头丧气。能力强的孩子善于解决问题，即便受了挫折，也能积极地寻求解决问题的方法。孩子的许多能力是在解决问题的过程中形成和发展的。父母过分照料孩子，就会造成轻而易举地放弃对孩子能力的培养。要求孩子为自己的生活服务，如洗自己的袜子、整理房间、倒垃圾、叠衣服等小事，因为这些小事正是培养他自立的能力和精神，是提高他应付挫折本领的一个重要途径。此外，在孩子遇到困难时，我们不能以决策者的身份越俎代庖，替他决定，而是当他的顾问，给他提建议，教他一些克服困难的方法，鼓励他有能力对自己的行为负责。告诉他挫折人人都会遇到，但挫折可以避免，可以战胜，挫折还能磨炼人吃一堑长一智。

一般而言，容易受挫的儿童往往表现出追求不切实际的目标，对追求目标过程中遇到的困难没有心理准备，能力不足，不会应付，缺乏自信，把困难当成不可逾越的障碍。可以说耐挫力是对孩子终身发展都极为重要的心理素质。

为什么要对孩子进行磨炼

父母箴言

能够承受挫折，具有对失败坚忍的态度，及在失败的泥潭中跃身而起的豪情，不去幻想一帆风顺而达到胜利的巅峰，是一个孩子成功的必备素质。

最近的一项调查表明，我们的孩子某些能力与 10 年前比，天分在逐步减退。诸如辨向力、夜视能力、听觉能力等等都不能令人满意。究其原因，是孩子们的活动空间太狭窄，课余时间大多被关在家里，写作业，做习题，看书，偶尔放松一下也只是看看电视，玩玩游戏机而已。至于月夜下的捉迷藏、野外远足、乡间跋涉等等只是父母们遥远的回忆。用进废退，久而久之，孩子们的目光呆滞了，听觉迟钝了，也就成了一种必然。

磨难出英才，富贵多纨绔。磨难和挫折是孩子成长的助推器。没有经过饥渴的孩子，永远享受不到食物的甜美；没有经过困难和磨难，就不会知道成功的喜悦；没有经历苦难，再好的日子也不知道叫幸福。孩子没有对困难和失败的充分的心理准备，缺乏战胜困难的勇气、信心和办法，一旦出现困难，只是弄得措手不及，束手无策。这里介绍几种方法，仅供参考：

1. 充分相信子女

不要低估了自己的孩子，许多事情，孩子是有能力独自处理的，该放手时就放手，不敢放手让孩子做力所能及的事是不对的，因为往往并不是孩子无能，而是家长本身心理上有障碍，应该放下包袱，真正相信孩子。正如一个孩子在给父母的信中说：你们总把我当做幼苗关在棚里，温室里，但经年累月，树苗总会长高的，必将撑破大棚，闯出温室去迎接那大自然的风风雨雨的。

2. 提供环境

家长多提供独立处理问题的条件和环境。比如双休日给孩子提供一次当家的机会，让孩子独立安排饮食，举家出游，让孩子负责购物等等。也可以虚拟一些环境或课题叫他们处理、解决，比如，外出迷路时怎么办？突然生病怎么办？钱财失窃怎么办？你敢走夜路吗？

3. 进行心理调节

在孩子遇到挫折后，不必看得过重，学习偶有失误也不必大惊小怪，否则只会增加孩子的心理负担。要保持情绪的稳定，采取和风细雨的抚慰，才能培养豁达的胸怀，而不是横加指责，火上浇油。

4. 教会应急措施

在平时生活过程中，要向孩子讲解、传授用电、用气、用火的常识、注意事项、救助方法，讲授到陌生地方和与陌生人打交道时应注意的事项，野外遭遇突发事件的自救措施，让孩子记住火警、匪警、救助中心的电话号码等。这样孩子在遇到挫折时会更加沉着、冷静，减少盲目的惊慌失措。此外发展孩子的各种能力，如口语、交际、操作、登高、攀越、游泳等等也会提高孩子的应变能力。一个人各方面的能力越强，遇到的困难就越少，成功的机会也就越多。

不要心痛孩子吃苦

🚢 父母箴言

孩子将来面临的，是一个处处充满竞争的社会。"物竞天择"、"适者生存"、"优胜劣汰"将是普遍现象，自己的孩子没有吃苦的精神和能力，不能以强健的体魄接受各种挑战，是不能在激烈的竞争中获胜的。

从某小学通往某发电厂的宽阔大道上，人山人海，热闹非凡。马路中间是学生队伍，上千名小学生，个个精神抖擞，雄赳赳气昂昂地迈着大步，有的还不时小跑一阵，追上前面同学的队伍……马路两边比马路中央还热闹，人数比中间的小学生还多，阵势比中间的小学生还杂乱，且都推着自行车，骑着摩托车，甚至开着小轿车。还不时向中间的小学生队伍大喊大叫："别跑，慢慢走好了！""别逞强了，走不动爸爸捎你！"……从中间小学生队伍中响起的却是这样的回答："谁要你送啊？快回去吧！""烦不烦啊你！都被人家笑死了！"……

　　原来，该小学正在搞活动——"奔向二十一世纪"。当然是象征性的，从学校出发到发电厂，路程并不长，低年级还减半。尽管事先已和家长联系，沿途都有老师"站岗放哨"，最后还有收容车压阵，且早与交管部门联系好，这段时间内实行交通管制，绝对出不了事，可家长们还是不放心，孩子可从来没有走过这么长的路啊，万一吃不消怎么办？好多家长都劝孩子别参加这次活动了，可孩子哪里肯听！到了活动那天，家长们纷纷赶来为自己的孩子"保驾护航"，于是就出现了那么生动的一幕。孩子不可能永远泡在蜜罐里，总有一天要走向社会，而社会既有晴空万里，风和日丽，又有狂风暴雨，雷电交加。人生道路不会一直平坦，坑坑洼洼，荆棘丛生在所难免，主要看你有没有跨越的本领。

　　许多家长有舍不得孩子吃苦的心理，在不知不觉中就会漠视对孩子体力和意志力的培养，而体力和意志力则是智慧能否得以充分发挥的基础和保障。因此，孩子在体力上吃点苦，在意志力上受点考验并没有什么，更不必心痛。让孩子以强健的体魄和坚强的意志力去面对未来，接受各种挑战才是最重要的。

　　在夏令营里我们会经常看到这样的情景，白天孩子们一起做游戏玩得很开心，但到了晚上睡觉时，许多孩子看看床，却抹起了眼泪。他们想父母，不能承受父母不在身边的痛苦。在劝说下，他们勉强上了床，但是要求老师不能关灯。有位女孩子让老师给她找个布娃娃抱着。灯可以不关，但娃娃却找不到，女孩子委屈地哭了起来，老师无奈给了她一个枕头当娃娃，可能是哭累了，她竟抱着枕头入睡了。还有的小女孩直哭着要见妈妈，老师怎么劝也不行，无奈拨通了她家里的电话，让她妈妈在电话中哄着她睡，她妈妈在电话里给她讲故事，唱催眠曲，半小时以后，她终于睡着了。有的家长也抱怨，现在的孩子太娇了，依赖性强，吃不起苦，将来可怎么办？这样的担心并非没有道理，可是孩子真的去吃点苦，家长又牵肠挂肚地担心起来。

　　孩子将来面临的是市场经济社会，是一个处处充满竞争的社会。"物竞天择"、"适者生存"、"优胜劣汰"将是普遍现象，竞争会使孩子们面临极为严峻的考验。社会竞争不是一般能力的较量，自己的孩子没有吃苦的精神和能力，是不能在激烈的竞争中获胜的。

　　一些从日本回来的朋友，看到日本的一些幼儿园，每逢冬天，让赤身裸体的孩子在风雪中滚爬摔打。瑟瑟的冷风，冻得孩子发抖，嘴唇也发紫了。但是站在一旁的家长一个个"硬心肠"地看着，不动声色。他们被日本家长的这种举措深深打动了。日本的家长说："在送给孩子幸福之前，先要送给他们苦难。"

　　在德国，孩子们的事尽可能地让他们自己做，家长有意识地让孩子去做一些艰难的事。法律还规定，孩子到 14 岁时就要在家里承担一些家务，比如要替全家人擦皮鞋等。这一做法大大加强了孩子的社会义务感。

在美国，小学生在学习期间，用给他人送报、送奶、修理草坪等劳动，来挣自己的零花钱，从小就体验劳动的艰辛。相比之下，中国的孩子吃苦太少了，他们在家长无微不至的关怀下，成了温室里的花朵。如果我们始终是太至爱、太心软，不放手让孩子去锻炼，那么就有可能剥夺孩子本该获得的幸福。

孩子一生中不遇到挫折是不可能的，为了孩子将来少吃苦头，让孩子在成长的过程中适当吃些苦头也不失为一种培养孩子耐挫力的好方法。

第三章
如何对待孩子的挑衅行为

怎样理解孩子的攻击行为

📖 父母箴言

人具有攻击他人、攻击自己的先天性本能，人的攻击行为会受到遗传、内分泌腺失调的影响以及环境中过多可模仿的暴力情景的影响。不过当今心理学家普遍认为，人的攻击行为与挫折有关。

李女士把 4 岁的珊珊放到床上让她小睡，但珊珊不习惯做她不喜欢做的事，也不喜欢在下午睡觉。珊珊开始发出尖叫，她尖叫的声音大得足够使四邻不安，使李女士烦躁的神经更加紧张，接着珊珊眼泪汪汪地要各种不同的东西，其中包括一杯水。开始李女士拒绝执行她的要求，但是在她的尖叫声又一次达到剧烈的顶峰时，她屈服了。当水拿来时，这个恶作剧的孩子又把它推到一边，拒绝喝水。因为她觉得妈妈拿来得不够快。李女士端着水站了几分钟，然后说如果她数到"十"珊珊还不喝她就把水拿回厨房。珊珊紧闭着嘴巴等着数数，"八、九、十！"当李女士拿起水走向厨房的时候，那个孩子又尖叫着要喝水。珊珊像个玩具不远不近地追着她烦恼的妈妈，直到她厌倦了这种游戏。

王启是某小学四年级的学生。一天上课，他趁老师转身在黑板上写字时，拿

385

圆珠笔使劲戳同桌同学的手指，痛得同桌大叫起来。结果可想而知：请家长、做检讨，真是害人害己。

据同学们反映，王启在班上学习成绩很落后，体育活动也很差劲，就是专门爱欺侮别人。上课喜欢做小动作，揪前排女生的头发，将废纸团扔到别人桌上，起立时故意将旁边同学的椅子拿开，好让同学坐下时摔跤出洋相，惹全班发笑，别人从自己身边路过时，装作不注意把脚伸出去绊倒别人。

班主任说，很难在王启身上找到什么优点，他唯一的嗜好就是欺侮比自己成绩好又打不过自己的同学。王启的父母离异，他一直跟母亲住在一起。他母亲工作很忙，很少有时间管教他，他成绩不好就批评他不好好学习。许多事情都是由着他的性子来，是班上典型的"落后分子"。

打架骂人可以说是学生们用于解决彼此冲突的一种方式，几乎天天都有发生。在极度愤怒时，即使平时学习成绩特别好的孩子，也可能打骂他人，平时老实沉默、不爱说话的孩子，也可能会骂一些脏话。但这种在特殊情况下的应激行为与平日一贯的攻击行为是不同的。对于那种特殊的应激行为，我们不宜将它看得很严重，而一贯的攻击行为则要很严肃地对待。

为什么有些儿童身上容易出现攻击行为呢？精神分析专家弗洛伊德认为，人具有攻击他人、攻击自己的先天性的本能。诚然，人的攻击行为会受到遗传、内分泌失调的影响，以及环境中过多可模仿的暴力情景的影响，不过当今心理学家普遍认为，人的攻击行为与挫折有关。有这样一个心理学实验。让两组儿童观看一间装有诱人玩具的房间，第一组儿童先隔着铁窗看，不允许马上进屋玩，从而引起了儿童的心理挫折。第二组儿童观看后马上可以进屋玩。结果发现，第一组儿童在后来进屋时，有许多人故意损坏玩具，表现出发泄性攻击，而第二组儿童则能平静地玩玩具。

可见，心理挫折是导致攻击行为的直接原因。因为儿童的成长并不只是消极地适应周围和父母、老师的要求，他们会积极主动地发展自己的优点，寻求认同，希望得到关注，不知不觉地试图找到一条适合自己成长的路子。当儿童受到挫折与打击时，必然会引起他们的消极情绪，而攻击行为是发泄这种消极情绪的一条捷径。当孩子还没有掌握该如何排解自己的沮丧时，最简单和直接的方式就是攻击。

另外，当儿童的行为长期得不到关注时，他们会自发调整自己的行为，或是变得消沉、软弱，或是通过各种方式引起大人注意和自我的满足。例如通过制造各种麻烦，以此引起父母的注意，通过攻击他人来表现自己的"强大"，以满足自己的追求成功的心理需求。许多孩子在欺侮他人之后都会感到自己有力量，受到学校批评也不以为然，甚至觉得自己的行为引起校方注意是件大好事，于是"屡教不改"。

一般来说，爱打架的学生大都学习成绩较差，又没有什么特殊才能。他们在学习和各项集体活动中屡受挫折，几乎不能得到表扬，因此容易产生攻击行为（当然还有些儿童会产生退缩行为，如害怕与人交往，寡言少语等）。前文所述的王启就是一个典型，他将打架看成是自己的"特长"，总觉得自己什么都比别人差，别人根本瞧不起自己，只有打架时才会引起同学、老师、家长的注意，使同伴惧怕，才能产生一种"成就"感。因此，如果不帮助这类孩子寻找到他们真正能获得成功的出路，只是一味地批评、威胁他们，则可能形成"挫折——攻击——不良心态的满足——再次挫折"的恶性循环。

与上例相反，有的家庭不是家长忽视孩子的成长，而是家长怕孩子，曾经有一位家长异常伤心地"控诉"自己的孩子，年满16岁的儿子脾气特别坏，拒不服从父母的任何要求和命令，一遇到不顺心的事就向父母发泄，常常因为一些鸡毛蒜皮的小事向父母发火，又是摔杯子，又是踢家具，父母有苦说不出。心理学家通过调查发现，如果父母总是对孩子提出过多、过细的要求，给予过多的责备和批评，不顾及孩子的反应，而且常常以消极的、羞辱的方式提出批评，势必招致孩子的不满和挫折感，受到孩子的抵抗乃至攻击。

理解孩子的攻击行为，是帮助孩子摆脱攻击性的第一步。家长要注意只给孩子提出适度的要求，不让孩子总陷于失败的困境之中。多发现和鼓励孩子真正的优点，帮助孩子树立起基本的自信。引导孩子认识自己的情绪，学会一些疏导消极情绪的方法，这样，会帮助那些爱惹事的孩子找到一条能被同伴接受的生活之路。

孩子为什么会无理取闹

父母箴言

孩子是不会"无理取闹"的，如果闹起来，总是有他的原因。父母要懂得孩子为什么要这么做，即使孩子自己有时也并未意识到这一点。

对孩子发脾气恐怕是有爱心的父母最不愿意做的一件事。但有的时候，你会发现孩子真是格外的"缠人"，近于无理取闹，将你的耐心一点点地消耗殆尽，就如下面的一幕。

妈妈："我真不懂你为什么会这样？左不行？右也不行？你究竟是怎么了？"孩子："我没什么，我就是想把小火车摆在地上。"妈妈："我同你解释过了今天要装吊灯，不能在地上摆东西。你可以去玩其他的，你没有听明白吗？"孩子："我不管，我就是要摆。"

今天装修工人要来，妈妈不是十分有闲暇，于是忍耐不住地爆发出来。"我同你讲了这么多遍，你还是不听，你究竟想要怎么样？"这时妈妈已经是在吼叫了。孩子脸上显出一丝恐惧，但是他仍旧没有放弃，只是怯生生地望着妈妈，摇着她的手坚持说："我就是想玩小火车。"于是妈妈终于威胁地说："我要打你屁股了！"

终于妈妈打了几下，孩子委屈地大哭起来，当他平静下来，疲倦地靠在妈妈身上时，她忽然意识到，原来孩子是困了。想起今天早晨他起得非常早，所以，一上午都有点儿情绪不佳。原来是这样。妈妈开始觉得于心不忍："傻孩子，你怎么不告诉妈妈你没睡够啊！"孩子还是倔强地说："我没困，我就是想玩那个东西。"

其实，成人也常常意识不到自己烦躁的根源或拒绝承认自己情绪不佳的时刻，我们会说他真是在莫名其妙地发火，他自己也这样说。如果认真自省一下，一定是有什么不如意的事情在打扰他。没有得到足够的睡眠，在工作上被别人小小暗算了一下，或某一件事做得不漂亮等。如果我们静下心来想一想，寻找根源，有的放矢为自己消气，便会免去他人的疑惑和不快，自己的情绪也会快一些调整好。遗憾的是，不是所有人都这么明智。成人都有拒绝承认自己的烦恼根源的时候，更何况孩子。

孩子情绪不佳时，往往与睡眠不足有关。幼儿需要十分充足的睡眠，但恰恰最不喜欢睡觉。你若问他想不想睡觉，90%的时间他会说："我一点也不困。"但除了在极兴奋的状态，孩子的身体对睡眠是十分敏感的。做什么都不起劲，很容易烦躁。因此当我们看到孩子十分扰人时，可以从睡眠上考虑一下，是否前一天玩得过于"凶猛"，即使保证了正常的睡眠时间，也还是没有得到足够的休息，因此"闹情绪"。

当然，此时即使我们判断出他的恼人行为的动机，如果直截了当地去对他讲："我看你是困了，要不要早点睡觉。"孩子一定会说："我不困，一点也不困！"很有些被人抓住了把柄而更加恼怒的样子。在这种情况下，应当多动些脑筋，用间接的方法将他引向睡床。例如对他说："你要不要洗个泡沫澡？"洗泡沫澡是孩子喜好的一项活动，给他丢一些玩具在澡盆中，温水一泡困意便会显现，规定好在水中玩耍的时间，一出澡盆便顺理成章地可以上床睡觉了。

有时候，孩子情绪不好不是因为睡眠不够，而是因为充沛的精力没有得到足够的发泄。如一天都在房间里转来转去，没有同小朋友一起尽情地玩，因而总是来"骚扰"父母。父母可能正想抓紧时间做些事情，但在这种情况下，明智的做法是暂时放下手中的事情，全心全意地与孩子玩一会儿，让他心满意足，这样才能有机会真正回到要做的事情中去。

对于难管教的孩子，父母常常会感到恼火、费解，甚至愤怒，因为孩子不肯服从家长的教导，甚至是"我偏偏要这样做"的有意逆其道而行之。要想引导孩子，首先要懂得孩子为什么要这么做。任何人做事都是有目的性的，即使他本人有时并未意识到这一点。孩子从一出生就在探索能使他获得归属感与重要感的手段。对能使他感到有一席之地的行为，孩子会不断重复，而使他感到对寻求归属感无所帮助的行为却很快被放弃，获取注意力、展示权威、报复及自暴自弃都是与寻求归属和重要感有关系的。孩子们认为，注意力和展示权威有利于寻求他们的归属感和重要感。报复使缺乏归属感、重要感的孩子得到一种心理上的补偿，自暴自弃是对自己失去信心的孩子的唯一选择。

只有当我们正确地诊断孩子的行为动机这种病根，才能采取有效的方法对孩子进行正确的教育与引导，从而用正确的手段实现自己的根本目标。孩子同样的举动可能出于不同的动机，如孩子不肯吃饭，可能是想让父母照顾他，可能是想引起注意，也可能是向父母显示他的权利，究竟是哪一种动机则要据情而度。

从大人本身对孩子举动的感觉也可以得出些线索。大人若感到恼火、内疚，孩子的目的很可能是为得到注意力。若感到自己的家长地位受到挑战，或对孩子的驱动遇到失败，感到愤怒，孩子很可能是为了与你竞争权威。当你的感情受伤、失望，孩子很可能是为了报复，若你对孩子的行为感到无可奈何，没有办法激励他，孩子可能是处于一种自暴自弃的心态中。这里所讲的感觉往往不是父母的直接感觉，当孩子不听话时，父母最直接的感觉是"恼火"、"气愤"、"不知如何是好"，而并未意识到自己更深一层的真实感觉。只有进一步检查自己的心灵深处或试图制止孩子的不听话行为时，才能识别体会到真正的感觉，从而帮助辨别孩子的动机。

很多孩子的家长习惯于用批语、惩罚、说教和痛苦来使孩子变好、不做错事，其实鼓励才是最有效的帮助孩子克服捣乱行为的方法。

对不同目的引起的行为，我们可以采用如下方法：

1. 寻求注意型

给他们机会做自己的助手，使他们感到自己是团体的一个成员。多花一些时间与孩子在一起，理解他的渴望，经常向他表露自己对他的感情，如拥抱、抚摸等。

2. 显示权力型

同孩子讨论问题，寻求双方都接受的解决方法，给孩子留有选择的余地。

3. 寻求报复型

避免对他们的行为做出强烈的反应，以免陷入与他的抗衡，失去控制，待平静后再解决问题。

4. 自暴自弃型

从根本上鼓励他们的信心，表现对他们无条件的爱。

小海龙是3个孩子中最安静的一个。其他两个都比较顽皮，占用了爸爸妈妈的很多时间和精力。爸爸妈妈忙于打发这两个调皮孩子，往往已没有时间和精力顾及海龙。一段时间以后，海龙不安起来，全家人在一起用餐，海龙却常常去了厕所或在餐桌上玩东西，有时吃饭注意力不集中把汤匙弄到了桌下或把饭菜洒到了桌子上，孩子们都在安静地写作业，海龙却神不守舍地走进走出，爸爸妈妈一顿教训，小海龙唯唯诺诺地认错，转天还是老样子。

小海龙是个好孩子，没有给家长惹麻烦。但爸爸妈妈对小海龙的冷落使小海龙心理上感到不公平，从其他两个孩子身上小海龙得出结论是，只有给父母制造些麻烦才能引起父母的注意，从而找到自己的归属感和在家庭中的地位，于是他制造了一系列的"事件"，果然引起了父母的注意，这样更坚定了他找麻烦的立场。父母的训斥在他看来是预料之中的事，他当然不会在意自己的继续发挥和故技重演。如果能够认识到孩子行为的动机，父母应停止对孩子的举动给予任何注意力，让他活跃一阵，他达不到预期的效果，自然就会放弃这种对他来说不自然的举动。不过为了避免他另辟蹊径，从根本上解决问题，父母还是应对孩子表示一样的赞赏与关心，使孩子得到应有的注意，这样孩子的心理平衡了，问题自然会迎刃而解。

总之，孩子是不会"无理取闹"的，如果闹起来，总是有他的原因。我们做父母的如果肯用心考虑一下，不难找出根源。懂得了孩子"闹"的原因，自然也就容易找出"对付"的办法。

为什么孩子把父母的话当耳边风

父母箴言

当我们警告孩子，对他们的无所顾忌和置若罔闻的行径、不可忍受而要采取行动时，我们应该清楚这一警告是否真的实施，如果根本不去实行，就不要故意制造危言耸听。

有这样一则寓言，说一个孩子在山上放羊，他大声喊狼来了！狼来了！山坡下干活的人们都跑上来救他，结果却发现是这个放羊的孩子在骗人，几次以后，孩子再喊狼来了的时候，山下的大人谁也不上来了，都认为又是这个孩子在骗人，结果狼真的来了，孩子的呼救也不灵了。

我们今天的父母也常常犯同样的错误。父母常常抱怨孩子对自己的要求毫不在意，充耳不闻，经常会说的一句话是"我和你讲了一百遍了，你为什么不听"，听了这句话，孩子的反应会是什么样呢？"还不是老一套"，"哎呀，又来了，都烦死了"，"妈妈，求求你啦，我改还不行吗，快别说了"。说完依旧我行我素。这时，父母们为什么拿这句话去问孩子而不问问自己呢？

当我们警告孩子，我们对他们的无所顾忌的行径不可忍受而要采取行动时，我们应该清楚这一警告是否真的实施，我们是否照所说的去做，如果根本不会去实行，那就不要对孩子讲，不然的话结果只能使孩子对你所说的话大打折扣，甚至完全失去可信度，认为你不过是说大话吓唬人，故意危言耸听，大可不必当真。有了这样的想法，自然会对父母的批评充耳不闻。对于一些显而易见的道理，做父母的过多解释，反复强调，用太多的话语来说明，相信孩子终究会领悟他们所叙述的道理而改变自己的不正确行径，从而成功地做到以理服人。而孩子们并非不懂得该怎样做，他们大都有着自己的不情愿或其他目的。这种情况下，孩子们对家长的"唠叨"便觉厌烦，非但不照此改正，反而变本加厉。语言的劝告对他们就起不了一丁点的作用了。

朱丽是一个富裕家庭里的独生女儿，多次要求妈妈给她的房间单独装一部电话，这样她会有更多的隐私方便与同学或朋友聊天。经过多次的努力，朱丽在答应妈妈保证不会总与同学在电话里讲个不停，从而影响学习和睡觉之后，妈妈终于同意了。可朱丽只要在自己的房间里，70%的时间都泡在电话上，有时夜深了，朱丽还在电话上讲个不停。妈妈意识到自己犯了一个错误，同爸爸商量准备取消朱丽的电话线，可把电话线取消又怕朱丽很恼火，况且装一条新线还要花钱。妈妈不断地告诫朱丽："你若再这样没完没了地打电话，我就将你房间的电话取消。"在妈妈第一次讲要取消电话线时，朱丽还有些顾忌，开始几天还照办，但妈妈反复声明，却未见行动，朱丽便拿准了妈妈的心思，知道她并不想这样做，因而大胆起来，此时妈妈对朱丽的警告便失去了作用，后来干脆对妈妈的提醒与告诫充耳不闻，无论她怎样反复强调，朱丽都会置若罔闻，而妈妈也就只好悉听尊便。于是妈妈对朱丽的训斥也就延续了下去，但朱丽仍是我行我素，屡教不改。

这位母亲的尴尬颇有些自寻烦恼。在向朱丽提出取消电话线之前，就应该对朱丽的反应和取消电话线的经济损失进行考虑，认为这样做代价太高很难实现，就不该向朱丽说明而应另寻他途。如果妈妈认为为了教育朱丽，这点损失是值得的，有决心照此办理，在朱丽明知故犯时就应果断地给电话公司打电话，取消电话线的服务，向朱丽显示妈妈是说话算数的，朱丽因此便不会拿妈妈的话不当回事了。

许多父母认为自己对儿女体贴入微，照顾周到。而儿女却体会不到，反而处处发难，令人伤心劳神。其实孩子并没有理由有意与父母发难，而是由父母教育子女的方式不对头造成的，如是否管得太宽、太严、太细致，本心是关心孩子，却给孩子提出了过分的、不合理的要求，里面却夹杂着强迫命令的成分、专制的成分，虽说是为儿女，却处处用一种孩子不能接受的腔调或办法。这时你不妨总结一下自己教子失败的经验，自己后退一步，给孩子足够的自主权，少管或不管，避免他们因在一些小事上对父母的强制作风不满而拒绝接受所有的要求，包括合理的要求。

父母总是给孩子规定出看电视的时间，但孩子一坐在电视机前就忘掉了这些规定，"到时间了，不能再看了。""好的，过一会儿，我只再看一会儿。""不行，快关上。"如此反复，直到妈妈生气地把电视机关上或孩子听着妈妈训斥的语调都变了，才把电视机关上。和大人一样，孩子们都有被电视吸引而不肯离开的问题，大人们有时都不能克制自己在电视机前不舍离去，更何况孩子。父母的催促往往起不了什么作用，孩子的想法是能拖一点时间就尽量拖后一些，精彩的片段错过了谁还为你重播，所以尽管嘴上答应着却没有动作，如果妈妈把电视机关了，孩子也就去做其他事情了。这里做父母的也要以身作则，如果自己坐在电视机前纹丝不动难以脱身，却直着嗓子喊孩子该学习了，恐怕很难鼓励孩子去照章行事。为孩子规定电视时间实际上也是对大人自己的一个很好监督。

早晨起床在洗漱和穿衣服的问题上，12岁的婉儿很不愿听妈妈的指挥，还似乎在有意与妈妈为难。"你今天穿那件新买的便装，我把它找出来放在你床边的椅子背上了，你没看见吗？""我今天不想穿那套衣服。""买的时候，这不是你自己挑的吗？为什么叫你穿你不穿呢？""我就是不想穿。""莫名其妙！""今天你一定要穿那一身，否则我就把它送给孤儿院！"可婉儿仍是不肯穿。

妈妈要求婉儿先洗脸再漱口，一般人都会如此做，但逆其道而行之也没有关系，妈妈却日复一日地检查，显然使婉儿厌烦起来，认为这不是每天必查的功课，妈妈多此一举，所以有意"抗旨"。而母亲不知自己的话在女儿身上现在已成了耳旁风，起作用也是起反作用。这时做母亲的就应该检查一下自己的要求是否有执行的必要，是否需要严格执行，如果并非如此，却执意坚持，便会导致女儿的反抗，使双方卷入权利抗争。

在穿衣服上也存在同样问题，做母亲的给孩子买了一件新衣服，希望她穿上高兴，对女儿来说，既然是自己挑的也会有兴趣穿。但如果妈妈一直催促女儿去穿，而且渐渐转成命令，女儿的心里就会不快，由不愉快就会生出厌烦情绪，对衣服本身就会不感兴趣，或有意抑制母亲的要求，结果为一件不值得的事情搞得母女俩面红耳赤。母亲当然是爱女儿的，但在她的作风中有很强的专制成分，女儿的每一个细微举止都为她所控制，一个孩子应该对自己喜欢什么样的衣服有一些概念，母亲应尊重她的权利，让她自己选择穿所喜欢的衣服，而非强制。强制的结果是女儿即使十分喜欢这套衣服，也会因为厌烦母亲的专横而故意不穿。

父母要学会从与孩子的冲突中撤离

父母箴言

在发生冲突或即将被卷入冲突时，做父母的很难保持冷静、友好的态度，最好从矛盾升级中退出，留下一个想闹的孩子，他自知无趣，又没对手，又不好玩，只好放弃。

张浩是一个比较听话的孩子，但在爷爷家度过了一个暑假回来之后，父母发现他有了小脾气，常常为一些小事没完没了地闹，妈妈越小心，张浩越难侍候，像一只小刺猬，搞得妈妈很头痛。在爷爷奶奶家受到了什么特殊待遇不得而知，但妈妈对于如何应对张浩一时却无所适从。妈妈要带张浩出门去做客，让他换下身上的脏衣服，张浩一口拒绝。妈妈将衣橱里所有的衣服都拿出来吸引张浩，他就是不换。"你不想去冰冰家和冰冰玩了吗？""想。""那你就得换衣服，你已经5岁了，该懂得什么是脏、什么是净、什么是漂亮，到别人家做客就应该穿得干干净净漂漂亮亮的。""不换，就是不换！"妈妈渐渐失去了耐心，抓住张浩开始扒他的脏衣服。张浩拼命挣扎，大喊大叫，将妈妈好不容易给他穿上的衣服又脱了下来。气得妈妈在张浩身上打了几下。张浩哭得更加厉害，转身又将那件脏衣服穿上，泪眼婆娑地看着妈妈。妈妈真不知如何是好，只能蹲下来说："宝贝，一会儿妈妈给你买电动手枪，对门林林有的那种。"孩子点点头，"那把衣服穿上好吗？"妈妈费了九牛二虎之力，终于给张浩穿上了干净衣服。

张浩的目的是要好好展示一下自己的权威，他可以不听妈妈的话，逼着妈妈与他"打仗"。而妈妈也正如他所希望的那样与他争执不休，因为妈妈要带孩子出门做客，因此无论如何也要想办法让孩子换上干净衣服。妈妈的这种心理张浩可能也有所察觉，因而更有兴趣与妈妈周旋一番。这种情况下妈妈只有两种选择。一是如上所发生的那样，妈妈最终采用"利诱"的办法，这当然是不明智的，因为这样等同于鼓励孩子下次如法炮制。妈妈

不妨换一种方法，就是向孩子说明做客必须穿干净衣服，如果孩子不换衣服，只能取消去做客，然后让孩子考虑 5 分钟时间做出决定，若超过 5 分钟便给朋友打电话说明情况取消这次活动。说完应该回到自己房间或去干自己的事情，摆出可走可不走的姿态，将这次是否去做客的界线确定为完全取决于孩子是否会换衣服。这样张浩就没有必要再向母亲示威了，除非张浩根本不想去，否则妈妈的策略是有把握成功的。当然妈妈这样可能会付出一定的牺牲，一次很好的聚会可能被迫取消，搞得朋友也不开心，但这样做不仅仅为这一次的事件找到了出路，更为今后许许多多类似的事情避免了麻烦。

小东升 4 岁，吃饭时一不小心把粥碗弄翻了，洒了自己一身。妈妈应声赶到，看到这桌上地下的脏乱情景，不由火往上冒，但并未说什么，只是对小东升说："怎么不小心点，快来孩子，我们去洗一下，换件干净衣服。"小东升跟着妈妈到了洗手间，等妈妈放好水，给他准备好衣服后，小东升却突然改变了主意，不让换不让洗，躲躲闪闪。妈妈给小东升讲了一会儿道理，仍不奏效，生气中的妈妈按捺不住，上去紧紧抱住他，把他放到了澡盆里。小东升又哭又闹，在澡盆里哭天喊地地挣扎，妈妈只好抓住他的胳膊用力按住他，将他的胳膊抓出了一道红印儿。待擦净穿衣一切弄好后，小东升抽泣着将自己关在房中，仿佛受了莫大的委屈伤害。妈妈也回到自己的屋里，感到一阵阵的内疚。本来是很轻松愉快的一顿午餐，却搞得儿子苦不堪言，母亲气喘吁吁。

这件事不妨这样处理，做母亲的或许能少受许多周折。在小东升拒绝换洗时，妈妈应告诉他："这么脏不但自己身上很不舒服，也会将其他东西搞脏。"如果孩子坚持不换，妈妈可以走开，继续做自己的事，孩子身上的确不舒服会回来重找妈妈的。

"尼尼，晚餐好了，进来吃饭吧。"妈妈对在院子里玩的 6 岁的孩子喊。"好的，一会儿就来。"

爸爸和妈妈在桌旁坐下来，等了一会儿，见尼尼还没有来就开始用餐。过了一会儿尼尼跑了进来，看父母已开始吃饭，并没有招呼他，有些不自在，在自己座位上坐下，挑剔地看了看面前的盘子："又是炒芹菜、土豆丝，我不爱吃，我要吃牛肉炖柿子！""不要闹，尼尼，家里没有现成的牛肉，要到市场上去买，还要用高压锅煮熟，今天就吃这些，明天我们再做好不好？""不，我今天就要吃牛肉炖柿子。""好孩子，快吃饭。""我不。"尼尼将身体仰靠着椅子背，将眼睛盯着天花板，一副没完没了争执下去的样子。一直未开口的爸爸很生气，说："你妈做什么你就吃什么，再这样闹下去就回自己的房间。"尼尼转身离开了，但不是回到了自己的房间，而是跑到外面找朋友玩去了。

父母让尼尼吃饭却毫无效果，不难预料下次尼尼会变本加厉，让父母感到无可奈何。不管尼尼是真的不愿吃芹菜土豆丝，还是他不饿，或只以此为借口挑起事端，事件发展到权利的较量，爸爸要命令尼尼吃饭，尼尼却拿定主意不吃，看你怎么办。如果爸爸硬将饭菜灌入孩子的嘴里，甚至更强烈点将尼尼打一顿，其结果是孩子大哭一场，不能继续晚餐，父亲是否就胜利了呢？没有。在尼尼眼里，他成功地挑起了事端，使父亲气急出手，却仍不能使他吃饭，他还是成功了。因此眼里虽然要流着委屈的泪水，但心里却在品尝着成功的喜悦。

试想，如果父母采取另外一种方法处理这件事会怎样呢？

尼尼走进餐厅，看到父母正在用餐，自知来迟，不免有些不自在，看见父母不招呼他，心里不免有些不大舒服，便借题发挥起来，看他们有什么反应。"我不喜欢吃芹菜土豆丝，我要吃牛肉炖柿子。""今天晚餐是芹菜土豆丝，只能这样了，你若喜欢吃牛肉炖柿子，明天我们可以做。"妈妈告诉尼尼然后继续用餐。"不行，我不喜欢芹菜土豆丝，我要吃牛肉炖柿子！"爸爸妈妈没有反应，也没有回答的意思。尼尼等了一会儿："那明天咱们吃牛肉炖柿子。"妈妈很快回答说："可以，我明天去买，快吃吧。"尼尼端起饭碗吃了起来。

这里之所以没有转变到冲突的地步，是因为父母的态度掌握得好。在日常生活中，我们经常看到许多家庭一边吃饭一边争论或者父亲在饭桌上教训孩子，结果饭也没吃好，自己生了一肚子的气，还没达到教育孩子的目的。相反，第二例中，父母在讲完自己该讲的话后，没有与其边吃饭边争论，在餐桌上教训孩子，而是从冲突中撤退。

在大多数这类冲突中，我们应很熟练地从冲突中撤退出来，孩子们的反应是可以预料的，也是很有趣的。孩子们十分依赖与父母之间的联系，只有如此才能有安全与归属感。父母的撤离，留给孩子一个孤独的感觉，这样的局势是孩子们很不喜欢的。他们很快会意识到，只有改善自己的行为才能避免这种局面，不然的话爸爸妈妈都会不理自己了，是很难受的事。有时特别是孩子在被父母冷落后，会想到自己的错误，或者很没理，或者很不好意思，他们会主动找机会悄悄跑到妈妈身边，嘻嘻哈哈或磨磨蹭蹭，以表示自己现在很乖。

还有一种情况是孩子故意挑衅，看看自己究竟能将父母推到哪里，界线是什么，或者是想探知父母对自己怎么样，他们是不是有办法对付自己，就像捉迷藏那样。父母应该从他们的挑衅行为面前即刻撤离退出，等于告诉孩子"你走得太远了，这里就是界限"。孩子们会很快地领悟到其中的道理，调整自己的行为，重新回到与父母合作的状态。

用自然结果法解决与孩子的冲突

　　我们不应该再像过去那样要求孩子绝对服从。对孩子不是施加压力和逼迫，而是引导和影响，不是让孩子服从我们，而是服从社会规范，不是用惩罚来制服孩子，而是让结果来引导孩子。

　　5岁的吉米每次吃饭时不是看电视就是正玩得高兴，总是不来吃饭。气得妈妈只得打他几下。但有时刚刚揍完，他泪痕未干，就又东张西望不好好吃饭，或者只是这顿好好吃，下顿又不按时吃。妈妈为难了，端着盛好饭的碗束手无策。

　　妈妈总是想要告诉吉米："让你吃饭你就吃。"而吉米的行动却告诉妈妈："我想什么时候吃，我就什么时候吃。"

　　如果我们采取强迫手段一定要孩子吃饭，孩子就会反抗，互相对抗的结果会变成我们在鼓励孩子反抗。如果妈妈和孩子天天较量，这种关系就很难改变。我们不妨用自然结果法来解决这个问题。如果叫了吉米两声，他还不来按时吃饭，等大家用完餐后，就把饭菜收起来，不再给他吃。如果他再来要零食，要喝牛奶、吃儿童饼干，则坚决不给，要吉米等到下顿饭一起吃，就这样坚持下去。吉米饿了，又不能吃零食，下次就会按时来吃饭。我们的态度应很明确："吃饭是自己的事，你不来吃，就只有饿肚子。"

　　在各类撤退方式中，妈妈们喜欢用的一种技巧是躲入洗手间，通常洗手间里设有梳妆台，再准备一些书，因为洗手间是最私人的地方，躲入这里便是挂起了"请勿打扰"的牌子，如果在里面再装上一个收音机，挡住从外面传来的吵闹声，这里可以说是最理想的撤退场所。

　　5岁的珍珍要妈妈带她去儿童游艺室，妈妈解释自己正在准备晚餐，等一会儿爸爸回来再带她去，现在可以先看一会儿电视或其他事情。珍珍安静了一会儿又回来找妈妈，提出同样的要求，说她等爸爸已经等不及了，妈妈说："爸爸已经在路上，快回来了，等爸爸一进门就带你去。""我不想等，我要现在就去，我不管你现在正在干什么。"看样子珍珍要闹一场了，这种情况以前也出现过。

妈妈一看苗头不对，摘下围裙来到卫生间将门撞上。任珍珍在外面又吼又叫就是不予理睬，"开门，让我进去！""我要方便一下，不要吵！"说完妈妈便不再说话，任珍珍在门外敲打，最后珍珍说："妈妈你出来，我不闹了，我等爸爸回来。"随后没有声音了，又过了一会儿妈妈开门出去，见珍珍正在自己的房里画画儿，她抬起头看了妈妈一眼，妈妈赞许地冲她笑了一下，转身回到了厨房。

利用自己的权威解决与孩子的冲突

父母箴言

一旦使用结果法，教育孩子从结果中吸取教训，孩子还是执迷不悟时。父母就要利用一下自己的权威，采取一些非常态度。

刚上学不久的小金病了一个星期没去上学，现在病好了，他还是不想去学校。妈妈只好打车送他去上学，车停在学校门口，妈妈央求说："快点，小金，都快上课了，老师和同学们都在等你，做个好孩子。"小金却缩在车座上，不肯下去。妈妈没说什么，也没发脾气，只是自己先下了车，然后又把小金拉下了车。有时，沉着冷静，很果断地去做，随着情况的发展，做出相应的行动，就不会发生权力之争，孩子也会受到教育，顺从父母。

小芹的爸爸是搞建筑的个体户，常年在外承包工程，家里只有妈妈和小芹两个人，从小母女俩都是同房而睡。现在小芹15岁了，再与妈妈同房很不方便。妈妈好几次叫她回自己的房间睡，但是她到了半夜又来敲妈妈的门，总这样下去，妈妈怕对小芹将来独立生活不利，却又没有办法能让孩子单独去睡。

要让孩子与妈妈一起睡立即改为独自睡，是比较困难的，但做妈妈的一定要有决心。最关键的是小芹的妈妈态度要坚决，为了孩子决不心软。这件事可分3步进行：第一步，做小芹的工作，说自己长大了，应该自己在一个房间睡觉，第二步答应孩子与自己同睡一个晚上，第三步下不为例，履行诺言，让小芹自己去睡。

第一步和第二步进行得都很顺利，只是第三步进行得却十分艰难。小芹妈妈说："开始两小时还很平静，到了夜里12点钟，小芹就来敲我的门，'妈妈，我害怕，我要回到你的房间睡'。我想送孩子回自己的房间睡，就在她身边待了好几个小时才离开。回来后我也睡不着，怕孩子醒来，见我不在身边又会害怕。果然，早晨5点，小芹又跑到我的房间猛敲门，两只手都吓得冰凉。我再次陪她返回她的房间，总算熬到了天亮。"

孩子去敲妈妈的门，这是预料之中的事。但做妈妈的千万不能太心软。她去敲你的门，你就叫她回自己的房间好了，你不理睬她，她就会回自己的房间。只要坚持两三天就能达到目的。要知道任何家长都不能陪孩子走完一生的路。让孩子单独睡，是孩子成长走向独立的必经之路。

第二天，小芹半夜还是敲妈妈的门哭着央求妈妈陪她睡。妈妈听到后，特别同情孩子，眼泪直流，但还是硬下心没给孩子开门，劝了她几句，叫她回自己房间睡了。妈妈听到她回房间的脚步声，悄悄起床守候在门外，听着她睡着了，才回到房间。

一周后，小芹已经习惯单独自己睡觉了。妈妈开玩笑地问小芹："你怎么夜里不再敲妈妈的门了呢？"小芹说："我看见妈妈态度很坚决，也知道这是妈妈为我好，忍一忍也就习惯了。"小芹的妈妈这样做是对的。父母心硬正是为了对孩子的成长负责。我们有责任训练他们，使他们有勇气、有力量去面对生活。

孩子当众发难的处理方法

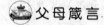父母箴言

我们应该让孩子知道，在家中的一些不良行为，虽然由于父母的疼爱，勉强可以逃避责难。但是在公共场合，虽然妈妈会同情孩子，但绝不能保护他不受外界的谴责。

4岁的特特喜欢将桌子上的东西扔到地板上。有时玩得高兴时，突然间劈劈啪啪把桌上的东西一扫而光。妈妈多次训导，甚至惩罚，他还是时常发作一番。有几次他把好看的玻璃杯还有其他用具都扔到地下摔碎了，妈妈很生气地教训了他一顿。元旦节到了，妈妈带特特到科技馆去玩。馆里布置得很漂亮，其中一个厅里还布置了舞台，要义务表演元旦庆典活动。舞台的一张桌子上摆着做道具用的饼干。演出开始前，几个小孩在舞台上玩耍，特特也要上去玩。妈妈见他在底下转几圈也实在很无聊，就叮嘱他上去不要乱动，便由另外几个孩子将他举了上

去。开始几分钟，他表现得还不错，随着另外几个孩子在上面蹦蹦跳跳，他也忘乎所以起来，走到桌子前一举手，把桌子上摆着的几个做道具用的饼干打到了地上。这时饰演老奶奶的演员急步走来，一边将饼干捡起，一边大声对特特说："你要干什么？下去！"妈妈从来没有这样大声训斥过特特，特特一下子愣在那里，他眼里充满了惊恐，妈妈过来伸手将他接了下去。妈妈虽然有些怪那位老奶奶对特特过于严厉，但一想这样可以给特特一个教训，或许比自己以往讲的道理更有用，就抱起特特，没有说任何安慰的话。特特看着妈妈，想知道妈妈是什么反应。"老奶奶为什么骂你？""我打掉了饼干。""对不对？""不对。"特特流着眼泪一副可怜兮兮的样子说。妈妈什么也没有说，只是用手绢给特特擦了一下眼泪。演出开始了，特特安静地坐在那里，没有再生任何麻烦。随后几天妈妈看到特特在行为上有明显改进。

特特因为自己的行为尝到了当众受训的滋味。如果妈妈婉言安慰，用同情来维护特特不受伤害，特特会认为妈妈是站在他的一边，妈妈同情他，会保护他不受外界的谴责，自己的这种行为不但在家里可以逃脱责难，在公共场合也一样可以通得过。这种错误的理解会进一步鼓励特特的行为。妈妈明智地让他独自承担了这一教训，没有指责老奶奶的粗暴，让现实后果教育了特特应该如何约束自己的行为，显然是很有效的。

用坚决的行动制止孩子的胡闹

父母箴言

有客人在场，不能花时间教育孩子，也不能当着客人发太大的脾气，而孩子又不懂自重，令大人十分尴尬。这要用最坚决的行动，低缓简明的话语，制止孩子的胡闹。

妈妈和爸爸正在客厅里陪客人聊天，马东来到客厅看了一眼，在父母的暗示下离开了。

一会儿，马东又返回客厅，让妈妈给他的作业签名，妈妈照办了。不久马东又回来说明天要上游泳课，要妈妈准备游泳衣，妈妈告诉他在哪里能够找到。马东走了一会儿，又进来说找不到，要妈妈去找。"马东，等晚上妈妈再给你找，妈妈有客人。""不，我现在要！"妈妈很有些不好意思，但当着客人的面又不便发作，于是道歉，起身带马东离开了客厅。

"马东，你若想在客厅听大人谈话，可以找本书在客厅里一边看，一边听我们聊天，但不许说话，也不要生出什么事来打扰我们。不然，就待在自己房间不要再到客厅里来，你看怎么样？""好的，没问题。"马东高兴地与妈妈回到客厅。但是5分钟后，马东就开始忘记妈妈的话，很冒失地插起话来，使谈话变得很困难。妈妈没有再说什么，站起身拉住了马东的手，将他领出了客厅。

在过道里，妈妈轻声但严肃地对马东说："看来你更愿意回自己的房间去，去吧！"马东自知无理，便上楼回到了自己的房间。

有客人在场，不能花时间教育孩子，也不能当着客人发太大的脾气，而孩子又不懂自重，令大人十分尴尬。就要用最坚决的行动，低缓简明的话语，制止孩子的胡闹。

有时忽视也是一种力量

🚢 **父母箴言**

有人说沉默是金，其实这只说出了沉默内涵的一个方面，在对孩子的教养中，你还可以体会到忽视也是一种力量。

妈妈和4岁的西西在车站等车，西西看见旁边的饼干屋，一定要买一块来吃。"亲爱的，你今天已经吃了两块糕点了，我们回去马上就吃饭，不能再给你买了。""不，我要吃，我要吃。"他拉着妈妈的手扭动起来。妈妈将眼睛盯着路上来往的汽车，不再做声。"你在看什么？""看汽车，亲爱的。""我要买饼干。"没有回答，妈妈的眼睛又回到汽车上。西西突然意识到再闹下去妈妈就要上车走了，他也许会被丢下，那可糟了，便很知趣地看了妈妈一眼说："我们一回家就吃饭，西西不再吃饼干了。"

"西西对妈妈讲道理，这才是乖孩子，真懂事。"妈妈这一招很管用，西西被"震"住了，终于跟着妈妈回家了。

有人说沉默是金,其实这只说出了沉默内涵的一个方面,在对孩子的教养中你还可以体会到忽视也是一种力量。

要学会不用责骂来引导孩子

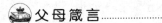

父母箴言

一些父母,经常借助发怒来发挥作用,而不是用行动来发挥作用。那会让你精疲力竭并且丝毫不奏效!试图用叫喊来控制孩子,就像仅靠按喇叭来驾驶汽车一样无效。

让我们来思考一个例子,在漫长、紧张、如旋风般的一天之后,这种情况有可能在成千上万个家庭中的任何一家发生。

因为非常疲劳,妈妈想早点休息,打算让她的孩子洗澡上床。但是8岁的利利却不想马上睡觉,利利坐在地板上,玩着他的玩具。妈妈看了看表说:"利利,已经快9点了(夸张了30分钟),收拾起你的玩具去洗澡。"此时,利利和妈妈都知道并不是叫他立即去洗澡。她只是希望他开始想洗澡这件事儿。

大约10分钟以后,妈妈又说话了:"利利,现在越来越晚了,你明天还要上学,我希望你把这些玩具收拾起来,赶快去洗澡!"她仍然没有打算让利利服从命令,并且利利也知道这一点。她的真实意思是:"我们的时间又少了一点,利利。"利利拖拖拉拉地四处走走并堆起一两个盒子以表示他听到了她的话。然后他坐下来再玩几分钟。

6分钟过去了,妈妈又发出了一个命令,这一次她声音中多了一些愤怒和威胁:"现在听着,小家伙,我告诉你赶快行动,我是认真的!"对于利利,这意味着他必须收拾起他的玩具,然后磨磨蹭蹭地走向洗澡间的门口。如果他的母亲很快地过来催促他,那么他必须火速地执行交给他的任务。如果妈妈在完成这固定程序的最后一步之前转移了注意力,或者如果电话响起,利利就可以自由地享用几分钟的暂缓了。

利利和他的妈妈都卷入了一场熟悉的独幕话剧。他们都明白规则及对方所扮演的角色。整个场景是事先安排好的、计算机般程式化的、照原稿演出的。实际上,它是夜复一夜重复上演的一幕话剧。每当妈妈想让利利做他不喜欢做的事件时,她都要经过那些假生气的分级步骤，以平静开始而以红着脸大叫和威胁结束，利利直到她达到爆发点之前都用不着行动。

妈妈是依靠空间的威胁来控制利利的，所以她必须一直保持半激怒状态。她与她的孩子之间的关系被损坏了，她永远也别指望能得到孩子的立即服从，因为她达到令人可信的愤怒程度至少需要5分钟。

用行动去获得期望的行为该有多好啊。当父母平静地要求孩子服从但孩子却置之不理时，妈妈或爸爸应该有一些办法让孩子要合作。妈妈应该平静地告诉利利去洗澡。如果他不立刻行动，就应该捏他的肩膀一下，使他有些轻微的痛苦。如果利利知道这个程序或其他一些不愉快的事会永不改变地发生在他身上，他就会在结果出现之前行动。

一些读者可能认为对孩子故意地、有预谋地使用轻微痛苦的办法，是做了一件残酷、没有爱的事。对另外一些人来说，它看起来像纯粹野蛮的事。假设要在喜欢对孩子发脾气、尖叫、爱威胁的母亲与一个对孩子不服从进行合理的、有节制的反应的妈妈之间做出选择，人们当然欣赏后者。因为这避免了两代人之间的冲突，一个比较安静的家庭对孩子更适宜。

另一方面，当孩子发现在他听到的上百次的话语背后并没有威胁的时候，他就不再听这些话了。他惟一会做出反应的就是那些已经到达情绪顶点的信息，这意味着要一遍遍地大喊大叫。孩子被引到了对立的方向，使得妈妈的神经以及父母和孩子的关系变得紧张。但是这些口头申斥最重要的缺陷就是它们的使用者最后不得不寻求体罚。这样，父母就不是平静并理智地实施规训，而是失去自控和沮丧，野蛮地痛打对抗的孩子。已经发生的战争是没有理由的。如果父母持一种很有把握的平静态度的话，事情完全可能以非常不同的方式结束。

妈妈轻柔地、几乎是高兴地说："利利，你知道在你不听我的话时会发生什么事吗？但是如果你坚持的话，我可以跟你一起玩游戏。当计时器响起的时候，让我知道你的决定是什么。"

然后孩子就会做出那样的选择，并且他服从妈妈命令后的好处也就很清楚了。她不需要大喊大叫、她不需要威胁、她不需要变得心烦意乱，她拥有支配权。当然，如果必要，母亲要证明两三次她会使用疼痛或其他的惩罚方式。在以后的几个月中，利利偶尔会看一看她是否仍控制着局面。这个问题很容易处理。

肩膀上肌肉可以非常有效地导致轻微痛苦。在那些数不清的大人和孩子发生面对面冲突的场合之中，都可使用这个方法。

家庭之外的纪律与家庭之中的纪律并不是十分的不同。在两种环境之中控制孩子的原则是相同的——只是应用方式改变了。一位想用怒气来控制一群孩子的教师、教练或游戏领导者，一定会受到难以置信的挫败。孩子们会试探大人在采取行动之前能忍耐多久，他们会一直把他或她逼到那个极限。

千万不要低估一个孩子对他正在破坏规则的意识程度。大多数孩子对否认大人权威的事进行了相当的分析，他们事先考虑行为并且权衡了可能发生的后果。如果赌注太大了，他们会采取更安全的方式。这个问题已经在成千上万的家庭中得到了证实，在那些家庭中一个小孩会把一个家长推到忍耐极限的边缘，而在另一个面前却像甜蜜的小天使。妈妈抱怨道："瑞瑞十分在乎他的爸爸，但是一点儿不理会我的话。"瑞瑞并不傻，他知道妈妈比爸爸更安全。

总而言之，父母必须认识到控制孩子的最成功的手段就是掌握那些对孩子来说很重要的东西。絮叨的讨论和空洞的威胁只能对孩子产生很少的作用或一点也产生不了。"为什么你不改掉毛病做正确的事呢，杰杰！我该拿你怎么办呢，儿子，天啊，看起来我不得不总是对付你。我真是不明白你为什么不按吩咐去做。如果有一次，只有一次，你能做出符合你年龄的事该多好啊。"这种语言劝阻没完没了。

杰杰忍受着这种唠叨，日复一日，年复一年。幸运的是他有一种机能可以让他听他想听的东西而将其他的东西统统淘汰。正像生活在铁路旁边的人甚至听不到火车隆隆而过的声音，杰杰学会了忽略他周围毫无意义的声音。

寻找疼爱与规训之间的平衡

父母箴言

父母与孩子的全部关系，都可以在介于疼爱与规训之间精心维护的一种平衡之中找到。疼爱与规训，这两个变量之间的相互作用是关键，与我们能成功培养孩子紧密相关。

人们很长时间以来就知道，一个不被喜爱、触摸和抚慰的婴儿常常死于一种奇怪的疾病，这种疾病最开始被称为"消瘦"。他们会了无生机地在迎来第一个生日之前便死去。这种感情需求的证据在公元 13 世纪就已被发现了，当时弗里德里克二世用 50 个婴儿做了个实验。他想知道，如果婴儿永远没有机会听到口头语言，他们会说什么语言。为了弄明白这个没有定论的研究主题，他指派养母们给孩子们洗澡，喂他们奶吃，但是禁止她们爱抚、轻拍和与她们照看的孩子说话。这个实验戏剧性地失败了，因为 50 个婴儿全部死了。上百个更近一些的研究表明，生命的第一年中母亲和孩子的关系对婴儿的成活来说是至关重要的。

疼爱的缺乏对孩子的影响是可以预料的，但是过度的爱或"超级的爱"也对孩子有危害，这一点却并没有得到充分的认识。有些孩子被爱或以爱的名义出现的东西给毁了。有些美国人在他们的舞台上非常过分地以孩子为转移，他们把自己所有的希望、梦想、期待和抱负都倾注到孩子身上。这种哲学的自然顶点就是对下一代的过分保护。

一位紧张的母亲说她的孩子是她生活中唯一的快乐源泉，在长长的夏日里，她的大部分时间都坐在房间的窗户前，看她三个女儿玩耍。她担心她们可能会受伤或需要她帮助，或者她们可能会骑自行车到街上去。尽管她丈夫有强烈的怨言，她还是牺牲了她对家庭的其他责任。她没有时间做饭或打扫房间，在窗前看管孩子的任务是她唯一的生活。她被她深爱的孩子可能受到伤害的危险所带来的恐惧紧张折磨着。

童年时期的疾病或突然而来的危险，对于很爱孩子的父母来说总是难以忍受的，但是对于过分保护孩子的妈妈或爸爸来说，哪怕是最轻微的威胁也能产生难以承受的焦虑。不幸的是，父母并不是唯一受罪的人，孩子经常也是这种焦虑的牺牲品。他或她得不到允许去经历合理的危险——一种作为成长和发展的必要序幕的冒险。同样，对孩子们的任何要求不能拒绝的家庭中，前面所描述的物质问题往往会发展到最严重的程度。孩子情感长期不成熟，是父母过分保护的又一个常见的后果。

在控制孩子的极端家庭中父亲和母亲通常都遵循一种相似的模式，父亲是一个非常忙的人，他深深地陷在工作之中。他从早到晚都不在家，而当他终于回来的时候，他带回家一个装满工作的公事包。他可能经常出差。当他偶尔在家并且不工作的时候，他总是精疲力竭地倒在电视机前看棒球比赛，他不想被打扰。因此，他管理孩子的方式是严厉而冷漠无情的。他时常发脾气，孩子们都知道要与他保持距离。

相反，妈妈则对孩子顺从得多。她的家庭和她的孩子就是她快乐的源泉。事实上，这已经取代了那些从她的婚姻中消失的浪漫火花，她为爸爸为孩子们缺少感情和温柔而担心，她觉得她应该通过向另一个方向倾斜来弥补他的严厉。当他不让孩子们吃晚饭就叫他们上床睡觉时，她偷偷地塞给他们牛奶和饼干。由于她是爸爸不在时唯一的权威，因此在家中居支配地位的旋律是不成章法的宽容。她太需要这些孩子们了，以至于不愿冒险去控制他们。

这样，两个家长权威的象征是相互矛盾的，孩子被夹在他们中间。孩子对任何一个家长都不尊敬，因为一个会破坏另一个的权威。这种自我毁灭的权威形式经常会埋下一颗反叛的定时炸弹，它会在青春期引爆。大家所知道的最不友善、最野蛮的孩子就是从这种极端相结合的家庭中产生的。

如果我们想培养出健康、负责任的孩子，就必须寻求疼爱和控制的"中间地带。"

当你被孩子的反叛挑衅时，要取得决定性的胜利。当孩子问"谁说了算"时要告诉他答案。当他咕哝着抱怨"谁爱我"时，让他投入你的臂膀之中，用感情将他包围。尊敬孩子，不要伤害他的尊严，并希望从他那里得到相同的东西。这样，你就可以开始享受到有权威的父母地位所带来的令人陶醉的好处了。

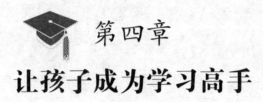

第四章

让孩子成为学习高手

只具有智慧是不够的，还需要自律

一个孩子要取得优秀的学业成绩，必须具备两项特定的素质。一是必须具有智慧能力，二是必须具备自律的素质。这对克服那些痛苦和困难的事情，是必不可少的。

人们对一些尽管其能力足以完成学业，但在学校却是不成功的学生存在着明显的困惑和不解，与这样的事实有关，即一个孩子要取得优秀的学业成绩必须具备两项特定的素质，一项素质是必须具有智慧能力，但只具有智慧是不够的，还需要有自律这项素质。一个有能力的孩子也许会也许不会自律，而自律对于日复一日地克服某些他认为痛苦和困难的事情，是必不可少的。

智力和自律并不是经常地联系在一起。一个孩子常常是具备一个方面而缺乏另一个方面，偶尔会有一个并不聪慧的孩子通过努力奋斗而取得高于预期的成绩，这种现象叫作超常发挥。与此相反的情况要普遍得多，称之为未尽力发挥，其典型表现是一个孩子有很大的智能潜力，但他却坚持将它浪费掉。

我们常常没有认识到学习需要艰苦的努力。让我们来了解一下一个中学生每天的家庭作业有什么要求。他在学校完成一天的学业回家后还必须明白老师的要求是什么，包括作业的页码及其他细节，由于书本太多书包装不下，还必须记得把该带的书本带回家。他必须在晚上关掉电视机，不理会电话，如果家长有打麻将的恶习，他还必须得忍受麻将或居室附近其他的噪音，必须在足够长的时间内集中精力以便正确地完成作业，还要将做好的作业带回班上交给老师。他必须记住所学的东西，直到下次考试乃至升学考试结束，而且必须坚持经常不停歇地一次又一次地做。达到这一点要求的不仅仅是能力，还意味着他能日复一日周复一周年复一年地发奋学习。有些孩子在小学的各个学年都很成功，但后来便放弃了努力。据估计75%的学生在升至初中或高中的某个时段都经历过学业滑坡。尽管这现象屡见不鲜，但无论是学校还是家庭都没有做好应对的准备。

父母普遍对他们未尽力发挥的孩子以下列3种方式做出反应。一是将问题当作是由孩子的冥顽不化来处理。父母可能会恼羞成怒肆意贬损孩子的人格或对孩子做出某种惩罚。这种反应不太可能促使孩子努力读书。在这样的情况下学校会对孩子进行大肆威胁，这也几乎没有可能使孩子更加勤奋。第二种可能是给孩子许诺远期"贿赂"，这种远期"贿赂"也照样不会有用。推迟强化等于没有强化。第三种反应是："他有时必须学会承担责任！我总不能老在那里帮他，所以，这是他自己的问题。"

如果父母每天处理这一问题的时候所抱的态度是不现实的，学校也不可能更有帮助。老师也许会说："不必担心这一点，孩子的年龄已经能够解决这一问题。"这恐怕是对孩子的最大的谎言。孩子通常并没有长到能解决这一问题的时候。一些人观察到大多数未尽力发挥者有"终身"麻烦，他们常常做任何事都马马虎虎、杂乱无章。只有具备一种长久的品性，才能艰难地做到符合课堂的要求。

孩子们像所有年龄阶段的人一样，都希望能成为一个负责任的人。他们希望感受到做对事情所带来的欢欣和尊严。在学校中失败的人常常是最悲惨的，但是他们又无法用自律来克服他们自身的惰性。

对犯有这种症状的孩子有两种矫治方法。一是父母深深地投入到孩子的学校功课中去，使他除了完成功课外别无选择。只有学校经常与父母交流学生作业的各种情况，这种方法才有可能行得通，因为小家伙们肯定不会传递这种信息，特别是青春期的孩子，他们会千方百计扰乱家庭的沟通。

此外，在百分之百需要自律的领域，父母应该提供支持。晚上学习时间应该具有高度统筹性，例行学习时间不被干扰或尽可能少的干扰。父母必须知道给孩子布置了什么作业以及怎样检查已完成的作业。美国斯坦福大学"家庭·儿童·青年研究中心"正在进行的研究发现，能帮助未尽力发挥者提高成绩的一项方法就是父母参与进去，有规律地鼓励孩子，表扬做得好的事情，及时给予有意义的帮助，孩子学习成绩往往会上升。

做到这点并非易事，父母的热情参与很少能坚持两周以上，因为很多父母本身就缺乏那种不可缺少的自律，必须有某种办法补充父母的努力。

未尽力发挥者常常会在一种即时强化机制下取得成功，如果孩子对学校的奖赏与激励无动于衷，那么他还需要增加一些激励。哪怕是非常小的进步，也应该给予报偿。不要等到孩子期末考试得了 A 才给他奖励。你也许认为这是对孩子在进行贿赂，但只要为了孩子的学业能有一个好的成绩，试试又何妨呢，对猫的评判标准是抓住耗子的就是好猫，我们对孩子的教育方法也应该解放思想，能使孩子尽力发挥取得好的学业成绩的就是好的方法。

小君是一个典型的未尽力发挥者，正在留级读二年级，他的动力已被早先的失败扼杀，他现在什么也不想干。他的妹妹也在读二年级，她在小君留级的同年升入了二年级，而且，她还是一个学习尖子。而与此同时，小君却深深地陷入了学业绝望的泥淖之中。

专家在与小君的母亲商议后，就一套在家里实施的激励方法达成了共识。在共同商讨的基础上，小君的母亲很快制作了一个图表。

小君每随爸爸或妈妈花 5 分钟时间做当周的词汇拼写作业，他就可以在图中用彩笔涂掉一个空格。当所有空格都涂满时，他就可以得到一个新自行车座。同样，他每做 10 分钟的算术题也可以涂掉一个空格，50 个空格涂满后就能得到机会跟爸爸一块去玩一次保龄球。

小君的妈妈认为阅读是他最大的障碍，应该给予最大的奖励，于是确定阅读课的奖励是上游乐园玩一天，但这一奖赏的获得需要付出更大的努力才能得到（涂一个空格得需要完成 15 分钟的阅读）。

由于每一个小的奖励都很明确具体，可能很快获得一个又一个愉快的奖励，而且学完还有一项大奖在等着，小君很快领会到了这一游戏的激动人心。他放学后急着赶回家，跟妈妈一起做作业。以前妈妈没有办法让他打开书本，但他现在取得了出人意料的效果。小君的妈妈第一个星期就打电话给专家，抱怨只要小君在家里，她就无法完成自己的工作！

不久之后，奇迹出现了。小君开始学习，尽管学习并不是他的真正用意。他第一次在周试中正确地拼写出了全部单词，享受到了由此而来的成功喜悦。当班上讨论他知道答案的算术题时，他会拼命地举手要求得到证明他的知识的机会。他的阅读进步显著，老师把他从阅读慢组中调了出来。尽管小君没有刻意追求，但他还是发现了学习的乐趣，失败的恶性循环被打破了。

如果认为所有的学习问题都能像小君那样轻松地解决那就错了，有些未尽力发挥者是无法用这种方法解决的，没有任何东西让他们开窍。但是强化原理还是提供了进步的最佳可能性。这种方法已在全世界得到采用，常常会取得显著效果。

怎样消除孩子的厌烦感

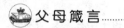 父母箴言

阻碍孩子集中力，有一项重要的因素是"厌烦症"。不管多么用功或努力地学习某项技能，一旦对该事产生厌烦之心，那么自然不会进步。即使有再多的"山珍海味"、再多有用的知识，也难以下咽。

在使孩子产生厌烦感的各种原因中，以"单调"为首要因素。连续做相同性质或简单的工作，最容易引起厌烦感。

此外，孩子不知道作业的意义、做不能自己想做的事时，也很容易产生厌烦感。

不单调、做起来也有很多兴趣，但"做的时间太长"也会使孩子厌烦。

以上诸项是造成厌烦的原因，如果父母能在事前便预防消除掉的话，孩子便不会对自己课业或学习的事物感到厌烦，而会长期地持续下去。

"单调感"和"做的时间太长"有出乎意料的密切关系。不论是多么富于变化性的作业，只要做的时间太长，便会陷于单调。它带来精神上的疲劳，远较肉体上的来得大。

话虽如此，但每个人对持久的界限并不尽相同。当一个人对某件事产生厌烦感后，可让他改做另一件性质完全不同的工作，让内心饱和状态消失，而产生另一种新的"空腹状态"。

对孩子如果能巧妙地排除"厌烦感"，则孩子"废寝忘食"地努力读书，并不是不可能的事。

制定具体阶段性的目标，让孩子读书。从前在美国工厂，曾做过这样的实验——将从业人员分成两组，一组指定他们在一个月内，制造某一数量的产品，而另一组在告诉他们最后的目标时，也告诉他们每周必须达到什么目标。这项实验的目的，是为了调查给予目标方式不同，在工作效率上是否会有差异，结果前一组只达到预定目标的八成。而后一组却超出了预定目标。

人类在心理上觉得与目标的距离愈短，就愈有持续紧张感和动力。如在登山时与其鼓励对方"加油"倒不如告诉他马上就爬上一半了，这种"下限目标"会使他产生继续坚持的动力。

对一个做事感到厌烦的孩子，给予他下限目标要比鼓励他更有效。若是想让孩子读一个小时的书，可以告诉他："试着读 30 分钟看看！"孩子会觉得这样的小目标应该不难达成，于是便较能接受。只要他持续的读了 30 分钟的话，再读个 30 分钟则并非难事。

巧妙地转变孩子的情绪，也是一种防止孩子产生厌烦感的有效方法。在孩子读书的休息时间，孩子大多只会坐在书桌前发呆，这样的话，刚才用功时的紧张感便会一直持续下去，休息等于毫无意义。

不妨让孩子做剪指甲、买笔记本、擦洗脚踏车等杂事。与其让孩子坐在书桌前发呆，倒不如做些与书本无关的事，能够转变孩子的情绪，而产生新的干劲。

让孩子吃糕点后读书也会使孩子再次振作起来。让孩子吃糕点为的是慰劳孩子念书的辛苦，同时还有提高念书持续力的效果。孩子知道再过 20 分钟便有糕点可吃，原本松懈的心理，就会再次振作起来，于是糕点便成为厌烦感的抑制剂。如果母亲在孩子饥饿时就给他吃糕点，那就对孩子没有吸引力了。

有一点必须注意的是，吃糕点的时间要尽量缩短，以免成为连续读书的障碍。此外，确定让孩子吃糕点的时间，要精心安排。

学会运用"中断效果"。电视连续剧在某集结束时，总挑起某个情节上的高潮，然后就此打住，这样观众便会产生欲知下文的期待感。这种技巧，也可应用在防止孩子产生厌烦感上。

比如说，当孩子陶醉于书本或玩乐时，父母可以故意说："好了！今天到此为止！"也许有人会觉得，孩子正在兴头上，为什么要去阻止呢？其实孩子对某件事感兴趣的时间，还不如大人想象中的长。很多时候他们表面上看起来认真，实际上那只是一种习惯性的状态，所花的时间和读书或游戏的效果并不成正比。

著名心理学家西格尼曾经进行实验，结果发现被中断的读书或工作内容，特别容易被记住，而且被想起的概率也较高。原因就在于进行中的工作被中断，使得工作的紧张感持续。善加利用这种"中断效果"的话，不仅可防止孩子的厌烦感，还可以在最短的时间中，产生最大的成果。

告诉孩子"读书并不苦"。一位小儿科医师曾肯定地说："小孩'疾病'大半是由母亲造成的。"比如，孩子跌了一跤，膝盖轻微擦伤，母亲便会心疼地说："好痛吧！"然后赶忙把孩子送到医院去。孩子一早起床无精打采，母亲又会关心地问："是不是发烧了？我看今天请假好了！"自己就认定了孩子不是感冒就是头痛，母亲不知不觉中为孩子制造了疾病。

如果孩子受了点小伤，母亲说："不痛吧！"让孩子觉得那只不过是轻伤而已！孩子有一点发烧，便对他说："没什么大碍吧！"然后充满信心地将孩子送去上学。因为询问方式不同，会使孩子产生病了或精力充沛这两种截然不同的反应。当孩子厌烦读书，抱怨读书辛苦时，母亲是否表现出赞同孩子的反应，将会产生两种不同的结果，一种是孩子愈来愈觉得读书痛苦，一种是觉得读书并不算什么辛苦的事。

心理学家有一个实验，拿一幅人的性别不详的画给受测者看，然后问他画中的是男是女，结果答案是男女各半。但是若以相同的画给其他受测者看，然后问："像不像男人？"结果大多数的答案会偏向"是男人"。这就是诱导询问法的可怕之处。因此，当孩子产生厌烦感时，绝对不可以赞同他，而应该告诉他："读书并不苦。"

危机意识会使孩子的学习效率提升。孩子读书或写功课的效率低下，陷入懒散状态时，除用情绪转换法使孩子重新进入读书状态以外，还可以用危机意识使孩子学习效率迅速提升。

成人也往往逃不过危机意识的煽动，而会在："现在不要明天就没有了"，"今天不去看医生明天就来不及了"等危机言词的诱导下，不自觉地采取行动。许多人在看了百货公司海报写着"请把握折扣的最后机会"后，便拼命地大采购，也是这种因素的表现。

因此，当孩子懒散时向孩子说："你现在不做，以后就会很麻烦的！"会使孩子产生危机意识，这样孩子便会抛弃厌烦感，自然的使效率提升。

让"失败感"驱逐孩子的厌烦情绪。一件已了若指掌、一成不变的工作，产生厌烦感是很自然的事情。相反的，一件工作若是常能激起您的求知欲、又具有挑战性的话，便不会那么容易地使人失去兴趣。

孩子的读书也是一样，无论是原来多喜欢的科目，也难免会感受到厌烦。因此，即使是完全相同的学习内容，也不妨大胆地改变做法看看，这样便会产生"也许会失败"的危机感。比如拿几道孩子还没有学过的问题考考孩子，孩子会立马知道天有多高，地有多厚，轻浮会马上消失。孩子便会多下一些功夫以避免失败。这样的话，即使是原本不感兴趣的科目，因为新做法、失败的危机感等因素，也会使孩子做下去，而不会感到厌烦。

平时孩子总是被告诫"不可失败"，但若是孩子失败时，你可以告诉他"失败也是一种经验，不妨换个新方法试试看"，鼓励和诱导孩子，会使孩子觉得"失败"只不过是一种"新体验"和"挑战"，这样他自然不会产生厌烦之心。

不断更换学习科目避免产生厌烦。

日本有一所幼稚园，以"教学方法"著名。据说他们的教学法相当不同反响。他们的教学方法是，老师准备了许多不同的教学题，然后依学童的反应，以极快的步调，让孩子做各式各样不同种类的学习。比如说，先是大声地朗读诗词，然后又教数字，接着又背九九乘法，之后紧接着再介绍各国的国名、国旗、首都等。

使用这种方法，孩子直到中午都能集中精神，完全没有厌烦或疲累的感觉。这样长时间下来，孩子等于在一年内读了几千本书。

这种不断更换学习科目以避免产生厌烦的方法，是很值得我们参考的。不要让孩子不停地读相似的科目，在孩子感到厌烦之前，立刻更换另一科目，使孩子的情绪产生转变，这样可以使孩子继续用功下去。

用不同的场所和时间读书可以转变孩子的厌烦情绪。在孩子读书厌烦时，用"场所"或"时间"来区隔脑中思想，可以防止孩子对读书产生厌烦。

曾经有一个同学就是这样，在夏天很热的日子，他会视时间而更换读书的场所，一天之中他总是换好几个地方来念书。有时在树下，有时在屋后的背阴处放一圆桌，有时在室内的桌案旁，有时在林荫路上，每换一个地方，都会使自己有一种新的感受，使自己始终保持一份好的读书心态。他以优异的成绩考上了一所名牌大学。

不管是多么舒适的房间，如果读书时间孩子就一定得关在里面的话，孩子想要不产生厌烦感也难。相反的，如果认为孩子只有乖乖待在书房中便会努力用功的话，这种想法也太过一厢情愿了。倒不如劝孩子随心坐在一边或踱着步看书，反而会是一种防止孩子产生厌烦感的好方法。

怎样让孩子学会自觉地学习

🚢 **父母箴言**

如果孩子缺乏克服障碍或逆境的精神动力，往往会在过于满足的生活中，受到侵蚀而不自知。

"我的孩子凡事都提不起劲"，"都要考高中了，孩子还不懂得自动自觉地读书"，"孩子的成绩不好，我为此请了家庭教师，可是他自己却不用功，补习费等于白花了"。这是一般父母经常面临的烦恼。在这些问题中，也不乏杞人忧天的父母，比如说，父母担心孩子要考高中却还不用功，事实上，他们的孩子，现在还不过只是初中一年级而已！孩子没有干劲，主要是由以下几方面因素造成的：

孩子并不是很需要太多的干劲时，父母却强求他能干劲十足地去面对功课的挑战，孩子就会显得没有干劲。无论如何，一定要让孩子自己能产生目的意识，认为这件事努力去做很有必要。这才是支持干劲存在的主要原因。

一件事做了之后对自己并没利益时，孩子也会提不起劲。报酬并不单指具体的物质或金钱，还包括此种行为能被肯定的精神性报酬。同时，当孩子产生这件事自己办不到，或是这件事太困难等先入为主的想法时，也会失去干劲。不管任何事，只要能产生自己去做便能完成的达成感，就会成为支持孩子干劲十足的一个重要原因，这就是"达成原则"。

一件事并不困难，完成之后也可得到报酬，可是有些孩子因为对此不感兴趣，所以不愿去做。反过来说，一件工作完成之后没有报酬，还加上有一点困难度，但若是孩子对它感兴趣的话，仍然会干劲十足。

一件事就算拥有强烈的目的意识，完成后可得到报酬，也能享受达成感，然而工作者已对它产生厌烦之心，也无法持续干劲。认为自己已没有再做下去的必要，这种自大的心态，也是干劲的大敌。此外，太容易的功课或是要求的水平太低，也会使孩子无法产生干劲。

那么，怎样使孩子增添干劲呢？

如果你仔细观察用餐时的状况，便会发现成人和孩子间有一个很大的差异，那就是成人一般都会将自己喜欢的菜肴留待最后再吃，而孩子却往往由自己喜欢吃的菜开始吃。孩子的学习也存在这种心理，每当遇到自己不喜欢的科目时，便会在课堂上打瞌睡，所以总是挨老师的训斥。孩子做功课总是先做自己喜欢的科目，而留下不喜欢的科目，这样那科目自然一直没有起色。遇到这种情况，不妨让孩子先做完自己不喜欢的科目，再做自己喜欢的科目，这样才能较好地克服避免不喜欢科目的心理。因为孩子若不先把不喜欢的科目做完，便不能做自己喜欢的科目，于是只有硬着头皮向讨厌的科目挑战。一般来说，孩子从自己讨厌的科目做起，做完之后再做喜欢的科目，这样更能提高孩子的学习欲望。

有时，孩子不想用功做事，不想用功读书，不想帮父母做家务，这时，最好利用"同步心理"让孩子去做原本不想做的事。举例来说，当迷你裙流行时，许多女性不管自己的腿部曲线是否修长，都纷纷一窝蜂赶时髦。这种和其他同伴一样心态的想法就是一种"同步心理"。人都有"同步心理"，喜欢和他人有相同之处，以免受到朋友的排斥。

孩子的生活领域比起成人的世界，"同步心理"所占的比例更大，对孩子来说，没有一件事会比离群的感觉更可怕。例如，孩子央求父母买某种东西，而父母不答应时，他便会理直气壮地问道："人家隔壁的小明都有，为什么我没有！"这是孩子最常使用的"理论"。做父母的不妨用这种孩子唯恐离群的不安心理，用这套方法激励孩子用功，可以说是以子之矛攻子之盾，这样能迅速击中孩子的心理，使其主动学习上劲。此外，这种方法也可以用在其他方面。比如说，孩子不愿帮忙做家事时，可以对他说："隔壁的小明都会帮忙做家事呢！"相信大部分的孩子在听了这句话后，都会很乐意协助母亲的。

不要为孩子安排过于舒适的环境。有位小学四年级的小男生，他是家中的独生子，生性活泼，经过智力测验发现，他的智力比同年龄的孩子高出甚多，他的父母和祖父母都深深地以他为傲，决定要给他一个最好的读书环境。这位男孩子非常幸运地诞生在一个经济环境很好的家庭中，与学习有关的生活条件一样不缺。但是意外地，他却慢慢开始改变了，读书虽然仍旧认真，但总是少了那么一点干劲，不再有向功课挑战的心了，成绩也逐渐退步了。后来经过专家分析，认为主要是由于物质环境太好的缘故。如果对一切都很满足，就不会产生打破现状、努力突破的前进欲望。

一般来说，欲成就大事业，便需要有"吃苦精神"。孩子自然也不例外。而能克服障碍或逆境的精神动力，往往会在过于满足的生活中，受到侵蚀而不自知。

要经常鼓励孩子的自信心。孩子考试成绩不太好，心里很难过，再加上怕父母训斥，心里一定会忐忑不安。这时，如果父母再鼻子不是鼻子，脸不是脸的训斥一顿，效果不但不好，反倒还会产生负面作用，使孩子丧失自信心。作为母亲应轻描淡写地说："我相信以你的实力，应该可以得到更好的成绩，这次考试大概没有完全发挥吧！妈妈相信你日后一定会大有作为的。"这样孩子不但不会丧失自信心，而且还会增加干劲，发奋图强，比把孩子训得发怵好得多。

为人父母者，若能经常引发出孩子的潜在能力，孩子的成长有时会出乎父母的意料之外。对于看轻自己的孩子，这种鼓励方式，无疑是最有效的。

父母要慎说"反正"或"还是"。当孩子递给你一张满红的成绩单时，相信有不少的母亲，为了安慰沮丧的孩子，会无意识地说"没关系，反正这个科目你不行"，或"还是跟上次一样的低分数"，做母亲的也许是为了安慰孩子，但这样的言辞，不但不会给孩子带来安慰或鼓励，反而会使孩子灰心丧气。

"反正"或"还是"，无疑表示要孩子放弃努力，若母亲经常把这句话挂在嘴边，当孩子想要做某件事时，心里就会升起"我反正做不成"或"大概还是做不到"的想法。这种不利的自我暗示，相当于不战而败，当然不可能会产生学习的干劲，面对任何工作，都会以马马虎虎的态度应付了事。

比如说，某次考试得了高分，就会认为"这次算我走运"，容易产生此种否定性的想法，纵使师长或父母夸奖他，也不会从心底高兴，更不会将此种夸奖，化为下次努力的能量。使用严厉责骂的方式，企图激发儿童的反抗心，使他产生干劲，往往会让孩子产生"反正我就是这么没用"的心理，这样无异给了他不利的暗示。父母对孩子说："反正……"、"还是"，即等于是向他宣布了，父母对你根本没有期望，一个相信自己没指望的孩子，是不可能产生干劲的。

怎样让孩子集中精力

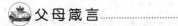

父母箴言

在孩子成长过程中，对事物的集中能力，占相当重要的地位。说得极端些，孩子所有的能力，包括读书和学习新鲜事物，都完全取决于孩子是否拥有集中力。

孩子在学习时，有时注意力很不容易集中，眼睛盯着老师，听着听着，思想却不知溜到哪里去了，结果老师讲什么也没听清。做作业也是这样，注意力老是集中不起来，结果时间也花了，效果却很差。不少孩子都为此而苦恼。凡是注意力不集中的人，都会时间花了不少，却收效甚微。因为我们不论要看清一样东西，还是要听明白一件事，理解一个问题，都必须集中注意。如果没有注意，就会视而不见，听而不闻，食而不知其味。

俄国教育家乌申斯基就曾很形象地把注意力比作一座"门"，认为凡是从外界进入心灵的东西都要通过它。若不集中注意就等于自己把这扇"门"关闭了。外面的东西（比如你所要学的知识，老师所讲的话……）又怎么能进得了你的心灵呢？这样当然会对你的学习造成影响。要想克服注意力不集中的毛病，必须先找出造成注意力不集中的原因，有的放矢地去克服才会收到好的效果。注意力不集中大致有以下几种原因：

1. 外界环境干扰

比如，学习环境不安静，外面不时有汽车喇叭声、建筑工地的机器声、窗外行人的谈笑声、脚步声、音响声……一切与当前活动无关的外界事物都可以成为集中注意的干扰因素。如果你是由于这些因素造成分心的，那么对策就是要培养你的抗干扰能力。

有人说"心静，则境宁"，这是很有道理的。在嘈杂、吵闹、杂乱的环境下，首先自己要明白，绝对安静的学习和工作环境是没有的（你总不可能在密闭的隔音室里学习和工作吧），因此遇到环境干扰时，切记烦躁本身给注意力的干扰比环境的干扰更强烈！

做一些力所能及的改变环境的工作使它在一定程度上掩蔽外界的噪音，也能使人心情平和下来。例如可以清理一下桌面上和桌子周围堆放得乱七八糟的东西，还可以播放一些柔和的音乐等。

对所学的东西或所做的事不感兴趣。兴趣是推动人们去集中注意的重要因素。比如对感兴趣的电视节目，对感兴趣的小说往往就会全神贯注。相反，若对某种事物没有兴趣，就很难集中注意。如果是这方面的原因，你要想集中注意力就得培养自己的兴趣。为此你还得检查一下所学东西是否符合自己的水平，如果过深过难，恐怕还要补补基础，如果过浅，不妨请老师给点额外任务。

2. 自控能力差

自我控制能力是意志力的一种表现。需要我们注意的东西不一定是我们都感兴趣的。对于不感兴趣的事，我们必须经过意志努力，才能对它集中注意。所谓"与分心做斗争"，实际上就是靠意志力，还得加强意志的锻炼。

疲劳。过于疲劳也是注意力不集中的原因。因此，在感到疲劳时，与其硬撑，倒不如休息一下。休息后，往往由于精力充沛，注意力集中，工作和学习可以事半功倍。

3. 情绪波动

情绪波动也时常会导致注意力不能集中。比如，受到批评，会使人不高兴，或满腹牢骚，相反，有时太高兴，比如刚打胜了一场球而乐不可支。学习也是一样，在情绪波动状态下，要集中注意去做些即使平时很感兴趣的事，也是困难的。因此，遇到这种情况，一定要使自己的情绪安定下来，要"消气"。重要的方法是使自己的注意力尽快从引起情绪波动的事件上转移开去，待情绪平静后再去干应该干的事。

下面从一些具体的问题和不同的角度介绍一下让孩子集中精力去专心用功的方法：

1. 要让孩子有具体的时间观念

我们常说时间就是生命，时间就是金钱，耽误别人的时间就等于谋财害命。那么，对于孩子可不可以说，时间就是素质，时间就是业绩呢？答案当然是。不要让孩子总是对时间只有个大体的概念，而应该有更具体的时间观念。与其规定他每天读书到4点，倒不如规定4点15分，这么一来读书时间的长短，才更有具体性。换句话说，唯有透过严格的时间划分，才能让孩子了解他所拥有时间的重要性，也更能让孩子集中精力专心用功。

2. 闹钟决定读书结束的时间

世界上最残酷的刑法，大概就是要人永无休止地工作。正值爱玩耍年龄的孩子，之所以能在上课时安静地坐在教室中，能在考虑时集中精力考试，都是因为有下课铃之故。因为他们知道，只要铃响一切就都结束了。如果没有这种时间限制，只告诉孩子在今天要做这种考试，孩子绝不会产生认真答题的集中力。

当孩子在考试前，以不安的表情做最后冲刺时，不妨把闹钟设定好睡觉的时间，然后告诉孩子："今天晚上若不好好睡觉的话，明天考试时脑筋便会转不过来喔！"把闹钟当作是"睡眠钟"，指示孩子何时该结束读书上床睡觉。孩子在想到只要一听到铃声响起时就必须结束读书，便会不自觉地紧张起来，拼命集中精力用功。

3. 让孩子内心充满宁静

所谓注意力涣散，指的是对于自己置身的状况感到厌恶，使得内心产生动摇。若是能

"心静"地埋头于书本之中，便不会感受到痛苦。只要内心充满宁静，便不会产生注意力涣散的情况。

对于注意力涣散、无法专心读书的孩子，可以让他们暂时闭上双眼，静静地听时钟"滴答滴答"的声音，也很有效果。这种暂时的冥想，可以使人的心情平静下来，每天持续这样做，就可以培养孩子的集中力。

孩子坐在书桌前却无法集中精神用功，这大多是因为没有具体学习科目的关系，孩子只是在脑海中想着要读书的内容，因此精神无法集中。

遇到这种情形时，除了让孩子脑海中做思考作业外，同时也让他做具有具体形态的作业，这样或许能使孩子的精神集中。比如说大声念课文、抄写课文，这些作业本身就是精神集中的助跑。

4. 玩时要玩

到野外或游乐区时，往往可以看到一些带着书本去的孩子。其实既然出来玩了，就应该尽情地放松自己，孩子带书来，大概是不愿意破坏自己的读书进度。结果其他的孩子在开心玩乐时，他们由于担心着功课，所以等于没玩，这点父母应该值得注意。

这种难得的意志力，表面上似乎值得大为夸奖，可他们却忘了一点，制定工作或读书计划，只是一种使工作和读书有系统地进行的手段，而非目的。但像前述的例子，手段成为目的，如果不遵照读书计划来进行，孩子内心便会感到不安。当孩子无心读书时，若是只因预定的计划而逼着自己去书桌前，那么一定仍无法达到预定读书的进度。这时，不妨改变读书计划，孩子为了赶上落后的进度，便会自己找时间用功，把落后进度补回来。

读书计划表只是预定的，它是任何情况下都可变动的。比如说，平常孩子在放学回家后，总是按照做作业、复习、预习的顺序进行，有时刻意把这个顺序颠倒的话，也许更能集中精力去用功。告诉孩子"机会只有一次"。王山为孩子购买了多媒体课堂光盘，想让上初二的女儿利用电脑学习，可孩子在电脑上学了几次，却把光盘放在自己的书桌上，并没有如他想的那样使学习更进步。在她看来，反正是咱家的东西，早学晚学还不都一样。

这种"随时可看"的心理安心态是夺去集中力的原因之一。如果切断了这种想法，孩子自然会产生集中力。

有一所幼儿园便是利用人的这种心理，而得到惊人效果的。这所幼儿园的园长热心地制作了幼儿教育的录影带，放给孩子们观赏，每天在看的时候，都对孩子们说每天只能看一次。如果孩子要求再看一次，园长绝不答应。

如此一来，原先存着好玩心理来看录像带的孩子们，由于影片只有看一次的机会，所以个个都专心地看。这种预先宣布的"限制效果"，在培养孩子的集中力方面，效果相当惊人。

刻意地让孩子做一些家事，乃是消除时间过于充裕的一种手段。因为心里想着时间不够用，人才会特别集中精神，培养孩子在短时间内做完一件事的习惯，对于增强集中力相当有效。

5. "考前猜题"——省力读书

这里所指的"猜题"，并不是指投机性的行为或者类似赌博之类的东西。它是一种"省力读书法"，必须要具备相当的智慧和技巧。

所谓考试，就是要让学生知道从前所学过的课业，到底了解了多少、对重点是否能掌握。若能猜中题目，即表示孩子已掌握了学习的要点。任何知识都以死记的方式去读的话，便会完全没有乐趣。如果用这种方法读书的话，孩子自然会感兴趣，尤其是考期逼近时，没有充分的时间把每一科都仔细地读过，集中力便会随之降低。此时，母亲不妨告诉孩子不必全部记住，只要了解其中的重点就可以了。这样反而可以提高孩子的注意力。在掌握重点时，等于也把整体浏览了一遍，这样便建立了真正的功效。

用"仪式"使孩子快速进入学习状态。有一位书法家，在检讨最近的书法教育时，认为我们有重新评估磨墨意义的必要。他认为所谓的书法或习字，不光是为了要写漂亮文字，还有助于品性的修养，尤其是培养集中力方面，书法具有很大的效果。而研墨的步骤，最能培养此种修养。很多人写书法，只想尽快地写完，所以便使用方便快速的墨汁，这样等于是本末倒置。

这不是否定使用方便墨汁的价值，从教育方面考虑，这位书法家的话确实有其道理存在。其实不单是书法，其他像读书、修行、工作等需要高度集中精力的事，在开始进行前，借着一种固定的"仪式"，也可以使心理保持集中，更快进入这种状态。

因失眠而困扰的人，需有"就寝仪式"，每天在睡前做一些固定的动作，做完之后也许便会感到较容易入眠。孩子在念书前，不妨让他削铅笔或静坐一分钟，孩子便会在不知不觉中，进入容易集中精力的状态。

确实去做，什么时候都比想重要。

有一则寓言，说的是一头小毛驴，在它的旁边有两堆草，小毛驴看看左边这堆，觉得很鲜美，看看右边那堆，觉得也不错，是先吃哪一堆呢，小毛驴做起了激烈的思想斗争，可是斗争来斗争去还是决定不下来先吃哪堆好。最后，小毛驴因为决定不了先吃哪堆草而饿死了。当我们手上有数件工作，常常会令我们不知该先做哪一件才好。后来把心一横，索性不先考虑由哪开始做起，不管什么工作，先做了再说。

孩子面临的各科学习任务，各科老师留的作业，有时与我们大人碰到的问题十分相似。这时应该告诉孩子的一句话，就是确实去做，什么时候都比想重要。

用学习时间做标准不如用完成量来要求。孩子的集中力，并不是靠念多少时间书的限制产生的。我们只要稍加思索便可以知道，时间的流逝和孩子的集中度与达成度，是全然没有关系的。

尤其是平日就无法集中精力的孩子，这种方法更不适合。因为他们的注意力不集中，即使长时间坐在书桌前，也是一件无意义的事。甚至还会妨碍孩子的身心健康。如果要对这样的孩子以时间设定标准的话，只能以30分、1小时极短的时间为单位。

但即使使用这种短时间的方法，孩子是否就真能集中精力，谁也不能保证。对这种孩子，与其用"时间"来做标准，倒不如以几页、几题、几十次等"量"做标准，还更容易使他集中精力。此外，再加上暗示他若是专心的话，便可提早完成这也会成为孩子产生集中力的动机。

怎样指导孩子读书

父母箴言

爱书的孩子，其人格特征是温柔、善良、开朗、快乐、幽默、自信、有气质、有同情心，语汇丰富，人际关系良好。从小帮助孩子建立阅读习惯，培养孩子读书方法，面对将来的考试和学业他们就能轻松地度过。

第一种方法：分析故事结构

故事结构跟房屋的结构有相似之处，它也有一些最基本的构件。在每个故事里，会有人物（故事里的人或拟人化的动物、植物、物品）、场景（故事发生的时间、地点）、问题（人物必须克服的困难）及结局（问题解决的结果）。了解故事结构有助于孩子理解整个故事内容。

您可先找一个简短的小故事或一则寓言，自己阅读一下文章，再找一张有横线的纸，按下面的形式列出以下几项。

题目：

主要人物：

场景：

矛盾（或问题）：

结局：

先让您的孩子读一小部分，找出人物。例如：玛丽是故事的人物吗？她是主要人物吗？对了，这个故事主要是关于玛丽和她的科学项目。让孩子把玛丽写在"人物"一栏。

然后，让孩子告诉您故事发生的时间、地点（今天、以前或将来，发生在一个小城镇或某个国家）。

当您的孩子读了大半个故事时，叫孩子停下来问他："在这个故事里，主要人物面临的问题是什么？"让孩子把答案写在标有"问题"的地方。

孩子在读完故事后，问问他故事中的问题是怎样解决的，把结局写在纸上。

第二种方法：一分钟冲刺

轻松、快速的阅读是非常重要的，但是，像跑步一样，轻松快速的阅读需要大量的练习。要想成为一名熟练的读者，您的孩子必须进行快速阅读的训练。但也要记住，过量的练习有害无益。您自备一块有秒针的钟表，一本您孩子能读懂的书。您可对孩子说："我们来做一个'一分钟冲刺'的游戏，我想看看你在一分钟可以读多少字。"然后，在书中找个片段，以便让孩子开始游戏。再告诉他："当我说开始，你就开始读。一分钟后，我会叫停。"孩子准备后，就喊"准备——开始"。这时，您开始掐表。一分钟后，让孩子停下来。数一下您的孩子读过的字数。甚至您还可以做个表，比较一下孩子在第一周、第二周……一个月后的阅读速度。

第三种方法：字词积累

无论是校外学习还是校内学习，识字都是非常重要的。孩子认识的字越多，他们学习的兴趣就越浓。

让您的孩子在一张报纸、一本杂志或书上找出他以前没学过，不认识的字。例如，您的孩子可能不认识"卜"这个字。有时，您的孩子有可能会发现他认识的字有其他的意思。例如，"墨"这个字是指写字绘画的用品，但是，当"墨"字用在下面句子中，它的意思就变了：他胸无点墨。在这里，"墨"比喻学问或识字读书的能力。

您还可以让孩子在跟别人谈话时，注意辨别出新的词语，或者在报纸上找出生字，记在笔记本上。把已认识的字的新意思也记到笔记本上。

第四种方法：拼接连环漫画

当您的孩子阅读事件性故事时，您一定要让他把主要事件串起来，找一本您和孩子都爱看的连环画，在看之前，把连环画剪开，然后打乱顺序，让您的孩子重新排列。排列完毕，让您的孩子讲一讲连环画说的是什么故事。

第五种方法：复述故事

孩子们喜欢读离奇的故事，也喜欢讨论这类故事。

您找一本离奇的故事书，让您的孩子自己挑一个故事来读。要让他默读，然后让他思考一下故事中的事情使自己想到了什么，比如说，家里发生的事，学校发生的事以及社会上的事。

过些时候，再让您的孩子复述故事内容，不过，不要忘了让他添加一些原来故事中没有的事情。告诉他您会仔细地听他讲，并能找出他添加的内容。

第六种方法：总结故事主题

阅读的一个重要步骤就是总结故事的寓意和主题，您可以找一本寓言集，挑一个简短的寓言故事，读给您的孩子听。记住，在得出故事寓意前停住，让您的孩子说出故事的寓意，然后，把故事中原来的寓意读给孩子听。读完之后，再跟您的孩子讨论一下，问问他从这个故事中学到了什么。

第七种方法：自编故事

编故事很有趣，如果您愿意跟孩子一起创作，写出一个你们自己编的故事，您的孩子肯定会非常高兴。

跟您的孩子一起想一个题目，然后把选好的题目写在纸上，接下来让您的孩子写第一句，您写第二句，交替进行，直到故事写完。

故事写完了，要请您的家人或亲朋好友听听你们的故事，请他们评论一下。

第八种方法：旅游日记

如果您想让您的孩子把自己的思想行为认真记录下来，您可以让他写旅游日记。您应计划一次带孩子外出的旅行，不一定要到郊外，可以参观博物馆、动物园，去看体育比赛，也可以带孩子到他想去的地方。让孩子随身带着日记本，把路上的所见所闻记录下来。

告诉您的孩子您也会写旅游日记。旅行结束后，把您的日记和您孩子的日记比较一下，看看有什么不同。

第九种方法：把书读厚了，再把书读薄了

平时学习，要多读多看多听多练，尽可能地拓宽知识领域，这样知识才能掌握得扎实稳妥。这种方法不单实用于文科学习，同样适用于理科学习。其主要方法是结合学习内容阅读课外读物，查阅相关资料等。这时的读书，要把书读得越厚越好。但是，编筐编篓全在收口，当对学科进行总结时，就要学会归纳整理，抓重点，捞干的，把书读得越薄越好。现实的情况也容不得你劳神费力，面面俱到。所以，平时学习时学会把一本书读厚了，并在这厚中记下将来复习时的重点难点，临近考试复习时，才会把一本书读薄了，抓住那些关键环节关键部位。只有这样才不失为一个读书高手，才可拿到高分，拥有一份出类拔萃的学业。

此外，父母还可以从以下一些细节上帮助孩子去亲近书籍而享受阅读的乐趣：

经常念书给孩子听。如果你能坚持经常念书给孩子听的话，孩子的吸收力像海绵吸水一样相当可观。

听孩子叙述白天的活动。让孩子简要地把一天的活动叙述一遍，可以在培养亲子感情的同时训练他的记忆力和语言表达能力。

经常和孩子讨论在周围看到的人、事、物。多和孩子说话，多诱导孩子的兴趣，把我们认为是当然的事情告诉孩子，使孩子能多增加不少见识多懂得不少道理。

给孩子一些小差事让孩子独立去做。

每天念一则新闻给孩子听或讲漫画给他听。

选择好的电视节目和他一起欣赏，一同讨论内容。

经常表扬孩子的行为及表现，建立他的自信。

和孩子玩文字游戏或说话游戏，训练他的听力。

鼓励孩子养成良好健康的习惯，每天有充足的睡眠、规律的作息和均衡营养的饮食。

经常带孩子去图书馆或参观画廊、美术馆、博物馆、看戏、看电视，以开拓孩子的视野，提高孩子的观察力和欣赏力。

最重要的是父母的态度，若父母能以身作则，引领孩子进入广大的书中世界，久而久之他们也会自己坐下来开卷有益，在书的王国里流连忘返的，这对他们的一生都会有莫大的帮助。

要让孩子养成善于提问题的习惯

父母箴言

作为家长，首先要做的是帮助孩子认识到自己不爱提问的原因，有的放矢，对症下药。每个提问都是因为自己不懂才问，学习本身是一个人不懂到懂的过程，只有把自己不懂的问题提出来后，才能得到老师的帮助。

新学期开始，王老师决定在班级里进行开放式的实验，让同学们都参与到课堂中来。因此，老师的课常常是让同学们自己提问，然后再找出解决问题的方法。王老师的这种教学方法受到了大多数同学的欢迎，他们上课提问都非常积极。可王老师发现，从第一节课起，小丽就没有提过一个问题，原来小丽的成绩可以呀，难道她现在的成绩退步了吗？如果上课不积极参与，照这样下去，她会跟不上同学们的。

小丽的这种情况许多孩子也经常遇到。可能有的家长认为只要学习好就行了，会不会提问没有什么关系。其实，这种观点是错误的，学问，学问，要学也要问。很多东西问了才能长进，有的问题自己苦思冥想不得其解，可有时经别人轻轻地一点拨往往就豁然开朗了。因此，要培养孩子善于提问的好习惯。那么，为什么有的孩子不善于提问呢？

学校以往传统的教学方法是老师讲，学生听、记，课堂上对孩子们主动参与教学的要求不高，这种教学方法实际上对孩子们的发展是不利的，孩子们养成了不爱动脑筋的习惯，只要死记硬背，依葫芦画瓢就行了。目前，教育界已经认识到了这一点，正在进行教育改革，王老师的实验就是很好的尝试。孩子们从提出问题到解决问题的过程，充分调动了孩子的积极性，能使其更好地掌握知识，开动脑筋。有的孩子不善于提问是因为学习没有系统性，没有打好基础，跟不上班级教学的进度。他们可能什么都不懂，不知从何问起，理不出头绪，想提问，又不知道问什么。还有些孩子是因为不求甚解，不爱动脑筋，心想这些问题反正别的同学都会问到，只要注意听就行了，懒得提问。还有的同学因为胆小，不敢在同学们面前表达自己的思想，生怕自己提出的问题被老师和同学笑话，怕别人都懂就自己不明白，让别人觉得自己很笨。还有极少部分孩子讨厌学习，热情不高，干劲不足，上课如坐针毡，巴不得早点下课，根本没有考虑所提的问题。

作为家长，首先要做的是帮助孩子认识到自己不爱提问的原因，有的放矢，对症下药。对不敢问、懒得问的孩子，父母应给他们讲清楚善于提问对学习的好处，可以给孩子买一些名人传记，孩子会从这些书中发现，大凡学术上有成就的人都是在"问"上做出文章来的。如居里夫人、华罗庚、达尔文等。让孩子从思想上真正认识到只有敢问、善问，才能搞好学习，才能做成学问的道理。对于那些因为没打好基础，不会提问的孩子，家长可以帮助和鼓励他们从补习功课开始，学好基础知识，跟上班级教学的进度，鼓励孩子像班上善于提问的同学学习，解除思想顾虑，克服虚荣心，耐心地告诉孩子不会提问没有什么可笑，每个人提问都是因为自己不懂才问，学习本身是一个人不懂到懂的过程，不懂就问是好学的表现，只有把自己不懂的问题提出来后，才能得到老师的帮助，从而真正掌握知识。

对那些想问但又不知怎么问的孩子，家长应提醒他们注意掌握学习方法，善于去发现问题。如上课前做好预习工作，在不懂的地方做上记号，或者事先把不懂的问题写在纸上，在老师讲解的时候学会做笔记，勤动脑筋，学会问"为什么"。经过思考和查找资料都不能解决的问题，自以为找到了答案，但把握不大的问题以及那些对得出结果的过程不太明白的问题，都可以在课堂上向老师提出来。

对不爱学习，根本就没有考虑过怎么提问的孩子，父母不要过分责怪他，而应帮助孩子从培养学习兴趣开始，首先让孩子喜欢学习，树立起自己能够学好的自信心。

孩子学习成绩不稳定的原因

 **父母箴言**

　　有些孩子自制力不强，一旦家长和老师放松了对他们学习的监督，他们就管不住自己，上课不认真听讲，放学后因玩耍忘记做作业等便成了家常便饭……

　　应该说聪聪是个聪明的孩子，他的理解能力和记忆力都很强，做事情也挺机灵的。可不知为什么，在学习上他可没少让父母操心。这不，开家长会时老师又反映他的成绩下降了。上一次考试他的成绩不错啊，怎么又下降了？从一年级到四年级，聪聪都是这样，成绩总是忽上忽下的，开过家长会，爸爸妈妈抓得紧一点，他的成绩马上就赶上去了，可还没等父母高兴多久，他的成绩又开始一落千丈，真让老师和父母伤透了脑筋。

　　孩子偶尔成绩上下是正常的，但老是忽上忽下地摆动，肯定是有原因的，只有找到真正的原因才能采取有效的补救措施。心理学家分析了大量的这类孩子，发现造成这种现象的原因主要有以下这几方面。

　　有些孩子自制力不是很强，一旦家长和老师放松了对他们学习的监督，他们就管不住自己，上课不认真听讲，放学后因玩耍忘记做作业等成了家常便饭。有的家长因为平时工作忙，顾不上管孩子的学习，有的甚至一个星期才能见到孩子一面。一旦他们发现孩子的成绩大幅度下降后，才紧张起来，他们有的可能狠狠地批评孩子，有的可能抽出点时间来监督孩子的学习。有的孩子为了能有更多的时间和父母在一起，他们发现只要自己学习下降，就会得到这种额外的"奖赏"，于是，就出现了成绩忽上忽下的现象。

　　有的孩子成绩不稳定是由于没有正确的学习态度，认为学习是家长和老师强迫给自己的任务，在家长的逼迫下不得不努力学一段时间，只要考试成绩一上去，家长稍微放松一下，他们马上就把学习的事情放到了一边。

　　更多的孩子是因为情绪不稳定影响了学习成绩。有的孩子生活在家庭成员关系紧张的家庭中，有的还面临家庭破裂、经济困难等问题，孩子幼小的心灵随着家庭气氛的变化而战战兢兢，当家庭成员和睦相处时，孩子感到特别愉快，情绪稳定，能把心思都放在学习上，而当家庭出现危机时，孩子整天胆战心惊，生怕自己一不小心就失去了某位亲人，这样的心情必然会带到课堂中，上课不能集中精力听讲，放学后也没有心思做作业，成绩当然就会下降。有的孩子由于没有掌握好考试技巧，可能平时成绩还可以，一旦有比较重要的考试就感到害怕、紧张，结果考试成绩不理想。

当你的孩子老是出现成绩忽上忽下的情况时，家长一定不要掉以轻心，因为孩子正处在打基础的阶段，成绩不稳定会影响到他们今后的学习。家长应和老师、孩子一起找出真正的原因，及时采取补救措施。家长要多关心孩子，不要等孩子出现成绩大幅度下降后才想到批评教育孩子。孩子的学习是一天一天地进行的，家长对孩子的关心也应是每时每刻的。不仅要关心孩子的生活、学习成绩，更要关心孩子的个性品质、情绪感受等。不管有多忙，家长每天都应抽哪怕十分钟的时间给孩子，主动询问一下孩子的思想活动，看看孩子想些什么，需要什么，情绪上有何变化，孩子的性格有什么特点等。这样，你就能及时发现孩子的变化，采取有效的措施。多与孩子沟通是孩子情绪稳定的重要途径，所以，家长要主动了解孩子在学习上有无困难，需不需要父母的辅导？孩子在学校遇到什么烦恼的事情，家长能不能指导孩子解决问题等，以便和老师配合，加强教育。良好的家庭氛围有利于孩子学习稳定发展，家长应努力营造一个安定和谐的家庭环境。家长还可以教给孩子一些学习的方法，如怎么准备考试以及考试技巧等。孩子在每次考试后，应给他们提出下一次争取的目标，要求他们每次考试能有所进步，孩子有了一点进步时，家长要给予鼓励，成绩下降时，家长也不要着急，一味地责骂反而会使孩子产生反感和自卑。

家长怎样帮助孩子学习

父母箴言

孩子能否在学校取得好的学习成绩，主要由孩子的学习兴趣和学习能力决定。孩子是学习的主体，父母只是一个外部因素，但这个外部因素对孩子的学习却非常重要。

父母有责任也有能力帮助孩子，培养学习兴趣和提高学习能力。那么，家长该怎么做呢？

1. 要保证孩子遵守学校的学习纪律。

2. 要密切家庭与学校的联系，树立学校及老师的权威。

3. 要帮助孩子制定学习计划。

4. 告诉孩子做作业时先做最难的一门课。

5. 给孩子讲清解题的方法，而不是代替他做作业。

6. 不要让孩子把难题作为借口而停止写作业，可以让他活动片刻，再来"攻关"。

7. 帮助孩子学会阅读的方法，注意标题、前言和编后等，然后一一理解。

8. 提高孩子分析和归纳的能力，帮助他掌握学习技能。

9. 鼓励孩子晚上整理和复习当天的笔记，过几天复习一遍，考前温习一遍。

10. 在猜谜语或做游戏时，教孩子如何动脑筋，比如，如何找出规律，如何划分类别等。

11. 遇事而教，比如上街买菜，问孩子应付多少钱，乘公共汽车应该注意什么。

12. 帮助孩子制定一个阶段性的目标，这目标富有挑战性，但并非高不可攀。鼓励孩子树立自信心。

13. 孩子有进步应予以肯定和表扬，同时告诫他不要骄傲。孩子学习退步了，家长不要骂他"笨蛋"，应善于诱导和鼓励，不要过分地注重他某些小的失误。

14. 孩子刚进门，不要马上询问学习情况，否则孩子可能会视之为一种干预。家长先讲讲白天自己的一些情况，再引导孩子讲讲他的事情。

15. 在家庭中应大力营造两代人共同学习、互相学习的好气氛。

16. 订阅一定量的报刊，拥有一定数量的藏书。

17. 重视兴趣、气质、意志等非智力因素对孩子学习的影响，重视培养孩子的学习兴趣和刻苦学习的顽强意志。

18. 因材施教，培养特长。

19. 引导孩子通过阅读、参观、实践等活动，扩大他们的知识面。

20. 满足孩子的好奇心，有问必答，并注意给予启发和诱导。

21. 对孩子充满期望，不因孩子考分一时低下而灰心泄气，也不为考分高而得意自满。

家长在督促孩子学习的同时，要让他们做一些力所能及的家务。不要担心这样会影响孩子的学习，恰恰相反，这有利于增强孩子的自信心，有利于促进孩子的身心发展及学习进步。还有，一个勤奋上进的家庭氛围对孩子的学习也是非常重要的。一个疏懒成性的家长去要求孩子勤奋学习，是缺乏说服力的，只有在一个好学上进的家庭，才能培养出积极进取的下一代。

让孩子学会考试

据统计，一个人从小学到大学毕业，至少要经历大大小小600～800次考试。面对考试，大部分学生都会感到一种沉重的压力。

考试是评价学生和教师教学效果的一种方法，它不仅可以评价学生的学习程度和水平，还可以促进学生的学习活动，是"教"与"学"的重要环节。但不正确认识和对待考试，不但不能促进学生的学习活动，反而会影响孩子的学习和身心健康。《儒林外史》中的范进"中举"之后变得疯疯癫癫就是一例。所以，掌握有效的考试方法，对孩子的学习相当重要。

1. 帮助孩子做好考前准备

做好考前准备，概括起来讲就是要"复习好、休息好"。所谓"复习好"，就是复习好所学的内容，这即是考好试的基础和前提，同时也是减轻精神压力、预防怯场的最好方法。所谓的"休息好"是指考生在考试前要保持身体健康，以便有旺盛的精力、清醒的头脑去争取最理想的成绩。家长应帮助孩子调理好营养，保证足够的休息时间，让孩子按时作息，这样有利于孩子在考试中正常发挥他的能力，争取理想的成绩。

2. 帮助孩子消除考试焦虑

面对每一次大大小小的考试，许多孩子都会或多或少地产生情绪紧张、失眠、头晕等现象，这就是考试焦虑，它不仅影响学生在考试中的正常发挥，严重时还会影响孩子的身体健康。预防和消除孩子考试焦虑应从以下两点入手：

①让"平常心"为你的孩子赢得轻松

父母"望子成龙"、"望女成凤"，一有重大的考试，就会精神紧张，对孩子的一举一动就会表现出"无比的关心"，就盼着他拿名次、考高分，以便将来进重点中学、名牌大学。孩子的学业成绩甚至成为全家人的焦点，孩子的成绩单成为全家人喜怒哀乐的晴雨表。家长对孩子的考试抱有如此高的期望是可以理解的，但这种举动不仅对孩子的考试一点帮助没有，反而适得其反，加重孩子的心理负担，影响了孩子在考试中的正常发挥。我国当代著名作家贾平凹曾提出过一个观点，叫作"平常心"。所指虽然是在以平常的心态做人和做文，但对孩子的学习和考试也同样适用。父母以平常心来对待孩子的考试，适当地调整自己的言行。比如，多抽一些时间和孩子交流孩子的交友、课余生活和兴趣爱好方面的看法，给孩子营造一种比较宽松的学习环境，而不是对于看重和关注孩子的考试成绩。

每一次重要的考试，家长都要跟平时一样对待，让孩子在宽松的环境中安心地复习，考试时轻装上阵，只有这样孩子才能发挥好自己的水平。

②让自信心战胜紧张和焦虑

要防止和消除孩子考试之前的焦虑和紧张，可以对孩子说"这次考试你已经做了充分的准备，你一定会考好的"，或者"你不必太紧张，别人可能比你还紧张呢"等等。体育界有一种防止怯场的方法完全可以套用在孩子考试上。其方法是：回忆最成功的一次考试的景象和心境，以最佳心理状态去应考；回忆考试取得好成绩，受到老师、家长表扬时的愉快心境，使自己乐于参加当前的考试；把这次复习的主要内容在脑子里过一遍"电影"，使自己有把握，充满信心。

3. 帮助孩子掌握考试策略

整体上把握"先易后难"，处理好"稳、准、快"的关系。"先易后难"是指先做前边分数少的、基础性的、比较容易的题。所谓"稳、准、快"中的"稳"是指审题要稳妥，不要马虎，防止审错题目；"准"是指答题要准，要抓住重点进行答题，做到简单的题不丢分、难题少丢分；"快"是指书写要快，为答题和检查赢得尽可能多的时间。

根据题型灵活答题。考试题的类型一般可以分为客观题和主观题。答客观题时考生要认真审题，领会题意，提高正确率和速度。如果题目中没有说明选错答案要扣分，就不要空题，实在不会的，也要凭直觉选上一个自己认为比较满意的答案。对于主观题，考生一定要认真、反复地阅读考题，仔细斟酌题目中的每一个关键词，以免遗漏或错误地理解题目所要求的答题内容。答题前，考生还要理清思路，抓住重点，宁多勿少，一定要在考试结束之前把自己认为比较接近的答案写在答题纸上。如果时间实在不允许，也要把要点或关键的步骤写上。

做好考后分析。考试结束后，家长一方面要帮助孩子认真地进行总结，明确今后的努力方向；另一方面还要帮助分析考好或没考好的原因，并跟孩子一起讨论改进方法，以提高孩子的应试能力和学习能力。

4. 当孩子考试失败时要找到自己的角色和位置

每逢期末考试，总会有些孩子成绩不好，甚至有些平时学习较好的孩子，考试也会出现失误。尽管许多家长都明白"失败是成功之母"的道理，但此时他们往往失去理智，火冒三丈，轻者训斥、责骂，重者殴打、体罚。殊不知，孩子在失败时最需要的是家长的抚慰和帮助，它比训斥、体罚、殴打更有利于孩子接受教训，走向成功。

读高二的大鹏，第一学期期末考试的化学成绩只有 64 分，物理竟然不及格！

回到家里，他心灰意冷地对爸爸哭道："我的理化没学好，根本没有赶上去的可能，我不考理科了。"当时爸爸十分恼火，于是，狠狠地训了他一顿："装什么可怜相，早不用功，现在还有脸哭！"但做父亲的转念一想，此时孩子已没有了自信心，如果再恶语相加，岂不是伤口撒盐、雪上加霜，从而导致他灰心、失望的结局。于是，爸爸强压怒火转而激励他说："遇到失败就灰心，算什么男子汉！自信心是成功的第一秘诀，你的自信心哪里去了？我就不信，就凭你的智力，只要下功夫，还有赶不上去的道理……"随后，爸爸又与老师取得联系，了解他的情况，帮助他分析了没考好的原因及可以赶上去的有利条件。他又很快振作起来，制定了新的学习计划。经过半个学期的努力，他的成绩便赶了上去。

没想到，高三第一学期期末考试，考完数学回来，他又摔书本大发脾气："数学考砸了，连及格也难得，还考什么学！剩下的几门我统统不考了！"看着他发怒的样子，爸爸又气又急。气的是他自己考不好还发脾气；急的是面临高考孩子的心理素质还这么差。但爸爸知道孩子此时情绪不好，不能火上浇油。于是不动声色，平静地说："也许数学题出得太难太偏，说不定别人还不如你呢。考试不过是为了检查自己的学习情况，即使这门功课考得不好又有什么关系，总结教训再努力，还不迟。"儿子很快恢复了平静，继续认真应考。结果，在数学成绩不及格的情况下，总成绩居然为全班第一名，并得到了学校颁发的最高奖学金。这一来，儿子信心大增，有了信心就有了成功的希望。后来，在他的努力下，最终以全校理科第一名的成绩考入重点大学。

"亮亮，你真是太让妈妈失望了。期末考试数学、语文两科的总成绩在班上排到第 46 名，比上学期还靠后了两名。我真不明白你的成绩怎么会这么差！你看人家明明，每次考试成绩都排到班里前 6 名。你的学习环境哪一点比人家差？你就是太懒、太不用心。你让妈妈感到羞愧！"亮亮妈当着王老师的面训斥亮亮。亮亮默默地流泪，房间里的空气显得格外沉闷。

王老师从亮亮妈手中接过亮亮的语文试卷，看到成绩是 67 分。她仔细检查了一下卷面，发现孩子在基础知识部分丢分不多；丢分主要在作文上，满分 20 分的作文，亮亮只得了 2 分。她看了作文题目是《仙人掌》，便问亮亮："你怎么才写了十几个字呢？"亮亮噘起小嘴儿说："我从来没见过仙人掌。"

后来，王老师单独跟亮亮妈交换了意见。她说："孩子考试成绩不理想，做家长的不能用训斥、打骂的简单办法对待孩子，只有和孩子一起认真分析考试成绩差的原因，才能对症下药。就亮亮的语文成绩来看，虽然他考的总分比期中考试低了，但基础知识部分有很大的进步，应该肯定。作文部分分数低，则由于孩子没见过仙人掌，写不出情有可原。"亮亮妈听了王老师的分析，不断地点头。

家长用训斥、打骂等惩罚的手段对待考试成绩差的孩子，会加重孩子的心理负担，特别是当着同学的面批评孩子，会伤害孩子的自尊心，因为每个孩子都有自己的个性，以别的孩子做"参照物"，批评自己的孩子，最容易引起孩子的反感。这是一种不明智的教育方式，孩子考得不好，也是孩子遭到挫折的时候，最需要的是父母的鼓励和安慰，要让孩子体会到家长相信他，使他增强自信心。

5. 教孩子学会登个门槛

一个人一旦接受了他人的微不足道的要求，为了避免认知上的不协调，或想给人以前后一致的印象，就有可能接受更大的要求。运用这个方法使人接受要求，便叫"登门坎技术"。

这个效应来自美国心理学家做的"无压力的屈从，登门坎技术"的实验。实验人员到居民区劝人们在房门前竖一块写有"小心驾驶"的大标语牌。在第一个居民区直接向居民提出要求，结果遭到数人的拒绝，接受者为17%；在第二个居民区，先请居民在一份赞成安全行驶的志愿书上签名，这个容易做到的要求，几乎所有人都做到了，几个星期后，再向他们提出竖牌的要求，结果接受者竟达55%。是第一个居民区的3倍还多。

研究人员认为人们拒绝难以做到或违反意愿的请求是很自然的，但是当他对于某种小请求找不到拒绝的理由，就会增加同意这种要求的倾向，而当他卷入这项活动的一部分以后，便会产生认同感。这时如他拒绝后来的更大要求，就会出现认知上的不协调，于是恢复协调的内部压力就会支使他继续干下去，并使他态度持久。

家长在运用"门槛效应"时，要注意提出要求的"度"，还要根据具体情况而定，尽可能发挥最佳的"门槛效应"。

培养孩子成功的习惯

父母箴言

父母不惜为孩子的成长绞尽脑汁，呕心沥血。然而，孩子的成长绝非依赖于金钱，也并非靠父母的溺爱。

成长绝非依赖于金钱，也非靠父母的溺爱。那么怎样才能使自己的孩子在学校成为优等生呢？以下6种方式也许能够启发我们的父母：

1. 父母的导向作用

17 岁的比斯马克亲身体验了其移民父母在美国为养家糊口的艰辛。其父是厄瓜多尔人，在美国建立了自己的房地产公司，母亲是一位工作人员。有一年，全部家产被一把大火烧光，但他的父母在极其艰难的环境中又站了起来。由此，年幼的比斯马克懂得了执着追求的价值。"那时，我父母每天都像消防员似的，生活很紧张。多年来，他们领着我就像在飞机的跑道上飞奔一样。"

比斯马克在美国纪瓦克的科学中学读书，他是该校的尖子生，在数学和化学方面初露锋芒。他帮父母的单位解决计算机难题，母亲付他每小时 15 美元的工钱，他当然不需要自己挣钱上大学，因为他已靠自己的优异成绩获得了纽约综合工艺学院 4 万美元的奖学金。

孩子怎样才能学会呢？很简单，榜样是孩子的父母，其一言一行都直接影响着孩子的成长，虽然许多专家不同意这个观点，可是尖子生的父母是他们一生的榜样，这点却是确定无疑的。

2. 培养孩子的学习兴趣

安杰力克曾被预言不会成为一个好学生，因为她出生 10 个月后生了一场大病。医生警告说，孩子大脑可能因此受到影响而成为低能，然而孩子却拒绝"接受"这一预言。当她蹒跚学步时，父母就发现孩子求知欲望异常强烈。如果你能抓住这一时机并培养其兴趣所在，那么其才能就会一发而不可收；如果你有意要关闭她心灵的窗扉，那么她就可能永远丢掉求知的欲望。安杰力克的父母抓住了这一机会。如今，17 岁的安杰力克是学生会主席，校女子乐队队长。她思维敏捷活跃，口才极具魅力。

安杰力克的家境不很好，但是妈妈教孩子的方法很独特。她教女儿时不是照本宣科，而是用实物。例如教"苹果"这个词，她拿出一个苹果放在桌子前，然后把它切开做成苹果汁，女儿由"苹果"一词举一反三学会了其他词。

专家认为，好学生应该具有广泛的兴趣，如果家庭限制其兴趣的发展，那么孩子的成才就会受到严重影响。

3. 体现阅读的魅力

在美国威奇托的罗宾孙中学，有一个 12 岁叫泰勒·艾默森的学生。老师鲁拉发现，泰勒提出的所有问题都非常深刻，并且间或有许多设想。原来，泰勒强烈的求知欲来自他家中堆积如山的图书。全家人都是图书爱好者。泰勒刚满 15 个月，父母就轮流给他读书，让他听，并且父母经常在他面前讨论问题。

当父母问及怎样才能尽快让孩子养成学习的习惯时，麻省威廉学院的主任说，世界上最好的方法是当孩子上床睡前给他朗读故事。因为给孩子读书是培养他们求知欲的最好方法。久而久之，他就自然养育成阅读的习惯了。父母只要坚持下去，那么总有一天他们会发现，孩子不再要他们给自己读书了，取而代之的是他自己拿起书本读起来。许多作家的启蒙就是从父母给他们朗读图书开始的。

4. 懂得分数不是一切

不可否认，尖子生的学习成绩在班上具有竞争力，但是好的学习成绩不是衡量尖子生的唯一标准。

乔东之所以成为学校的明星，不在于他的成绩很突出，而是他的勤劳和求知欲。17岁的乔东钢琴过了十级，他的画还到国外展出过。一位化学老师说得好，学生间展开学习竞赛往往是一种失策，更糟糕的是学校的竞争有时延伸到了家庭。竞争往往使学生冷酷、自私、狭隘，而乔东却不这样，他在实验室做完自己的实验后马上帮助其他同学。一些同学期盼着老师给自己满分，而乔东想的是用自己的能力赢得一个满分。乔东的论文完成后获得了老师的认可，但是他却把论文重新写了一遍，目的只是想做得更好。这说明，他的学习不是为了成绩而是为了提高自身的能力。

教育专家认为，当父母和老师强调成绩时，孩子的素质就容易下降。哥伦比亚大学的专家曾对400名小学五年级的学生做过一项调查，发现常受表扬的学生往往不愿意冒犯错误的风险，不愿做新的尝试，也不愿意靠努力获得成绩。这样，孩子不知不觉地失去了学习的自觉性和自信心。阿尔费·科恩是美国最有权威的教育专家之一，他在《奖励的负面》一书中强调，不恰当的奖励往往扼杀了孩子的学习热情，取而代之是滋生了他们的优越感。

给父母的忠告是，不要问孩子在学校怎样，而应多问他们学了些什么。如果有时间，可多花几分钟与孩子交谈，帮助他们忘记分数。

5. 培养孩子的求知欲

和许多孩子一样，志强从小就爱汽车，特别是小车。随着年龄的增长他对汽车的痴迷日趋强烈。9岁时他就自己去参加芝加哥举办的汽车展，13岁时就收集了世界所有赛车的图片和赛车期刊。志强的父母担心孩子对汽车着迷会影响他的成长，但他们很快发现儿子成了荐车专家，志强居然开始为家庭购车者推荐起汽车来。

的确，孩子的兴趣和爱好是非常宝贵的，从兴趣入手，培养他们某方面的爱好是非常必要的，这对孩子很有利。志强在学校成绩不算最好，也不很差，但是还没等中学毕业，他就成了汽车鉴赏家、推荐家，这就是一个典型的例子。

6. 培养孩子正确的爱好

17岁的雨瑶放学后把自己做的一棵塑料树搬回了家。妈妈看见后很高兴："你做的树真漂亮！"做手工艺品是雨瑶的爱好，她在这方面很有才能。

雨瑶的父亲是位心理学教授，但是无论何时，夫妇俩都要轮流陪女儿进行创造性的劳动。有一天，女儿没有人陪伴，妻子上班了，于是父亲4点钟就回家与女儿共同制作手工艺品。有时候，孩子有了爱好但坚持下去却非常勉强，这时，父母就有必要鼓励孩子坚持下去。

人们相信，传统的好学生往往能获得传统的成功，但我们也反对千篇一律，同时也需要遵照应有的规律。比尔·盖茨不是个传统的好学生，爱迪生也不是传统的好学生，海明威更谈不上传统，但是他们却利用创造性的大脑为人类创造了巨额物质财富和精神财富，这是值得父母用心思考的。

培养孩子成功的习惯可以从以下一些方面着手。

1. 让孩子简单的事情重复做。

2. 让孩子每天进步一点点。

3. 对孩子要有信心和耐心。

4. 尊重孩子的想法，正确估计孩子的潜在能力，鼓励孩子多作积极的自我评价。

5. 不要与别人的孩子相比。

6. 教会孩子将快乐套在他喜欢的事情上。

7. 多示范，少指责。

8. 教孩子学会放松自己。可从教孩子深呼吸开始，让孩子体会到深呼吸的感觉，然后让孩子想象一件能使他全身处于放松状态的事情，一直到孩子心情完全平静为止。情绪安宁有助于孩子排除一切干扰，沉着镇静地面对挑战。

9. 训练孩子集中思想，全神贯注。

10. 教孩子在头脑中"排练"，预见生活中的各种场景。

11. 兰德公司的研究表明，当一所学校的校长、学生家长、老师、学生为共同的事业齐心协力，当学校的每一个人为了达到共同的教育目标承担责任时，学生则会最为成功。因此，为使你的孩子成功，请配合好学校的工作。

12. 要将成功的信念注入孩子的血液中。在美国的弗吉尼亚州诺福克市维拉德示范学校里，学生和教职员工们每天早上都要花时间背诵他们的誓言："我相信我能成为一个好学生。我相信我能取得成就。我相信如果我努力去做就会成功。因此，我每天都将尽自己的最大努力去进取。我有能力学习，我一定去学。"